汽车维修资料速查丛书

纯电动-插电混动-油电混动汽车维修资料大全

广州瑞佩尔信息科技有限公司　组编

胡欢贵　主编

机械工业出版社
CHINA MACHINE PRESS

本书涵盖了目前市场上的主流新能源车型，包括比亚迪秦Pro DM、e5 450，北汽新能源EC系列、EU系列，荣威Ei5、eRX5，吉利帝豪300/450、博瑞GE，奇瑞EQ，江淮iEV系列，江铃E200，众泰E200，宝马i3、530Le，大众帕萨特PHEV，通用别克VELITE 5，丰田卡罗拉-雷凌HEV，本田雅阁HEV。全书以车型分章，按系统分节介绍了高压电源（包括高压电池、高压配电、充电、电源转换等系统总成部件）、动力驱动（包括驱动电机、驱动控制器-逆变器、驱动变速装置与控制装置等）、温度管理（包括高压系统冷却与加热、乘客舱温度调节等）、整车控制（包括车身控制与车辆控制）等的技术细节。各章节编选的资料主要有总成技术参数、系统与总成原理功能、各部件组成与分解、主要高压部件拆装方法、高压系统电路图、控制器端子定义、控制系统故障码、电路检测与故障排除方法等。

　　全书内容系统、全面，既有原理与功能介绍，又有部件分解与电气检测数据，还有故障排除的方法说明，所有技术数据均来自厂家一线，真实可信。本书既可作为汽车院校新能源专业的教辅资料，也可作为从事新能源汽车领域的工程技术人员、售后维修技术人员的参考资料。

图书在版编目(CIP)数据

纯电动-插电混动-油电混动汽车维修资料大全/广州瑞佩尔信息科技有限公司组编；胡欢贵主编. —北京：机械工业出版社，2019.8

（汽车维修资料速查丛书）

ISBN 978-7-111-63229-0

Ⅰ.①纯… Ⅱ.①广…②胡… Ⅲ.①新能源-汽车-车辆修理 Ⅳ.①U469.7

中国版本图书馆CIP数据核字（2019）第144299号

机械工业出版社（北京市百万庄大街22号　邮政编码100037）
策划编辑：赵海青　责任编辑：赵海青　刘　煊
责任校对：张　薇　封面设计：马精明
责任印制：孙　炜
保定市中画美凯印刷有限公司印刷
2019年10月第1版第1次印刷
210mm×285mm·27.5印张·844千字
0 001—2 000册
标准书号：ISBN 978-7-111-63229-0
定价：129.00元

电话服务　　　　　　　　网络服务
客服电话：010-88361066　　机　工　官　网：www.cmpbook.com
　　　　　010-88379833　　机　工　官　博：weibo.com/cmp1952
　　　　　010-68326294　　金　书　网：www.golden-book.com
封底无防伪标均为盗版　　　机工教育服务网：www.cmpedu.com

前言

新能源汽车是指采用非常规的车用燃料作为动力来源（或使用常规的车用燃料，但采用新型车载动力装置），综合车辆的动力控制和驱动方面的先进技术，具有新技术和新结构的汽车。

当下批量生产的新能源汽车主要有纯电动（EV）和插电式油电混合动力（PHEV）汽车，及不可外接充电的油电混动汽车（HEV），其中油电混合动力汽车包括汽油/柴油两种油电混合动力系统。

据乘联会数据显示，2018年国内新能源汽车市场继续保持高速增长势头，全年新能源汽车累计销量达到98.5万辆，同比增长88.9%。2015年以来，连续四年销量全球第一，增速均超过50%。

可以说汽车的"新能源时代"已经全面来临，不论是汽车制造产业，还是服务行业，亦或是每一个汽车消费者，都不得不面对它，迎接它的到来。为了方便新能源汽车售后服务技术工作的开展，为广大技术工作者提供新能源汽车方面的技术资讯，我们特组织编写了《纯电动-插电混动-油电混合汽车维修资料大全》一书。

根据车型市场销量及保有量调查，本书涵盖了目前市场上的主流车型，包括比亚迪秦Pro DM、e5 450、北汽新能源EC系列、EU系列、荣威Ei5、eRX5、吉利帝豪300/450、博瑞GE、奇瑞EQ、江淮iEV系列、江铃E200、众泰E200、宝马i3、530Le、大众帕萨特PHEV、别克VELITE 5、丰田卡罗拉-雷凌HEV、本田雅阁HEV。全书以车型分章，按系统分节介绍了高压电源（包括高压电池、高压配电、充电、电源转换等系统总成部件）、动力驱动（包括驱动电机、驱动控制器-逆变器、驱动变速装置与控制装置等）、温度管理（包括高压系统冷却与加热、乘客舱温度调节等）、整车控制（包括车身控制与车辆控制）等的技术细节。各章节编选的资料主要有总成技术参数、系统与总成原理功能介绍、各部件组成与分解、主要高压部件拆装方法、高压系统电路图、控制器端子定义、控制系统故障码、电路检测与故障排除方法等。

本书由广州瑞佩尔信息科技有限公司组织编写，胡欢贵主编，此外参加编写的人员还有彭启凤、周金洪、朱如盛、刘滨、彭斌、章军旗、满亚林、李丽娟、徐银泉、陈棋、孙丽佳、周方、王坤、朱胜强。在编写过程中，参考了大量国内外相关文献和网络信息资料，在此，谨向这些资料信息的原创者们表示由衷的感谢！

由于编者水平所限，书中错漏在所难免，还请广大读者朋友及业内专家多多指正。

目 录

前言

第一章　比亚迪秦 Pro DM 型 PHEV 汽车 …… 1

第一节　高压电源系统 ………………… 1
一、高压电池系统 ………………… 1
二、电池管理系统 ………………… 1
三、电池充电系统 ………………… 4
四、高压配电系统 ………………… 5

第二节　动力驱动系统 ………………… 6
一、电机控制系统 ………………… 6
二、BSG 电机 …………………… 8

第三节　温度管理系统 ………………… 10
一、电动水泵 …………………… 10
二、空调系统 …………………… 11

第四节　整车控制系统 ………………… 14

第二章　比亚迪 e5 450 型 EV 汽车 ………… 16

第一节　高压电源系统 ………………… 16
一、高压电池系统 ………………… 16
二、电池管理系统 ………………… 16
三、高压充电系统 ………………… 26
四、整车配电系统 ………………… 28

第二节　动力驱动系统 ………………… 29
一、驱动电机 …………………… 29
二、电机控制器 ………………… 29

第三节　温度管理系统 ………………… 31
一、电池加热器 ………………… 31
二、车内气候系统 ………………… 32

第四节　整车电控系统 ………………… 36
一、高压电控系统 ………………… 36
二、主控制系统 ………………… 39

三、整车控制系统 ………………… 41

第三章　北汽新能源 EC 系列 EV 汽车 ……… 44

第一节　高压电源系统 ………………… 44
一、高压电池系统 ………………… 44
二、车载充电系统 ………………… 50

第二节　动力驱动系统 ………………… 54
一、电机驱动系统 ………………… 54
二、减速器总成 ………………… 56

第三节　温度管理系统 ………………… 58
一、高压冷却系统 ………………… 58
二、空调系统 …………………… 60

第四节　整车电控系统与网络通信系统 …… 68
一、整车电控系统 ………………… 68
二、网络通信系统 ………………… 73

第四章　北汽新能源 EU 系列 EV 汽车 ……… 78

第一节　高压电源系统 ………………… 78
一、高压电池系统 ………………… 78
二、快换装置（出租车版） ……… 85

第二节　动力驱动系统 ………………… 88
一、驱动电机系统 ………………… 88
二、减速器总成 ………………… 90
三、动力电子单元 ………………… 91

第三节　温度管理系统 ………………… 98
一、高压冷却系统 ………………… 98
二、电动空调系统 ………………… 99

第四节　车辆控制系统 ………………… 108
一、整车控制系统 ………………… 108
二、车身控制系统 ………………… 110

目录

第五章　上汽荣威 Ei5 型 EV 汽车 …………… 122
第一节　高压电源系统 ………………… 122
- 一、高压电池系统 ……………………… 122
- 二、车载充电器 ………………………… 125
- 三、高压配电系统 ……………………… 126

第二节　动力驱动系统 ………………… 129
- 一、驱动电机 …………………………… 129
- 二、电力电子箱 ………………………… 129
- 三、变速器 ……………………………… 132

第三节　温度管理系统 ………………… 135
- 一、高压冷却系统 ……………………… 135
- 二、自动空调系统 ……………………… 141

第四节　车辆控制系统 ………………… 151
- 一、整车控制系统 ……………………… 151
- 二、车身控制系统 ……………………… 153

第六章　上汽荣威 eRX5 型 PHEV 汽车 …… 159
第一节　高压电源系统 ………………… 159
- 一、高压电池系统 ……………………… 159
- 二、车载充电系统 ……………………… 161

第二节　动力驱动系统 ………………… 162
- 一、电驱动变速器 ……………………… 162
- 二、电力电子箱 ………………………… 164

第三节　整车电控系统 ………………… 165
- 一、混合动力控制系统 ………………… 165
- 二、车身控制系统 ……………………… 167

第七章　吉利帝豪 300/450 型 EV 汽车 …… 170
第一节　高压电源系统 ………………… 170
- 一、高压电池系统 ……………………… 170
- 二、高压充电系统 ……………………… 173
- 三、高压配电系统 ……………………… 176

第二节　动力驱动系统 ………………… 179
- 一、驱动电机 …………………………… 179
- 二、电机控制器 ………………………… 180
- 三、减速器 ……………………………… 187

第三节　温度管理系统 ………………… 190
- 一、高压冷却系统 ……………………… 190
- 二、电动空调系统 ……………………… 192

第四节　车辆控制系统 ………………… 199
- 一、整车控制系统 ……………………… 199
- 二、车身控制系统 ……………………… 199

第八章　吉利博瑞 GE 型 PHEV 汽车 ……… 208
第一节　高压电源系统 ………………… 208
- 一、高压电池系统 ……………………… 208
- 二、高压充电系统 ……………………… 209
- 三、高压分配系统 ……………………… 210

第二节　动力驱动系统 ………………… 210
- 一、电机驱动系统 ……………………… 210
- 二、JLH-3G15TD 混动发动机 ………… 213
- 三、7DCTH 变速器 ……………………… 218

第三节　温度管理系统 ………………… 219
- 一、电机冷却系统 ……………………… 219
- 二、自动空调系统 ……………………… 222

第四节　车辆控制系统 ………………… 226
- 一、整车控制系统 ……………………… 226
- 二、车身控制系统 ……………………… 227

第九章　奇瑞新能源 EQ 型 EV 汽车 ……… 235
第一节　高压电源系统 ………………… 235
- 一、高压电池系统 ……………………… 235
- 二、高压充电系统 ……………………… 241
- 三、DC/DC 变换器 ……………………… 244

第二节　动力驱动系统 ………………… 245
- 一、驱动电机系统 ……………………… 245
- 二、减速器 ……………………………… 247

第三节　温度管理系统 ………………… 248
- 一、高压冷却系统 ……………………… 248
- 二、电动空调系统 ……………………… 250

第四节　车辆控制系统 ………………… 252
- 一、整车控制系统 ……………………… 252
- 二、车身控制系统 ……………………… 256

第十章　江淮新能源 iEV 系列 EV 汽车 …… 260
第一节　高压电源系统 ………………… 260
- 一、高压电池系统 ……………………… 260
- 二、高压充电系统 ……………………… 263
- 三、高压配电系统 ……………………… 265

第二节　动力驱动系统 ………………… 267
- 一、电机驱动系统 ……………………… 267
- 二、减速器 ……………………………… 270

第三节　温度管理系统 ………………… 271
- 一、高压冷却系统 ……………………… 271
- 二、自动空调系统 ……………………… 272

第四节　整车控制系统 …………………… 273

第十一章　江铃新能源 E200 型 EV 汽车 …… 278

第一节　高压电源系统 …………………… 278
一、高压电池系统 …………………… 278
二、车载充电系统 …………………… 278
三、电源转换系统 …………………… 280
四、高压分配系统 …………………… 281
第二节　动力驱动系统 …………………… 283
一、驱动电机 …………………… 283
二、电机控制器 …………………… 284

第十二章　众泰 E200 型 EV 汽车 …………… 288

第一节　高压电源系统 …………………… 288
一、高压电池系统 …………………… 288
二、车载充电系统 …………………… 289
三、高压分配系统 …………………… 290
第二节　动力驱动系统 …………………… 292
一、电机驱动系统 …………………… 292
二、变速器 …………………… 295
第三节　温度管理系统 …………………… 296
一、高压冷却系统 …………………… 296
二、电动空调系统 …………………… 299
第四节　车辆控制系统 …………………… 304
一、整车控制系统 …………………… 304
二、车身控制系统 …………………… 309

第十三章　宝马 i3 型 EV 汽车 ………………… 318

第一节　高压电源系统 …………………… 318
一、高压电池系统 …………………… 318
二、电池管理系统 …………………… 319
三、车载充电系统 …………………… 321
第二节　动力驱动系统 …………………… 323
一、电机驱动系统 …………………… 323
二、变速器 …………………… 325
第三节　温度管理系统 …………………… 327
一、高压部件温度控制 …………………… 327
二、冷暖空调控制单元 …………………… 328

第十四章　宝马 530Le 型 PHEV 汽车 ……… 330

第一节　高压电源系统 …………………… 330
一、高压电池单元 …………………… 330
二、电池管理系统 …………………… 331

三、便携充电系统 …………………… 332
四、高压分配系统 …………………… 334
第二节　动力驱动系统 …………………… 336
一、驱动电机总成 …………………… 336
二、电机电力装置 …………………… 338
三、变速器 …………………… 339
第三节　温度管理系统 …………………… 341
一、高压电池温度管理 …………………… 341
二、冷暖空调控制单元 …………………… 341

第十五章　大众帕萨特 PHEV 汽车 ………… 345

第一节　高压电源系统 …………………… 345
一、高压电池系统 …………………… 345
二、车载充电系统 …………………… 347
第二节　动力驱动系统 …………………… 349
一、电机驱动系统 …………………… 349
二、DJZ 混动发动机 …………………… 351
第三节　温度管理系统 …………………… 354
一、高压冷却系统 …………………… 354
二、自动空调系统 …………………… 355

第十六章　通用别克 VELITE 5 型 PHEV 汽车 …………………… 360

第一节　高压电源系统 …………………… 360
一、高压电池系统 …………………… 360
二、充电系统 …………………… 364
第二节　动力驱动系统 …………………… 365
一、电机驱动系统 …………………… 365
二、变速器 …………………… 367
第三节　温度管理系统 …………………… 369
一、高压冷却系统 …………………… 369
二、自动空调系统 …………………… 372
第四节　整车电控系统 …………………… 374
一、混合动力控制系统 …………………… 374
二、车身控制系统 …………………… 376

第十七章　丰田卡罗拉-雷凌 HEV 汽车 … 381

第一节　高压电源系统 …………………… 381
一、高压电池系统 …………………… 381
二、高压部件与电缆 …………………… 383
第二节　动力驱动系统 …………………… 389
一、驱动电机 …………………… 389
二、电子动力装置 …………………… 389

三、8ZR-FXE 混动发动机 …………… 394
四、P410 变速器 ………………………… 397
第三节　整车电控系统 ………………… 398

第十八章　本田雅阁 HEV 汽车 …… 403

第一节　高压电源系统 ………………… 403
一、高压电池系统 ……………………… 403
二、DC/DC 变换器 …………………… 409
三、高压部件与安全 …………………… 409

第二节　动力驱动系统 ………………… 415
一、驱动电机 …………………………… 415
二、电子动力装置 ……………………… 417
三、LFA11 混动发动机 ……………… 420
四、E-CVT 变速器 …………………… 423

第三节　温度管理系统 ………………… 425
一、PCU 冷却系统 …………………… 425
二、自动空调系统 ……………………… 427

第一章 比亚迪秦Pro DM型PHEV汽车

第一节 高压电源系统

一、高压电池系统

1. 系统说明

高压电池系统是DM车的主要动力能源之一,它为整车驱动和其他用电器提供电能。

该车的高压电池系统由3个高压电池模块、3个高压电池信息采集器、高压电池串联线、高压电池支架、高压电池包密封罩、高压电池采样线等组成。3个高压电池模块中各有36节电池单体,总共108节串联而成,电池模块连接方式如图1-1所示。额定总电压为388.8V,总容量为14.38kW·h。

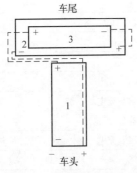

图1-1 电池模块连接方式

此外,电池包内部还包含通信转换模块、高压电池连接铜牌、采样通信线、托盘、密封罩、漏电传感器、高压配电箱。

2. 总成更换

若确定电池有问题需要维修,请按以下步骤拆卸更换。

1)将车辆开到举升机上,退电至OFF档,断开小电池负极,用举升机将车辆顶起。

2)用万用表检测电池是否漏电。检测方法为将万用表正极分别搭在电池正负极引出线,负极搭车身地,正常值为10V以下。若电压过高,不要拆卸电池包,检测漏电原因和地方,排除问题后再进行以下操作。

3)拔掉电池包的低压接插件。

4)佩戴绝缘手套,用套筒拧松直流母线接插件上的锁紧螺母,将直流母线接插件拔出,再将车载小线接插件拔掉。

5)使用工装将高压电池包托住,用套筒将电池包固定在地板上的螺栓拧出,之后缓慢将高压电池包降下。

6)将新的高压电池包放在工装上,缓慢升起,电池包在被举升过程中需留意观察,避免高压电池包与地板磕碰。

7)高压电池包对好位置之后,用套筒将固定电池包的螺栓装上,按照规定力矩拧紧。

8)依次接上车载小线,高压电池直流母线接插件,用套筒将直流母线接插件上的锁紧螺母拧紧,按照规定力矩,再接上低压接插件。

9)将车辆降下,接回小电池负极,上电检查高压电池问题是否已解决,若无问题,维修结束。

二、电池管理系统

1. 系统说明

电池管理器(BMC)位于驾驶人座椅下方,BMS通信转换模块和电池信息采集器均位于高压电池包内部。

该车采用级联式电池管理系统,由1个电池管理器(BMC)、1个BMS通信转换模块和3个电池信息采集器(BIC)及1套采样通信线组成。电池管理器的主要功能有充放电管理、接触器控制、功率控制、电池异常状态报警和保护、SOC/SOH计算、自检以及通信等;电池信息采集器的主要功能有电池电压采样、温度采样、电池均衡、采样线异常检测等;BMS通信转换模块的主要功能是将电池信息采集器的数据发送给BMC,采样通信线的主要功能是连接BMS通信转换模块和电池信息采集器,实现两者之间的通信及信息交换。电池管理器的系统框图如图1-2所示。

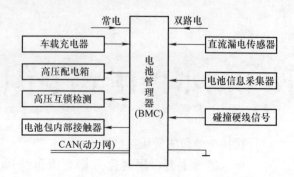

图1-2 电池管理器（BMC）系统框图

2. 端子定义

电池管理器（BMC）端子如图1-3所示，端子定义见表1-1。

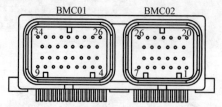

图1-3 电池管理器（BMC）端子

表1-1 电池管理器（BMC）端子定义及检测数据

连接端子	端子描述	条件	正常值
BMC01-1～GND	电池子网CANH	ON档/OK档/充电	2.5～3.5V
BMC01-2～GND	电池子网屏蔽地	始终	小于1V
BMC01-3～GND	通信转换模块供电+12V	ON档/OK档/充电	9～16V
BMC01-7～GND	分压/负极接触器供电	ON档/OK档/充电	9～16V
BMC01-8～GND	充电仪表指示灯信号	车载充电时	小于1V
BMC01-9～GND	分压接触器拉低控制	分压接触器吸合时	小于1V
BMC01-10～GND	电池子网CANL	ON档/OK档/充电	1.5～2.5V
BMC01-12～GND	通信转换模块供电地	始终	小于1V
BMC01-15～GND	主/预充接触器供电	ON档/OK档/充电	9～16V
BMC01-18～GND	霍尔传感器供电-15V	ON档/OK档/充电	-16～-9V
BMC01-19～GND	霍尔传感器屏蔽地	始终	小于1V
BMC01-21～GND	预充接触器拉低控制	预充过程中	小于1V
BMC01-22～GND	主接触器拉低控制	整车上高压电	小于1V
BMC01-26～GND	电流霍尔传感器采样信号	电源ON档	0～4.2V
BMC01-27～GND	霍尔传感器供电+15V	ON档/OK档/充电	9～16V
BMC01-28～GND	常电	ON档/OK档/充电	9～16V
BMC01-29～GND	负极接触器拉低控制	负极接触器吸合时	小于1V
BMC02-1～GND	常电	ON档/OK档/充电	9～16V
BMC02-2～GND	车身地	始终	小于1V
BMC02-3～GND	碰撞信号	起动	约-15V
BMC02-4～GND	高压互锁输出1	ON档/OK档/充电	PWM脉冲信号
BMC02-5～GND	高压互锁输入1	ON档/OK档/充电	PWM脉冲信号
BMC02-8～GND	双路电电源	ON档/充电	11～14V
BMC02-9～GND	整车CAN终端电阻并入端1	ON档/OK档/充电	2.5～3.5V
BMC02-10～GND	高压互锁输出2	ON档/OK档/充电	PWM脉冲信号
BMC02-11～GND	高压互锁输入2	ON档/OK档/充电	PWM脉冲信号
BMC02-14～GND	整车CAN终端电阻并入端2	ON档/OK档/充电	1.5～2.5V
BMC02-16～GND	整车CANH	ON档/OK档/充电	2.5～3.5V
BMC02-17～GND	整车CANL	ON档/OK档/充电	1.5～2.5V
BMC02-20～GND	慢充电感应信号	车载充电时	小于1V
BMC02-21～GND	车身地	始终	小于1V
BMC02-22～GND	充电指示灯信号	车载充电时	小于1V
BMC02-23～GND	整车CAN屏蔽地	始终	小于1V

3. 故障码

电池管理系统故障码的具体内容见表1-2。

表1-2 故障码表 (续)

故障码	故障定义	故障码	故障定义
P1A0000	严重漏电故障	P1A2F00	BIC6 均衡电路故障
P1A0100	一般漏电故障	P1A3000	BIC7 均衡电路故障
P1A0200	BIC1 工作异常故障	P1A3100	BIC8 均衡电路故障
P1A0300	BIC2 工作异常故障	P1A3200	BIC9 均衡电路故障
P1A0400	BIC3 工作异常故障	P1A3300	BIC10 均衡电路故障
P1A0500	BIC4 工作异常故障	P1AB600	BIC11 均衡电路故障
P1A0600	BIC5 工作异常故障	P1A3400	预充失败故障
P1A0700	BIC6 工作异常故障	P1A3500	高压电池单节电压严重过高
P1A0800	BIC7 工作异常故障	P1A3600	高压电池单节电压一般过高
P1A0900	BIC8 工作异常故障	P1A3700	高压电池单节电压严重过低
P1A0A00	BIC9 工作异常故障	P1A3800	高压电池单节电压一般过低
P1A0B00	BIC10 工作异常故障	P1A3900	高压电池单节温度严重过高
P1A9800	BIC11 工作异常故障	P1A3A00	高压电池单节温度一般过高
P1A0C00	BIC1 电压采样异常故障	P1A3B00	高压电池单节温度严重过低
P1A0D00	BIC2 电压采样异常故障	P1A3C00	高压电池单节温度一般过低
P1A0E00	BIC3 电压采样异常故障	P1A3D00	负极接触器回检故障
P1A0F00	BIC4 电压采样异常故障	P1A3E00	主接触器回检故障
P1A1000	BIC5 电压采样异常故障	P1A3F00	预充接触器回检故障
P1A1100	BIC6 电压采样异常故障	P1A4000	充电接触器回检故障
P1A1200	BIC7 电压采样异常故障	P1A4100	主接触器烧结故障
P1A1300	BIC8 电压采样异常故障	P1A4200	负极接触器烧结故障
P1A1400	BIC9 电压采样异常故障	P1A4300	电池管理器 +15V 供电过高故障
P1A1500	BIC10 电压采样异常故障	P1A4400	电池管理器 +15V 供电过低故障
P1AA200	BIC11 电压采样异常故障	P1A4500	电池管理器 -15V 供电过高故障
P1A2000	BIC1 温度采样异常故障	P1A4600	电池管理器 -15V 供电过低故障
P1A2100	BIC2 温度采样异常故障	P1A4700	交流充电感应信号断线故障
P1A2200	BIC3 温度采样异常故障	P1A4800	因电机控制器断开主接触器
P1A2300	BIC4 温度采样异常故障	P1A4C00	漏电传感器失效故障
P1A2400	BIC5 温度采样异常故障	P1A4D00	电流霍尔传感器故障
P1A2500	BIC6 温度采样异常故障	P1A4E00	电池组过电流告警
P1A2600	BIC7 温度采样异常故障	P1A4F00	电池管理系统初始化错误
P1A2700	BIC8 温度采样异常故障	P1A5000	电池管理系统自检故障
P1A2800	BIC9 温度采样异常故障	P1A5100	碰撞硬线信号 PWM 异常告警
P1A2900	BIC10 温度采样异常故障	P1A5200	碰撞系统故障
P1AAC00	BIC11 温度采样异常故障	P1A5500	电池管理器 12V 电源输入过高
P1A2A00	BIC1 均衡电路故障	P1A5600	电池管理器 12V 电源输入过低
P1A2B00	BIC2 均衡电路故障	U011000	与电机控制器通信故障
P1A2C00	BIC3 均衡电路故障	P1A5A00	与漏电传感器通信故障
P1A2D00	BIC4 均衡电路故障	U110300	与气囊 ECU 通信故障
P1A2E00	BIC5 均衡电路故障	P1A5C00	分压接触器 1 回检故障

(续)

故障码	故障定义
P1A5D00	分压接触器 2 回检故障
P1A5E00	分压接触器 3 回检故障
P1A5F00	分压接触器 4 回检故障
P1A6000	高压互锁 1 故障
P1AC200	高压互锁 2 故障
U20B000	BIC1 CAN 通信超时故障
U20B100	BIC2 CAN 通信超时故障
U20B200	BIC3 CAN 通信超时故障
U20B300	BIC4 CAN 通信超时故障
U20B400	BIC5 CAN 通信超时故障
U20B500	BIC6 CAN 通信超时故障
U20B600	BIC7 CAN 通信超时故障
U20B700	BIC8 CAN 通信超时故障
U20B800	BIC9 CAN 通信超时故障
U20B900	BIC10 CAN 通信超时故障
U20BA00	BIC11 CAN 通信超时故障
U029700	与车载充电器通信故障
U012200	与低压 BMS 通信故障
P1A9000	因温度低导致限充功率为 0
P1A9100	因温度高导致限充功率为 0
P1A9200	因温度低导致限放功率为 0
P1A9300	因温度高导致限放功率为 0
P1A9400	因电压低导致限放功率为 0
P1A9500	因采集器故障导致充放电功率为 0
P1A9600	因电压高导致无法回馈
P1AC000	气囊 ECU 碰撞报警
P1AC100	后碰 ECU 碰撞报警
P1AC200	高压互锁 2 故障
P1AC300	高压互锁 3 故障
U110400	与后碰 ECU 通信故障
P1AC400	电池严重不均衡
P1AC500	BIC 程序不一致
P1AC600	BMC 程序与 BIC 程序不匹配
P1AC700	湿度过高故障
P1AC800	正极接触器回检故障
P1AC900	直流充电感应信号断线故障
U029800	电池管理器与 DC 通信故障
U02A200	与主动泄放模块通信故障
U016400	与空调通信故障
P1ACA00	电池组放电严重报警
U010300	与发动机通信故障
U0A2100	与漏电传感器通信故障
P1AD000	模组连接异常

三、电池充电系统

1. 系统说明

该车充电系统主要是通过家用插头和交流充电桩接入交流充电口，通过车载充电器将家用 220V 交流电转为直流高压电给高压电池充电。

主要组成部分：交流充电口、车载充电器、电池管理器、高压电池。充电系统框图如图 1-4 所示。

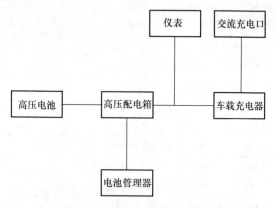

图 1-4 充电系统框图

2. 故障码

充电系统故障码的具体内容见表 1-3。

表 1-3 故障码表

序号	故障码	故障定义
1	P157016	车载充电器交流侧电压低
2	P157017	车载充电器交流侧电压高
3	P157100	车载充电器高压输出断线故障
4	P157219	车载充电器直流侧电流高
5	P157218	车载充电器直流侧电流低
6	P157216	车载充电器直流侧电压低
7	P157217	车载充电器直流侧电压高
8	P157300	车载充电器风扇状态故障
9	P157400	供电设备故障
10	P157513	低压输出断线
11	P157616	低压蓄电池电压过低
12	P157617	低压蓄电池电压过高
13	P157713	交流充电感应信号断线故障
14	P157897	充放电枪连接故障
15	P15794B	电感温度高
16	P157A37	充电电网频率高
17	P157A36	充电电网频率低
18	P157B00	交流侧电流高
19	P157C00	硬件保护
20	P157D11	充电感应信号外部对地短路

(续)

序号	故障码	故障定义
21	P157D12	充电感应信号外部对电源短路
22	P157E11	充电连接信号外部对地短路
23	P157E12	充电连接信号外部对电源短路
24	P157F11	交流输出端短路
25	P158011	直流输出端短路
26	P158119	放电输出过电流
27	P158200	H桥故障
28	P15834B	MOS管温度高
29	U011100	与高压电池管理器通信故障
30	U015500	与组合仪表通信故障
31	P151100	交流端高压互锁故障（新增）

池包内部。如确定配电箱故障，需要拆卸电池包后修理配电箱。配电系统框图如图1-5所示。

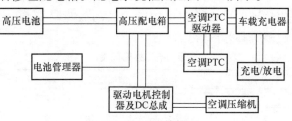

图1-5 配电系统框图

四、高压配电系统

1. 系统说明

该车高压配电箱的主要功能是将电池包的电能分配给各高压用电模块，也可将车载输出的电能分配给电池包。高压配电箱与电池包集成，安装在电

2. 低压端子定义

高压配电箱低压端子如图1-6所示，低压端子定义见表1-4。

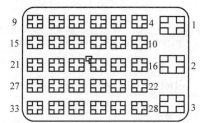

图1-6 高压配电箱低压端子

表1-4 高压配电箱低压端子定义

端子号	定义	来源	线路去向
1	整车常电电源	级联1-1	整车线束
2	通信转换模块+12V	级联1-2	BMC01-03
3	通信转换模块电源地	级联1-3	BMC01-11
4	预充接触器电源	预充接触器1号脚	BMC01-15
5	正极接触器电源	正极接触器1号脚	BMC01-15
6	负极接触器电源	负极接触器1号脚	BMC01-07
7	分压接触器电源	转接插件N1-1号脚	BMC01-07
8	—	—	—
9	行车高压互锁输入	母线高压接插件	整车线束（电池加热PTC1高压互锁）
10	预充接触器控制	预充接触器2号脚	BMC01-21
11	正极接触器控制	正极接触器2号脚	BMC01-22
12	负极接触器控制	负极接触器2号脚	BMC01-29
13	分压接触器控制	转接插件N1-4号脚	BMC01-09
14	—	—	—
15	行车高压互锁输出	母线高压接插件	整车线束（电池加热PTC2高压互锁）
16、17	—	—	—
18	（电池子网）级联CAN-H	级联2-3	BMC01-01
19	（电池子网）级联CAN-L	级联2-4	BMC01-10
20	（电池子网）级联屏蔽地	级联2-5	BMC01-02
21	—	—	—
22	漏电传感器接地	漏电传感器12脚	接整车线束
23	漏电传感器12V电源	漏电传感器6脚	接整车线束
24	漏电传感器CAN地	漏电传感器5脚	接整车线束
25	漏电传感器CAN-L	漏电传感器3脚	整车线束动力网
26	漏电传感器CAN-H	漏电传感器9脚	整车线束动力网
27~29	—	—	—
30	电流霍尔传感器信号	电流霍尔传感器信号	BMC01-26
31	电流霍尔传感器屏蔽地	电流霍尔传感器屏蔽地	BMC01-19
32	电流霍尔传感器+15V电源	电流霍尔传感器+15V电源	BMC01-27
33	电流霍尔传感器-15V电源	电流霍尔传感器-15V电源	BMC01-18

3. 故障码

配电箱本身无故障码,但是接触器及电流霍尔传感器可以通过电池管理器的故障码来判断。故障码具体内容见表1-5。

表1-5 故障码表

故障码	故障定义
P1A3D00	负极接触器回检故障
P1A3E00	正极接触器回检故障
P1A3F00	预充接触器回检故障
P1A4100	主接触器烧结故障
P1A4D00	电流霍尔传感器故障

第二节 动力驱动系统

一、电机控制系统

1. 系统说明

前驱动电机控制器与DC总成是指前驱动电机控制器与DC/DC变换器的集成体。其中,DC/DC具有降压功能,它将高压电池的高压电转换成12V电源。DC/DC在主接触器吸合时工作,输出的12V电源供给整车用电器工作,并且在蓄电池亏电时给蓄电池充电。DC/DC变换电路框图如图1-7所示。

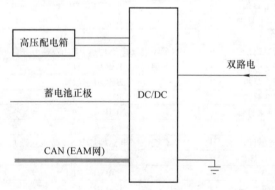

图1-7 DC/DC变换电路框图

前驱动电机控制器是控制高压电池与前驱动电机之间能量传输的装置,主要由输入/输出接口电路、控制电路和驱动电路组成,主要功能是根据用户的需求控制前驱动电机和发动机的转矩分配,驱动车辆行驶,从而满足行车需求,同时担负对BSG电机控制器、电动压缩机和电池加热器配电功能。前驱动电机控制器还包括CAN通信、故障处理、在线CAN烧写、VDS烧写以及与其他模块配合完成整车的工作要求以及自检等功能。系统框图如图1-8所示。

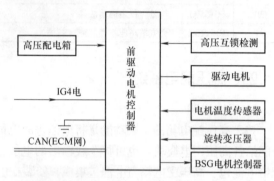

图1-8 前驱动电机控制系统框图

2. 电路检测

前驱动电机控制器低压端子如图1-9所示,DC/DC部分端子检测数据见表1-6,电机控制系统部分端子检测数据见表1-7。

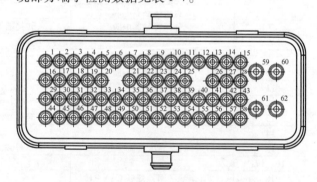

图1-9 前驱动电机控制器低压端子

表1-6 DC/DC部分端子检测数据

连接端子	定义	线色	检测条件	正常值
B51-1~B51-16	CANH1 DC CAN 高	P	OFF档	54~69Ω
B51-2~车身地	GND(VCC)1 DC电源地	B	OFF档	小于1Ω
B51-3~B51-17	VCC1 DC电源	Y/R	ON档	9~14V
B51-16~B51-1	CANL1 DC CAN 低	V	OFF档	54~69Ω
B51-17~车身地	GND(VCC)1 DC电源地	B	OFF档	小于1Ω
B51-18~B51-17	VCC1 DC电源	Y/R	ON档	9~14V

表1-7 电机控制系统部分端子检测数据

连接端子	定义	检测条件	正常值
B51-4 ~ B51-61	HV_LOCK2 高压互锁输入2	ON 档	PWM 信号
B51-9 ~ B51-61	CRASH-IN 碰撞信号	ON 档	PWM 信号
B51-10 ~ 车身地	GND 冷却液温度检测电源地	OFF 档	小于1Ω
B51-19 ~ B51-61	IN_HAND_BRAKE 驻车制动信号	ON 档	0~12V 高低电平信号
B51-20 ~ 车身地	HV-LOCK1 高压互锁输入1	ON 档	PWM 信号
B51-29 ~ B51-44	EXCOUT-（励磁-）	OFF 档	7~10Ω
B51-30 ~ B51-45	SIN-（正弦-）	OFF 档	15~19Ω
B51-31 ~ B51-46	COS-（余弦-）	OFF 档	15~19Ω
B51-36 ~ B51-37	CANL CAN 信号低	OFF 档	54~69Ω
B51-37 ~ B51-36	CANH CAN 信号高	OFF 档	54~69Ω
B51-38 ~ 车身地	GND2 电机温度地	OFF 档	小于1Ω
B51-44 ~ 车身地	EXCOUT+（励磁+）	OFF 档	7~10Ω
B51-45 ~ B51-30	SIN+（正弦+）	OFF 档	15~19Ω
B51-46 ~ B51-31	COS+（余弦+）	OFF 档	15~19Ω
B51-47 ~ 车身地	GND 旋变屏蔽地	OFF 档	小于1Ω
B51-48 ~ 车身地	IN_FEET_BRAKE 行车制动信号	—	—
B51-51 ~ 车身地	GND（CAN）CAN 屏蔽地	OFF 档	小于1Ω
B51-53 ~ 车身地	STATOR_T_IN 电机绕组温度	ON 档	—
B51-59 ~ 车身地	GND（VCC）外部电源地	OFF 档	小于1Ω
B51-60 ~ B51-61	VCC 外部12V 电源	ON 档	10~14V
B51-61 ~ 车身地	GND（VCC）外部电源地	OFF 档	小于1Ω
B51-62 ~ B51-61	VCC 外部12V 电源	ON 档	10~14V

3. 故障码

电机故障码内容见表1-8。

表1-8 故障码表

序号	故障码（ISO 15031-6）	故障定义
1	P1BB000	前驱动电机过电流
2	P1BB100	前驱动电机控制器 IPM 故障
3	P1BB200	前驱动电机过温告警
4	P1BB300	前驱动电机控制器 IGBT 过温告警
5	P1BC700	前驱动电机控制器 IPM 散热器过温故障
6	P1BB500	前驱动电机控制器高压欠电压
7	P1BB600	前驱动电机控制器高压过电压
8	P1BB700	前驱动电机控制器高压采样故障
9	P1BB900	前驱动电机控制器开盖保护（预留）
10	P1BBA00	前驱动电机控制器 EEPROM 错误
11	P1BBF00	前驱动电机旋变故障-信号丢失
12	P1BC000	前驱动电机旋变故障-角度异常
13	P1BC100	前驱动电机旋变故障-故障幅值减弱
14	P1BC200	前驱动电机缺 A 相
15	P1BC300	前驱动电机缺 B 相
16	P1BC400	前驱动电机缺 C 相
17	P1BC500	前驱动电机控制器电流霍尔传感器 B 故障
18	P1BC600	前驱动电机控制器电流霍尔传感器 C 故障
19	P1BC800	前驱动电机控制器 IGBT 三相温度校验故障报告
20	U014100	与整车控制器通信故障
21	P1BB800	前驱动电机控制器碰撞信号故障（硬线）
22	P1BD119	硬件过电流标志
23	P1BD117	硬件过电压标志
24	P1BD000	DSP 死机标志
25	P1BD200	上桥臂报错
26	P1BD300	下桥臂报错
27	P1BD400	CPLD 运行状态
28	P1BD517	快速过压标志

二、BSG 电机

1. 系统说明

该车搭载的 BSG 电机带起停、发电功能,能够起停发动机,并且能够在汽车怠速、运行情况下,根据策略要求进行发电,以维持整车电平衡。

使用转接支架将电机与发动机连接,电机通过 4 个 M10 螺栓安装在转接支架上,转接支架再通过 5 个 M10 螺栓固定在发动机上。电机和支架通过空心定位套定位,支架和发动机通过两个定位销定位。BSG 电机安装位置见图 1-10。

2. 电机装配

1)将电机和电机支架通过定位套定好位,拧紧 4 个紧固螺栓。
2)安装三相线和低压接插线束。
3)将传动带与电机带装配。

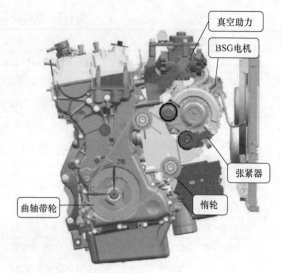

图 1-10 BSG 电机安装位置(示例车型为唐 DM 车型)

具体操作如下:

步骤 1:将电机和电机支架通过定位套定好位,拧紧 4 个紧固螺栓,见图 1-11。

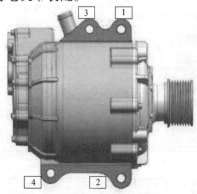
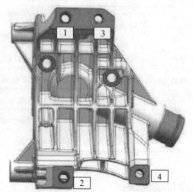

孔编号	定位信息	装配要求	紧固件数量	拧紧力矩/N·m	备注
1	主定位/拧紧固定	与发动机连接	1	64	优先拧紧
2	主定位/拧紧固定		1	64	优先拧紧
3	拧紧固定		1	64	—
4	拧紧固定		1	64	—

图 1-11 电机支架装配关系

步骤 2:安装三相线和低压按插线束。打开接线盒盖和盖板。将线鼻子螺栓拧开。将三相线线鼻子与接线座连接,拧紧螺栓。拧紧三相线法兰面与电机密封盖螺栓(图 1-12),拧紧接线盒盖与电机螺栓(图 1-13)。

步骤 3:电机各安装孔位(图 1-14)按标准紧固。

步骤 4:将传动带套在轮系上,用套筒将张紧轮逆时针转动,然后拔掉张紧轮上的销,张紧器张紧带安装完成,将进出水软管与电机进出水管连接,安装真空泵,见图 1-15。

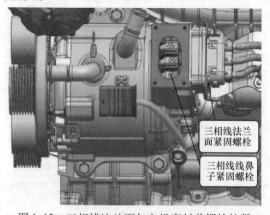

图 1-12 三相线法兰面与电机密封盖螺栓拧紧

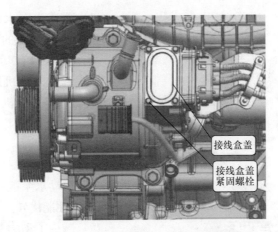

图 1-13 接线盒盖与电机拧紧螺栓

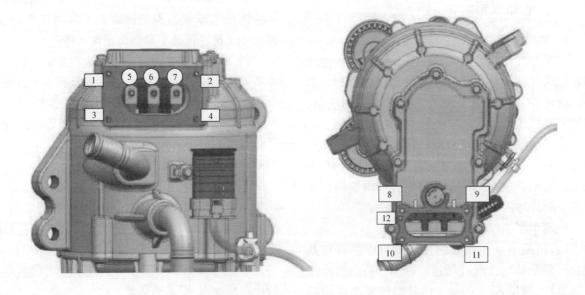

孔编号	定位信息	装配要求	紧固件数量	力矩/N·m	备注
1	拧紧固定	与接线盒盖连接	1	6±0.4	
2	拧紧固定		1	6±0.4	
3	拧紧固定		1	6±0.4	
4	拧紧固定		1	6±0.4	
5	拧紧固定		1	6±0.4	螺栓装配时，按照对角装配拧紧
6	拧紧固定		1	6±0.4	
7	拧紧固定		1	6±0.4	
8	拧紧固定	与三相线连接	1	6±0.4	
9	拧紧固定		1	6±0.4	
10	拧紧固定		1	6±0.4	
11	拧紧固定		1	6±0.4	
12	主定位				定位销定位

图 1-14 电机各安装孔示意图

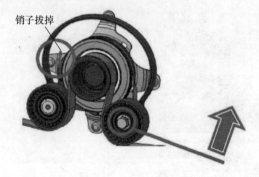

图1-15 安装张紧带

销子拔掉

第三节 温度管理系统

一、电动水泵

1. 总成介绍

水泵是发动机冷却系统的重要部件，它的作用是输送冷却液，使冷却液在发动机的冷却水道内快速流动，以带走发动机工作时产生的热量，保持发动机正常工作温度。

电动水泵代替发动机原机械水泵。电动水泵由发动机控制单元（ECM）通过 LIN 线和 PWM 控制，它不受发动机转速的影响，可以根据发动机的实际冷却需要灵活工作。

电动水泵工作控制逻辑：

1）搭载电动主水泵的发动机智能热管理系统会根据发动机工况（转速、转矩、负荷、冷却液温度），智能调节水泵工作状态使发动机始终处于高效工作区。

2）电动水泵会在发动机起动之后开始工作，带动冷却液循环，使发动机始终处于合理温度范围内，低温热机更快、高温散热效率更高。

3）搭载电动水泵的发动机智能热管理系统可有效降低发动机的油耗，使车辆更节油。

电动水泵具有以下优点：

1）起动发动机即可运作，响应快，更有利于冷却液循环、热机、发动机散热。

2）电动水泵流量比机械水泵更大，效率更高。

3）电动水泵安装方便，维护更容易。

4）电动水泵能耗低，NVH 性能优异，无刷直流电机性能优异。

5）减少了动力损耗，略微增加发动机动力并减少发动机油耗。

6）电动水泵是"按需而转"，可根据发动机实际散热需求灵活调节流量，尤其对于低转速、高转矩工况，保证了发动机正常工作温度。

7）机械水泵变为电动水泵后，发动机缸体就不需要预留水泵安装位置，减少发动机因为机械泵开模、带轮、传动带所增加的工序以及成本和空间。

8）可以在发动机熄火之后继续运转，改变了以前只有电子风扇在发动机熄火之后单独工作的缺点，具体体现如下：

① 带有涡轮增压的发动机，还可在发动机停转时，给增压器进行降温，延长增器的寿命。

② 对于带起停系统的发动机，在发动机起停熄火期间，继续给发动机相关零部件冷却。

③ 对于湿式离合器，可以在熄火之后继续运行冷却变速器/湿式离合器。

④ 可以在熄火之后，继续使用暖风系统，避免热量白白损失。

2. 故障排除

故障排除方法见表1-9。

表1-9 故障排除方法

序号	故障现象	故障分析	解决方法
1	泵不吸水	入口有杂物或管路堵死，或吸入管堵塞	查看水口，排除杂物，疏通吸入管，检查管路，尤其要分段查看吸入管路
		管路系统密封性差	查看管路，堵漏措施处理
		吸入空气	系统排气处理
		水泵机械故障	维修或更换
2	泵不能起动	电源故障、线路故障、水泵控制信号线不正常	检查电源及水泵接线情况
3	泵不排液	泵内气体未排净，系统没排空	系统排气处理
		泵旋转方向不对	再次确定泵的旋转方向
		泵转速太低	示波器查看水泵工作电流、工作信号
		出口堵塞或者管路堵死	疏通冷却液排出管
		吸入高度太高，或吸入口液体供给不足，造成吸入真空	调整查看副水箱加注管

第一章 比亚迪秦 Pro DM 型 PHEV 汽车

（续）

序号	故障现象	故障分析	解决方法
4	泵排液后中断、功率下降	吸入管路漏气	检查吸入管的密封情况，是否发生漏液
		吸入侧气体未排尽	系统排气处理
		吸入侧突然被异物堵住	停止运行泵，疏通吸入管路
5	流量不足/压力不够	系统净扬程增加，阻力损失增加	检查液位高度和系统压力
			检查管路，是否系统中存在泄漏
		其他地方漏液	查看叶轮
		泵叶轮堵塞、磨损、腐蚀	用功率计或示波器探测水泵功率
		水泵转速低、功率小	—
6	泵振动或噪声超标、异响	水泵或支架固定螺栓松动或水泵橡胶减振垫脱落、损坏	查看并固定相关螺栓，更换减振橡胶垫
		泵发生气蚀	查看系统温度，是否入口负压，聚集大量气泡
		叶轮损坏或有异物	拆开泵体检查，更换、去除异物
7	水泵/轴承过热	电机堵转或空转	检查、调整
		水泵短路	查看线路
		冷却液量不足或断路	检查后增加液量

二、空调系统

1. 系统说明

该车空调系统为单压缩机自动调节空调。系统主要由电动压缩机、冷凝器、HVAC 总成、制冷管路、PTC、暖风水管、风道、空调控制器等零部件组成，具有制冷、采暖、除霜除雾、通风换气四种功能。该系统利用 PTC 水暖采暖，利用蒸气压缩式制冷循环制冷，制冷剂为 R134a，冷冻油型号为 POE。

控制方式为按键操纵式。自动空调箱体的模式风门、冷暖混合风门和内外循环风门都由电机控制。

制冷时，由空调驱动器驱动的电动压缩机将气态的制冷剂从蒸发器中抽出，并将其压入冷凝器。高压气态制冷剂经冷凝器时液化而进行热交换（释放热量），热量被车外的空气带走，高压液态的制冷剂经膨胀阀的节流作用而降压，低压液态制冷剂在蒸发器中汽化而进行热交换（吸收热量），蒸发器附近被冷却了的空气通过鼓风机吹入车厢。气态制冷剂又被压缩机抽走，泵入冷凝器，如此使制冷剂进行封闭的循环流动，不断地将车厢内的热量排到车外，使车厢内的气温降至适宜的温度。制冷系统框图如图 1-16 所示。

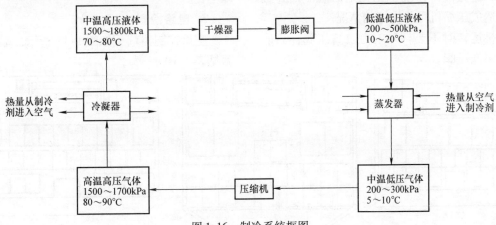

图 1-16　制冷系统框图

供暖系统采用水暖式制热，HEV 模式时通过发动机冷却液制热，EV 模式时通过 PTC 模块加热冷却液制热。供暖系统主要由 PTC、暖风电动水泵、热交换器、暖风水管和鼓风机、风道及控制机构等组成。HEV模式发动机工作时，被发动机气缸燃烧高温加热的冷却液在发动机冷却系统水泵的作用下，经暖风进水管进入热交换器，通过鼓风机吹出的空气把冷却液散发出的热量送到车厢内或风窗玻璃处，用以提高车厢内温度和除霜。在热交换器中进行了散热的冷却液经暖风出水管被水泵抽回，如此循环，实现暖风供热。EV模式工作时PTC加热冷却液，并通过暖风电动水泵把加热后的冷却液经暖风进水管进入热交换器，通过鼓风机吹出的空气将冷却液散发出的热量送到车厢内或风窗玻璃处，用以提高车厢内温度和除霜。在热交换器中进行了散热的冷却液经暖风出水管被暖风电动水泵抽回，如此循环，实现暖风供热。

发动机ECU通过冷却液温度传感器检测冷却液温度，再通过PWM信号控制风扇的开启、停止以及工作的转速。打开空调开启压缩机后，发动机ECU根据空调ECU的请求来控制无级风扇的开启和工作转速。

2. 维修说明

维修前应使工作区通风，请勿在封闭的空间或接近明火的地方操作制冷剂。维修前应戴好护目镜，保持至维修完毕。

避免液体制冷剂接触眼睛和皮肤。若液体制冷剂接触眼睛和皮肤，应用冷水冲洗，并注意不要揉眼睛或擦皮肤。在皮肤上涂凡士林软膏，严重时要立刻找医生寻求专业治疗。

制冷系统中如果没有足够的制冷剂，请勿运转压缩机，避免由于系统中无充足的制冷剂并且润滑不足造成压缩机可能烧坏的情况。

压缩机运转时不要打开压力表高压阀，只能打开和关闭低压阀。

必须使用专用冷冻油。不可乱用其他品牌的润滑油代替，更不能混用（不同牌号）。

空调系统制冷剂加注量为550g，冷冻油总量为160mL，当系统因渗漏导致冷冻油总量低于120mL时，就有可能造成压缩机过度磨损，因此维修站应视情况补加冷冻油。

空调压力保护是通过压力传感器，空调ECU检测到压力过高或过低时会保护空调系统。温度保护方式分为蒸发器温度保护（低温保护0~2℃），以及压缩机温度过高保护[高温保护(100±5)℃]。

维修时应注意，打开管路后O形圈必须更换，并在装配前在密封圈上涂冷冻油后按要求力矩连接。

维修中严格按技术要求操作（充注量、冷冻油型号、力矩要求等），按照要求检修空调，保证空调系统的正常工作和使用寿命。

因冷冻油具有较强的吸水性，在拆下管路时要立即用堵塞或口盖堵住管口，不要让湿气或灰尘进入制冷系统。

在排放系统中过多的制冷剂时，不要排放过快，以免将系统中的冷冻油也抽出来。

定期清洁空气过滤网，保持良好的空气调节质量。

检查冷凝器散热片表面是否有脏污，不要用蒸汽或高压水枪冲洗，以免损坏冷凝器散热片，应用软毛刷刷洗。

避免制冷剂过量，若制冷剂过量，会导致制冷不良。

3. 电路检测

空调控制器端子如图1-17所示，端子检测数据见表1-10。

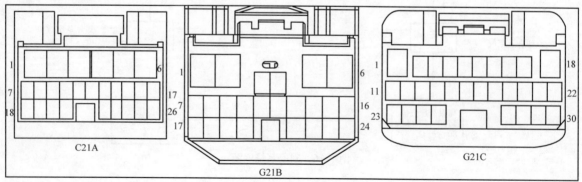

图1-17 空调控制器端子

第一章 比亚迪秦Pro DM型PHEV汽车

表1-10 空调控制器端子定义与检测数据

端子号	线色	端子描述	条件	正常值
G21A-20-车身地	R/B	常电	ON档	12V
G21C-4-车身地	Sb	冷却液温度信号	ON档	0~5V
G21B-4-车身地	L/R	电磁阀驱动	ON档	0V或5V
G21C-6-车身地	Sb	车外温度传感器采集	ON档	0~5V
G21B-23-车身地	R/W	PT传感器压力采集	ON档	0~5V
G21C-2-车身地	R/B	PT传感器温度采集	ON档	0~5V
G21A-21-车身地	Y/L	PT传感器、压力传感器电源	ON档	5V
G21C-13-车身地	L/R	空调压力传感器采集	ON档	0~5V
G21A-7-车身地	L	电子膨胀阀C端驱动	ON档	0V或12V
G21A-8-车身地	G	电子膨胀阀D端驱动	ON档	0V或12V
G21A-18-车身地	W	电子膨胀阀A端驱动	ON档	0V或12V
G21A-19-车身地	Y	电子膨胀阀B端驱动	ON档	0V或12V
G21A-1-车身地	R	IG4电	ON档	12V
G21B-1-车身地	Y	鼓风机继电器驱动信号	ON档	开启空调:0V 关闭空调:12V
G21C-24-车身地	G/B	鼓风机反馈信号	开启空调	—
G21B-5-车身地	G/B	鼓风机控制信号	开启空调	—
G21B-17-车身地	P	舒适网2 CAN-H	始终	2.5~3.5V
G21B-18-车身地	V	舒适网2 CAN-L	始终	1.5~2.5V
G21B-7-车身地	P	空调子网 CAN-H	始终	2.5~3.5V
G21B-8-车身地	V	空调子网 CAN-L	始终	1.5~2.5V
G21-6-车身地	W/R	电池冷却水泵PWM控制	开启内循环	0~12V
G21A-22-车身地	B	车身地	始终	小于1Ω
G21C-10-车身地	W	前车内温度传感器采集信号	ON档	0~5V
G21B-22-车身地	G/W	除霜电机反馈电源	ON档	5V
G21C-21-车身地	G/R	除霜电机反馈信号	ON档	0~5V
G21A-17-车身地	L	除霜电机驱动电源二	ON档	0V
G21A-6-车身地	Y/R	除霜电机驱动电源一	ON档	5V
G21B-11-车身地	Y	内外循环电机反馈电源	ON档	5V
G21C-17-车身地	O	内外循环电机反馈信号	ON档	0~5V
G21A-25-车身地	L	内外循环电机驱动电源二	ON档	0V
G21A-26-车身地	Y/B	内外循环电机驱动电源一	ON档	5V
G21C-23-车身地	Br	前排乘客侧冷暖电机反馈电源	ON档	5V
G21C-19-车身地	B/L	前排乘客侧冷暖电机反馈信号	ON档	0~5V
G21A-5-车身地	R/Y	前排乘客侧冷暖电机驱动电源二	ON档	0V
G21A-14-车身地	B	前排乘客侧冷暖电机驱动电源一	ON档	5V
G21C-25-车身地	G/Y	驾驶人侧冷暖电机反馈电源	ON档	5V
G21C-20-车身地	Br	驾驶人侧冷暖电机反馈信号	ON档	0~5V
G21A-12-车身地	R/G	驾驶人侧冷暖电机驱动电源二	ON档	0V
G21A-3-车身地	Y/B	驾驶人侧冷暖电机驱动电源一	ON档	5V
G21B-20-车身地	W/R	模式风门电机反馈电源	ON档	5V
G21C-18-车身地	W	模式风门电机反馈信号	ON档	0~5V
G21A-16-车身地	Y	模式风门电机驱动电源二	ON档	0V
G21A-15-车身地	Br	模式风门电机驱动电源一	ON档	5V
G21C-12-车身地	R	蒸发器温度传感器反馈信号	ON档	0~5V
G21C-11-车身地	R	驾驶人侧吹脚通道温度传感器反馈信号	ON档	0~5V
G21C-1-车身地	Y	前排乘客侧吹脚通道温度传感器反馈信号	ON档	0~5V
G21C-7-车身地	L	驾驶人侧吹面通道温度传感器反馈信号	ON档	0~5V
G21C-9-车身地	G	前排乘客侧吹面通道温度传感器反馈信号	ON档	0~5V

第四节　整车控制系统

1. 端子定义

以 2018 款秦 PRO EV 车型为例，整车控制器端子如图 1-18 所示，端子定义见表 1-11。

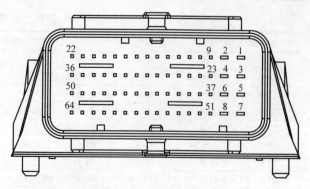

图 1-18　整车控制器端子

表 1-11　整车控制器端子定义

端子号	名称	定义	线束连接	信号类型
1	+12V	外部输入 12V 电源	IG3 电	+12V
2	—	—	—	—
3	+12V	外部输入 12V 电源	IG3 电	+12V
4	—	—	—	—
5	GND0	外部输入 12V 电源地	车身地	GND0
6	—	—	—	—
7	GND0	外部输入 12V 电源地	车身地	GND0
8	—	—	—	—
9	+5V2	制动深度电源 2	接制动深度传感器 D 脚	+5V
10	+5V2	制动深度电源 1	接制动深度传感器 G 脚	+5V
11	+5V2	真空压力传感器电源	接真空压力传感器 1 号脚	+5V
12~14	—	—	—	—
15	IN_FEET_BRAKE	制动开关信号	制动开关	高有效
16	—	—	—	—
17	V_PUMP_TEST_IN	真空泵继电器检测信号（0 或 12V）	真空泵继电器 1、2 与真空泵 1 号脚的交汇处	高有效
18	—	—	—	—
19	L_FAN_OUT	无级风扇信号控制/回检	接无级风扇模块	PWM 波形
20	EARTH	动力网 CAN 屏蔽地	接屏蔽地	—
21	CANH	动力网 CAN 信号高	接动力网	—
22	CANL	动力网 CAN 信号低	接动力网	—
23	+5V2	节气门深度电源 1	接节气门深度传感器 3 号脚	+5V
24	+5V2	节气门深度电源 2	接节气门深度传感器 6 号脚	+5V
25~32	—	—	—	—
33	CRASH_IN	碰撞信号	接 SRS_ECU	PWM 信号
34~36	—	—	—	—
37	EARTH	节气门深度 1 电源地	接节气门深度传感器 5 号脚	GND
38	EARTH	节气门深度 2 电源地	接节气门深度传感器 4 号脚	GND
39、40	—	—	—	—
41	V_PUMP1_OUT	真空泵继电器 1 控制信号	接真空泵继电器 1	低有效
42~45	—	—	—	—
46	VP_SENSOR	真空压力传感器信号	接真空压力传感器 3 号脚	0~5V 模拟信号
47	EARTH	节气门深度屏蔽地	车身地	—
48	DC_GAIN2	节气门深度 2 信号	接节气门深度传感器 1 号脚	0~5V 模拟信号

第一章 比亚迪秦 Pro DM 型 PHEV 汽车

（续）

端子号	名称	定义	线束连接	信号类型
49	DC_BRAKE2	制动深度2信号	接制动深度传感器C脚	0~5V模拟信号
50	DC_BRAKE1	制动深度1信号	接制动深度传感器F脚	0~5V模拟信号
51	EARTH	制动深度2电源地	接制动深度传感器B脚	GND
52	EARTH	制动深度1电源地	接制动深度传感器A脚	GND
53	EARTH	真空压力传感器地	接真空压力传感器2号脚	GND
54	—	—	—	—
55	V_PUMP2_OUT	真空泵继电器2控制信号	真空泵继电器2控制脚	—
56~57	—	—	—	—
58	EARTH	冷却液温度传感器信号地	接电机冷却液温度A脚	—
59	MT_WATER TEMP SENSOR	冷却液温度传感器信号	接电机冷却液温度C脚	电阻型
60	CURISE_IN	模式开关信号	接模式开关	电阻信号
61	EARTH	模式开关地	接模式开关	GND
62	DC_GAIN1	节气门深度1信号	接节气门深度传感器2号脚	0~5V模拟信号
63	EARTH	制动深度屏蔽地	接车身地	—
64	—	—	—	—

2. 故障码

以2018款秦PRO EV车型为例，该车整车控制系统故障码见表1-12。

表1-12 故障码表

故障码	故障定义
P1D7902	整车控制器碰撞信号故障
P1D6144	整车控制器EEPROM错误
P1D6200	整车控制器巡航开关信号故障
P1D6300	整车控制器水泵驱动故障
P1D7B00	节气门信号故障-1信号故障
P1D7C00	节气门信号故障-2信号故障
P1D6600	节气门信号故障-校验故障
P1D6700	制动信号故障-1信号故障
P1D6800	制动信号故障-2信号故障
P1D6900	制动信号故障-校验故障
U011187	与电池管理器（BMC）通信故障
U024E87	与ESC通信故障
U012887	与EPB通信故障
U029187	与档位控制器通信故障
U016487	与空调通信故障
U014087	与BCM通信故障
U029887	与DC通信故障
U012187	与ABS通信故障（MEE预留）
U701A600	与后驱动电机控制器（RMCU）通信故障
U01A500	与前驱动电机控制器（FMCU）通信故障
U024C87	与I-KEY通信故障
P1D6D00	整车控制器DSP复位故障
P1D9017	高压电池单节电压过高

（续）

故障码	故障定义
P1D9016	高压电池单节电压过低
P1D9100	高压电池总电压过高
P1D9117	高压电池总电压严重过高
P1D9200	高压电池总电压过低
P1D9216	高压电池总电压严重过低
P1D9308	高压电池生命帧异常
P1D8500	真空泵系统失效
P1D8600	真空泵严重漏气故障
P1D8700	真空泵一般漏气故障
P1D8800	真空泵达到极限寿命
P1D8900	真空泵继电器1故障
P1D8A00	真空泵继电器2故障
P1D8B00	真空泵继电器1、2故障
P1D9A00	真空压力传感器故障
P1D9900	大气压力传感器故障
P1D8400	冷却液温度故障
P1D9400	低压输出断线
P1D9516	低压蓄电池电压过低
P1D9517	低压蓄电池电压过高
P1D9600	高压电池生命帧异常-计数器乱序
P1D9700	高压电池生命帧异常-校验值异常
P1D9800	温度采样异常
P1D8300	整车限功率
B17A300	SRS CAN信号异常
B17A400	SRS硬线信号异常
P1BA000	巡航配置未写入

第二章 比亚迪e5 450型EV汽车

第一节 高压电源系统

一、高压电池系统

1. 系统说明

高压电池系统是EV汽车动力源，它为整车驱动和其他用电器提供电能。

该车的高压电池系统由高压电池模块、电池信息采集器、级联模块、串联线、托盘、密封盖、电池采样线、高低压接插件、配电箱等组成。额定总电压为394.21V，总容量为51.2kW·h。

高压电池布置在整车地板下面，安装位置如图2-1所示。

图2-1 高压电池安装位置

2. 端子定义

高压电池包低压端子如图2-2所示，端子定义见表2-1。

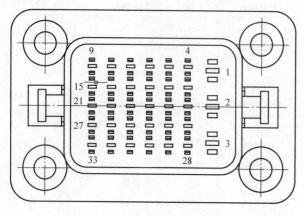

图2-2 高压电池包低压端子

表2-1 高压电池包低压端子定义

端子	定义	线束连接
1~3	—	—
4	级联模块CANL	BMC03-1
5	级联模块CAN屏蔽地	BMC03-2
6	负极接触器电源	BMC03-20
7~9	—	—
10	级联模块CANH	BMC03-8
11	级联模块电源正	BMC03-7
12	—	—
13	负极接触器控制	BMC03-10
14、15	—	—
16	级联模块GND	BMC03-26
17~22	—	—
23	正极接触器电源	BMC03-21
24~27	—	—
28	正极接触器控制	BMC03-11
29	高压互锁输入	电控33针-23
30	高压互锁输出	BMC02-7
31~33	—	—

二、电池管理系统

1. 系统说明

该车采用分布式电池管理系统，由电池管理器（BMC）、电池信息采集器、级联转换模块、电池采样线组成。电池管理器的主要功能有充放电管理、接触器控制、功率控制、电池异常状态报警和保护、SOC/SOH计算、自检以及通信等。电池信息采集器的主要功能有电池电压采样、温度采样、电池均衡、采样线异常检测等。级联转换模块的主要功能是将电池信息采集器的信息传输到电池管理器，高压电池采样线的主要功能是连接电池管理器和电池信息采集器，实现两者之间的通信及信息交换。

电池管理器位于高压电池后部，位置如图2-3和图2-4所示。

第二章 比亚迪 e5 450 型 EV 汽车

图 2-3 电池管理器安装位置（5AEC 车型）

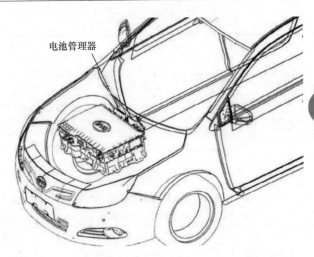

图 2-4 电池管理器安装位置（5AEB 车型）

2. 端子定义

1）5AEB 车型 BMC 端子如图 2-5 所示，端子定义见表 2-2。

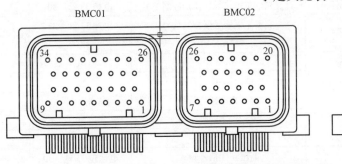
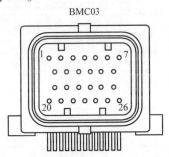

图 2-5 BMC 端子

表 2-2 电池管理器（BMC）端子定义

端子号	端子名称	端子定义	线束接法	信号类型
BMC01-1	高压互锁输出信号	高压互锁输出信号	PIC 高压互锁-1	PWM 波
BMC01-2	烧结检测信号	烧结检测信号	电控 33 针-11	NC
BMC01-3	NC	NC	NC	NC
BMC01-4	NC	NC	NC	NC
BMC01-5	NC	NC	NC	NC
BMC01-6	车身地	车身地	接整车线束	
BMC01-7	NC	NC	NC	NC
BMC01-8	NC	NC	NC	NC
BMC01-9	主接触器拉低控制信号	主接触器拉低控制信号	电控 33 针-32	
BMC01-10	NC	NC	NC	NC
BMC01-11	NC	NC	NC	NC
BMC01-12	NC	NC	NC	NC
BMC01-13	NC	NC	NC	NC
BMC01-14	12V 常电	12V 常电	接整车线束	电压
BMC01-15	NC	NC	NC	NC
BMC01-16	NC	NC	NC	NC
BMC01-17	主预充接触器拉低控制信号	主预充接触器拉低控制信号	电控 33 针-29	

(续)

端子号	端子名称	端子定义	线束接法	信号类型
BMC01-18	NC	NC	NC	
BMC01-19	NC	NC	NC	
BMC01-20	NC	NC	NC	
BMC01-21	NC	NC	NC	NC
BMC01-22	NC	NC	NC	NC
BMC01-23	NC	NC	NC	NC
BMC01-24	NC	NC	NC	NC
BMC01-25	直流充电负极接触器拉低控制信号	直流充电负极接触器拉低控制信号	电控33针-31	NC
BMC01-26	电流霍尔传感器信号	电流霍尔传感器信号	电控33针-18	
BMC01-27	电流霍尔传感器+15V	电流霍尔传感器+15V	电控33针-16	电压
BMC01-28	电流霍尔传感器信号屏蔽地	电流霍尔传感器信号屏蔽地	电控33针-10	
BMC01-29	电流霍尔传感器-15V	电流霍尔传感器-15V	电控33针-17	电压
BMC01-30	车身地	车身GND	接整车线束	
BMC01-31	仪表指示灯控制信号	仪表指示灯控制信号	接仪表	电压
BMC01-32	NC	NC	NC	NC
BMC01-33	直流充电正极接触器拉低控制信号	直流充电正极接触器拉低控制信号	电控33针-30	
BMC01-34	交流充电接触器控制信号	交流充电接触器控制信号	电控33针-32	
BMC02-1	DC12V	DC12V	接整车线束	电压
BMC02-2	NC	NC	NC	NC
BMC02-3	NC	NC	NC	NC
BMC02-4	直流充电感应信号	直流充电感应信号	直流充电口-03	
BMC02-5	NC	NC	NC	NC
BMC02-6	车身地	车身GND	接整车线束	
BMC02-7	高压互锁输入信号	高压互锁信号输入	电池包33针-30	PWM
BMC02-8	NC	NC	NC	
BMC02-9	NC	NC	NC	
BMC02-10	NC	NC	NC	NC
BMC02-11	直流温度传感器	直流温度传感器	直流充电口-07	
BMC02-12	NC	NC	NC	NC
BMC02-13	直流温度传感器	直流温度传感器	直流充电口-08	
BMC02-14	直流充电口CAN2H	直流充电口CAN2H	直流充电口-05	
BMC02-15	CAN1H（整车）	CAN1H（整车）	接整车低压线束动力网	
BMC02-16	整车CAN屏蔽地	整车CAN屏蔽地	接整车低压线束	
BMC02-17	NC	NC	NC	NC
BMC02-18	车载充电感应信号	车载充电感应信号	电控33针-3	
BMC02-19	NC	NC	NC	NC
BMC02-20	直流充电口CAN2L	直流充电口CAN2L	直流充电口-04	
BMC02-21				
BMC02-22	CAN1L（整车）	CAN1L（整车）	接整车低压线束动力网	
BMC02-23	NC	NC	NC	NC
BMC02-24	NC	NC	NC	NC
BMC02-25	碰撞信号	碰撞信号	接后碰ECU	PWM
BMC02-26	NC	NC	NC	NC
BMC03-1	级联模块CANL	级联模块CANL	电池包33针-4	
BMC03-2	级联模块CAN屏蔽地	级联模块CAN屏蔽地	电池包33针-5	

第二章 比亚迪 e5 450 型 EV 汽车

(续)

端子号	端子名称	端子定义	线束接法	信号类型
BMC03 - 3	NC	NC	NC	
BMC03 - 4	NC	NC	NC	
BMC03 - 5	NC	NC	NC	NC
BMC03 - 6	NC	NC	NC	
BMC03 - 7	级联模块电源正	级联模块电源正	电池包 33 针 - 11	
BMC03 - 8	级联模块 CANH	级联模块 CANH	电池包 33 针 - 10	
BMC03 - 9	NC	NC	NC	NC
BMC03 - 10	负极接触器拉低控制信号	负极接触器过低控制信号	电池包 33 针 - 13	
BMC03 - 11	正极接触器拉低控制信号	正极接触器过低控制信号	电池包 33 针 - 28	
BMC03 - 12	NC	NC	NC	NC
BMC03 - 13	NC	NC	NC	
BMC03 - 14	NC	NC	NC	
BMC03 - 15	NC	NC	NC	
BMC03 - 16	NC	NC	NC	NC
BMC03 - 17	NC	NC	NC	
BMC03 - 18	NC	NC	NC	
BMC03 - 19	NC	NC	NC	
BMC03 - 20	负极接触器电源	负极接触器电源	电池包 33 针 - 6	
BMC03 - 21	正极接触器电源	正极接触器电源	电池包 33 针 - 23	
BMC03 - 22	NC	NC	NC	NC
BMC03 - 23	NC	NC	NC	NC
BMC03 - 24	NC	NC	NC	NC
BMC03 - 25	NC	NC	NC	NC
BMC03 - 26	级联模块 GND	级联模块 GND	电池包 33 针 - 16	

端子检测数据见表 2-3。

表 2-3 电池管理器（BMC）端子检测数据

连接端子	端子描述	线色	条件	正常值
BMC01 - 1 ~ GND	高压互锁输出信号	W	ON 档/OK 档/充电	PWM 脉冲信号
BMC01 - 2 ~ GND	烧结检测信号	L/W	ON 档/OK 档/充电	9 ~ 16V
BMC01 - 6 ~ GND	整车低压地	B	始终	小于 1V
BMC01 - 9 ~ GND	主接触器拉低控制信号	Br	整车上高压电	小于 1V
BMC01 - 14 ~ GND	12V 蓄电池正	G/R	ON 档/OK 档/充电	9 ~ 16V
BMC01 - 17 ~ GND	主预充接触器拉低控制信号	W/L	预充过程中	小于 1V
BMC01 - 25 ~ GND	直流充电负极接触器拉低控制信号	Gr	充电时	小于 1V
BMC01 - 26 ~ GND	直流霍尔传感器信号	W/B	电源 ON 档	0 ~ 4.2V
BMC01 - 27 ~ GND	直流霍尔传感器 +15V	Y/B	ON 档/OK 档/充电	9 ~ 16V
BMC01 - 28 ~ GND	直流霍尔传感器屏蔽地	Y/G		
BMC01 - 29 ~ GND	电流霍尔传感器 -15V	R/G	ON 档/OK 档/充电	-16 ~ -9V
BMC01 - 30 ~ GND	整车低压地	B	始终	小于 1V
BMC01 - 31 ~ GND	仪表充电指示灯信号	G	充电时	
BMC01 - 33 ~ GND	直流充电正极接触器拉低控制信号	Gr	充电时	小于 1V
BMC01 - 34 ~ GND	交流充电接触器控制信号	G/W	始终	小于 1V

(续)

连接端子	端子描述	线色	条件	正常值
BMC02-1~GND	DC12V电源正	R/B	电源ON档/充电	11~14V
BMC02-4~GND	直流充电感应信号	Y/R	充电时	
BMC02-6~GND	整车低压地	B	始终	
BMC02-7~GND	高压互锁输入信号	W	ON档/OK档/充电	PWM脉冲信号
BMC02-11~GND	直流温度传感器高	G/Y	ON档/OK档/充电	2.5~3.5V
BMC02-13~GND	直流温度传感器低	R/W		
BMC02-14~GND	直流充电口CAN2H	P		
BMC02-15~GND	整车CAN1H	P	ON档/OK档/充电	2.5~3.5V
BMC02-16~GND	整车CAN屏蔽地			
BMC02-18~GND	VTOG/车载感应信号	L/B	充电时	小于1V
BMC02-20~GND	直流充电口CAN2L	V	直流充电时	
BMC02-22~GND	整车CAN1L	V	ON档/OK档/充电	1.5~2.5V
BMC02-25~GND	碰撞信号	Y/G	起动	约-15V
BMC03-1~GND	级联模块CANL	V	ON档/OK档/充电	1.5~2.5V
BMC03-2~GND	级联模块CAN屏蔽地		始终	小于1V
BMC03-7~GND	级联模块电源正	R/L	ON档/OK档/充电	9~16V
BMC03-8~GND	级联模块CANH	P	ON档/OK档/充电	2.5~3.5V
BMC03-10~GND	负极接触器拉低控制信号	L/B	接触器吸合时	小于1V
BMC03-11~GND	正极接触器拉低控制	R/G	接触器吸合时	小于1V
BMC03-20~GND	负极接触器12V电源	Y/W	ON档/OK档/充电	9~16V
BMC03-21~GND	正极接触器12V电源	R/W	ON档/OK档/充电	9~16V
BMC03-26~GND	级联模块电源地	R/Y	ON档/OK档/充电	

2）5AEC车型电池管理器（BMC）端子如图2-6所示，端子定义见表2-4、表2-5。

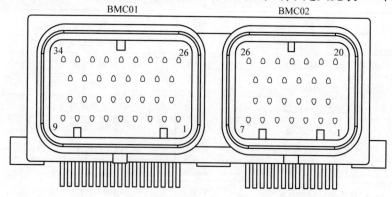

图2-6 电池管理器（BMC）端子

表2-4 BMC01端子定义

端子号	端子名称	端子定义	线束接法	信号类型	稳态工作电流/电压
1	电池子网CANH	电池子网CANH	接电池包33针-10	CAN信号	≤1A
2	电池子网CAN屏蔽地	电池子网CAN屏蔽地	接电池包33针-5	接地	≤1A
3	BMS通信转换模块电源+12V	BMS通信转换模块+12V电源输出	接电池包33针-11	电压	1.5V

(续)

端子号	端子名称	端子定义	线束接法	信号类型	稳态工作电流/电压
4	NC	NC			
5	NC	NC			
6	直流充电唤醒信号	直流充电唤醒信号输入	接直流充电口12针-2	电平信号	≤1A
7	预充接触器电源+12V/主接触器电源+12V	预充接触器+12V电源输出	接电池包33针-20	电压	1.5V
		主接触器+12V电源输出	接电池包33针-18	电压	1.5V
8	充电仪表指示灯信号	充电仪表指示灯亮灭控制	仪表	电平信号	≤1A
9	分压接触器控制信号	分压接触器控制信号输出，拉低导通	接电池包33针-27	电平信号	≤1A
10	电池子网CANL	电池子网CANL	接电池包33针-4	CAN信号	≤1A
11	通信转换模块电源GND	通信转换模块电源GND	接电池包33针-16	接地	≤1A
12	NC	NC			
13	NC	NC			
14	NC	NC			
15	直流充电正极接触器电源+12V	直流充电正极接触器+12V电源输出	接充配电总成33针-8	电压	2A
	直流充电负极接触器电源+12V	直流充电负极接触器+12V电源输出			
16	负极接触器电源+12V/分压接触器电源+12V	负极接触器+12V电源输出	接电池包33针-6	电压	1.5V
		分压接触器+12V电源输出	接电池包33针-21	电压	1.5V
17	NC	NC			
18	电池霍尔传感器负极电源-15V	电流霍尔传感器负极电源-15V输出	接电池包33针-25	电压	≤1A
19	电流霍尔传感器屏蔽地	电流霍尔传感器屏蔽地	接电池包33针-23	接地	≤1A
20	NC	NC			
21	预充接触器控制信号	预充接触器控制信号输出，拉低导通	接电池包33针-28	电平信号	≤1A
22	主接触器控制信号	主接触器控制信号输出，拉低导通	接电池包33针-19	电平信号	≤1A
23	NC	NC			
24	直流充电负极接触器控制信号	直流充电负极接触器控制信号输出，拉低导通	接充配电总成33针-10	电平信号	≤1A
25	NC	NC			
26	直流霍尔传感器信号	电流霍尔传感器信号输入	接电池包33针-22	模拟信号	≤1A
27	电流霍尔传感器正极电源+15V	电流霍尔传感器正极电源+15V输出	接电池包33针-24	电压	≤1A
28	常电	常电12V输入	整车低压线束	电压	1.5A
29	负极接触器控制信号	负极接触器控制信号输出，拉低导通	接电池包33针-13	电平信号	≤1A
30	NC	NC			
31	NC	NC			
32	NC	NC			
33	直流充电正极接触器控制信号	直流充电正极接触器控制信号输出，拉低导通	接充配电总成33针-9	电平信号	≤1A
34	NC	NC			

表 2-5 BMC02 端子定义

端子号	端子名称	端子定义	线束接法	信号类型	稳态工作电流/电压
1	12V 常电	12V 常电	整车低压线束	电压	1.5A
2	车身地	车身地	整车低压线束	接地	≤1A
3	碰撞信号	碰撞信号	接碰撞 ECU	PWM 信号	≤1A
4	PWM 输出 1	高压互锁输出 1	接电池包 33 针 –30	PWM 信号	≤1A
5	PWM 输入 1	高压互锁输入 1	接充配电总成 33 针 –13	PWM 信号	≤1A
6	直流充电口温度传感器 GND2	直流充电口温度传感器 GND	接直流充电口 12 针 –10	接地	≤1A
7	直流充电接触器烧结检测信号	直流充电接触器烧结检测信号输入	接充配电总成 33 针 –11	电平信号	≤1A
8	DC 12V	DC 12V 输入	整车低压线束	电压	≤1A
9	动力网 CAN 终端电阻并入 1	CAN 终端电阻并入 1	BMC02 –14	CAN 信号	≤1A
10	PWM 输出 2	高压互锁输出 2	接充配电总成 33 针 –14	PWM 信号	≤1A
11	PWM 输入 2	高压互锁输入 2	接充配电总成 33 针 –15	PWM 信号	≤1A
12	直流充电口温度传感器 GND1	直流充电口温度传感器 GND	接直流充电口 12 针 –8	接地	≤1A
13	直流充电口温度信号 2	直流充电口温度信号输入	接直流充电口 12 针 –9	模拟信号	≤1A
14	动力网 CAN 终端电阻并入 2	CAN 终端电阻并入 2	BMC02 –09	CAN 信号	≤1A
15	快充电信号	快充电信号输入	接直流充电口 12 针 –3	模拟信号	≤1A
16	动力网 CANH	动力网 CANH	整车低压线束动力网	CAN 信号	≤1A
17	动力网 CANL	动力网 CANL	整车低压线束动力网	CAN 信号	≤1A
18	NC	NC			
19	直流充电口温度信号 1	直流充电口温度信号	接直流充电口 12 针 –7	模拟信号	≤1A
20	车载充电感应信号	车载充电感应信号输入	接充配电总成 33 针 –6	模拟信号	≤1A
21	车身地	车身地	整车低压线束	接地	≤1A
22	NC	NC			
23	整车 CAN 屏蔽地	整车 CAN 屏蔽地	整车低压线束	接地	≤1A
24	直流充电子网 CANH	直流充电子网 CANH	接直流充电口 12 针 –5	CAN 信号	≤1A
25	直流充电子网 CANL	直流充电子网 CANL	接直流充电口 12 针 –4	CAN 信号	≤1A
26	NC	NC			

3. 电路检测

电池管理器（BMC）端子检测数据见表 2-6。

表 2-6 BMC 端子检测数据

连接端子	端子描述	线色	条件	正常值
BMC01 – 1 ~ GND	高压互锁输出信号	W	ON 档/OK 档/充电	PWM 脉冲信号
BMC01 – 2 ~ GND	烧结检测信号	L/W	ON 档/OK 档/充电	小于 1V
BMC01 – 6 ~ GND	整车低压地	B	始终	小于 1V
BMC01 – 9 ~ GND	主接触器拉低控制信号	Br	整车上高压电	小于 1V
BMC01 – 14 ~ GND	12V 蓄电池正	G/R	ON 档/OK 档/充电	9 ~ 16V
BMC01 – 17 ~ GND	主预充接触器拉低控制信号	W/L	预充过程中	小于 1V
BMC01 – 25 ~ GND	直流充电负极接触器拉低控制信号	GR	充电时	小于 1V
BMC01 – 26 ~ GND	直流霍尔传感器信号	W/B	电源 ON 档	0 ~ 4.2V
BMC01 – 27 ~ GND	电流霍尔传感器 +15V	Y/B	ON 档/OK 档/充电	9 ~ 16V
BMC01 – 28 ~ GND	直流霍尔传感器屏蔽地	Y/G	—	—
BMC01 – 29 ~ GND	电流霍尔传感器 –15V	R/G	ON 档/OK 档/充电	–16 ~ –9V
BMC01 – 30 ~ GND	整车低压地	B	始终	小于 1V
BMC01 – 31 ~ GND	仪表充电指示灯信号	G	充电时	小于 1V
BMC01 – 33 ~ GND	直流充电正极接触器拉低控制信号	Gr	充电时	小于 1V
BMC01 – 34 ~ GND	交流充电接触器控制信号	G/W	始终	小于 1V
BMC02 – 1 ~ GND	DC 12V 电源正	R/B	电源 ON 档/充电	11 ~ 14V

第二章 比亚迪 e5 450 型 EV 汽车

(续)

连接端子	端子描述	线色	条件	正常值
BMC02-4~GND	直流充电感应信号	Y/R	充电时	—
BMC02-6~GND	整车低压低	B	始终	—
BMC02-7~GND	高压互锁输入信号	W	ON档/OK档/充电	PWM脉冲信号
BMC02-11~GND	直流温度传感器高	G/Y	ON档/OK档/充电	2.5~3.5V
BMC02-13~GND	直流温度传感器低	R/W	—	—
BMC02-14~GND	直流充电口CAN2H	P	—	—
BMC02-15~GND	整车CAN1H	P	ON档/OK档/充电	1.5~2.5V
BMC02-16~GND	整车CAN屏蔽地	—	—	—
BMC02-18~GND	VTOG/车载感应信号	L/B	充电时	小于1V
BMC02-20~GND	直流充电口CAN2L	V	直流充电时	—
BMC02-22~GND	整车CANH	V	ON档/OK档/充电	1.5~2.5V
BMC02-25~GND	碰撞信号	Y/G	起动	约-15V
BMC03-1~GND	采集器CANL	V	ON档/OK档/充电	1.5~2.5V
BMC03-2~GND	采集器CAN屏蔽地	—	始终	小于1V
BMC03-7~GND	BIC供电电源正	R/L	ON档/OK档/充电	9~16V
BMC03-8~GND	采集器CANH	P	ON档/OK档/充电	2.5~3.5V
BMC03-10~GND	负极接触器拉低控制信号	L/B	接触器吸合时	小于1V
BMC03-11~GND	正极接触器拉低控制信号	R/G	接触器吸合时	小于1V
BMC03-20~GND	负极接触器12V电源	Y/W	ON档/OK档/充电	9~16V
BMC03-21~GND	正极接触器12V电源	R/W	ON档/OK档/充电	9~16V
BMC03-26~GND	BIC供电电源地	R/Y	—	—

4. 故障码

故障码内容见表2-7。

表2-7 故障码表

序号	故障码	故障定义	检查部件
1	P1A0000	严重漏电故障	检查高压电池、四合一、加热器、空调压缩机和PTC
2	P1A0100	一般漏电故障	检查高压电池、四合一、加热器、空调压缩机和PTC
3	P1A0200	BIC1工作异常故障	采集器1
4	P1A0300	BIC2工作异常故障	采集器2
5	P1A0400	BIC3工作异常故障	采集器3
6	P1A0500	BIC4工作异常故障	采集器4
7	P1A0600	BIC5工作异常故障	采集器5
8	P1A0700	BIC6工作异常故障	采集器6
9	P1A0500	BIC7工作异常故障	采集器7
10	P1A0900	BIC8工作异常故障	采集器8
11	P1A0A00	BIC9工作异常故障	采集器9
12	P1A0B00	BIC10工作异常故障	采集器10
13	P1A9800	BIC11工作异常故障	采集器11
14	P1A9900	BIC12工作异常故障	采集器12
15	P1A9A00	BIC13工作异常故障	采集器13
16	P1A0C00	BIC1电压采样异常故障	电池模块1；软件会自己屏蔽掉，无需处理，若无法屏蔽则需更换电池模块
17	P1A0D00	BIC2电压采样异常故障	电池模块2；软件会自己屏蔽掉，无需处理，若无法屏蔽则需更换电池模块
18	P1A0E00	BIC3电压采样异常故障	电池模块3；软件会自己屏蔽掉，无需处理，若无法屏蔽则需更换电池模块
19	P1A0F00	BIC4电压采样异常故障	电池模块4；软件会自己屏蔽掉，无需处理，若无法屏蔽则需更换电池模块
20	P1A1000	BIC5电压采样异常故障	电池模块5；软件会自己屏蔽掉，无需处理，若无法屏蔽则需更换电池模块
21	P1A1100	BIC6电压采样异常故障	电池模块6；软件会自己屏蔽掉，无需处理，若无法屏蔽则需更换电池模块
22	P1A1200	BIC7电压采样异常故障	电池模块7；软件会自己屏蔽掉，无需处理，若无法屏蔽则需更换电池模块
23	P1A1300	BIC8电压采样异常故障	电池模块8；软件会自己屏蔽掉，无需处理，若无法屏蔽则需更换电池模块
24	P1A1400	BIC9电压采样异常故障	电池模块9；软件会自己屏蔽掉，无需处理，若无法屏蔽则需更换电池模块
25	P1A1500	BIC10电压采样异常故障	电池模块10；软件会自己屏蔽掉，无需处理，若无法屏蔽则需更换电池模块
26	P1AA200	BIC11电压采样异常故障	电池模块11；软件会自己屏蔽掉，无需处理，若无法屏蔽则需更换电池模块

(续)

序号	故障码	故障定义	检查部件
27	P1AA300	BIC12 电压采样异常故障	电池模块 12；软件会自己屏蔽掉，无需处理，若无法屏蔽则需更换电池模块
28	P1AA400	BIC13 电压采样异常故障	电池模块 13；软件会自己屏蔽掉，无需处理，若无法屏蔽则需更换电池模块
29	P1A2000	BIC1 温度采样异常故障	采集器 1
30	P1A2100	BIC2 温度采样异常故障	采集器 2
31	P1A2200	BIC3 温度采样异常故障	采集器 3
32	P1A2300	BIC4 温度采样异常故障	采集器 4
33	P1A2400	BIC5 温度采样异常故障	采集器 5
34	P1A2500	BIC6 温度采样异常故障	采集器 6
35	P1A2600	BIC7 温度采样异常故障	采集器 7
36	P1A2700	BIC8 温度采样异常故障	采集器 8
37	P1A2800	BIC9 温度采样异常故障	采集器 9
38	P1A2900	BIC10 温度采样异常故障	采集器 10
39	P1AAC00	BIC11 温度采样异常故障	采集器 11
40	P1AAD00	BIC12 温度采样异常故障	采集器 12
41	P1AAE00	BIC13 温度采样异常故障	采集器 13
42	P1A2A00	BIC1 均衡电路故障	采集器 1
43	P1A2B00	BIC2 均衡电路故障	采集器 2
44	P1A2C00	BIC3 均衡电路故障	采集器 3
45	P1A2D00	BIC4 均衡电路故障	采集器 4
46	P1A2E00	BIC5 均衡电路故障	采集器 5
47	P1A2F00	BIC6 均衡电路故障	采集器 6
48	P1A3000	BIC7 均衡电路故障	采集器 7
49	P1A3100	BIC8 均衡电路故障	采集器 8
50	P1A3200	BIC9 均衡电路故障	采集器 9
51	P1A3300	BIC10 均衡电路故障	采集器 10
52	P1AB600	BIC11 均衡电路故障	采集器 11
53	P1AB700	BIC12 均衡电路故障	采集器 12
54	P1AB800	BIC13 均衡电路故障	采集器 13
55	P1A3400	预充失败故障	检查高压电池、高压配电箱、电机控制器与 DC 总成、空调压缩机、PTC、高压线束、漏电传感器
56	P1A3522	高压电池单节电压严重过高	高压电池
57	P1A3622	高压电池单节电压一般过高	高压电池
58	P1A3721	高压电池单节电压严重过低	高压电池
59	P1A3821	高压电池单节电压一般过低	高压电池
60	P1A3922	高压电池单节温度严重过高	高压电池
61	P1A3A22	高压电池单节温度一般过高	高压电池
62	P1A3B21	高压电池单节温度严重过低	高压电池
63	P1A3C00	高压电池单节温度一般过低	高压电池
64	P1A3D00	负极接触器回检故障	电池管理器低压线束、高压电控总成
65	P1A3E00	主接触器回检故障	电池管理器低压线束、高压电控总成
66	P1A3F00	预充接触器回检故障	电池管理器低压线束、高压电控总成
67	P1A4000	充电接触器回检故障	电池管理器低压线束、高压电控总成
68	P1A4100	主接触器烧结故障	
69	P1A4200	负极接触器烧结故障	电池包
70	P1A4300	电池管理器 +15V 供电电压过高故障	电池管理器、蓄电池
71	P1A4400	电池管理器 +15V 供电电压过低故障	电池管理器、蓄电池
72	P1A4500	电池管理器 -15V 供电电压过高故障	电池管理器、蓄电池

（续）

序号	故障码	故障定义	检查部件
73	P1A4600	电池管理器 -15V 供电电压过低故障	电池管理器、蓄电池
74	P1A4700	交流充电感应信号断线故障	高压电控总成、电池管理器、低压线束
75	P1A4800	主电机开盖故障	高压电控总成
76	P1A4900	高压互锁自检故障	电池管理器、高压电控总成、低压线束
77	P1A4A00	高压互锁一直检测为高信号故障	电池管理器、高压电控总成、低压线束
78	P1A4B00	高压互锁一直检测为低信号故障	电池管理器、高压电控总成、低压线束
79	P1A4C00	漏电传感器失效故障	漏电传感器、低压线束、电池管理器
80	P1A4D04	电流霍尔传感器故障	霍尔传感器
81	P1A4E00	电池组过电流告警	整车电流过大、霍尔传感器故障
82	P1A4F00	电池管理系统初始化错误	电池管理器
83	P1A5000	电池管理系统自检故障	电池管理器
84	P1A5100	碰撞硬线信号 PWM 异常告警（预留）	安全气囊 ECU、低压线束、电池管理器
85	P1A5200	碰撞系统故障（预留）	安全气囊 ECU、低压线束、电池管理器
86	P1A5500	电池管理器 12V 电源输入过高	蓄电池
87	P1A5600	电池管理器 12V 电源输入过低	蓄电池
88	P1A5700	大电流拉断接触器	整车电流过大、霍尔传感器故障
89	P1A5800	放电回路故障（预留）	
90	P1A5900	与高压电控总成通信故障	高压电控总成、低压线束
91	P1A5A00	与漏电传感器通信故障	漏电传感器、低压线束
92	U110387	与气囊 ECU 通信故障	气囊 ECU、低压线束
93	P1A5C00	分压接触器 1 回检故障	分压接触器、模组采样通信线
94	P1A5D00	分压接触器 2 回检故障	分压接触器、模组采样通信线
95	U20B000	BIC1 CAN 通信超时故障	采集器、CAN 线
96	U20B100	BIC2 CAN 通信超时故障	采集器、CAN 线
97	U20B200	BIC3 CAN 通信超时故障	采集器、CAN 线
98	U20B300	BIC4 CAN 通信超时故障	采集器、CAN 线
99	U20B400	BIC5 CAN 通信超时故障	采集器、CAN 线
100	U20B500	BIC6 CAN 通信超时故障	采集器、CAN 线
101	U20B600	BIC7 CAN 通信超时故障	采集器、CAN 线
102	U20B700	BIC8 CAN 通信超时故障	采集器、CAN 线
103	U20B800	BIC9 CAN 通信超时故障	采集器、CAN 线
104	U20B900	BIC10 CAN 通信超时故障	采集器、CAN 线
105	U20BA00	BIC11 CAN 通信超时故障	采集器、CAN 线
106	U20BB00	BIC12 CAN 通信超时故障	采集器、CAN 线
107	U20BC00	BIC13 CAN 通信超时故障	采集器、CAN 线
108	U029700	有感应信号但没有车载报文故障	车载充电器、低压线束
109	U012200	有感应信号但没有起动 BMS 报文故障（低压 BMS）	蓄电池、低压线束
110	P1A6000	高压互锁故障	电池管理器、高压电控总成、低压线束
111	U029787	与车载充电器通信故障	车载充电器、低压线束
112	U023487	与电池加热器通信故障	电池加热器、低压线束

三、高压充电系统

1. 系统说明

5AEB 电动汽车有两种充电方式：直流充电和交流充电。

交流充电主要是通过交流充电桩、壁挂式充电盒，以及家用供电插座接入交流充电口，通过高压电控总成将交流电转为 650V 直流高压电给高压电池充电。

直流充电主要是通过充电站的充电桩将直流高压电直接通过直流充电口给高压电池充电。

充电系统主要组成部分为交流充电口、直流充电口、高压电控总成、高压电池包、电池管理器，见图 2-7。

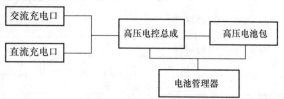

图 2-7 系统组成框图

5AEC 交流充电口总成、直流充电口总成布置在车辆前格栅处，如图 2-8 所示。

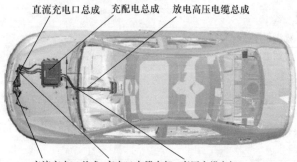

图 2-8 充电接口安装位置

充配电总成端子分布如图 2-9 所示。

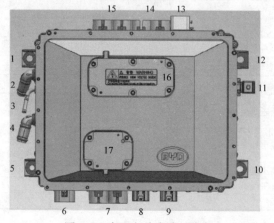

图 2-9 充配电总成端子分布

充配电总成端子定义见表 2-8。

表 2-8 端子定义

序号	定义	对接说明
1	辅助定位（φ13）	安装在前舱大支架上
2	出水口	连接冷却水管
3	排气口	连接排气管
4	进水口	连接冷却水管
5	主定位（φ11）	安装在前舱大支架上
6	交流充电输入	连接交流充电口
7	直流充电输入	连接直流充电口
8	空调压缩机配电	连接空调压缩机
9	空调 PTC 配电	连接空调 PTC
10	辅助定位（φ13）	安装在前舱大支架上
11	低压正极输出	连接蓄电池
12	辅助定位（φ13）	安装在前舱大支架上
13	低压信号	连接低压线束
14	高压直流输入/输出	连接电池包
15	电机控制器配电	连接电机控制器
16	电控线和直流母线线鼻子固定维修盖	线鼻子固定点维修盖板
17	直流充电线缆线鼻子固定维修盖	线鼻子固定点维修盖板

2. 端子定义

充电口连接端子如图 2-10 所示，端子定义见表 2-9、表 2-10。

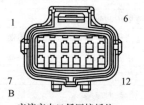 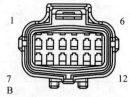

交流充电口低压接插件　　直流充电口低压接插件

图 2-10 充电口连接端子

表 2-9 交流充电口端子定义

端子	定义	对接端
1	CP	高压电控总成 B28(B)–1
2	CC	高压电控总成 B28(B)–7
3	闭锁电源	BCM G20–8
4	开锁电源	BCM G20–18
5	闭锁状态检测	BCM G20–6
6	—	—
7	温度传感器高	高压电控总成 B28(B)–20
8	温度传感器低	车身低
9~12		

表 2-10　直流充电口端子定义

端子	定义	对接端
1	低压辅助电源负	车身地
2	低压辅助电源正	继电器拉高控制
3	充电连接确认 CC2	BMS45（B）-4
4	CAN_L	BMS45（B）-20
5	CAN_H	BMS45（B）-14
6	—	—
7	温度传感器高	BMS45（B）-11
8	温度传感器低	BMS45（B）-13
9~12	—	—

车载充电机低压连接端子如图 2-11 所示，低压端子定义见表 2-11。

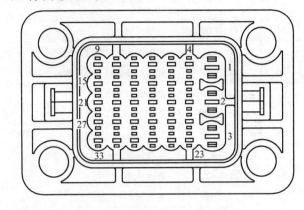

图 2-11　车载充电机低压连接端子

表 2-11　低压端子定义

端子号	端子名称	端子定义	线束接法
1	OFF-12V-1	常电1	接 12V 常电
2	OFF-12V-1	常电2	接 12V 常电
3	GND	常电电池地1	
4	CC	充电连接确认	接交流充电口-2
5	CP	充电控制导引	接交流充电口-1
6	CC-BMC	充电连接信号	接 BMC02-20
7	T-CDK	充电口温度检测	接交流充电口-7
8	SOURSE-JCQ	直流充电正极/直流充电负极接触器电源	接 BMC01-15
9	CONTROL-JCQ+	直流充电正极接触器控制信号	接 BMC01-33
10	CONTROL-JCQ-	直流充电负极接触器控制信号	接 BMC01-24
11	SJJC	直流充电接触器烧结检测信号	接 BMC02-7
12	DCHS-IN	直流高压互锁输入	接高压电池包-29
13	DCHS-OUT	直流高压互锁输出	接 BMC02-5
14	ACHS-IN	交流高压互锁输入	接 BMC02-10
15	ACHS-OUT	交流高压互锁输出	接 BMC02-11
16	CAN-H	动力网 CAN 线	
17	CAN-L	动力网 CAN 线	
18	GND	直流充电接触器烧结检测信号地	
19	GND	常电电源地2	
20~33	预留		

3. 故障码

故障码内容见表 2-12。

表 2-12　故障码表

序号	故障码	故障定义
	OBC 故障码	
1	P157016	交流侧电压低
2	P157017	交流侧电压高
3	P157219	直流侧过电流
4	P157216	直流侧电压低
5	P157217	直流侧电压高
6	P157400	供电设备故障

（续）

序号	故障码	故障定义
	OBC 故障码	
7	P157616	低压供电电压过低
8	P157617	低压供电电压过高
9	P157897	CC 信号异常
10	P15794B	温度采样1高
11	P157A37	充电电网频率高
12	P157A36	充电电网频率低
13	P157B00	交流侧过电流

(续)

序号	故障码	故障定义
OBC 故障码		
14	P157C00	硬件保护
15	P157E11	充电连接信号外部对地短路
16	P157E12	充电连接信号外部对电源短路
17	P157F11	交流输出端短路
18	P15834B	温度采样2高
19	P158798	充电口温度严重过高
20	P158900	充电口温度采样异常
21	P158A00	电锁异常
22	P151100	交流端高压互锁故障
23	U011100	BMC 通信超时
24	U015500	组合仪表通信超时
25	U024500	多媒体通信超时
26	P151500	冷却液温度传感器故障
27	P15FD00	冷却液温度高
28	U014087	BCM 通信超时
29	U011181	BMC 报文数据异常
30	U015587	组合仪表报文数据异常
31	U024587	多媒体报文数据异常
32	U014081	BCM 报文数据异常
33	U011182	BMC 循环计数器异常
34	P15FE00	主控与子模块通信故障
35	P15FF00	内部温度传感器故障

(续)

序号	故障码	故障定义
DC/DC 故障码		
1	P1EC000	降压时高压侧电压过高
2	P1EC100	降压时高压侧电压过低
3	P1EC600	降压时高压侧电流过高
4	P1EC200	降压时低压侧电压过高
5	P1EC300	降压时低压侧电压过低
6	P1EC400	降压时低压侧电流过高
7	P1EC700	降压时硬件故障
8	P1EE000	散热器过温
9	U011100	与高压电池管理器通信故障
10	U014000	与 BCM 通信故障
11	P1ED317	低压供电电压过低
12	P1ED316	低压供电电压过高
漏电传感器故障码		
1	P1CA100	严重漏电故障
2	P1CA200	一般漏电故障
3	P1CA000	漏电传感器自身故障

四、整车配电系统

1. 高压配电

高压配电原理图如图2-12所示。

2. 低压配电

低压配电原理图如图2-13所示。

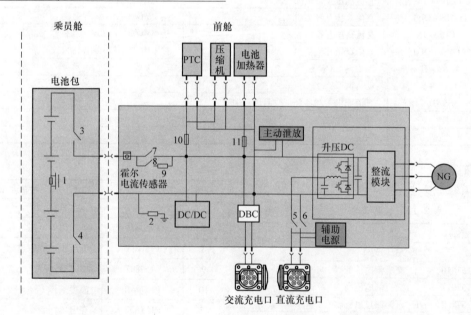

图 2-12 高压配电原理图

1—维修开关 2—漏电传感器 3—正极接触器 4—负极接触器 5—直流充电正极接触器
6—直流充电负极接触器 7—放电主接触器 8—预充接触器 9—预充电阻 10—空调熔丝 11—电池加热器熔丝

第二章 比亚迪 e5 450 型 EV 汽车

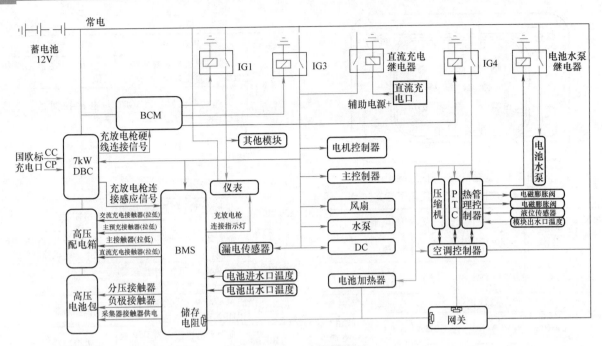

图 2-13 低压配电原理图

第二节 动力驱动系统

一、驱动电机

1. 技术参数

技术参数见表 2-13。

表 2-13 技术参数

项目	数据
电机最大输出转矩	180N·m[0~3714(r/min)]/30s
电机额定转矩	70N·m[0~4775(r/min)]/持续
电机最大输入功率	70kW[3714~12100(r/min)]/30s
电机额定功率	35kW[4775~12100(r/min)]/持续
电机最大输出转速（包括驱动最高输入转速和随动最高输入转速）	12100r/min
电动力总成重量	65kg
总减速比	10.7
电机轴中心与差速器中心的距离	208mm
变速器专用润滑油油量	0.7~0.8L
变速器专用润滑油类型	道达尔 API GL-4

2. 维修说明

变速器采用浸油润滑方式，推荐使用道达尔 API GL-4。

动力系统总成在分解修理后，再装到车上时，待传动轴插入变速器差速器端口花键卡圈锁住后，确保油封无异常。确认注油螺塞和放油螺塞螺纹无异常，注油螺塞拧紧力矩 35~39N·m，放油螺塞拧紧力矩 47~53N·m。

电机端盖和总成壳体上的螺栓或螺母以及驱动电机控制器和电机壳体上的螺栓，按对角线松开和拧紧，如果螺栓有裂纹或者损坏，请及时更换。

动力总成外形简图如图 2-14 所示。

图 2-14 动力总成外形简图

二、电机控制器

1. 低压端子定义

电机控制器低压端子如图 2-15 所示，低压端子定义见表 2-14。

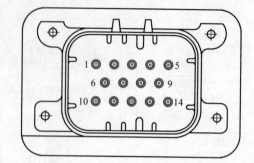

图 2-15 电机控制器低压端子

表 2-14 电机控制器低压端子定义

接插件端子	端子名称	端子定义	线束接法	稳态工作电流	冲击电流和堵转电流	备注
1	12V 电源地	DND – IN		2A	30A/100ms	
2	—	—	—	—	—	—
3	CANH2	预留 CAN		0.5A		预留CAN高
4	CANL2	预留 CAN		0.5A		预留CAN低
5	碰撞信号	CRASH_IN				PWM
6	12V 电源地	DND – IN		2A	30A/100ms	
7	—	—	—	—	—	—
8	碰撞信号地	EARTH – 1		0.5A		
9	CAN 高	CANH		0.5A		动力网CAN高
10	12V 电源正	+12V		2A	30A/100ms	
11	12V 电源正	+12V		2A	30A/100ms	
12	—	—	—	—	—	—
13	CAN 屏蔽地	EARTH				
14	CAN 低	CANL	—	0.5A		动力网CAN低

2. 故障码

故障码内容见表2-15。

表 2-15 故障码表

故障码	故障定义	可能故障模块
P1BB000	前驱动电机过电流	电机控制器、驱动电机
P1BB200	前驱动电机一般过温告警	电机控制器、驱动电机、冷却系统
P1BB298	前驱动电机严重过温告警	电机控制器、驱动电机、冷却系统
P1BB300	前驱动电机控制器 IGBT – NTC 一般过温告警	电机控制器、冷却系统
P1BAC00	前驱动电机控制器 IGBT 核心温度一般过温告警	电机控制器、冷却系统

（续）

故障码	故障定义	可能故障模块
P1BB319	前驱动电机控制器 IGBT – NTC 严重过温告警	电机控制器、冷却系统
P1BAC19	前驱动电机控制器 IGBT 核心温度严重过温告警	电机控制器、冷却系统
P1BB500	前驱动电机控制器高压欠电压	高压电池、电机控制器
P1BB600	前驱动电机控制器高压过电压	高压电池、电机控制器
P1BB700	前驱动电机控制器电压采样故障	电机控制器
P1BB800	前驱动电机控制器碰撞信号故障	网关、SRS 模块、低压线束、电机控制器
P1BB900（预留）	前驱动电机控制器开盖保护	
P1BBA00	前驱动电机控制器 EEPROM 错误	电机控制器
P1BBC00	前驱动电机控制器 DSP 复位故障	电机控制器
P1BBD00	前驱动电机控制器主动泄放故障	电机控制器
P1BBF00	前驱动电机旋变故障 – 信号丢失	电机控制器、旋变、低压线束
P1BC000	前驱动电机旋变故障 – 角度异常	电机控制器、旋变、低压线束
P1BC100	前驱动电机旋变故障 – 信号幅值减弱	电机控制器、旋变、低压线束
P1BC200	前驱动电机缺 A 相	电机控制器、高低压线束
P1BC300	前驱动电机缺 B 相	电机控制器、高低压线束
P1BC400	前驱动电机缺 C 相	电机控制器、高低压线束
P1BC900	前驱动电机控制器电流霍尔传感器 A 故障	电机控制器
P1BC500	前驱动电机控制器电流霍尔传感器 B 故障	电机控制器
P1BC600	前驱动电机控制器电流霍尔传感器 C 故障	电机控制器
P1BC800	前驱动电机控制器 IGBT 三相温度检验故障报警	电机控制器
U014187	与整车控制器通信故障	整车控制器、低压线束
P1BD119	前驱动电机控制器驱动 CPLD 过电流故障	电机控制器
P1BD117	前驱动电机控制器驱动 CPLD 过电压故障	电机控制器
P1BD000	前驱动电机控制器驱动 DSP1 死机故障	电机控制器
P1BD400	前驱动电机控制器驱动 CPLD 运行故障	电机控制器
P1BD200	前驱动电机控制器驱动 CPLD 检测 IGBT 上桥报错故障	电机控制器

(续)

故障码	故障定义	可能故障模块
P1BD300	前驱动电机控制器驱动CPLD检测IGBT下桥报错故障	电机控制器
P1BAB00（预留）	低压输出断线	—
P1B2516	低压蓄电池电压过低	低压蓄电池、低压线束
P1B2517	低压蓄电池电压过高	低压蓄电池、低压线束
U011100	与BMC通信故障	电池管理器
U015129	电机控制器接收SRS CAN信号异常	SRS
U015229	电机控制器接收SRS硬线信号异常	SRS

回路中，由电池管理系统根据电池需求，发送请求启动加热指令，加热器根据指令启动加热功能。

电池加热器位于高压电池前部，前舱大支架的下方位置，如图2-16所示。

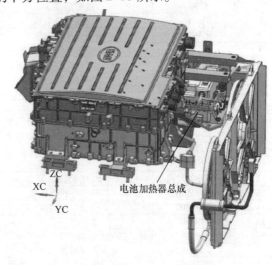

图2-16　电池加热器安装位置

第三节　温度管理系统

一、电池加热器

1. 系统说明

电池加热器以串联方式布置在冷却加热系统

2. 端子定义

电池加热器高低压连接端子如图2-17所示，端子定义见表2-16、表2-17。

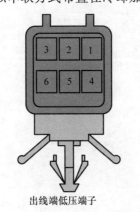

出线端低压端子

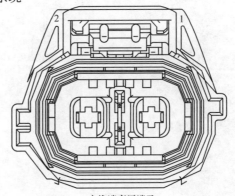

出线端高压端子

图2-17　电池加热器高低压连接端子

表2-16　低压端子定义

端子号	端子名称	端子定义	线束接法	信号类型	稳态工作电流	冲击电流和堵转电流
1	12V电源	12V电源	整车低压线束	电压	300mA	1.5A
2	电源地	电源地	整车低压线束	—	300mA	1.5A
3	预留	预留				
4	CANH	CANH	整车低压线束动力网	—	0.1mA	1mA
5	CANL	CANL	整车低压线束动力网	—	0.1mA	1mA
6	预留	预留	—			

表2-17　高压端子定义

端子号	端子名称	端子定义	线束接法	信号类型	稳态工作电流
1	高压电源正极	高压输入正	接电池加热器高压接插件PIN_1	电源	20A
2	高压电源负极	高压输入负	接电池加热器高压接插件PIN_2	电源	20A

3. 故障码

故障码内容见表2-18。

表2-18 故障码表

序号	故障码	故障定义
1	B194C17	母线高压过电压
2	B194C16	母线高压欠电压
3	B195717	IGBT驱动+15V电压过电压
4	B195716	IGBT驱动+15V电压欠电压
5	B194A19	加热电流过大
6	B19454B	冷却液温度过高
7	B19524B	IGBT散热片温度过高
8	B195413	IGBT散热片温度传感器断路
9	B195412	IGBT散热片温度传感器短路
10	B194413	冷却液温度传感器断路
11	B194412	冷却液温度传感器短路
12	B195512	IGBT短路故障
13	B195513	加热组件断路故障
14	B194807	驱动组件故障
15	B194907	加热组件故障
16	B194604	IGBT驱动芯片功能失效
17	U011187	与电池管理器通信超时故障
18	U016487	与空调控制器通信超时故障
19	B195807	因水泵不工作退出加热

二、车内气候系统

1. 系统说明

该车空调系统为BC14电动压缩机自动调节空调，应用于E5纯电动型轿车。系统主要由电动压缩机、冷凝器、HVAC总成、制冷管路、PTC水加热器、四通阀、暖风水管、风道、空调控制器等零部件组成，具有制冷、采暖、除霜除雾、通风换气四种功能。该系统利用PTC水加热器采暖，利用蒸气压缩式制冷循环制冷，制冷剂为R410a，冷冻油型号为POE，控制方式为按键操纵式。自动空调的模式风门、冷暖混合风门和内外循环风门都是电机控制的。空调系统组成部件如图2-18所示。

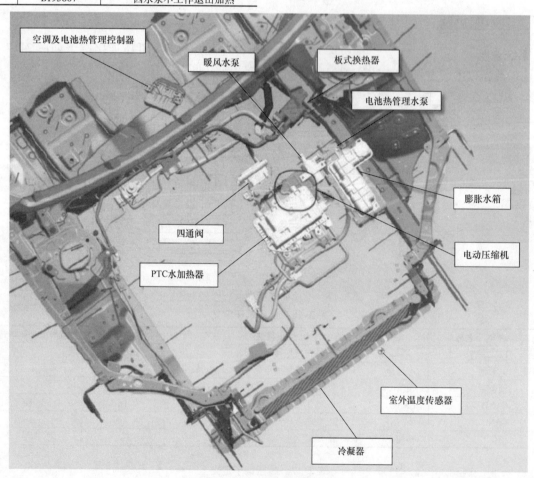

图2-18 空调系统部件分布

由空调驱动器驱动的电动压缩机将气态的制冷剂从蒸发器中抽出，并将其压入冷凝器。高压气态制冷剂经冷凝器时液化而进行热交换（释放热量），热量被车外的空气带走。高压液态的制冷剂经膨胀阀的节流作用而降压，低压液态制冷剂在蒸发器中汽化而进行热交换（吸收热量），蒸发器附近被冷却的空气通过鼓风机吹入车厢。气态的制冷剂又被压缩机抽走，泵入冷凝器，如此使制冷剂进行封闭的循环流动，不断地将车厢内的热量排到车外，使车厢内的气温降至适宜的温度。制冷原理框图见图2-19。

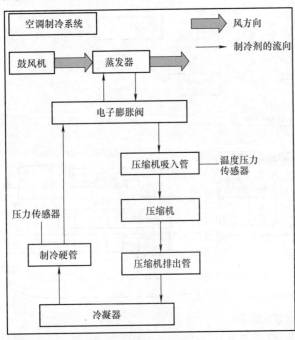

图2-19 制冷原理

供暖系统采用PTC水加热器总成加热冷却液，先由水泵抽空调暖风水箱总成内的冷却液泵进PTC水加热器总成，加热后的冷却液流经暖风芯体，再回至空调暖风水箱总成，如此循环。加热后的空气，通过鼓风机鼓风将热量送至乘员舱或风窗玻璃，用以提高车厢内温度和除霜。供暖系统原理框图如图2-20所示。

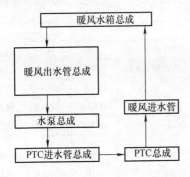

图2-20 供暖原理

1）5AEC车型采用图2-21所示的系统来实现电池冷却。其中，电池冷却介质通过板式换热器和空调制冷介质进行热量交换。在板式换热器里面降温的电池冷却介质通过电动水泵带到高压电池包里面与电池进行热量交换，从而带走电池的发热量，达到电池降温的效果。

空调根据电池包目标冷却液温度，通过调节板式换热器处制冷剂的状态（压力、温度、流量）和压缩机转速来控制电池包进水温度，从而达到较精准的电池冷却控制。

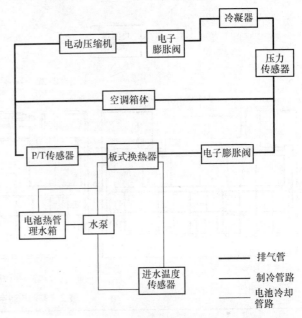

图2-21 高压电池冷却原理

电池冷却工作模式主要有如下4种：

① 乘员舱制冷。关闭电池冷却电子膨胀阀，根据目标通道温度来控制电动压缩机的转速。

② 电池冷却。关闭空调电子膨胀阀，打开电池冷却电子膨胀阀。根据过热度控制电子膨胀阀开度；根据电池包进水口的冷却液温度来控制电动压缩机的转速，且开启水泵。

③ 乘员舱制冷+电池冷却。打开两个电子膨胀阀。根据乘员舱目标通道温度及电池包进水口的冷却液温度共同控制电动压缩机的转速（或者传动带驱动压缩机的开关），且开启水泵。

④ 电池内循环。空调收到BMS内循环命令后，空调开启电动水泵。

2）5AEC车型采用图2-22所示的系统来实现电池加热。其中，电池冷却介质通过PTC水加热器加热升温，在PTC水加热器中加热后的电池冷却介质通过电动水泵带到高压电池包里面与电池进行热量交换，从而传递热量给电池升温，达到激活电池包的效果。

空调根据电池 BMS 发送的电池加热需求，控制四通阀阀门的开关，当有电池加热需求时，四通阀 B-C 通、A-D 通，与采暖系统回路串联在一起。同时，开启 PTC 加热器加热系统回路，将冷却液通过水泵带入电池包进行热交换。

2. 端子定义

电动空调系统端子如图 2-23 所示，端子定义见表 2-19。

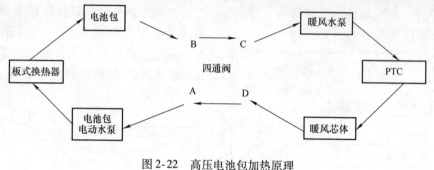

图 2-22 高压电池包加热原理

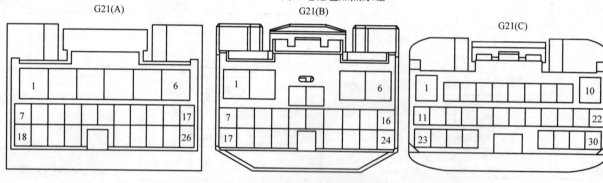

图 2-23 电动空调系统端子

表 2-19 电动空调系统端子定义

端子号	代号	定义	线束接法	信号类型	稳态工作电流	冲击电流和堵转电流/冲击时间
A1	IG4	ON 档	整车电源	I/A	500mA	1.5A/1s
A2	SETP MOTOR1-C	空调回路电子膨胀阀 C 端驱动	电子膨胀阀（空调）5 脚	O/A	100m	堵转 500mA
A3	—	—	—	—	—	—
A4	W-valve2	空调回路水阀驱动电源二（CW: -; CCW: +）	四通水阀 4 脚	O/HL	100mA	堵转 400mA
A5	S-EMP2	冷暖电机驱动电源二（CW: -; CCW: +）	箱体小线 14 脚	O/HL	100mA	堵转 400mA
A6	—	—	—	—	—	—
A7	STEP MOTOR2-C	电池热管理电子膨胀阀 C 端驱动	电子膨胀阀（电池热管理）5 脚	O/HL	100mA	堵转 500mA
A8	STEP MOTOR2-D	电池热管理电子膨胀阀 D 端驱动	电子膨胀阀（电池热管理）4 脚	O/HL	100mA	堵转 500mA
A9	SETP MOTOR1-D	空调回路电子膨胀阀 D 端驱动	电子膨胀阀（空调）4 脚	O/HL	100mA	堵转 500mA
A10	SETP MOTOR1-B	空调回路电子膨胀阀 B 端驱动	电子膨胀阀（空调）1 脚	O/HL	100mA	堵转 500mA
A11	SETP MOTOR1-A	空调回路电子膨胀阀 A 端驱动	电子膨胀阀（空调）2 脚	O/HL	100mA	堵转 500mA
A12	—	—	—	—	—	—
A13	W-valve1	空调回路水阀驱动电源一（CW: +; CCW: -）	四通水阀 5 脚	O/HL	100mA	堵转 400mA

第二章 比亚迪 e5 450 型 EV 汽车

（续）

端子号	代号	定义	线束接法	信号类型	稳态工作电流	冲击电流和堵转电流/冲击时间
A14	S-TEMP1	冷暖电机驱动电源一（CW：+；CCW：-）	箱体小线15脚	O/HL	00mA	堵转400mA
A15	FAF01	模式电机驱动电源一（CW：+；CCW：-）	箱体小线20脚	O/HL	100mA	堵转400mA
A16	FAF02	模式电机驱动电源二（CW：-；CCW：+）	箱体小线17脚	O/HL	100mA	堵转400mA
A17	—	—	—	—	—	—
A18	STEP MOTOR2-A	电池热管理电子膨胀阀A端驱动	电子膨胀阀（电池热管理）2脚	O/HL	100mA	堵转500mA
A19	STEP MOTOR2-B	电池热管理电子膨胀阀B端驱动	电子膨胀阀（电池热管理）1脚	O/HL	100mA	堵转500mA
A20	Bat	常电	接整车电源	I/A	500mA	1.5A/1s
A21	PSW1-5V	压力传感器电源和P/T传感器电源（输出5V）	压力传感器1脚&P/T传感器（空调）4脚	O/A	5mA	
A22	GND	搭铁	接地	O/A	500mA	1.5A/1s
A23	—	—	—	—	—	—
A24	—	—	—	—	—	—
A25	CIR2	循环电机驱动电源二（CW：-；CCW：+）	箱体小线3脚	O/HL	100mA	堵转400mA
A26	CIR1	循环电机驱动电源一（CW：+；CCW：-）	箱体小线2脚	O/HL	100mA	堵转400mA
B1	RES1	前鼓风机继电器	鼓风机继电器	IO/HL	20mA	1.5A/1s
B2	—	—	—	—	—	—
B3	RESS	空调回路水泵继电器	接水泵继电器	O/A	400mA	1.5A/1s
B4	—	—	—	—	—	—
B5	PWM1	鼓风机调速信号	前调速模块3脚	I/HL	1mA	—
B6	—	—	—	—	—	—
B7	CAN4H	内部通信CAN高	空调内部通信CANH	I/O/D	1mA	
B8	CAN4L	内部通信CN	空调内部通信CANL	I/O/D	1mA	
B9	—	—	—	—	—	—
B10	—	—	—	—	—	—
B11	CIR3	循环电机反馈电源（输出5V）	箱体小线18脚	O/A	30mA	
B12	—	—	—	—	—	—
B13	—	—	—	—	—	—
B14	—	—	—	—	—	—
B15	—	—	—	—	—	—
B16	—	—	—	—	—	—
B17	NOH	整车通信CAN高	舒适网CANH	I/O/D	1mA	
B18	CANOL	整车通信CAN低	舒适网CANL	I/O/D	1mA	
B19	LIN	电池热管理水泵LIN控制&反馈	接水泵（电池热管理）4脚	I/O/A	1mA	
B20	FAF03	模式电机反馈电源（输出5V）	箱体小线21脚	O/A	30mA	
B21	W-valve3	空调回路水阀反馈电源（输出5V）	四通水阀3脚	I/A	30mA	50mA
B22	—	—	—	—	—	—
B23	—	—	—	—	—	—

（续）

端子号	代号	定义	线束接法	信号类型	稳态工作电流	冲击电流和堵转电流/冲击时间
B24	—	—	—	—	—	—
C1	—	—	—	—	—	—
C2	—	—	—	—	—	—
C3	TE3	空调回路 P/T 传感器温度信号采集	P/T 传感器（空调）3 脚	I/A	1mA	—
C4	TE4	电池冷却液温度传感器（冷却）	冷却液温度传感器（电池热管理）A 脚	I/A	1mA	—
C5	—	—	—	—	—	—
C6	TAM	车外温度	车外温度传感器 2 脚	I/A	1mA	—
C7	FTM	驾驶人侧吹面出风口温度	驾驶人侧吹面通道温传感器 2 脚	I/A	1mA	—
C8	PSW2	空调回路 P/T 传感器压力信号采集/预留中压信号	P/T 传感器（空调）2 脚	I/A	1mA	—
C9	—	—	—	—	—	—
C10	TR	车内温度	车内温度传感器 2 脚	I/A	1mA	—
C11	TM	驾驶人侧吹脚出风口温度	箱体小线 8 脚	I/A	1mA	—
C12	TE	蒸发器温度	箱体小线 12 脚	I/A	1mA	—
C13	PSW1	空调回路压力传感器	压力传感器 2 脚	I/A	1mA	—
C14	SUN1	阳光传感器 1（单温区）	阳光传感器 1 脚	I/A	1mA	—
C15	—	—	—	—	—	—
C16	W-valve4	空调回路水阀反馈信号	四通水阀 2 脚	I/A	5mA	—
C17	CIR4	循环电机反馈信号	空调箱体小线 19 脚	I/A	5mA	—
C18	FAFO4	模式电机反馈信号	空调箱体小线 16 脚	I/A	5mA	—
C19	S-TEMP4	冷暖电机反馈信号	空调箱体小线 10 脚	I/A	5mA	—
C20	—	—	—	—	—	—
C21	—	—	—	—	—	—
C22	—	—	—	—	—	—
C23	S-TEMP3	冷暖电机反馈电源（输出 5V）	空调箱体小线 13 脚	O/A	30mA	—
C24	DIAG1	鼓风机反馈信号	前鼓风机 1 脚	I/A	1mA	—
C25	—	—	—	—	—	—
C26	—	—	—	—	—	—
C27	5V-SUN	阳光传感器电源	阳光传感器 2 脚	O/A	5mA	—
C28	—	—	—	—	—	—
C29	—	—	—	—	—	—
C30	—	—	—	—	—	—

第四节 整车电控系统

一、高压电控系统

1. 系统说明

高压电控总成集成电机控制器模块、车载充电器模块、DC/DC 变换器模块和高压配电模块、漏电传感器等部件。电控总成接口分布如图 2-24 所示。

第二章 比亚迪 e5 450 型 EV 汽车

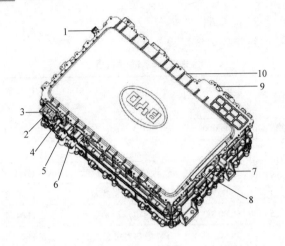

图 2-24 高压电控总成外部接口

编号	部件
1	DC 直流输出接插件
2	33 针低压信号接插件
3	高压输出空调压缩机接插件
4	高压输出 PTC 接插件
5	高压电池正极母线
6	高压电池负极母线
7	64 针低压信号接插件
8	入水管
9	交流输入 L1、N 相
10	驱动电机三相输出接插件

2. 端子定义

高压电控总成低压端子如图 2-25 所示，端子定义见表 2-20、表 2-21。

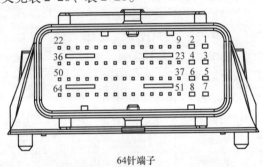

64 针端子

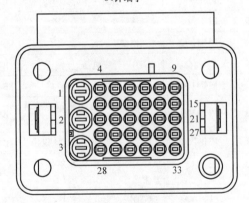

33 针端子

图 2-25 高压电控总成低压端子

表 2-20 高压电控总成 64 针端子定义

端子号	定义	线束连接
1	外部提供的 12V ON 档电源	IG3 电
2	外部提供的常电 12V	常电
3	—	—
4	外部提供的 ON 档电源 12V	IG3 电
5	—	—
6	节气门深度屏蔽地	车身地

（续）

端子号	定义	线束连接
7	外部电源地	车身地
8	外部电源地	车身地
9~14	—	—
15	电机绕组温度	电机 B31-3
16	—	—
17	制动深度 1	制动踏板 BG28-1
18	节气门深度 2	加速踏板 BG44-1
19~25	—	—
26	动力网 CAN 信号屏蔽地	车身地
27、28	—	—
29	电机模拟温度地	电机 B31-6
30	—	—
31	制动深度 2	制动踏板 B28-8
32	节气门深度 1	加速踏板 BG44-4
33	预留开关量输出 1	—
34	预留开关量输出 2	—
35	驻车制动信号	—
36	—	—
37	制动深度屏蔽地	车身地
38	5V 制动深度电源 1	制动踏板 BG28-2
39	5V 节气门深度电源 2	加速踏板 BG44-2
40	5V 节气门深度电源 1	加速踏板 BG44-3
41	5V 制动深度电源 2	制动踏板 BG28-7
42	—	—
43	预留开关量输入 1	—
44	—	—
45	旋变屏蔽地	电机
46~48	—	—
49	动力网 CAN_H	动力网
50	动力网 CAN_L	动力网
51	制动深度电源地 1	制动踏板 BG28-2

(续)

端子号	定义	线束连接
52	节气门深度电源地 2	加速踏板 BG44-6
53	—	—
54	节气门深度电源地 1	加速踏板 BG44-5
55	制动深度电源地 2	制动踏板 BG28-9
56	预留开关量输入 2	—
57	制动信号	制动开关
58	—	—
59	EXCOUT 励磁 -	电机 B30-4
60	EXCOUT 励磁 +	电机 B30-1
61	COS 余弦 +	电机 B30-3
62	COS 余弦 -	电机 B30-6
63	SIN 正弦 +	电机 B30-2
64	SIN 正弦 -	电机 B30-5

表 2-21　高压电控总成 33 针端子定义

端子号	定义	线束连接
1	充电控制确认 CP	交流充电口
2	—	—
3	充电感应信号	BMS
4	双路电电源	IG3 电
5	双路电电源	IG3 电
6	充电连接信号	BCM
7	充电连接确认 CC	交流充电口
8	双路电电源地	双路电
9	双路电电源地	双路电
10	直流霍尔传感器屏蔽地	BMS
11	直流充电接触器烧结检测信号	BMS
12	直流充电接触器烧结检测信号地	车身地
13	CAN 屏幕地	—
14	CAN_H	动力网
15	CAN_L	动力网
16	直流霍尔传感器电源 +	BMS
17	直流霍尔传感器电源 -	BMS
18	直流霍尔传感器信号	BMS
19	充电口温度检测信号地	车身地
20	充电口温度检测	交流充电口
21	—	—
22	高压互锁 +	
23	高压互锁 -	
24	主接触器、预充接触器电源	IG3 电
25	直流充电正负极接触器电源	IG3 电
26~28	—	—
29	主预充接触器控制信号	BMS
30	直流充电正极接触器控制信号	BMS
31	直流充电负极接触器控制信号	BMS
32	主接触器控制信号	BMS
33		

3. 故障码

故障码内容见表 2-22。

表 2-22　故障码表

序号	故障码 (ISO 15031-6)	故障定义	DTC 值 (hex)
1	P1B0000	驱动 IPM 故障	1B0000
2	P1B0100	旋变故障	1B0100
3	P1B0200	驱动欠电压保护故障	1B0200
4	P1B0300	主接触器异常故障	1B0300
5	P1B0400	驱动过电压保护故障	1B0400
6	P1B0500	IPM 散热器过温故障	1B0500
7	P1B0600	档位故障	1B0600
8	P1B0700	节气门异常故障	1B0700
9	P1B0800	电机过温故障	1B0800
10	P1B0900	电机过电流故障	1B0900
11	P1B0A00	电机缺相故障	1B0A00
12	P1B0B00	EEPROM 失效故障	1B0B00
13	P1B3100	IGBT 过热	1B3100
14	P1B3200	GTOV 电感温度过高	1B3200
15	P1B3400	电网电压过高	1B3400
16	P1B3500	电网电压过低	1B3500
17	P1B3800	可自适应相序保护错误	1B3800
18	P1B3900	交流电压霍尔传感器异常	1B3900
19	P1B3A00	交流电流霍尔传感器失效	1B3A00
20	P1B3B00	三相交流过流	1B3B00
21	P1B4000	GTOV 母线电压过高	1B4000
22	P1B4100	GTOV 母线电压过低	1B4100
23	P1B4300	GTOV 母线电压霍尔传感器异常	1B4300
24	P1B4700	GTOV 直流电流过电流保护	1B4700
25	P1B4900	GTOV 直流电流霍尔传感器异常	1B4900
26	P1B4A00	GTOV 直流电流瞬时过高	1B4A00
27	P1B4B00	GTOV - IPM 保护	1B4B00
28	P1B4C00	GTOV 可恢复故障连续触发	1B4C00
29	P1B4D00	GTOV 可恢复故障恢复超时	1B4D00
30	U025F00	与 P 位控制器通信故障	C25F00
31	U029E00	与主控通信故障	C29E00
32	U011100	与电池管理器通信故障	C11100
33	U029D00	与 ESP 通信故障	C29D00
34	U012100	与 ABS 通信故障	C12100
35	U029F00	与 OBC 通信故障	C29F00
36	P1B6800	充电枪过温	1B6800

(续)

序号	故障码 (ISO 15031-6)	故障定义	DTC 值 (hex)
37	P1B6900	起动前交流过电流	1B6900
38	P1B6A00	起动前直流过电流	1B6A00
39	P1B6B00	频率过高	1B6B00
40	P1B6C00	频率过低	1B6C00
41	P1B6D00	不可自适应相序错误保护	1B6D00
42	P1B6E00	直流预充满	1B6E00
43	P1B6F00	直流短路	1B6F00
44	P1B7000	直流断路	1B7000
45	P1B7100	电机接触器烧结	1B7100
46	P1B7200	CC 信号异常	1B7200
47	P1B7300	CP 信号异常	1B7300
48	P1B7400	IGBT 检测故障	1B7400
49	P1B7500	交流三相电压不平衡	1B7500
50	P1B7600	交流三相电流不平衡	1B7600
51	P1B7700	电网电压零漂不过	1B7700
52	P1B7800	逆变电压零漂不过	1B7800
53	P1B7900	交流电流零漂不过	1B7900
54	P1B7A00	直流电流零漂不过	1B7A00
55	P1B7B00	SCI 通信异常	1B7B00
56	U015500	与仪表 CAN 通信失效	C15500
57	P1EC000	降压时高压侧电压过高	1EC000
58	P1EC100	降压时高压侧电压过低	1EC100
59	P1EC200	降压时低压侧电压过高	1EC200
60	P1EC300	降压时低压侧电压过低	1EC300
61	P1EC400	降压时低压侧电流过高	1EC400
62	P1EC700	降压时硬件故障	1EC700
63	P1EC800	降压时低压侧短路	1EC800
64	P1EC900	降压时低压侧断路	1EC900
65	P1EE000	散热器过温	1EE000
66	U012200	与低压 BMS 通信故障	C12200
67	U011100	与高电池管理器通信故障	C11100
68	U014000	与 BCM 通信故障	C14000
69	P1BF400	驱动电机控制器主动泄放模块故障	1BF400
70	U011000	与电机控制器通信故障	C11000
71	U011100	与电池管理器通信故障	C11100
72	P150000	车载充电器输入欠压	150000
73	P150100	车载充电器输入过压	150100
74	P150200	车载充电器高压输出断线故障	150200

(续)

序号	故障码 (ISO 15031-6)	故障定义	DTC 值 (hex)
75	P150300	车载充电器高压输出电流过流	150300
76	P150400	车载充电器高压输出电流过低	150400
77	P150500	车载充电器高压输出电压低	150500
78	P150600	车载充电器高压输出电压高	150600
79	P150700	车载充电器接地状态故障	150700
80	P150800	车载充电器风扇状态故障	150800
81	P150900	DC 逆变桥温度故障	150900
82	P150A00	PFC 输出状态故障	150A00
83	P150B00	PFC 桥温度故障	150B00
84	P150C00	供电设备故障	150C00
85	P150D00	低压输出断线	150D00
86	P150E00	低压蓄电池电压过低	150E00
87	P150F00	低压蓄电池电压过高	150F00
88	P151000	交流充电感应信号断线故障	151000
89	U011100	与高压电池管理器通信故障	C11100
90	U015500	与组合仪表通信故障	C15500

二、主控制系统

1. 系统说明

高压电控总成与主控制器安装位置见图 2-26。

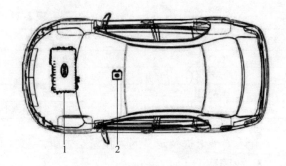

图 2-26 高压电控总成与主控制器安装位置
1—高压电控总成 2—主控制器总成

主控制器总成位于副仪表台，位置如图 2-27 所示。

2. 端子定义

主控制器低压端子如图 2-28 所示，其定义见表 2-23、表 2-24。

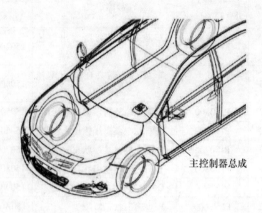

图 2-27　主控制器安装位置

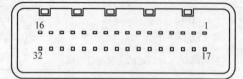

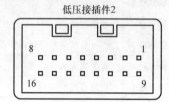

图 2-28　主控制器低压端子

表 2-23　32 针端子定义

端子号	定义	线束接法	信号类型
1	无级风扇信号输入	—	PWM
2	制动信号输入	制动开关	12V 高电平有效
4	真空泵继电器检测信号	真空泵继电器 1、2 与真空泵 1 号脚交汇处	高电平有效
11	冷却液温度传感器信号输入	冷却液温度传感器 C 脚	模拟量
12	冷却液温度传感器信号地	冷却液温度传感器 A 脚	地
13	真空压力传感器电源	真空压力传感器 1 号脚	5V
14	真空压力传感器信号	真空压力传感器 3 号脚	模拟量
15	真空压力传感器电源地	真空压力传感器 2 号脚	5V 地
16	12V 电源	双路电源	电源
26	车速传感器输入	车速传感器 2 号脚	PWM
30	电源地	车身地	GND

表 2-24　16 针端子定义

端子号	定义	线束接法	信号类型
1	CAN_L	动力网	差分信号
4	无级风扇信号输出	—	PWM
10	CAN_H	动力网	差分信号
12	真空泵起动控制	真空泵继电器 1 控制脚	低电平有效

上述端子未提及定义的为预留空置脚。

3. 故障码

故障码内容见表 2-25。

表 2-25　故障码表

故障码（ISO 15031-6）	故障定义	DTC 值（hex）
B114900	冷却液温度故障	914900
B114E00	真空泵系统失效	914E00
B114F00	真空泵严重漏气故障	914F00
B115000	真空泵一般漏气故障	915000
B115100	真空泵到达极限寿命	915100
B115900	真空泵继电器 1 故障	915900
B115A00	真空泵继电器 2 故障	915A00
B115B00	真空泵继电器 1、2 故障	915B00
U011000	与电机控制器通信故障	C11000
U016400	与空调通信故障	C16400
B115C00	充电口电锁故障	915C00

（续）

三、整车控制系统

1. 系统说明

整车控制器安装于前排乘客座椅下方地板上，如图2-29所示。

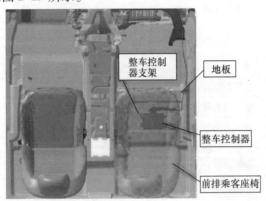

图2-29 整车控制器安装位置

2. 端子定义

整车控制器连接端子如图2-30所示，端子定义见表2-26。

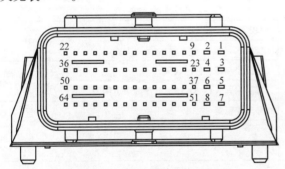

图2-30 整车控制器连接端子

表2-26 整车控制器连接端子定义

端子号	名称	定义	信号类型
1	+12V	外部输入12V电源	+12V
2	—	—	—
3	+12V	外部输入12V电源	+12V
4	—	—	—
5	GND0	外部输入12V电源地	GND0
6	—	—	—
7	GND0	外部输入12V电源地	GND0
8	—	—	—
9	+5V2	制动深度电源2	+5V
10	+5V2	制动深度电源1	+5V
11	+5V2	真空压力传感器电源	+5V
12~14	—	—	—
15	IN_FEET_BRAKE	制动开关信号	高有效
16	—	—	—
17	V_PUMP_TEST_IN	真空泵继电器检测信号（0或12V）	高有效
18	—	经济/运动模式输入	低电平
19	L_FAN_OUT	无级风扇信号控制/回检	PWM波形
20	EARTH	动力网CAN屏蔽地	—
21	CANH	动力网CAN信号高	—
22	CANL	动力网CAN信号低	—
23	+5V2	节气门深度电源1	+5V
24	+5V2	节气门深度电源2	+5V
25~32	—	—	—
33	CRASH_IN	碰撞信号	PWM信号
34~36	—	—	—
37	EARTH	节气门深度1电源地	GND
38	EARTH	节气门深度2电源地	GND
39、40	—	—	—
41	V_PUMP1_OUT	真空泵继电器1控制信号	低有效
42~45	—	—	—
46	VP_SENSOR	真空压力传感器信号	0~5V模拟信号
47	EARTH	节气门深度屏蔽地	—
48	DC_GAIN2	节气门深度2信号	0~5V模拟信号
49	DC_BRAKE2	制动深度2信号	0~5V模拟信号
50	DC_BRAKE1	制动深度1信号	0~5V模拟信号
51	EARTH	制动深度2电源地	GND
52	EARTH	制动深度1电源地	GND
53	EARTH	真空压力传感器地	GND
54	—	—	—
55	V_PUMP2_OUT	真空泵继电器2控制信号	—
56~59	—	—	—
60	CURISE_IN	巡航信号	模拟信号
61	EARTH	巡航信号地	GND
62	DC_GAIN1	节气门深度1信号	0~5V模拟信号
63	EARTH	制动深度屏蔽地	—
64	—	—	—

3. 故障码

故障码内容见表2-27。

表2-27 故障码表

故障码	故障定义	可能故障位置
P1D7902	整车控制器碰撞信号故障	整车控制器、SRS模块、低压线束
P1D6144	整车控制器EEPROM错误	整车控制器
P1D6200（预留）	整车控制器巡航开关信号故障	—
P1D6300（预留）	整车控制器水泵驱动故障	—
P1D7B00	节气门信号故障-1信号故障	整车控制器、节气门深度传感器、低压线束
P1D7C00	节气门信号故障-2信号故障	整车控制器、节气门深度传感器、低压线束
P1D6600	节气门信号故障-校验故障	整车控制器、节气门深度传感器、低压线束
P1D6700	制动信号故障-1信号故障	整车控制器、制动踏板深度传感器、低压线束
P1D6800	制动信号故障-2信号故障	整车控制器、制动踏板深度传感器、低压线束
P1D6900	制动信号故障-校验故障	整车控制器、制动踏板深度传感器、低压线束
U011187	与电池管理器（BMS）通信故障	电池管理器、低压线束
U024E87	与ESC通信故障	ABS/ESC、低压线束、网关
U012887	与EPB通信故障	EPB模块、低压线束、网关
U029187	与档位控制器通信故障	档位控制器、低压线束
U016487	与空调通信故障	空调控制器、低压线束、网关
U014087	与BCM通信故障	车身控制模块（BCM）、低压线束、网关
U029887	与DC通信故障	充配电三合一、低压线束
U012187	与ABS通信故障	ABS/ESC、低压线束、网关
U01A600（预留）	与后驱动电机控制器（RMCU）通信故障	—
U01A500	与前驱动电机控制器（FMCU）通信故障	电机控制器、低压线束
U024C87	与I-KEY通信故障	智能钥匙（I-KEY）、低压线束、网关
P1D6D00	整车控制器DSP复位故障	整车控制器
P1D9017（预留）	高压电池单节电压过高	—
P1D9016（预留）	高压电池单节电压过低	—
P1D9100	高压电池总电压过高	—
P1D9117（预留）	高压电池总电压严重过高	—
P1D9200（预留）	高压电池总电压过低	—
P1D9216（预留）	高压电池总电压严重过低	—
P1D9308（预留）	高压电池生命帧异常	—
P1D8500	真空泵系统失效	整车控制器、真空泵及管路、低压线束
P1D8600	真空泵严重漏气故障	整车控制器、真空泵及管路
P1D8700	真空泵一般漏气故障	整车控制器、真空泵及管路
P1D8800	真空泵到达极限寿命	整车控制器、真空泵
P1D8900	真空泵继电器1故障	整车控制器、真空泵继电器、低压线束
P1D8A00	真空泵继电器2故障	整车控制器、真空泵继电器、低压线束
P1D8B00	真空泵继电器1、2故障	整车控制器、真空泵继电器、低压线束
P1D9A00	真空压力传感器故障	整车控制器、真空压力传感器、低压线束
P1D9900（预留）	大气压力传感器故障	—
P1D8400	冷却液温度故障	整车控制器、温度传感器（充配电三合一内）
P1D9400（预留）	低压输出断线	—

(续)

故障码	故障定义	可能故障位置
P1D9516（预留）	低压供电电压过低	—
P1D9517（预留）	低压供电电压过高	—
P1D9600	高压电池生命帧异常–计数器乱序	电池管理器
P1D9700	高压电池生命帧异常–校验值异常	电池管理器
P1D9800	温度采样异常	电机控制器
P1D8300	过温限扭	电机控制器、驱动电机
B17A300	SRS CAN 信号异常	SRS
B17A400	SRS 硬线信号异常	SRS
U029F87	与 OBC 通信故障	OBC
P1D8D00	无级风扇电机堵转、短路等故障	无级风扇
P1D8E00	无级风扇过温保护、电子错误等故障	无级风扇
U029400	与模式开关通信故障	模式开关
P1D9B00	冷却液温度传感器故障	冷却液温度传感器
P1D9C00	冷却液温度过温	冷却系统
P1B1F00	防盗验证失败	Ikey
U014F87	与充配电总成通信故障（预留）	
B116212	冷却液温度传感器短路故障	冷却液温度传感器
B116214	冷却液温度传感器断路故障	冷却液温度传感器
U012A00	与 EPS 通信故障	EPS
P1BA000	巡航配置未写入	巡航未标定
U011987	VCM 与升压 DC 失去通信	升压 DC

第三章 北汽新能源EC系列EV汽车

第一节 高压电源系统

一、高压电池系统

1. 技术参数

1）EC180车型技术参数见表3-1。

表3-1 技术参数

项目名称	型式与基本参数	
	BJ7001BPH1-BEV（孚能-基本型）	BJ7001BPH2-BEV（国标）
电动汽车储能装置种类	三元镍钴锰酸锂电池	锂离子蓄电池
储能装置单体型号	IMP06160230	INP2714891A-38Ah
储能装置单体的标称电压/V	3.65	3.6
动力蓄电池单体3h率额定容量C_3/A·h	29	38
储能装置组合方式	1箱，7并31串	1箱，5并31串
成箱后的储能装置型号	PBM113203-A01	DJ1603
储能装置总储电量/kW·h	20.3	20
车载能源管理系统型号（包括软件和硬件）	BMS-S008/H001	BMS-S008/H001
质量比能量/（W·h/kg）	210±10	170
单体高压电池最高允许充电电压/V	4.2	4.2
最高允许充电电流/A	29	114
最高允许充电总电压/V	130	130
最高允许高压电池温度/℃	55	60
高压电池单体比能量/（W·h/kg）	210±10	170
高压电池组比能量/（W·h/kg）	109	130
高压电池质保期	8年或12万km	8年或12万km

2）EC200车型技术参数见表3-2。

表3-2 技术参数

项目	标准
电池供应商	北京普莱德
电芯厂家	CATL
储能装置正极材料	三元锂
储能装置负极材料	石墨
电芯种类	67Ah-NCM（ATL）
模组种类及数量	1P12S×7
串并联方式	1P84S
标称电压	307V
标称电量	20.5kW·h
可用电量	18.5kW·h
标称容量	67A·h
寿命	>2000次/8年/20万km
快充时间（20~35℃，30%充电到80%）	0.6小时
单体并联数	1
电池总重量	167kg
能量密度	130W·h/kg
电压范围	252~357V
低温充电倍率	0.05C（-20~15℃） 0.10C（-10~0℃）
单体标称电压	3.65V

（续）

3）EC220 慢充版车型技术参数如下。

项目名称	BJ7001BPHA-BEV
电动汽车储能装置种类	磷酸铁锂
储能装置单体型号	IFR32131-12Ah
储能装置单体的标称电压/V	3.2
高压电池单体3h率额定容量C3/A·h	12
储能装置组合方式	1箱，16并35串
成箱后的储能装置型号	DJ1801
储能装置总储电量/kW·h	21.5
车载能源管理系统型号（包括软件和硬件）	BMS-S008/H001
质量比能量/（W·h/kg）	121
高压电池单体最高允许充电电压/V	3.65
最高允许充电电流/A	192
最高允许充电总电压/V	127.8
最高允许高压电池温度/℃	55
高压电池单体比能量/（W·h/kg）	160
高压电池组比能量/（W·h/kg）	121
高压电池质保期	8年或15万km

4）EC3 车型技术参数见表3-3。

表3-3　技术参数

项目名称	型式与基本参数
电动汽车储能装置种类	锂离子电池
储能装置单体型号	LAE895
储能装置单体的标称电压/V	3.65
储能装置单体生产企业	宁德时代新能源科技股份有限公司
储能装置总成生产企业	北京普莱德新能源电池科技有限公司
储能装置组合方式	1P84S
成箱后的储能装置型号	PNCM-336-100-307
储能装置总储电量/kW·h	30.6
车载能源管理系统型号（包括软件和硬件）	S00BMUC016/800221-000
储能装置总成标称电压/V	306.6
储能装置总成额定输出电压/V	100
高压电池标称容量/A·h	100
车载能源管理系统生产企业	宁德时代新能源科技股份有限公司
电池比能量密度/（W·h/kg）	144.8
最高允许高压电池温度/℃	55
高压电池单体能量比/（W·h/kg）	206

2. 端子定义

（1）EC3 车型

EC3 车型 BMS 低压端子如图3-1所示，端子定义见表3-4。

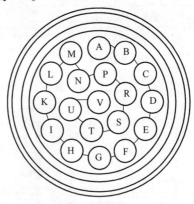

图3-1　EC3 车型 BMS 低压端子

表3-4　BMS 低压端子定义

端子号	定义
A	BMS 供电正
B	BMS 供电负
C	继电器供电正
D	继电器供电负
E	总继电器控制
F	VCU 唤醒
P	EVBUS CAN-L
R	EVBUS CAN-H
S	INBUS CAN-H
T	INBUS CAN-L
未连接	G/H/J/K/L/M/N/U/V

（2）EC200 车型

BMS 低压端子如图3-2所示，端子定义见表3-5。

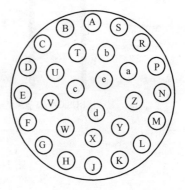

图3-2　EC200 车型 BMS 低压端子

表 3-5　BMS 低压端子定义　　　　　　　　　　　　　　　（续）

端子号	定义	端子号	定义
B	BMS 供电正	U	内部诊断 CAN1-H
C	WAKE-UP 唤醒信号	V	内部诊断 CAN1-L
D	整车 CAN2-H	预留脚	A/H/J/K/L/M/N/P/R/S/T/W/X/Y/Z/a
E	整车 CAN2-L		
F	负极继电器控制		
G	BMS 供电负		

3. 系统电路

1）EC3 车型高压电池系统电路见图 3-3。

2）EC200 车型高压电池系统电路见图 3-4。

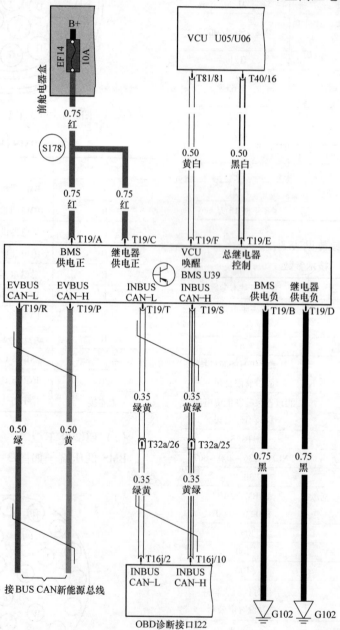

图 3-3　EC3 车型高压电池系统电路

第三章 北汽新能源 EC 系列 EV 汽车

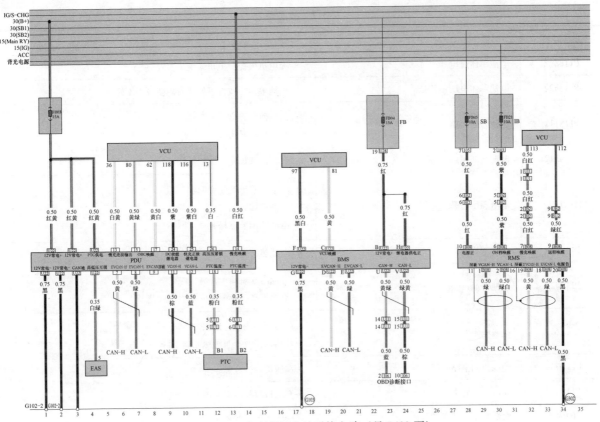

图 3-4 EC200 车型高压电池系统电路（见 P432 页）

4. 故障码

1）EC180 车型故障码内容见表 3-6。

表 3-6 故障码表

故障码	定义
U300316	蓄电池电压低
U300317	蓄电池电压高
P0A9409	DC/DC 故障
U011087	与 MCU 通信丢失
U025687	与 RMS 通信丢失故障
U014087	与 IEC/BCM 通信丢失故障
P103464	INV 高压自检超时
P103064	高压系统电压校验错误
P118822	电池单体过电压
P118522	电池单体电压不均衡
P118111	电池外部短路
P118312	电池内部短路
P0A7E22	电池温度过高
P118722	温度不均衡
P118427	电池升温过快
P0AA61A	绝缘电阻低
P118674	充电电流异常
U025482	电池系统内部通信故障
U025387	BMS 与车载充电机通信故障
P118964	内部总电压检测故障（V1）——预留

（续）

故障码	定义
P118A64	外部总电压检测故障（V2）——预留
P119844	BMS - EEPROM 读写障
P0A0A94	高低压互锁故障
P119796	加热元件故障——预留
P119B94	铜盘松动（接触内阻加大）故障
P0AA073	（预充/正极）继电器粘连
P0AE372	预充继电器断路
P0AA272	正极继电器断路
P11D213	预充电阻断路
P0A9513	MSD/主熔丝断路
P11D329	内部总电压检测电路故障（V1）——预留
P11D429	外部总电压检测电压故障（V2）——预留
P11D829	总电流检测电路故障——预留
P11D574	正端继电器驱动通道故障
P11D674	预充电继电器驱动通道故障
P11D729	绝缘检测电路故障
P121144	子板 EEPROM 读写故障
P121229	子板单体电压采集电路故障
P121329	子板模组电压采集电路故障
P121429	子板温度采集电路故障
P121574	子板主动均衡通道故障
P121674	子板被动均衡通道故障
P121782	子板 VBU/BMS 节点通信丢失

2）EC200 车型 BMS 系统故障码内容见表 3-7。

表 3-7 故障码表

故障码	定义	可能的故障原因
P118822	电池单体过电压	·充电机失控、电机系统失控
P118522	电池单体电压不均衡	·电池单体一致性不好或者均衡效果不好
P118111	电池外部短路	·高压回路异常 ·高压负载异常
P118312	电池内部短路	·电池内部焊接、装配等问题
P0A7E22	电池温度过高	·电池热管理系统有问题 ·电池单体有问题 ·电池装配节点松弛
P118722	温度不均衡	·电池热管理系统故障
P118427	电池升温过快	·电池内部短路 ·电池焊接、装配等问题引起火花
P0AA61A	绝缘电阻低	·高压部件内部有短路 ·高压回路对车身绝缘阻值下降
P11D729	绝缘检测电路故障	·高压板硬件故障
P118674	充电电流异常	·充电机故障或者充电回路故障
U025482	电池系统内部通信故障	·BMU, BMS 掉线或者 CAN 线有问题
U025387	BMS 与车载充电机通信故障	·CAN 总线线路故障 ·车载充电机故障
P11D329	内部总电压检测电路故障（V1）	·内部总电压检测电路异常
P118964	内部总电压检测故障（V1）	·系统电压检测回路故障
P118A64	外部总电压检测故障（V2）	·系统电压检测回路故障
P11D429	外部总电压检测电路故障（V2）	·外部总电压检测电路异常
P11D829	总电流检测电路故障	·电流传感器故障
P119844	BMS – EEPROM 读写故障	·控制器故障
P0A0A94	高压互锁故障	·高压接插件连接问题，零部件质量问题
P119796	加热元件故障	·加热元件失效
P0AA473	负极继电器粘连	·继电器带载动作或者严重过电流 ·负极继电器控制相关线路故障
P0AA572	负极继电器断路	·负极继电器控制相关线路故障 ·负极继电器失效
P0AE273	预充继电器粘连	·继电器带载动作或者严重过电流 ·预充继电器相关线路故障
P0AE372	预充继电器断路	·预充继电器控制相关 ·预充继电器失效
P11D674	预充电继电器驱动通道故障	·高压板硬件故障

（续）

故障码	定义	可能的故障原因
P0AA073	正极继电器粘连	· 继电器带载动作或者严重过电流 · 继电器控制相关线路故障
P0AA272	正极继电器断路	· 正极继电器控制相关线路故障 · 正极继电器失效
P11D574	正端继电器驱动通道故障	· 高压板硬件故障
P11D213	预充电阻断路	· 预充继电器失效
P0A9513	MSD/主熔丝断路	· MSD开关故障或者熔丝断路
P11D144	BCU-EEPROM读写故障	控制器故障
U025582	（高压板）VBU/VCU节点通信丢失	总线故障
P121144	子板EEPROM读写故障	· 温度不可知，上电时，子板自检不能通过
P121229	子板单体电压采集电路故障	· 采集板电路故障
P121329	子板模组电压采集电路故障	· 子板采集电路故障，导致底层采集到超范围的无效值
P121429	子板温度采集电路故障	· 子板采集电路故障
P121574	子板主动均衡通道故障	· 主动均衡回路通道没有响应控制
P121674	子板被动均衡通道故	· 被动均衡回路通道没有响应控制
P121782	子板VBU/BMS节点通信丢失	· 总线故障
P119022	总电压过电压（预留）	· 电机系统失控、充电机失控
P119B94	铜板松动（接触内阻加大）故障	· 单体件连接内阻大导致充放电时单体比实际值偏差大

3）EC220慢充版BMS系统故障码内容见表3-8。

表3-8 故障码表

故障码	定义
U300316	蓄电池电压低
U300317	蓄电池电压高
P0A9409	DC/DC故障
U011087	与MCU通信丢失
U025687	与RMS通信丢失故障
U014087	与IEC/BCM通信丢失故障
P103464	INV高压自检超时
P103064	高压系统电压校验错误
P118822	电池单体过电压
P118522	电池单体电压不均衡
P118111	电池外部短路
P118312	电池内部短路
P0A7E22	电池温度过高
P118722	温度不均衡

（续）

故障码	定义
P118427	电池升温过快
P0AA61A	绝缘电阻低
P118674	充电电流异常
U025482	电池系统内部通信故障
U025387	BMS与车载充电机通信故障
P118964	内部总电压检测故障（V1）——预留
P118A64	外部总电压检测故障（V2）——预留
P119844	BMS-EEPROM读写故障
P0A0A94	高低压互锁故障
P119796	加热元件故障——预留
P119B94	铜盘松动（接触内阻加大）故障
P0AA073	（预充/正极）继电器粘连
P0AE372	预充继电器断路
P0AA272	正极继电器断路
P11D213	预充电阻断路
P0A9513	MSD/主熔丝断路

（续）

故障码	定义
P11D329	内部总电压检测电路故障（V1）——预留
P11D429	外部总电压检测电路故障（V2）——预留
P11D829	总电流检测电路故障——预留
P11D574	正端继电器驱动通道故障
P11D674	预充电继电器驱动通道故障
P11D729	绝缘检测电路故障
P121144	子板EEPROM读写故障
P121229	子板单体电压采集电路故障
P121329	子板模组电压采集电路故障
P121429	子板温度采集电路故障
P121574	子板主动均衡通道故障
P121674	子板被动均衡通道故障
P121782	子板VBU/BMS节点通信丢失

4）EC3车型BMS系统故障码内容见表3-9。

表3-9 故障码表

故障码	定义
P118822	电池单体过电压
P119022	总电压过电压
P118522	电池单体电压不均衡
P118111	电池外部短路
P0A7E22	电池温度过高
P118722	温度不均衡
P0AA61A	绝缘电阻低
U119982	电池系统内部通信故障
P118964	内部总电压检测故障（V1）
P118A64	外部总电压检测故障（V2）
P119844	BMS-EEPROM读写故障
P0A0A94	高低压互锁故障
P119C21	单体过放失效故障
P0AA473	负极继电器粘连
P0AE273	预充继电器粘连
P0AA073	正极继电器粘连
P0AA572	负极继电器断路
P0AE372	预充继电器断路

（续）

故障码	定义
P0AA272	正极继电器断路
P11D213	预充电阻断路
P0A9513	MSD/主熔丝断路
P11D329	内部总电压检测电路故障（V1）
P11D429	外部总电压检测电路故障（V2）
P11D829	总电流检测电路故障
P11D729	绝缘检测电路故障
U025582	（高压板）VBU/VCU节点通信丢失
P121229	子板单体电压采集电路故障
P121329	子板模组电压采集电路故障
P121429	子板温度采集电路故障
P121674	子板被动均衡通道故障
P118E21	单体欠电压故障（正常放电窗口欠电压）
P122001	预充电失败故障
P119121	电池总电压欠电压
P121C01	高压电池过充
P119321	单体最低温度报警

二、车载充电系统

1. 系统说明

（1）EC180/EC220慢充版车型

DC/OBC集成控制器是将车载充电机模块、DC/DC变换器模块集成在一起，将原本生产过程中需要多次装配的部件进行集成化设计。DC/OBC集成控制器采用风冷对控制单元进行冷却，DC/DC由高压供电，BMS通过硬线信号（高有效）使能工作；充电机由12V蓄电池常电供电，由ON档唤醒，当插上充电枪，充电机输入220V（AC）后输出慢充唤醒信号给BMS、ICM和RMS。DC/OBC集成控制器安装位置见图3-5。

（2）EC3车型

PDU是将车载充电机模块（OBC，车载充电机-慢充）、DC/DC变换器模块（将高压电池高压电转换为14V低压电）、PTC控制器（用于空调暖风的控制）及高压配电模块集成在一起的产品。

OBC由低压12V蓄电池供电，两路唤醒：慢充唤醒，VCU通过硬线唤醒。

DC/DC由低压12V蓄电池供电，高压唤醒，VCU通过硬线使能。PDU总成安装位置如图3-6所示。

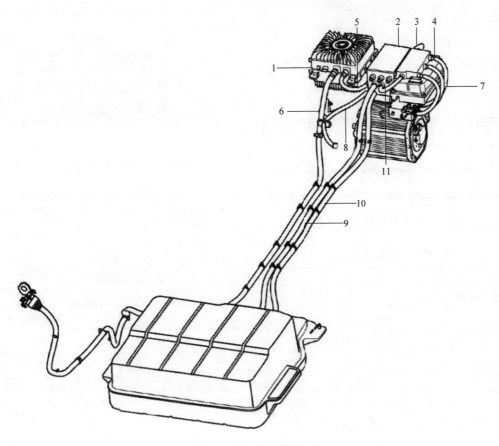

图 3-5 电控系统部件分布

1—DC/OBC 集成控制器总成　2—高压控制盒　3—MCU 正极线束　4—驱动电机控制器总成　5—车载电源高压线束　6—慢充线束
7—三相电线束　8—空调压缩机高压线束　9—高压电池负极线束　10—高压电池正极线束　11—MCU 负极线束

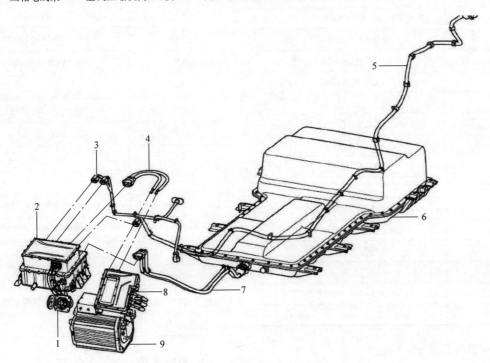

图 3-6 系统高压部件分布

1—快充线束组件　2—PDU 总成　3—PTC/空调压缩机高压线束　4—电机控制器高压线束　5—慢充线束组件
6—锂离子高压电池　7—电池高压线束　8—驱动电机控制器　9—驱动电机

2. 端子定义

（1）EC3 车型 PDU 总成

PDU 总成低压端子如图 3-7 所示，低压端子定义见表 3-10。

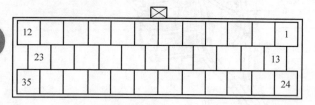

图 3-7　EC3 车型 PDU 总成低压端子

图 3-8　EC200 车型 PDU 总成低压端子

表 3-10　PDU 低压端子定义

端子号	定义
1、2	—
3	蓄电池电源
4	蓄电池电源
5	接地
6	接地
7	EVBUS CAN – H
8	EVBUS CAN – L
9	—
10	接地
11	IBUS CAN – H
12	IBUS CAN – L
13	慢充 CC 连接确认
14	OBC 使能 VCU
15	VCU 使能 OBC
16	—
17	DC/DC 使能
18	PTC 传感器 +
19	PTC 传感器 -
20 ~ 23	—
24	快充正极继电器控制
25	快充负极继电器控制
26	高低压互锁信号
27	高压互锁 +
28	12C – PTC – RUN
29 ~ 35	—

表 3-11　PDU 低压端子定义

端子号	定义
1、2	—
3	蓄电池电源
4	蓄电池电源
5	接地
6	接地
7	EVCAN – H
8	EVCAN – L
9	EVCAN SHILD
10	CAN – GND
11	VBUS 高
12	VBUS 低
13	CC – OUT
14	OBC 唤醒 VCU
15	VCU 使能 OBC
16	
17	DC/DC 使能
18	PTC 传感器 +
19	PTC 传感器 -
20 ~ 23	
24	快充正极继电器控制
25	快充负极继电器控制
26	HV – LOCK
27	HV – LOCK
28	PTC 控制器电源
29 ~ 35	—

（2）EC200 车型 PDU 总成

EC200 车型 PDU 总成低压端子如图 3-8 所示，低压端子定义见表 3-11。

3. 系统电路

EC3 车型 PDU 总成电路如图 3-9 所示。

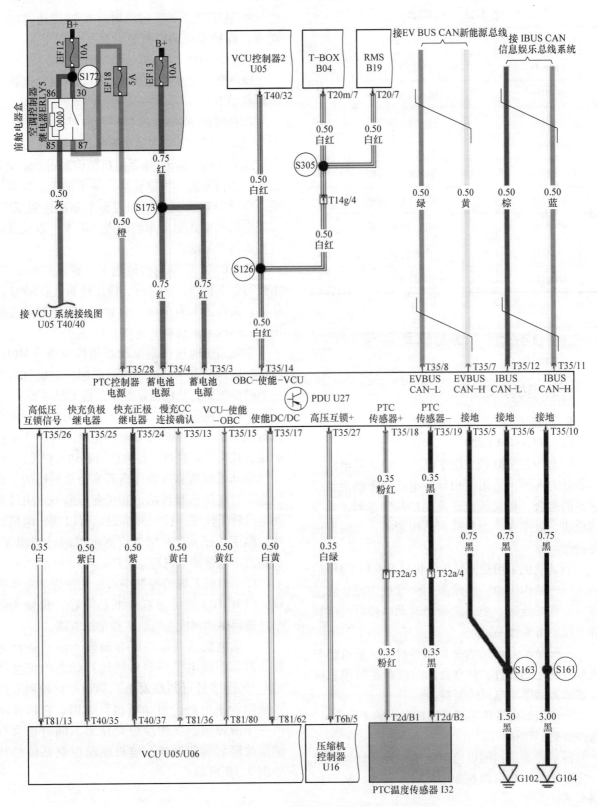

图 3-9 EC3 车型 PDU 总成电路

4. 故障码

见表 3-12。

EC180/EC200/EC220 慢充版车型故障码内容

表 3-12 故障码表

故障码	定义
P148048	OBC 过温故障
P148116	输入欠电压故障
P148117	输入过电压故障
P148217	输出过电压故障
P148216	输出欠电压故障
P148119	输入过电流故障
P148219	输出过电流故障
P148214	输出短路故障
U011187	与 BMS 通信丢失

第二节 动力驱动系统

一、电机驱动系统

1. 总成说明

（1）EC180/EC220

EC180/EC220 慢充版车型动力总成是电动汽车的动力来源，采用三相异步电机与单档两级减速器的组合，替代传统车发动机与变速器，具有响应快、效率高、重量轻、结构紧凑、维修方便等特点。

驱动电机采用交流异步电机，具有以下特点：

——结构简单、坚固耐用、维护方便、制造容易、低格低廉、能适应频繁起动、长时间运转等工况、可靠性高。

——是动力系统的主要执行机构，是电能与机械能转化的部件，且自身的运行状态等信息可以被采集到驱动电机控制器。

——依靠内置传感器来提供电机的工作信息，这些传感器包括：

霍尔传感器：用以检测电机的转子转速，通过脉冲磁场计数可以获知电机转子转速，从而控制车速。

温度传感器：用以检测电机的绕组温度，当绕组温度超过温度阈值时，控制器通过减小功率，保护电机避免过热，延长使用寿命。

（2）EC200

EC200 车型所装载的 TZ180X01 驱动电机性能特点如下：

TZ180X01 驱动电机是一款自然冷却的永磁同步驱动电机。其最大输出转矩为 140N·m，最高转速为 9500r/min。该系电机结构采用永磁励磁方式，结构紧凑、可靠性高、易于加工、拆装方便。TZ180X01 驱动电机通过整车驱动控制策略，实现电动机模式驱动车辆前进、倒车，以及发电机模式回馈制动。

TZ180X01 驱动电机适用于后置后驱的车型，主要有以下优点：转速高、输出转矩大；NVH 性能好；最高效率为 96%；可靠性强，工作温度范围广；结构紧凑功率密度高。

驱动系统通过调整驱动电机控制器（MCU）输出的电流和电压，可以对永磁同步电机进行转速和转矩控制，从而满足整车运行工况需要。

驱动电机控制器（MCU）是动力系统的重要执行机构，是电能与机械能转化的部件，且电机的运行状态等信息可以被采集到驱动电机控制器。

驱动系统依靠内置传感器来提供电机的工作信息，这些传感器包括：旋转变压器——用以检测电机转子位置，控制器解码后可以获知电机转速；温度传感器——用以检测电机的绕组温度，控制器可以保护电机避免过热。

驱动电机系统的控制中心，又称智能功率模块，以 IGBT（绝缘栅双极型晶体管）模块为核心，辅以驱动集成电路、主控集成电路。

驱动电机控制器对所有的输入信号进行处理，并将驱动电机控制系统运行状态的信息通过 CAN 网络进行共享发送。驱动电机控制器内含故障诊断电路。当诊断出异常时，它将会激活一个故障码，发送给组合仪表，同时也会存储该故障码和数据帧。电机驱动控制系统结构如图 3-10 所示。

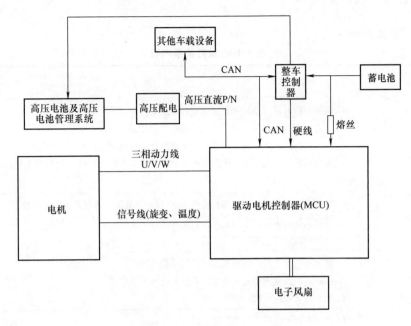

图 3-10 电机驱动控制系统框图

2. 技术参数

1) EC180/EC220 慢充版车型技术参数见表 3-13。

表 3-13 技术参数

总成名称	型式与基本参数	
驱动电机	电机类型	交流异步电机
	电机额定电压（DC）	108V
	电机功率（额定/峰值）	15/30kW
	电机转矩（额定/峰值）	65/140N·m
	电机额定转矩转速	2200r/min
	电机防护等级	IP67
	电机重量	55kg
	电机外形尺寸	ϕ270mm×290mm
减速器	厂家	株齿
	型式	单级速比
	速比	6.71

2) EC200 车型技术参数见表 3-14。

表 3-14 技术参数

总成名称	型式与基本参数	
驱动电机	厂家	大郡
	类型	永磁同步电机
	电机额定电压（DC）	307V
	电机功率（额定/峰值）	18/36kW
	电机转矩（额定/峰值）	60/140N·m
	电机转速（额定/峰值）	2850/9200r/min
	电机防护等级	IP67
	电机重量	35kg
	电机外形尺寸	ϕ250mm×293mm

（续）

总成名称	型式与基本参数	
减速器	冷却形式	自然冷却
	厂家	株齿
	型式	单级速比
	速比	7.7

3) EC3 车型技术参数见表 3-15。

表 3-15 技术参数

总成名称	型式与基本参数	
驱动电机	类型	永磁同步电机
	电机额定电压（DC）	307V
	电机功率（额定/峰值）	22/45kW
	电机转矩（额定/峰值）	70/150N·m
	电机额定转矩转速	3000r/min
	电机防护等级	IP67
	电机重量	33.5kg
	电机外形尺寸	ϕ250mm×277mm
	冷却形式	水冷
	厂家	卧龙/大郡
减速器	厂家	株齿
	型式	单级速比
	速比	6.71

3. 故障诊断

故障诊断内容见表 3-16。

表 3-16 故障诊断内容

故障描述	处理方法
电机本体过温故障	1. 间隔一段时间，故障再现，则进行下步检测 2. 排查冷却系统是否正常，若正常进行下步检测 3. 排查低压线束通信是否正常，若正常进行下步检测 4. 排查电机低压端子 G-H 在常温下的电阻值是否在（1±0.05）kΩ 范围内，若不在范围，更换电机
电机超速故障	1. 车辆重新上电，故障再现，排查 MCU 硬软件故障，若正常进行下步检测 2. 排查低压线束通信是否正常，若正常进行下步检测 3. 旋变位置硬件故障，更换电机
位置信号检测回路故障	1. 整车重新上电后，故障复现，进行下步检测 2. 排查低压线束通信是否正常，若正常进行下步检测 3. 旋变位置硬件故障，更换电机
电机温度检测回路故障	1. 整车重新上电后，故障复现，进行下步检测 2. 排查低压线束通信是否正常，若正常进行下步检测 3. 排查电机低压端子 G-H 在常温下的电阻值是否在（1±0.05）kΩ 范围内，若不在范围，更换电机
电机绝缘故障	1. 整车重新上电后，故障复现，进行下步检测 2. 排查低压线束是否破损，正常则进行下步检测 3. 排查三相线及接插件是否破损，正常则进行下步检测 4. 整车断高低压电后，拨下三相接插件，使用绝缘检测仪表检测三相对地绝缘电阻，若<2MΩ，更换电机
轴承损坏	更换电机
输出轴花键断裂	更换电机
电机异响、抖动	1. 检测电机三相电流是否有突变，若正常进行下步检测 2. 检测悬置、减速器、传动轴等与本体相连接部件是否破损，若正常进行下步检测 3. 拆下电机后，手动转动电机输出轴，检测是否转动不畅，有无异响，若有则更换电机

二、减速器总成

1. 总成说明

该款减速器总成为单档两级传动，具有体积小、重量轻、传递转矩大的特点。减速器在动力总成基础上设计制造，无延迟响应电机转子工况，同步输出力矩，具有传动效率高、耗能低、性能优越等优点。

减速器动力传动机械部分是依靠两级齿轮副来实现减速增矩。它按功用和位置可分为五大组件：右箱体、左箱体、输入轴组件、中间轴组件、差速器组件。

动力传递路线为：驱动电机→输入轴→输入轴齿轮→中间轴齿轮→中间轴齿轮→差速器半轴齿轮→左右半轴→左右车轮，见图 3-11。

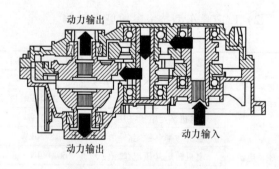

图 3-11 减速器总成动力输出

2. 故障排除

（1）减速器无动力传递

故障排除方法见表 3-17。

表 3-17 故障排除方法

序号	检查步骤	检查结果		
	初步检查	正常	有故障	操作方法
0	检查驱动电机是否运转	进行第 1 步	驱动电机不工作	维修或更换驱动电机
	检查驱动车轮	正常	有故障	操作方法
1	将档位置于 N 档检查车轮是否能转动	进行第 2 步	• 转动异常 • 不能转动（直接进行步骤3）	更换减速器
	检查减速器与驱动电机连接	正常	有故障	操作方法
2	检查减速器与驱动电机连接花键是否有损坏	进行第 3 步	减速器与驱动电机连接花键是否有损坏	更换减速器
	检查减速器内部轴	正常	有故障	操作方法
3	检查减速器内部轴是否卡滞	诊断结束	减速器内部轴是否卡滞	从其他症状查找故障原因

（2）减速器异响

故障排除方法见表 3-18。

表 3-18 故障排除方法

序号	检查步骤	检查结果		
	初步检查	正常	有故障	操作方法
0	检查减速器油油位是否正常	进行第 1 步	减速器油位液面过低	加注减速器油至规定油位
	检查减速器内部	正常	有故障	操作方法
1	检查减速器内部是否有异物	进行第 2 步	减速器内部有铁屑	检查减速器内部壳体以及齿轮轴承是否损坏，必要时更换
	检查输入轴和中间轴	正常	有故障	操作方法
2	检查输入轴和中间轴轴承是否正常	进行第 3 步	输入轴或中间轴轴承磨损过度	更换损坏轴承
	检查输入轴、中间轴和差速器	正常	有故障	操作方法
3	检查输入轴、中间轴和差速器轴向位置和间隙是否正常	进行第 4 步	输入轴、中间轴或差速器轴向间隙过大	重新安装输入轴、中间轴和差速器上的齿轮，调整输入轴或中间轴上的调整环
	检查输入轴、中间轴和差速器上的齿轮	正常	有故障	操作方法
4	检查输入轴、中间轴和差速器上的齿面是否磨损过度	进行第 5 步	输入轴、中间轴和差速器上的齿面磨损过度	更换损坏齿轮
	检查操作	正常	有故障	操作方法
5	正确检修操作后，检查故障是否出现	诊断结束	故障未消失	从其他症状查找故障原因

（3）减速器漏油

故障排除方法见表 3-19。

表 3-19 故障排除方法

序号	检查步骤	检查结果		
	初步检查	正常	有故障	操作方法
0	检查加油塞及放油塞是否漏油	进行第 1 步	加油塞或放油塞漏油	紧固或更换加油塞或放油塞

(续)

序号	检查步骤	检查结果		操作方法
1	检查减速器各部件结合面 检查减速器各部件结合面密封是否正常	正常 进行第 2 步	有故障 减速器各部件结合面密封问题出现漏油情况	操作方法 更换密封
2	检查减速器油 检查减速器油油位及油质	正常 进行第 3 步	有故障 减速器油油位过高或减速器油变质	操作方法 调整减速器油油位至规定范围或更换减速器油
3	检查差速器油封 检查差速器油封是否磨损过度或损坏	正常 进行第 4 步	有故障 差速器油封磨损过度或损坏	操作方法 更换差速器油封
4	检查半轴 检查半轴表面是否磨损	正常 进行第 5 步	有故障 半轴表面有毛刺、表面损坏	操作方法 更换半轴及差速器油封
5	检查通气塞 检查通气塞是否堵塞	正常 进行第 6 步	有故障 通气塞堵塞	操作方法 更换通气塞
6	添加减速器油至标准油位 正确检修操作后，检查故障是否出现	正常 诊断结束	有故障 故障未消失	操作方法 从其他症状查找故障原因

第三节 温度管理系统

一、高压冷却系统

1. 系统说明

以 EC3 车型为例，冷却系统由散热器、电子风扇、电动水泵、膨胀水箱及冷却管路组成，为驱动电机、PDU、MCU 等发热元件进行散热，保证它们在最佳温度条件下工作，如图 3-12 所示。

冷却系统采用串联结构，将散热器、水泵、与 PDU、MCU 驱动电机等发热元件串联成闭环水路。其中水泵为整个循环水路提供动力。将低温冷却液泵入 PDU、MCU、驱动电机等发热工作元

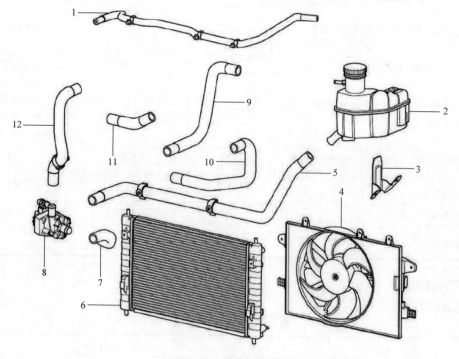

图 3-12 冷却系统组成

1—补水管 2—膨胀水箱 3—膨胀水箱支架 4—电子风扇总成 5—膨胀水箱出水管 6—散热器 7—水泵进水管 8—电子水泵
9—电机进水管 10—电机出水管 11—PDU 出水管 12—水泵出水管

件，冷却液吸热后变成热冷却液，热冷却液随后进入散热器，通过风扇吸过散热器的冷空气与散热器中的热冷却液进行热交换。冷却液变为低温冷却液，随之通过水泵继续循环工作，膨胀水箱在整个循环中主要起到水泵前补水防气蚀，及提供膨胀空间的作用。冷却系统冷却液走向如图3-13 所示。

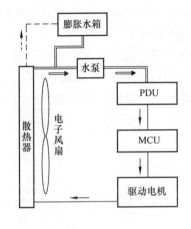

图 3-13 冷却系统冷却液走向

2. 部件拆装

（1）电子风扇拆装

1）断开蓄电池负极电缆。

2）拆卸前保险杠组件。

3）拆卸水箱上横梁。

4）拆卸散热器导风板。

5）脱开水管固定卡（箭头 A），见图 3-14。

6）断开电子风扇连接插头（箭头 B），见图 3-14。

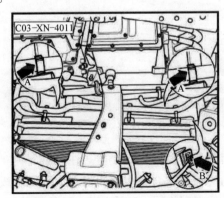

图 3-14 断开固定卡与连接插头

7）脱开补水管固定卡（箭头 B），见图 3-15。

8）旋出固定螺栓（箭头 A），取下电子风扇总成1，见图 3-15。

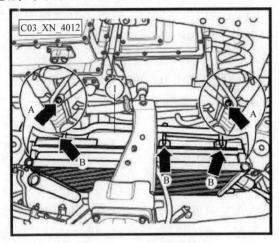

图 3-15 拆下电子风扇

9）安装以倒序进行，见图 3-15。

- 螺栓（箭头 A）规格：M6×1.0×16
- 螺栓（箭头 A）拧紧力矩：8~10N·m
- 螺栓（箭头 A）使用工具：10mm 六角套筒

（2）电动水泵拆装

1）断开蓄电池负极电缆。

2）排放冷却液。

3）断开电动水泵连接插头（箭头 A）。

4）松开卡箍（箭头 B），脱开 PEU 进水管 2 与水泵的连接。

5）松开卡箍（箭头 C），脱开水泵进水管 3 与水泵的连接。

6）旋出固定螺栓（箭头 D），取下电动水泵总成 1。以上位置及部件均见图 3-16。

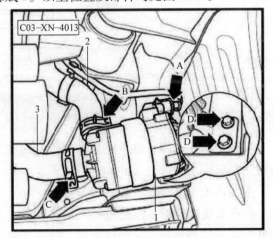

图 3-16 水泵拆解图示

7）使用合适的容器收集相应部件处的冷却液。

8）安装以倒序进行，见图3-16，同时注意下列事项：补加冷却液至标准位置。
- 螺栓（箭头D）规格：M6×10×16
- 螺栓（箭头D）拧紧力矩：8~10N·m
- 螺栓（箭头D）使用工具：8mm 六角套筒

二、空调系统

1. 系统说明

汽车空调系统是对车厢内空气进行制冷、加热、除湿、通风换气、空气净化（选装）的装置。它可提供舒适的乘车环境，降低驾驶人的疲劳强度，提高行车安全。

空调系统利用空气的热传递效应将空气中的热量向低温处传播；当蒸发器处于低温时，会吸收外部热量，以制冷剂作为传导介质被压缩机抽走，制冷剂经压缩机压缩后温度上升，此时制冷剂温度比外部环境温度高出许多，高温制冷剂流进冷凝器内，通过电子风扇向外界排放热量，降低温度，然后经膨胀节流作用生成低温制冷剂流入蒸发器，进行工作循环，不断抽取车厢内的热量，从而达到降温效果。

空调系统主要由空调压缩机、冷凝器、蒸发器、膨胀阀、储液干燥器（集成在冷凝器中）、管道、冷凝器风扇、鼓风机和控制器等组成，如图3-17所示。

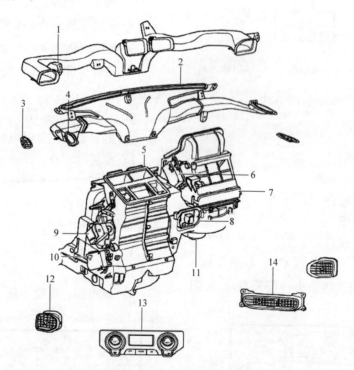

图3-17 电动空调系统部件（EC3车型）

1—吹面风道总成 2—前除霜风道总成 3—侧除霜盖板 4—侧除霜风道总成 5—车内空调箱总成 6—内外循环电机 7—空调空气滤清器滤芯盖板 8—调速模块 9—模式电机 10—冷暖电机 11—鼓风机 12—仪表板侧出风口 13—空调控制器 14—仪表板中央出风口

空调制冷剂循环管路系统分为高压管路和低压管路。制冷系统管路分布如图3-18所示。

空调系统制冷原理如图3-19所示。

空调系统制冷时，压缩机吸入从蒸发器出来的低温低压气态制冷剂，经压缩后，制冷剂温度和压力升高，被送入冷凝器。在冷凝器内，高温高压的气态制冷剂经冷凝器散热，液化变成高温高压的液态制冷剂。液体制冷剂流入储液干燥器，它存储和过滤液体制冷剂。

经过过滤后的高温高压的液态制冷剂流经膨胀

阀，由膨胀阀将液体制冷剂转变成低温低压气液混合物，流入蒸发器内。在蒸发器内，鼓风机将车内空气抽入蒸发器表面，空气经蒸发器散热片与低温低压的气雾态制冷剂进行热交换。制冷剂吸收车内的空气热量，将低温低压的气雾态制冷剂蒸发成低温低压的全气态制冷剂，再经管道送到压缩机低压端，进行下一次循环。经热交换释放出的冷空气由鼓风机送入车厢，降低车内温度。

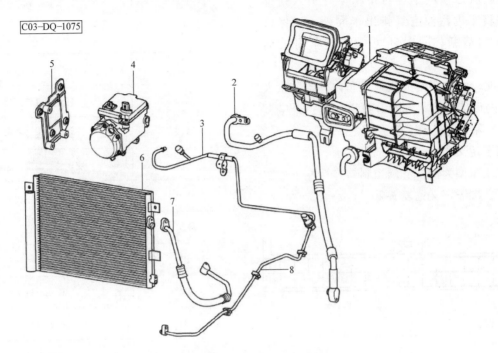

图 3-18　制冷系统管路分布
1—车内空调箱总成　2—空调低压管　3—空调高压管　4—电动压缩机
5—压缩机支架　6—冷凝器　7—压缩机排气管　8—压力开关

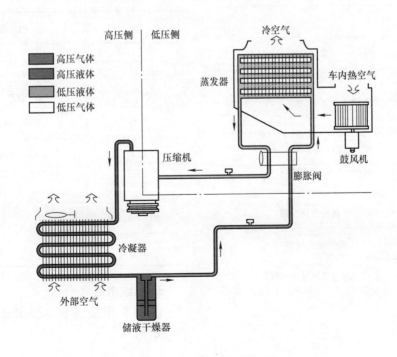

图 3-19　空调制冷原理图

空调暖风功能由PTC电加热提供。打开空调控制面板上的暖风开关，PTC电加热开始工作。鼓风机送出的风经过PTC芯体后变成热风源源不断地送进车厢。

空调通风是在汽车运行中从车外引入新鲜空气，并将车内污浊空气排出车厢外，以保持车内空气的清新，同时还可以防止车窗玻璃起雾。

在湿度较大的阴雨天气或是车内外温差太大时，车内的玻璃上容易起雾，可以通过打开空调除雾功能清除车窗玻璃上的雾。

2. 端子定义

以EC3车型为例，空调控制器连接端子如图3-20所示，端子定义见表3-20。

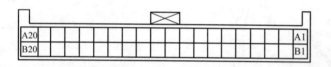

图3-20 空调控制器连接端子

表3-20 空调控制器端子定义

端子号	定义
A1、A2	—
A3	背光电源
A4	高低压信号
A5	中压信号
A6	鼓风机电源控制
A7	
A8	调速模块反馈
A9	鼓风机调速信号
A10	蒸发器温度传感器
A11	

（续）

端子号	定义
A12	IBUS CAN－L
A13	信号地
A14	IBUS CAN－H
A15	—
A16	环境温度传感器
A17	室内温度传感器
A18	空调总管温度传感器
A19	—
A20	IG电源
B1	—
B2	模式电机＋
B3	模式电机－
B4	冷暖电机＋
B5	冷暖电机－
B6	内外循环电机－
B7	内外循环电机＋
B8	—
B9	执行器反馈电源5V
B10	模式反馈
B11	冷暖反馈
B12	接地
B13～B19	—
B20	接地

3. 系统电路

以EC3车型为例，空调控制系统电路如图3-21所示。

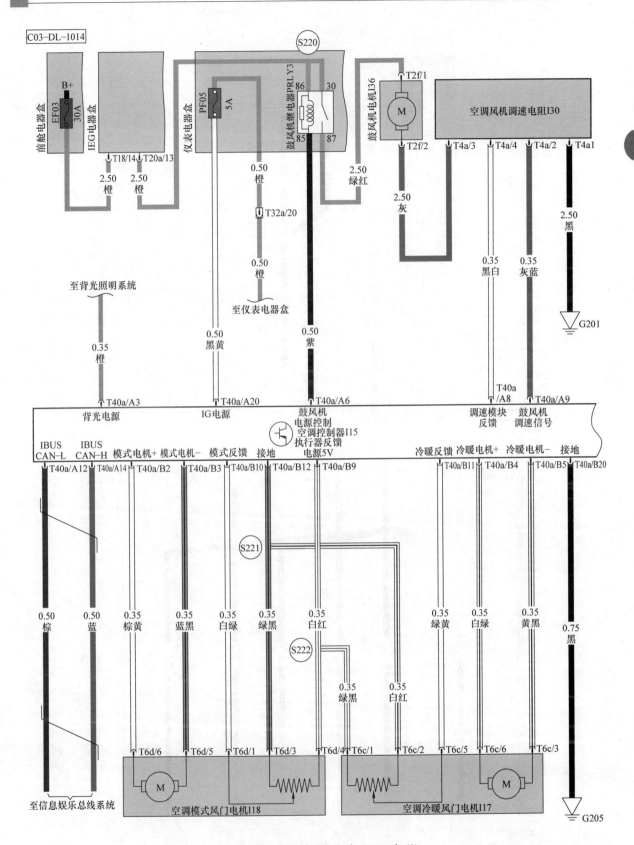

图 3-21 空调控制系统电路（EC3 车型）

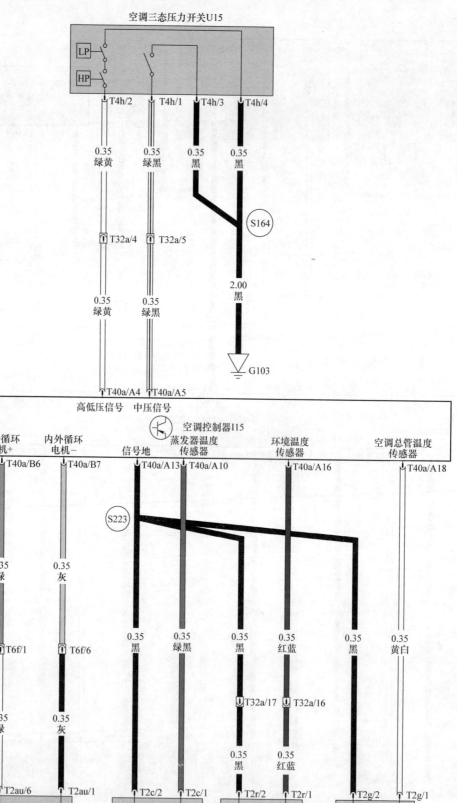

图 3-21 空调控制系统电路（EC3 车型）（续）

4. 故障排除

1) 空调系统压力过高故障排除方法见表3-21。

表3-21 故障排除方法

序号	检查步骤	检查结果		
0	初步检查	正常	有故障	操作方法
0	检查制冷剂是否过量	进行第1步	制冷剂过量	调整制冷剂量至标准值
1	检查压力开关	正常	有故障	操作方法
1	检查压力开关是否损坏	进行第2步	压力开关损坏	更换压力开关
2	检查制冷剂循环管路	正常	有故障	操作方法
2	检查制冷剂循环管路是否变形或弯折	进行第3步	制冷剂循环管路变形或弯折	维修或更换问题管路
3	检量膨胀阀	正常	有故障	操作方法
3	检查膨胀阀是否堵塞或失效	进行第4步	膨胀阀堵塞或失效	更换膨胀阀
4	检查压缩机	正常	有故障	操作方法
4	检查压缩机是否损坏	进行第5步	压缩机损坏	更换压缩机
5	检查操作	正常	有故障	操作方法
5	正确检修操作后,检查故障是否出现	诊断结束	故障未消失	从其他症状查找故障原因

2) 空调系统压力过低故障排除方法见表3-22。

表3-22 故障排除方法

序号	检查步骤	检查结果		
0	初步检查	正常	有故障	操作方法
0	检查空调管路是否有泄漏	进行第1步	空调管路有泄漏	维修或更换问题管路
1	检查制冷剂	正常	有故障	操作方法
1	检查制冷剂是否不足	进行第2步	制冷剂不足	加注制冷剂量至标准值
2	检查压力开关	正常	有故障	操作方法
2	检查压力开关是否损坏	进行第3步	压力开关损坏	更换压力开关
3	检查膨胀阀	正常	有故障	操作方法
3	检查膨胀阀是否堵塞或失效	进行第4步	膨胀阀堵塞或失效	更换膨胀阀
4	检查压缩机	正常	有故障	操作方法
4	检查压缩机是否损坏	进行第5步	压缩机损坏	更换压缩机
5	检查操作	正常	有故障	操作方法
5	正确检修操作后,检查故障是否出现	诊断结束	故障未消失	从其他症状查找故障原因

3) 空调不制冷故障排除方法见表3-23。

表3-23 故障排除方法

序号	检查步骤	检查结果		
0	初步检查	正常	有故障	操作方法
0	检查空调失器是否损坏	进行第1步	空调控制器损坏	更换空调控制器
1	检查熔丝	正常	有故障	操作方法
1	检查熔丝是否熔断	进行第2步	熔丝熔断	更换熔丝
2	检查制冷系统压力	正常	有故障	操作方法
2	检查制冷系统压力是否不足	进行第3步	制冷系统压力不足	检查管路泄漏,必要时补充制冷剂
3	检查膨胀阀	正常	有故障	操作方法
3	检查膨胀阀是否堵塞或失效	进行第4步	膨胀阀堵塞或失效	更换膨胀阀
4	检查压缩机	正常	有故障	操作方法

(续)

序号	检查步骤	检查结果		
4	检查压缩机运转是否正常	进行第5步	压缩机有故障	更换压缩机
5	检查鼓风机	正常	有故障	操作方法
	检查鼓风机运转是否正常	进行第6步	鼓风机不运转	维修或更换鼓风机
6	检查温度传感器	正常	有故障	操作方法
	检查室内温度传感器、蒸发器温度传感器是否正常	进行第7步	传感器失效、短路	更换有故障的温度传感器
7	检查操作	正常	有故障	操作方法
	正确检修操作后，检查故障是否出现	诊断结束	故障未消失	从其他症状查找故障原因

4）压缩机异响故障排除方法见表3-24。

表3-24 故障排除方法

序号	检查步骤	检查结果		
0	初步检查	正常	有故障	操作方法
	检查压缩机支架附件是否松动	进行第1步	压缩机部件松动	紧固松动附件
1	检查压缩机	正常	有故障	操作方法
	检查压缩机是否损坏	进行第2步	压缩机损坏	更换压缩机
2	检查制冷系统压力	正常	有故障	操作方法
	正确检修操作后，检查故障是否出现	诊断结束	故障未消失	从其他症状查找故障原因

5）间断有冷气故障排除方法见表3-25。

表3-25 故障排除方法

序号	检查步骤	检查结果		
0	初步检查	正常	有故障	操作方法
	检查制冷剂循环回路内是否有水分	进行第1步	制冷剂循环回路内有水分	空调系统抽真空，更换干燥储液罐
1	检查膨胀阀	正常	有故障	操作方法
	检查膨胀阀是否损坏	进行第2步	膨胀阀损坏	更换膨胀阀
2	检查空调系统电路故障	正常	有故障	操作方法
	检查空调系统电路是否接触不良	进行第3步	空调系统电路接触不良	维修检查问题电路
3	检查操作	正常	有故障	操作方法
	正确检修操作后，检查故障是否出现	诊断结束	故障未消失	从其他症状查找故障原因

6）制冷不足故障排除方法见表3-26。

表3-26 故障排除方法

序号	检查步骤	检查结果		
0	初步检查	正常	有故障	操作方法
	检查空调系统电路是否接触不良	进行第1步	空调系统电路接触不良	维修检查问题电路
1	检查制冷剂	正常	有故障	操作方法
	检查制冷剂是否过多	进行第2步	制冷剂过多	按比例更换制冷剂
2	检查制冷剂	正常	有故障	操作方法
	检查制冷剂是否不足	进行第3步	制冷剂不足	加注制冷剂量至标准值
3	检查压缩机	正常	有故障	操作方法
	检查压缩机是否损坏	进行第4步	压缩机是否损坏	维修或更换压缩机是否损坏
4	检查膨胀阀	正常	有故障	操作方法
	检查膨胀阀是否损坏	进行第5步	膨胀阀损坏	更换膨胀阀
5	检查操作	正常	有故障	操作方法
	检查检修操作后，检查故障是否出现	诊断结束	故障未消失	从其他症状查找故障原因

7）冷空气输出速度低故障排除方法见表3-27。

第三章 北汽新能源 EC 系列 EV 汽车

表3-27 故障排除方法

序号	检查步骤	检查结果		
0	初步检查	正常	有故障	操作方法
0	检查空调出气口是否有异物	进行第1步	出气口有异物	清洁或维修出气口
1	检查空调进气口	正常	有故障	操作方法
1	检查空调进气口是否堵塞或空调滤芯脏	进行第2步	进气口堵塞；滤芯脏	清洁或维修进气口或更换空调滤芯
2	检查鼓风机	正常	有故障	操作方法
2	检查鼓风机是否有故障	进行第3步	鼓风机故障	更换鼓风机
3	检查空调系统漏气	正常	有故障	操作方法
3	检查空调系统是否漏气	进行第4步	空调系统漏气	维修漏气故障
4	检查蒸发器	正常	有故障	操作方法
4	检查蒸发器是否阻塞	进行第5步	阻塞	清洁或维修蒸发器
5	检查操作	正常	有故障	操作方法
5	正确检修操作后，检查故障是否出现	诊断结束	故障未消失	从其他症状查找故障原因

8) 仅高车速时有冷气故障排除方法见表3-28。

表3-28 故障排除方法

序号	检查步骤	检查结果		
0	初步检查	正常	有故障	操作方法
0	检查制冷剂循环回路内是否有空气或制冷剂不足	进行第1步	制冷剂循环回路内有空气或制冷剂不足	空调系统抽真空并加注制冷剂
1	检查空调压缩机故障	正常	有故障	操作方法
1	检查空调压缩机是否损坏	进行第2步	压缩机损坏	更换压缩机
2	检查冷凝器	正常	有故障	操作方法
2	检查冷凝器是否阻塞	进行第3步	冷凝器阻塞	清洁或更换冷凝器
3	检查操作	正常	有故障	操作方法
3	正确检修操作后，检查故障是否出现	诊断结束	故障未消失	从其他症状查找故障原因

9) PTC 不工作或工作后仍有冷风故障排除方法见表3-29。

表3-29 故障排除方法

序号	检查步骤	检查结果		
0	初步检查	正常	有故障	操作方法
0	检查冷暖模式设置	进行第1步	冷暖模式选择错误	正确设置冷暖模式
1	检查空调控制器是否损坏	正常	有故障	操作方法
1	检查空调控制器否损坏	进行第2步	空调控制器损坏	更换空调控制器
2	检查 PTC 本体	正常	有故障	操作方法
2	检查 PTC 本体线束是否断路	进行第3步	PTC 本体线束是否断路	更换或维修线路
3	检查操作	正常	有故障	操作方法
3	正确检修操作后，检查故障是否出现	诊断结束	故障未消失	从其他症状查找故障原因

10) PTC 过热故障排除方法见表3-30。

表3-30 故障排除方法

序号	检查步骤	检查结果		
0	初步检查	正常	有故障	操作方法
0	检查冷暖模式设置	进行第1步	冷暖模式选择错误	正确设置冷暖模式
1	检查空调控制器是否损坏	正常	有故障	操作方法
1	检查空调控制器否损坏	进行第2步	空调控制器损坏	更换空调控制器

序号	检查步骤	检查结果		
		正常	有故障	操作方法
2	检查 PTC 本体 检查 PTC 温度传感器是否损坏	进行第 3 步	PTC 温度传感器损坏	更换 PTC 温度传感器
3	检查操作 正确检修操作后，检查故障是否出现	正常 诊断结束	有故障 故障未消失	操作方法 从其他症状查找故障原因

5. 故障码

故障码内容见表 3-31。

表 3-31 故障码表

故障码	定义
P168017	ECC 电源过电压故障
P168016	ECC 电源欠电压故障
P16821C	环境温度传感器故障
P16841C	蒸发器温度传感器故障
P16A31C	出风口温度传感器故障
P168985	管路压力过高故障
P168A84	管路压力过低故障
P169313	模式风门电机开路
P169411	模式风门电机短路
P16961C	模式风门电机传感器故障
P168B13	混合温度风门电机开路
P168C11	温度风门电机短路
P168E1C	温度风门电机传感器故障
P16A113	鼓风机驱动电路开路
P16A211	鼓风机驱动电路短路
U016487	与 EAS 通信丢失故障
U160187	与 VCU 通信丢失故障
U160088	总线故障

第四节　整车电控系统与网络通信系统

一、整车电控系统

1. 系统说明

整车控制器（VCU）是整车综合控制器件的核心。整车控制器通过采集 CAN 线信号、硬线信号、EPPROM 存储数据等进行综合逻辑分析，并实现多种整车控制功能。

整车控制器负责完成整车上下电、快充、慢充、MCU 控制、仪表显示及其他整车基本功能的实现。整车控制器负责完成相应故障诊断功能。以 EC200 车型为例，整车控制器安装位置如图 3-22 所示。

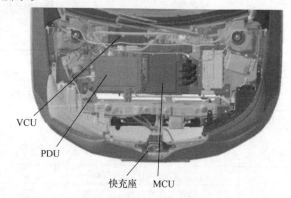

图 3-22　整车控制器（VCU）安装位置（EC200）

2. 端子定义

以 EC200 车型为例，整车控制器（VCU）端子如图 3-23 所示，端子定义见表 3-32。

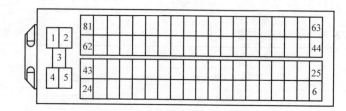 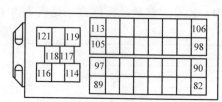

图 3-23　整车控制器（VCU）端子（EC200）

第三章 北汽新能源 EC 系列 EV 汽车

表 3-32 VCU 端子定义

端子号	定义	端子号	定义
1	KL30	63	屏蔽地 EMC GND
2	GND	79	MCU 唤醒信号
3	真空泵 12V 输出信号	80	充电机唤醒信号
4	KL30 真空泵供电	81	电池 EMS 唤醒信号
5	GND	82	档位信号 4
6	加速踏板位置信号 1 输入	83	档位信号 2
9	加速踏板位置信号 1 电源	84	档位信号地
13	高低压互锁信号	90	档位信号 3
17	快充连接确认	91	档位信号 1
21	制动开关信号	92	真空助力压力传感器电源
22	制动灯信号	96	倒车灯继电器
25	加速踏板位置信号 2 输入	97	总负继电器开关
27	真空助力压力传感器输入	100	FC_CAN 低
28	加速踏板位置信号 2 电源	101	VCAN 低
29	快充口温度传感器信号输入	102	XC2234 刷写 CAN 低
30	快充口温度传感器 2 信号输入	104	EV_CAN 低
31	快充口温度传感器 2	105	快充唤醒
36	慢充 CC 连接确认	107	FC_CAN 高
37	点火信号 KL15	108	VCAN 高
48	快充口温度传感器信号地	109	XC2234 刷写 CAN 高
50	真空助力压力传感器地线	111	EV_CAN 高
51	DC/DC 参考地	112	远程唤醒输入
52	加速踏板位置信号 2 地	113	慢充唤醒信号
53	加速踏板位置信号 1 地	116	快充负极继电器
60	组合仪表唤醒信号	118	快充正极继电器
62	DC/DC 使能输出	121	空调系统继电器控制

3. 系统电路

EC200 车型 VCU 系统电路如图 3-24 所示，EC3 车型 VCU 系统电路如图 3-25 所示。

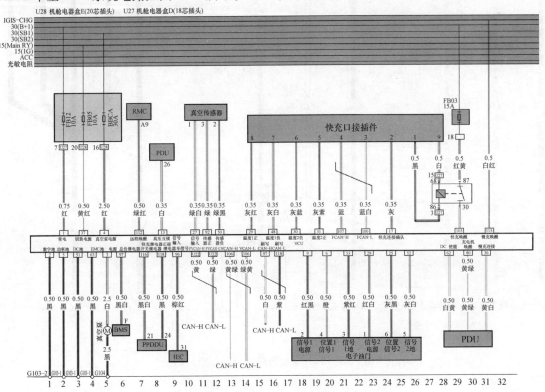

图 3-24 VCU 系统电路（EC200 车型）

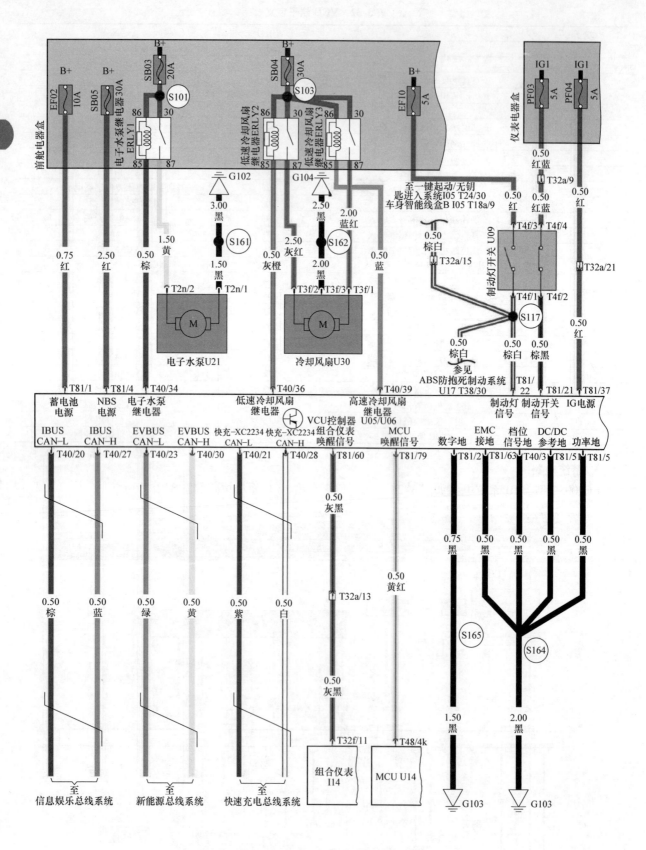

图 3-25 VCU 系统电路（EC3 车型）（1）

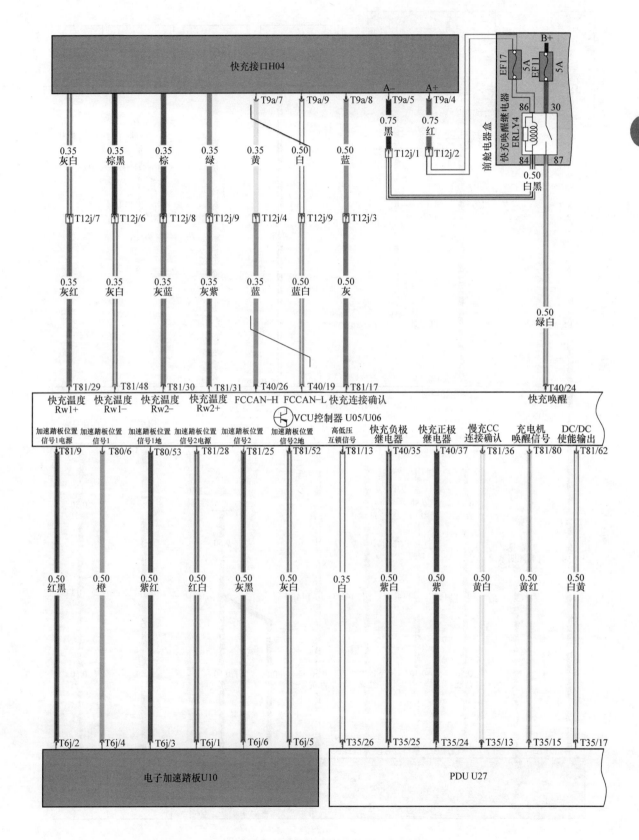

图 3-25 VCU 系统电路（EC3 车型）(2)

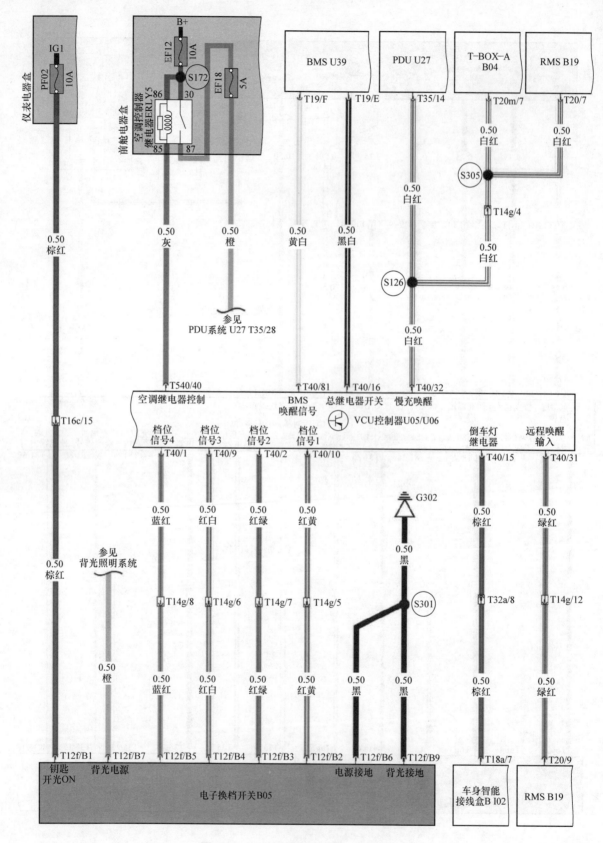

图 3-25 VCU 系统电路（EC3 车型）（3）

第三章　北汽新能源 EC 系列 EV 汽车

4. 故障码

1) EC200 车型 VCU 系统故障码见表 3-33。

表 3-33　故障码表

故障码	定义
P060444	RAM 故障
P060545	ROM 故障
P062F46	EEPROM 故障
P078001	档位故障
P0A9409	DC/DC 故障
C002192	制动助力系统低真空度故障
C004701	制动助力系统传感器故障（相对压力传感器故障）
C004601	大气压力传感器故障（绝对压力传感器故障）
C002101	真空泵电气系统故障（真空泵驱动通路开路）
C002194	真空泵常转故障
C00217A	制动助力系统泄漏故障
U300316	蓄电池电压低
U300317	蓄电池电压高
U011087	与 MCU 通信丢失（180～600ms 发首帧报文）
U011187	与 BMS 通信丢失
U025687	与 RMS 通信丢失故障（ON 档和快慢充唤醒）
U013187	与 EPS 通信丢失故障（预留）
U025887	与 ICM 通信丢失故障（ON 档和快慢充唤醒）
U029887	与 DC/DC 通信丢失故障
U026087	与 EHU 通信丢失故障
U012187	与 ABS/ESP 通信丢失故障
U028082	MCU 生命信号异常
U007388	总线关闭
P103064	高压系统电压校验错误
P103364	BCU 自检超时
P103464	INV 高压自检超时
P103564	放电回路故障
P103904	MCU 自检异常（初始化）
P103804	BCU/BMS 自检异常（初始化）
P0A0A94	高低压互锁故障
U025387	与 CHG 通信故障
P13101C	直流充电插座温度传感器 1 故障
P13111C	直流充电插座温度传感器 2 故障
P13124B	直流充电插座过温故障
P13154B	交流充电插座过温故障
P103B01	自适应故障
P118674	充电电流异常
P101327	SOC 跳变报警
P101221	SOC 太低报警
P101001	DC/DC 温度故障

2) EC3 车型 VCU 系统故障码见表 3-34。

表 3-34　故障码表

故障码	定义
P060444	RAM 故障
P060545	ROM 故障
P062F46	EEPROM 故障
P078001	档位故障
P060D1C	加速踏板信号错误
P062D64	加速踏板信号校验错误
P0A9409	DC/DC 故障
U300316	蓄电池电压低
U300317	蓄电池电压高
U011087	与 MCU 通信丢失
U011187	与 BMS 通信丢失
U025687	与 RMS 通信丢失
U025887	与 ICM 通信故障
U014087	与 ICM 通信故障
U029887	与 DC/DC 通信丢失故障
U012187	与 ABS/ESP 通信故障
U028082	MCU 生命信号异常
U007388	总线关闭
P103364	BCU 自检超时
P103464	MCU 高压自检超时
P103564	放电回路故障
P103904	MCU 自检异常
P103804	BCU/BMS 自检异常（初始化）
P0A0A94	高低压互锁故障
P103B01	自适应故障
U025387	与 CHG 通信丢失故障
P13101C	直流充电插座温度传感器 1 故障
P13111C	直流充电插座温度传感器 2 故障
P13124B	直流充电插座过温故障
P101327	SOC 跳变报警
P101221	SOC 太低报警
P101001	DC/DC 温度故障
P101101	高压电池包不匹配
P118674	充电电流异常
P119796	加热元件故障（预留）

二、网络通信系统

1. 系统说明

在整车电器系统中，本车安装有 CAN、K 线两种数据总线。高速 CAN 总线采用符合 ISO11898-2 的收发器。

整车多个控制单元实时诊断，并通过车载网络系统将整车状态信息上传至车载信息中心；与 RMS/T-BOX 系统对接，实现整车远程诊断；与诊断仪通信，实现离线诊断。总线连接系统如图 3-26 所示。

CAN 总线以网络形式将数个控制单元连接，在控制单元间传递命令及信息。

当一个控制单元发送命令和信息时，连接在同一总线上的控制单元都会接收，并从中筛选有用的命令和信息进行处理。

安全气囊控制单元升级时使用 K 线通信，其他控制单元和诊断仪使用 CAN 线通信。连接在同一总线上的控制单元传递信息采用相同的通信协议（格式）及传输速度，具体见表 3-35。

表 3-35 总线表

名称	传输速度/(kbit/s)
EV BUS 总线	500
I BUS 总线	500
FC BUS 总线	250

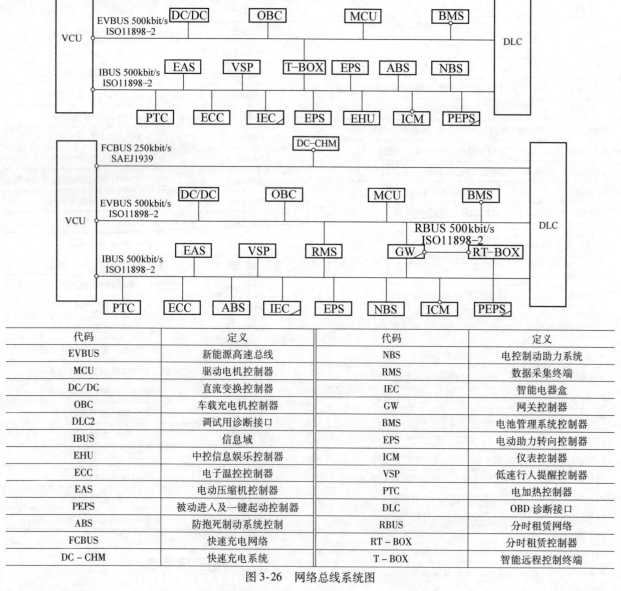

图 3-26 网络总线系统图

2. 系统电路

以 EC3 车型为例，CAN 总线系统电路如图 3-27 ~ 图 3-29 所示。

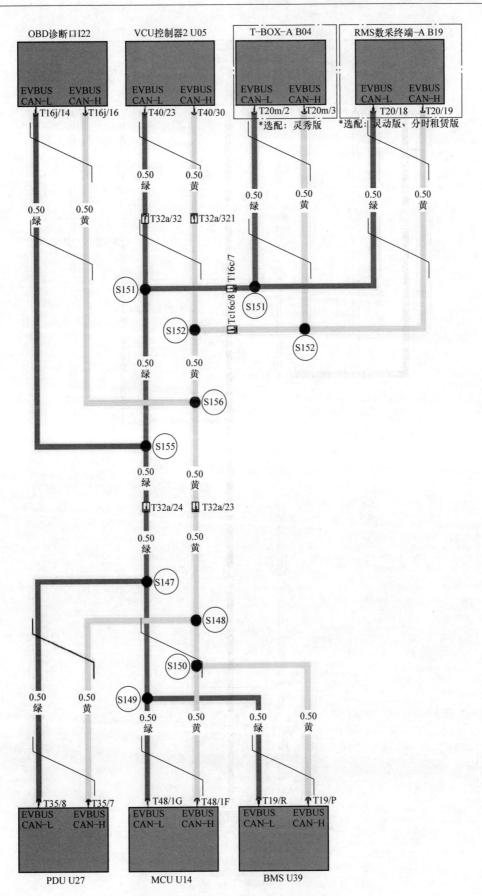

图 3-27　EVBUS CAN 新能源总线系统电路

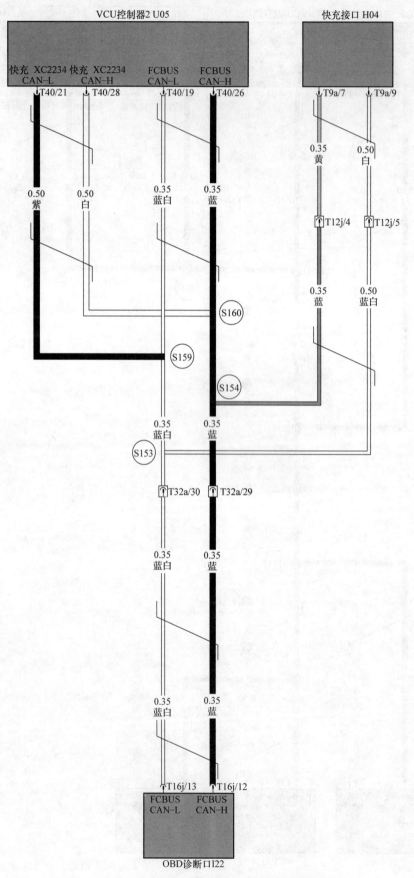

图 3-28 FCBUS CAN 快速充电总线系统电路

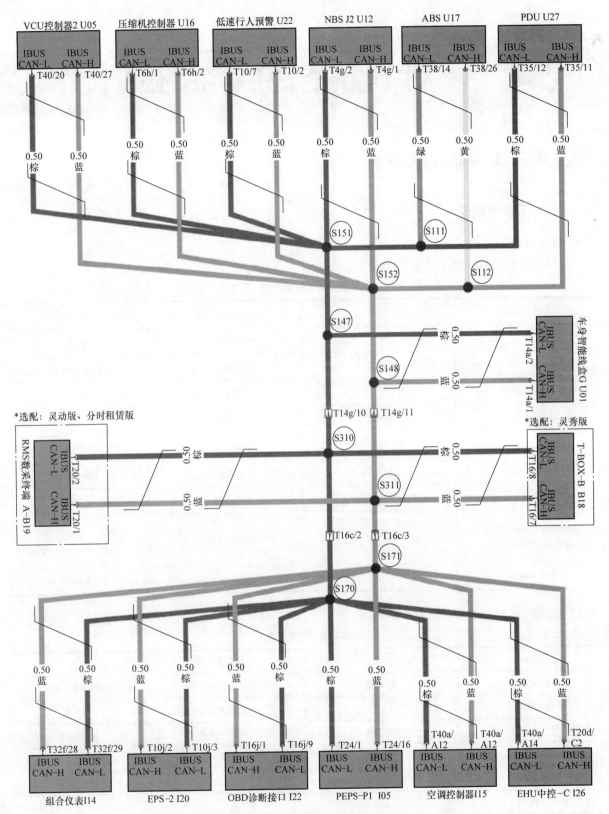

图 3-29 IBUS CAN 信息娱乐总线系统电路

*点画线框表示选装装置

第四章 北汽新能源EU系列EV汽车

第一节 高压电源系统

一、高压电池系统

1. 技术参数

1) EU200/EU260 车型技术参数见表4-1。

表4-1 技术参数

项目	标准	项目	标准
电芯种类	42Ah-NCN（ATL）	管理系统厂家	CATL
模组种类及数量	3P3S 6个	电芯数量/一套	270颗
	3P6S 12个	串并联方式	3P90S
标称电压	330V	标称电量	41.6kW·h
可用电量	37.8kW·h	能量密度	113W·h/kg
标称容量	126A·h	电压范围	248~378V
寿命	>2000次/8年/20万km	电池包重量	<365kg
快充时间（20~35℃，30%充电到80%）	0.5h	低温充电倍率	0.1C（-20~-10℃） 0.2C（-10~0℃）
单体并联数	3	单体标称电压	3.65V

2) EU300 车型技术参数见表4-2。

表4-2 技术参数

项目	标准	项目	标准
供应商	普莱德	电池管理	CATL（5.1版）
电芯体系	三元	能量密度/(W·h/kg)	123.7
电芯容量（A·h）/数量	70/184	均衡方式	被动均衡
连接方式	2P92S	加热	有
模组种类	2P3S/2P4S/2P6S	冷却方式	自然散热
额定容量/A·h	140	预充	有
额定容量/kW·h	47	底箱	钣金冲压
额定电压/V	335.8	上盖	钣金冲压
系统重量/kg	378	—	—

第四章　北汽新能源 EU 系列 EV 汽车

（续）

项目	标准	项目	标准
供应商	孚能	标称电压	328.5V
电压范围	247.5~373.5V	最大充电电压	373.5V
标称容量	145A·h	连接方式	5P90S
可用能量	40.9kW·h	充电后静态压差	≤35mV（常温整车慢充策略充电至充电截止条件，静置30min）
重量	386.5kg	放电后静态压差	≤150mV（常温项目NEDC或1C放电至放电截止条件，静置30min）
推荐工作温度范围	放电 -20~55℃；充电 0~55℃	额定放电功率	47.6kW（30%~100%SOC，0~45℃）
推荐工作相对湿度	5%~95%RH	峰值放电功率	≥100kW（30%~100%SOC，5~45℃，脉冲时间30s）
推荐储存温度范围	5~40℃，干燥，清洁，通风良好的仓库内	充电要求	15~45℃最大允许1C充电，单体截止电压4.15V
绝缘电阻测试值	≥500Ω/V	放电截止电压	247.5V
冷却方式	自然冷却	最大允许回馈功率	45kW（25~45℃，0%~95%SOC，持续15s）
通信方式	CAN通信	防护等级	IP67

3）EU400 车型技术参数见表 4-3。

表 4-3　技术参数

项目	参数	项目	参数
供应商	孚能	标称电压	350.4V
电压范围	264~398.4V	最大充电电压	398.4V
可用能量	54.4kW·h	标称容量	174A·h
连接方式	6P96S	充电后静态压差	≤35mV（常温整车慢充策略充电至充电截止条件，静置30min）
重量	469kg	放电后静态压差	≤150mV（常温项目NEDC或1C放电至放电截止条件，静置30min）
推荐工作温度范围	放电（-20~55℃）；充电（0~55℃）	额定放电功率	60kW（30%~100%SOC，0~45℃）
推荐工作相对湿度	5%~95%RH	峰值放电功率	≥123kW（30%~100%SOC，5~45℃，脉冲时间30s）
推荐储存温度范围	5~40℃，干燥，清洁，通风良好的仓库内	放电截止电压	264V

(续)

项目	参数	项目	参数
绝缘电阻测试值	≥500Ω/V	充电要求	15~45℃最大允许1C充电,单体截止电压4.15V
冷却方式	自然冷却	最大允许回馈功率	60kW(25~45℃,0%~95%SOC,持续15s)
通信方式	CAN通信	防护等级	IP67

4)EU5 车型技术参数见表 4-4。

表 4-4 技术参数

项目名称	型式与基本参数
电动汽车储能装置种类	三元锂离子电池
储能装置单体型号	ELE897
储能装置单体的标称电压/V	3.65
储能装置单体生产企业	宁德时代新能源科技股份有限公司
储能装置总成生产企业	北京普莱德新能源电池科技有限公司
储能装置最小模块型号	PMHNCM150
储能装置组合方式	1箱,1并98串
成箱后的储能装置型号	PNCM-310-150-358
储能装置总成标称电压/V	317~416
储能装置总成额定输出电流/A	150
高压电池总成标称电容量/kW·h	≥49.3
储能装置总成质量/kg	380±10
车载能源管理系统型号(包括软件和硬件)	BMS-C40-S008/H001
车载能源管理系统生产企业	北京新能源汽车股份有限公司
电池比能量密度/(W·h/kg)	>120
最高允许动力电池温度/℃	60
高压电池单体比能量/(W·h/kg)	210

2. 端子定义

1)EU220/260/300/400 车型电池管理器(BMS)低压端子如图 4-1 所示,低压端子定义见表 4-5。

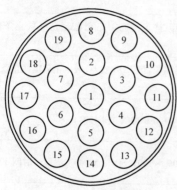

图 4-1 电池管理器低压端子

表 4-5 电池管理器低压端子定义

端子号	端子定义	线束走向
1	12V+常电	FB14 熔丝
2	接地	车身搭铁
3	12V+常电	FB13 熔丝
4	接地	车身搭铁
5	总继电器控制	VCU97 脚
6	BMS 唤醒	VCU81 脚
7	—	—
8		

(续)

端子号	端子定义	线束走向
9	—	—
10	新能源 CAN1H	VCU111 脚
11	新能源 CAN1L	VCU104 脚
12	内部 CAN3H	OBD 接口
13	内部 CAN3L	OBD 接口
14	快充 CAN2H	快充口
15	快充 CAN2L	快充口
16	CAN2 - 屏蔽	接地
17	—	—
18	—	—
19	CAN1 - 屏蔽/空	接地

2) EU5 车型 BMS 低压端子如图 4-2 所示，低压端子定义见表 4-6。

图 4-2 EU5 车型 BMS 低压端子

表 4-6 BMS 系统低压端子定义

端子号	定义
A	蓄电池电源
B	ON 档唤醒
C	接地
D	BBUS CAN - H

(续)

端子号	定义
E	BBUS CAN - L
F	蓄电池电源
G	报警信号
H	接地
J	快充负极继电器控制信号
K	FCBUS CAN - L
L	FCBUS CAN - H
M	快充正极继电器控制信号
N	空调继电器控制输出信号
P	EVBUS CAN - L
R	EVBUS CAN - H
S	CMU/OBC 继电器控制信号输出
T	快充温度传感器 2 +
U	快充温度传感器 2 -
V	快充温度传感器 1 +
W	快充温度传感器 1 -
X	DC/DC MCU 唤醒输出信号
Y	—
Z	—
a	快充连接确认 CC2
b	慢充连接确认 CC
c	快充唤醒信号
d	慢充唤醒信号
e	远程唤醒信号

3. 系统电路

EU220/260/300/400 车型 BMS 系统电路如图 4-3 所示，EU5 车型 BMS 与充电管理系统电路如图 4-4 所示。

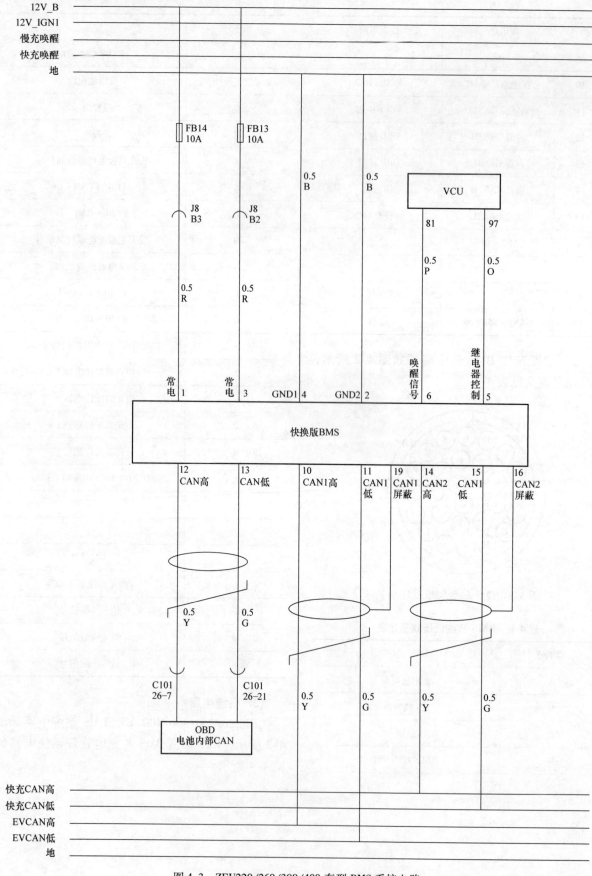

图 4-3 ZEU220/260/300/400 车型 BMS 系统电路

第四章 北汽新能源 EU 系列 EV 汽车

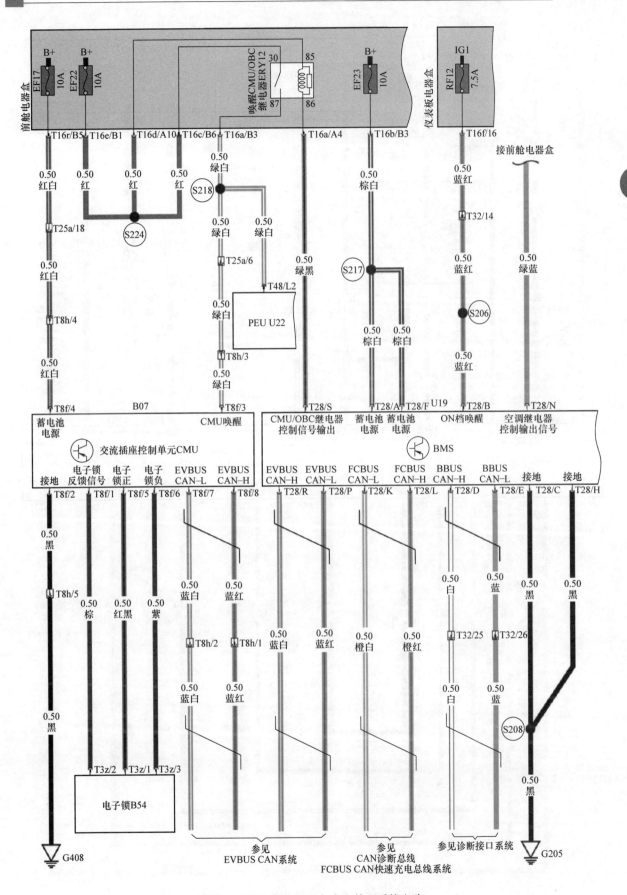

图 4-4 EU5 车型 BMS 与充电管理系统电路

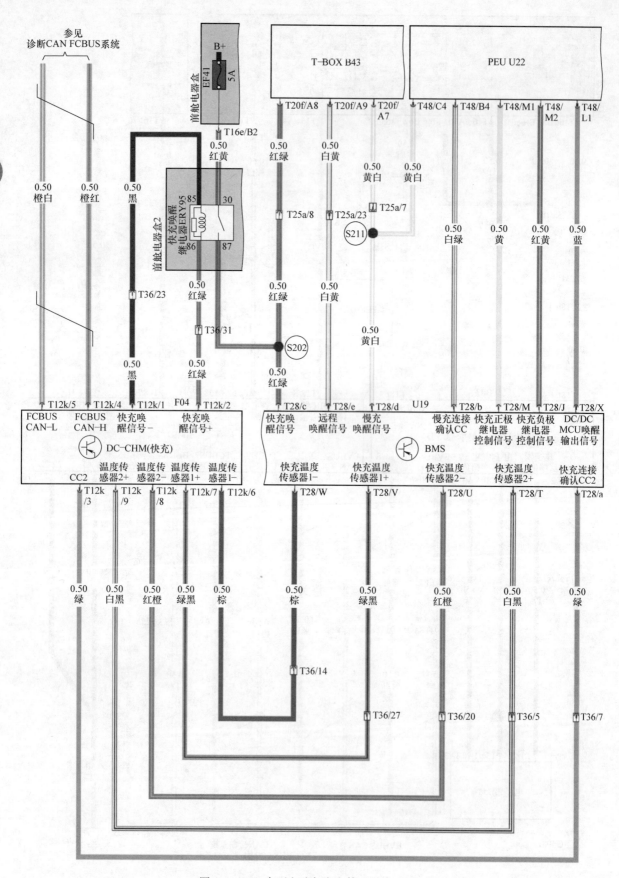

图 4-4 EU5 车型电池与充电管理系统（续）

4. 故障码

以 EU5 车型为例，BMS 系统故障码见表 4-7。

表 4-7 故障码表

故障码	定义
P0A9409	DC/DC 故障
U300316	蓄电池电压低
U300317	蓄电池电压高
P0A9401	DC/DC 过电压故障
U011087	与 MCU 通信丢失
U025687	与 RMS 通信丢失故障
U025887	与 ICM 通信丢失故障
U014087	与 BCM 通信丢失故障
U029887	与 DC/DC 通信丢失故障
U026087	与 EHU 通信丢失故障
U011287	与 CMU 通信丢失故障
U007388	总线关闭（预留）
P103364	BCU 自检超时
P103464	MCU 高压自检超时
P103904	MCU 自检异常（初始化）
P103804	BCU/BMS 自检异常（初始化）
P13101C	直流充电插座温度传感器 1 故障
P13111C	直流充电插座温度传感器 2 故障
P13124B	直流充电插座过温故障
P13154B	交流充电插座过温故障
P101327	SOC 跳变报警
P10122	SOC 太低报警
P101001	DC/DC 温度故障
P101101	高压电池包不匹配
P118822	电池单体过压
P119022	总电压过压
P118522	电池单体电压不均衡
P118111	电池外部短路（过流故障）
P118312	电池内部短路
P0A7E22	电池温度过高
P118722	温度不均衡
P118427	电池温升过快
P0AA61A	绝缘电阻低
U025482	电池系统内部通信故障（单通道）
U119982	电池系统内部通信故障（多通道）
P118964	内部总电压检测故障（V1）
P118A64	外部总电压检测故障（V2）

（续）

故障码	定义
P119B94	铜排松动（接触内阻加大）故障
P119C21	单体过放失效故障
P118E21	单体欠电压故障（正常放电窗口欠佳）
P119121	电池总电压欠电压
P121C01	高压电池过充故障
P119321	单体最低温度报警
P118674	充电电流异常
U025387	BMS 与车载充电机通信故障
P121229	子板单体电压采集电路故障（单子板）
P12F929	子板单体电压采集电路故障（多子板）
P121329	子板模组电压采集电路故障
P121429	子板温度采集电路故障（单通道）
P12FA29	子板温度采集电路故障（多通道）
P121782	子板 VBU/BMS 节点通信丢失
P11D829	总电流检测电路故障
P0A0A94	高低压互锁故障
P0AA473	负极继电器粘连
P0AE273	预充继电器粘连
P0AA073	正极继电器粘连
P0AA572	负极继电器断路
P0AE372	预充继电器断路
P0AA272	正极继电器断路
P11D213	预充电阻断器
P0A9513	MSD/主熔丝断路
P122001	预充电失败

二、快换装置（出租车版）

1. 部件介绍

（1）快换锁

确保电池包与快换支架安装可靠，当快换锁未锁到位时，整车控制器会发出下电指令，禁止车辆起动行驶。快换锁位置如图 4-5 所示。

（2）快换提示

当执行快换电池操作时，整车控制器强制高压电池下电，确保零负荷换电。

（3）快换锁和快换提示控制原理

1）快换锁：有两个霍尔电池锁传感器串联在一起监控快换锁的状态，当 VCU 监测到高电位时

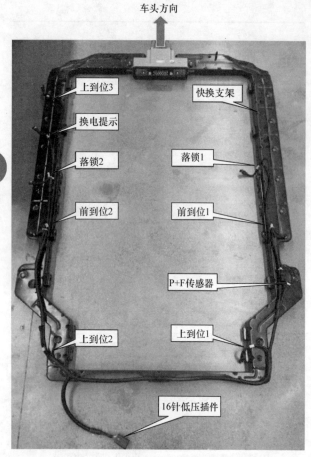

图 4-5 快换锁与安装支架

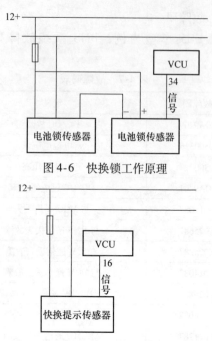

图 4-6 快换锁工作原理

图 4-7 快换提示原理

切断高压电池高压输出,具体原理见图 4-6。

2)快换提示:在车辆底盘左侧快换支架上有一个快换提示传感器,当有磁体接近快换提示传感器时,传感器输出 0V 信号,VCU 监测到 0V 信号立即发出指令切断高压电池主继电器,强制下电,具体原理见图 4-7。

2. 端子定义

快换接口是高压电池与高压系统的便捷连接器,车身端接口的端子带弹性,保证与电池端良好连接,如图 4-8 所示,快换接口端子定义见表 4-8。

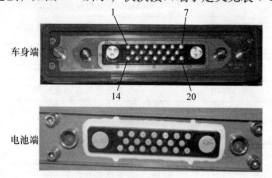

图 4-8 快换接口

表 4-8 快换接口端子定义

端子号	功能	备注	CATL 连接器编号
5	VCU 继电器控制信号	VCU 发送给 BMS	5
1	BMS 供电正	常电	1
2	BMS 供电负	常电	2
3	继电器供电正	如有风机,可用于风机供电,常电	3
4	继电器供电负		4
6	VCU 唤醒信号	VCU 唤醒 BMS	6
9	CAN1_SHIELD	—	—
10	CAN1_H	EVBUS	10
11	CAN1_L		11
12	CAN3_H	INBUS	12
13	CAN3_L		13

端子号	功能	备注	CATL 连接器编号
14	CAN2_H	FCBUS	14
15	CAN2_L		15
16	CAN2_SHIELD	—	—

3. 位置监控

快换站在进行换电池包时,快换设备需要确定电池包位置后才能操作;所以在快换支架左右两侧装有4个上到位传感器(EU300车型3个上到位传感器),监测电池包上升到位后,传感器发出信号通过次级模块反馈给快换设备,而停止上升。此时快换设备将电池包向前移动,左右2个前到位传感器监测电池包前到位后,传感器发出信号通过次级模块反馈给快换设备,让快换设备停止前移。在行车时次级模块停止工作。监控系统电路见图4-9、图4-10。

注意:只是在快换过程次级模块才工作,次级模块没有整车电源供电,通过P+F传感器与快换设备上的磁场感应给次级模块供电。次级模块安装在行李舱内部,如图4-11所示。

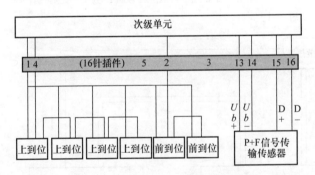

图4-9 EU220车型监控系统原理图

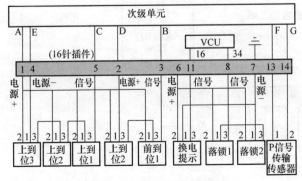

图4-10 EU300车型监控系统原理图

图4-11 次级模块安装位置

故障模式:快换接口端子弹性失效或烧蚀,导致高压电路接触不良或低压控制功能失效。

处理方法:打磨端子或更换快换接口。

(2)快换锁

故障模式:仪表显示"高压电池快换锁故障",高压电池断开,车辆无法行驶。

处理方法:

1)检查高压电池快换锁是否落锁到位;如未落锁到位,排除锁止机构部分机械故障。

2)检查落锁传感器电源供电是否正常。拔下快换线束16针插件中第6脚和第7脚之间应该有12V电压;如无电压则排查前机舱熔丝盒FB17熔丝及搭铁线。

3)检查快换线束16针插件中第8脚和搭铁之间是否有约8.5V电压,如测量到12V电压,则为快换锁信号线与电源正极短路或整车控制器(VCU)故障。如无电压,则测量快换线束16针插件中第8脚和VCU插件34脚是否导通。以上检测端子位置见图4-12。

4)如以上检查都正常,将快换线束16针插件中第8脚和搭铁短接;如"高压电池快换锁故障"消除,则为落锁传感器故障,更换传感器处理。

(3)换提示

故障模式:仪表显示"高压电池快换"高压电池断开,车辆无法行驶。

处理方法:

1)检查快换提示传感器是否吸附磁性物质,如有磁性物质请清除磁性物质处理。

4. 装置检修

(1)快换接口

2）检查快换提示传感器是否涉水，用干布拣拭水珠后，重新起动车辆看是否恢复正常。

3）拔下快换提示传感器插件，重新起动车辆，如果恢复正常，则为快换提示传感器故障，更换传感器。

4）如果拔下快换提示传感器线束故障依然存在，请检测快换线16针端子11脚与搭铁之间是否有8.5V左右的电压，如电压显示为0V，则为快换提示传感器信号线与搭铁短路。

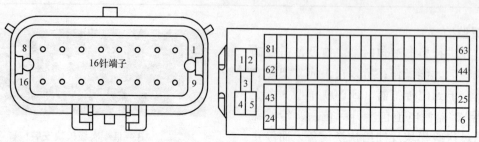

图4-12　快换线束16针端子与VCU部件81针端子

第二节　动力驱动系统

一、驱动电机系统

1. 系统说明

以EU5车型为例，该车装用的TZ220XS560驱动电机是一款水冷的永磁同步电机，其最大输出转矩≥300Nm。该系电机结构采用永磁励磁方式，结构紧凑、可靠性高、易于加工、拆装方便。TZ220XS560驱动电机通过整车驱动控制策略，实现电动机模式驱动车辆前进、倒车，以及发电机模式回馈制动。

整车通过检测电子档位信号和加速踏板位置信号，以控制驱动电机的正反转、转速和转矩，通过减速器本体输出转速和转矩，进而达到调整整车车速的目的。电机驱动控制系统框图如图4-13所示。

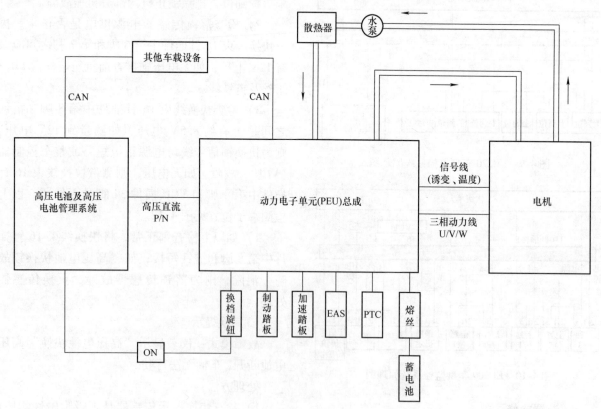

图4-13　电机控制系统框图

驱动电机系统的控制中心，又称智能功率模块，以 IGBT 模块为核心，辅以驱动集成电路、主控集成电路。

驱动电机控制器对所有的输入信号进行处理，并将驱动电机控制系统运行状态的信息，通过 CAN 网络进行共享发送。驱动电机控制器内含故障诊断电路。当诊断出异常时，它将会激活一个错误故障码，发送给组合仪表，同时也会存储该故障码和数据帧。

驱动电机系统是纯电动汽车三大核心部件之一，是车辆行驶的主要执行机构，其特性决定了车辆的主要性能指标，直接影响车辆动力性、经济性和用户驾乘感受。驱动电机系统是纯电动汽车中十分重要的部件。

驱动电机系统由驱动电机（DM）和驱动电机控制器构成。通过高低压线束与冷却管路与整车其他系统进行电气和散热连接。驱动电机内部结构如图 4-14 所示。

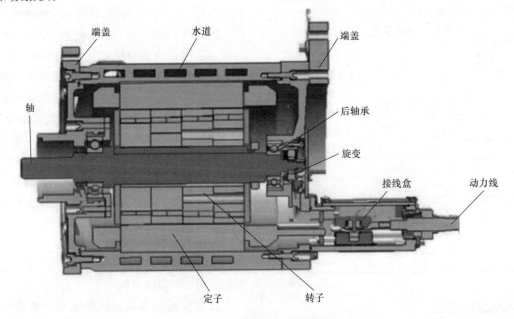

图 4-14　驱动电机内部结构

2. 技术参数

1）EU220/260 车型技术参数见表 4-9。

表 4-9　技术参数

项目	参数/名称
电机类型	永磁同步电机
功率/kW	50/90
转矩/N·m	145/260
转速/(r/min)	3300/10000
防护等级	IP67
冷却方式	水冷

2）EU300/400 车型技术参数见表 4-10。

表 4-10　技术参数

项目	参数/名称	项目	参数/名称
电机类型	永磁同步电机	生产厂家	北京新能源汽车股份有限公司
型号	PM50W01	冷却方式	水冷
持续功率/kW	50	峰值功率/kW	100
持续转矩/N·m	145	峰值转矩/N·m	250

(续)

项目	参数/名称	项目	参数/名称
额定转速/(r/min)	3300	最高工作转速/(r/min)	10000
额定电压/V（AC）	328.5	额定电流/A（AC）	350
重量/kg	60	外形尺寸	φ280mm×250mm
绝缘等级	H	防护等级	IP67
绕组连接方式	Y接	工作制	S9
堵转转矩/N·m	260	冷态（室温下）直流电阻/mΩ	7.75

3）EU5 车型技术参数见表4-11。

表4-11 技术参数

总成名称		型式与基本参数
驱动电机	类型	永磁同步电机
	型号	TZ220×S560
	额定功率	80kW
	峰值功率	160kW
	额定转矩	150N·m
	峰值转矩	300N·m
	额定转速	5100r/min
	峰值转速	11000r/min
	电机重量	50kg
	最高效率	96.7%
	冷却模式	水冷

二、减速器总成

1. 总成介绍

以 EU5 车型为例，EF130B01 减速器总成是纯电轿车行业中技术含量较高的一款减速器。其最大输入转矩≥300N·m。该系减速器结构采用左右分箱式，结构紧凑、刚性好、易于加工、拆装方便。EF130B01 减速器采用前进档和倒档共用结构进行设计，倒档通过整车驱动电机反向驱动实现。

EF130B01 为单档双级减速器，可适配转矩在 0~300N·m，最高转速 12000r/min 的驱动电机。

整车通过检测电子档位信号和加速踏板位置信号，以控制驱动电机的正反转、转速和转矩，通过减速器本体输出转速和转矩，进而达到调整整车车速的目的。

该减速器按功用和位置分为五大组件：右箱组件、左箱组件、输入轴组件、中间轴组件、差速器组件，见图 4-15。

该减速器依靠两对齿轮副实现动力的传递和变换。整车前进和倒退时的动力传递路线如下：输入轴齿轮→中间轴齿轮→中间轴→主减速齿轮→差速器半轴齿轮→传动轴。

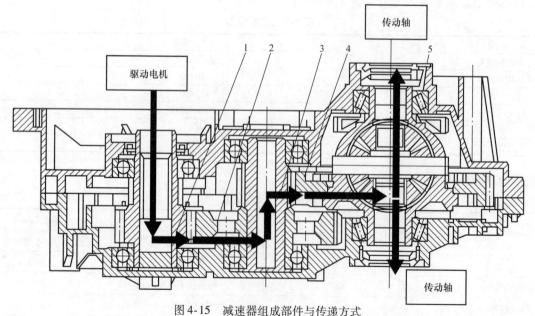

图 4-15 减速器组成部件与传递方式

1—输入轴齿轮 2—中间轴 3—主减速齿轮 4—差速器半轴齿轮 5—传动轴（共2根）

2. 技术参数

1) EU300/EU400 配用的 EF126B02 型减速器技术参数见表 4-12。

表 4-12 技术参数

技术指标	技术参数	备注
最高输入转速	9000r/min	
转矩容量	≤260N·m	
驱动方式	横置前轮驱动	
减速比	7.793	
驻车功能	无	
重量	23kg	不含专用润滑油
专用润滑油规格	GL-4 75W-90 合成油	推荐嘉实多 BOT130（美孚1号 LS）
设计寿命	10年/30万公里	

2) EU5 配用的 EF130B01 型减速器技术参数见表 4-13。

表 4-13 技术参数

	厂家	北京博格华纳汽车传动器有限公司
减速器	型号	EF130B01
	型式	单档双级减速器
	传动比（一级）	59/22
	传动比（二级）	71/23
	总传动比	8.279
	倒档	8.279
	速度计蜗杆传动比	15/17

三、动力电子单元

1. 系统说明

动力电子单元（PEU）是将车载充电机模块[车载充电机（慢充）]、DC/DC 变换器模块（将高压电池高压电转换为 14V 低压电）、MCU 驱动电机控制器（负责转矩控制、传感器信号采集处理，辅件驱动和控制等功能）及高压配电模块集成的产品，将原本生产过程需要多次装配的部件进行集成化设计，提高装配效率和生产效率。PEU 总成安装位置如图 4-16 所示。

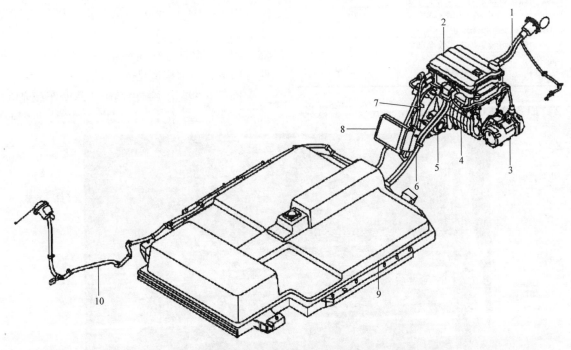

图 4-16 PEU 总成安装位置

1—快充线束 2—PEU 总成 3—电动压缩机总成 4—驱动电机总成 5—减速器总成 6—高压电池至 PEU 高压线束 7—PTC 高压线束 8—PTC 总成 9—高压电池系统 10—慢充线束

MCU 具备换档控制功能、能量回收控制功能、整车转矩需求控制功能、定速巡航控制功能、防溜坡控制功能、碰撞安全控制功能、制动系统控制功能、整车控制功能、ADAS 功能等。

车载充电机同时要满足充电和电源两种模式。在充电工作模式下，车载充电机以电池包给出的数据作为参考，工作在恒流或恒压输出两个阶段。

PEU 集成化设计将原本大量的高压线束优化

后,在内部母排中集成体现,提高了高压母线的屏蔽效果。另外,PEU 的各个接口是根据整车的需求进行定制化设计,与 PEU 连接的高低压线束较为简易,提高了高压线束的装配便捷性和可靠性。

2. 技术参数

1) EU5 车型 PEU 总成技术参数见表 4-14。

表 4-14 技术参数

序号	项目	主要技术参数项	数值
1	整机	整车高压系统电压等级/V	357
		整车高压电压范围/V	317 ~ 416
		工作环境温度/℃	-40 ~ 85
		冷却方式	水冷
		高低压互锁功能	有
		防护等级	IP67
2	电机系统	额定功率/峰值功率/kW	80/160
		额定转矩/峰值转矩/N·m	150/300
		最高转速/(r/min)	11000
		转矩控制精度	100N·m 以下 ±5% 100N·m 以上 ±5N·m
3	DC/DC	额定输出功率/kW	≥1.8
		峰值输出功率/kW (持续时间≥6min)	≥2.2
		额定负载最高工作效率(%)	≥92
4	OBC	额定电压输出功率/kW	≥6.6
		额定负载平均工作效率(%)	≥94
5	BOBC	充电输出功率/kW	≥6.6
		逆变输出功率/kW	≥3.3
		额定负载平均工作效率(%)	≥94
6	高压配电	快充电流/A	>200

2) EU300/EU400 车型 PEU 总成技术参数见表 4-15。

表 4-15 技术参数

模块	技术指标	技术参数
电机	电机类型	永磁同步电机
	功率/kW	50/90
	转矩/N·m	145/260
	转速/(r/min)	3300/10000
	防护等级	IP67
	冷却方式	水冷
电机控制器	直流电压/V	328.5
	工作电压范围/V	240 ~ 420
	转矩/转速动态响应时间/ms	20
	通信方式	CAN
	冷却方式	水冷
	防护等级	IP67
	控制精度	100N·m 以上 ±3N·m, 100N·m 以下 ±3%
充电机	功率/kW	6.6
DC/DC	功率/kW	1.4

3. 内部构造

以 EU300/EU400 车型为例,PEU 上端结构主要由电机控制器、车载充电机、DC/DC 变换器、PTC 控制器、快充继电器、熔断器、互锁电路等组成,内部构造见图 4-17。

PEU 下端结构主要由两个 3.3kW 车载充电机组成,安装在 PEU 下方,中间是冷却水套,见图 4-18。

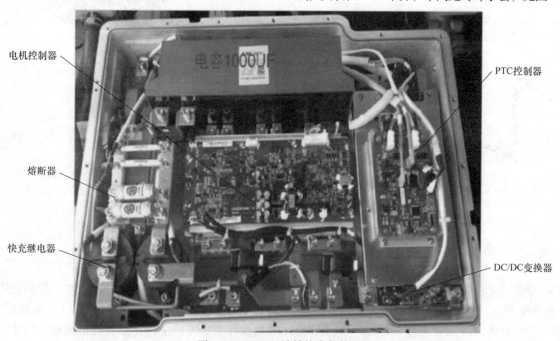

图 4-17 PEU 上端结构内部构造

第四章 北汽新能源 EU 系列 EV 汽车

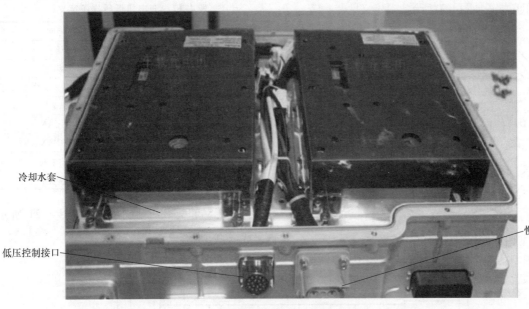

图 4-18 PEU 下端结构构造

4. 端子定义

1) EU300/EU400 车型 PEU 低压端子如图 4-19 所示，其定义见表 4-16。

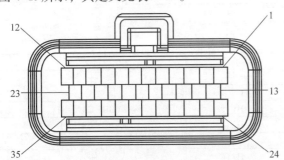

图 4-19 PEU 低压端子

表 4-16 PEU 低压端子定义

端子号	定义	线路走向
1	12V +（PTC 控制器电源）	熔丝盒 J3 插件 B1 脚
2	PTC 温度传感器 +	PTC 本体温度传感器
3	12V + 常见	FB22 熔丝
4	GND	车身搭铁 S28 节点
5	CAN GND	车身搭铁 S28 节点
6	CAN_H	新能源 CAN
8	励磁绕组 R2	旋变插件 B
9	正弦绕组 S2	旋变插件 E
10	余弦绕组 S3	旋变插件 D
11	电机识别电阻 1	旋变插件 N
12	CAN_SHIELD（电机屏蔽）	旋变插件

（续）

端子号	定义	线路走向
13	PTC 温度传感器 −	PTC 本体温度传感器
14	DC/DC 使能信号	
15	12V +（VCU 控制继电器电源）	熔丝盒 J3 插件 A10 脚
16	GND	车身搭铁 S28 节点
17	CAN_L	新能源 CAN
18	CAN_屏蔽	接电机控制器 RC 阻容
20	励磁绕组 R1（9Ω）	旋变插件 A
21	正弦绕组 S4	旋变插件 F
22	余弦绕组 S1（13Ω）	旋变插件 C
23	电机识别电阻 2	旋变插件 V
24	GND（/PIC）	车身搭铁 S28 节点
25	高低压互锁	压缩机控制器 5 脚
26	GND（高低压互锁）	车身搭铁 S28 节点
27	12V + 常电	FB22 熔丝
28	快充正继电器控制	VCU118 脚
29	快充负继电器控制	VCU116 脚
30	W 相温度电阻 2	旋变插件 L
31	W 相温度电阻 1	旋变插件 M
32	V 相温度电阻 2	旋变插件 J
33	V 相温度电阻 1	旋变插件 K
34	U 相温度电阻 2	旋变插件 G
35	U 相温度电阻 1	旋变插件 H

充电机低压端子如图4-20所示，其定义见表4-17。

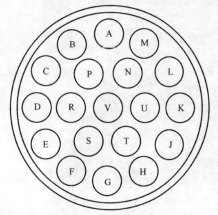

图4-20 充电机低压端子

表4-17 充电机低压端子定义

编号	端子定义	线路走向
A	12V+常电	FB22熔丝
B	GND	车身接地
C	慢充唤醒	VCU113脚、数据采集终端A7脚
D	充电机使能	VCU61脚
E	CAN1H	新能源CAN
F	CAN1L	新能源CAN
G	屏蔽层	充电机内部
R	充电连接确认	VCU36脚（慢充口CC）

2）EU5车型PEU低压端子如图4-21所示，端子定义见表4-18。

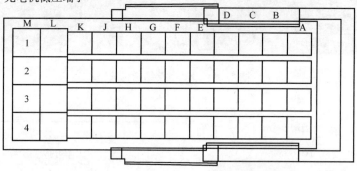

图4-21 PEU低压端子

表4-18 PEU低压端子定义 （续）

端子号	定义	端子号	定义
A1	制动信号	G3	—
A2	—	G4	—
A3	—	H1	EVBUS CAN-H
A4	V2L开关指示灯	H2	EVBUS CAN-L
B1	巡航开关信号	H3	—
B2	BRAKE SW（制动开关）信号	H4	—
B3	对外供电开关	J1	CBUS CAN-H
B4	CC-OUT信号	J2	CBUS CAN-L
C1	加速踏板电源信号2	J3	
C2	巡航开关地	J4	
C3	交流充电连接CP信号	K1	
C4	慢充唤醒信号	K2	
D1	加速踏板位置信号2地	K3	
D2	加速踏板位置信号2	K4	—
D3	交流充电连接CC	L1	DC/DC MCU唤醒输入信号
D4	—	L2	OBC唤醒信号
E1		L3	蓄电池电源
E2		L4	接地
E3		M1	快充正极继电器控制信号
E4		M2	快充负极继电器控制信号
F1	加速踏板电源信号1	M3	蓄电池电源
F2		M4	接地
F3			
F4			
G1	加速踏板位置信号1地		
G2	加速踏板位置信号1		

5. 系统电路

EU300/EU400车型PEU系统电路如图4-22所示，EU5车型PEU系统电路如图4-23所示。

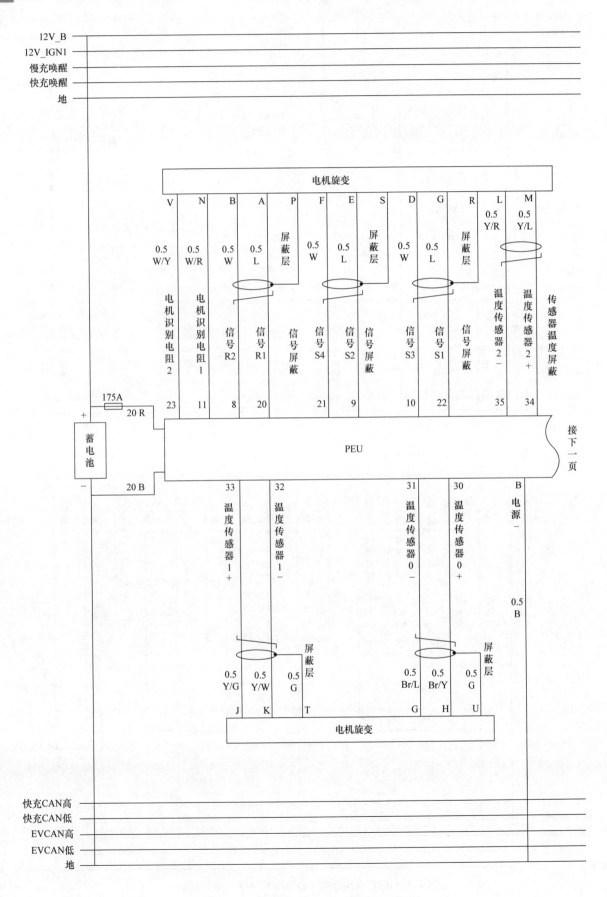

图 4-22　PEU 系统电路（EU300/EU400 车型）

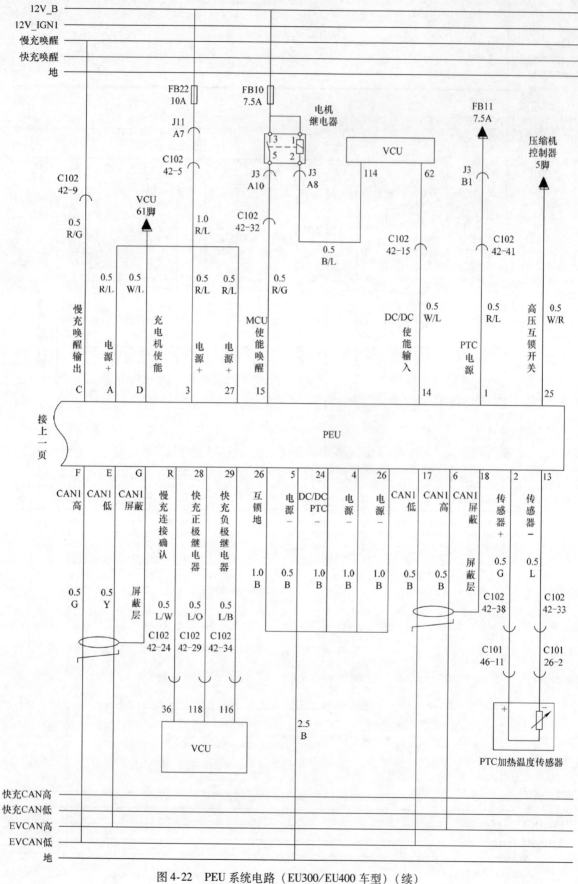

图 4-22 PEU 系统电路（EU300/EU400 车型）（续）

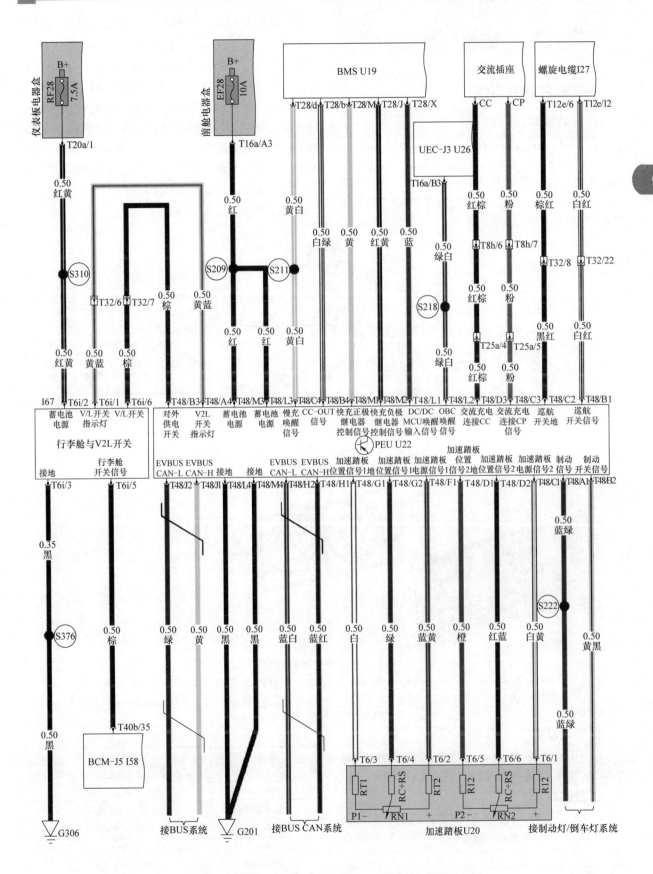

图 4-23 PEU 系统电路（EU5 车型）

第三节 温度管理系统

一、高压冷却系统

1. 系统说明

以 EU5 车型为例，冷却系统由散热器、电子风扇、电动水泵、膨胀水箱及冷却管路组成，为驱动电机、PEU 等发热元件进行散热，保证其在最佳温度条件下工作。高压冷却系统组成部件如图 4-24 所示。

冷却系统采用串联结构，将散热器、水路连接起来，将低温冷却液泵入 PEU，水泵与 PEU、驱动电机等发热元件串联成闭环水路。其中水泵为整个循环提供动力，冷却液吸热后变成热冷却液，热冷却液随后进入散热器，通过风扇吸过散热器的冷空气与散热器中的热冷却液进行热交换，冷却液变为低温冷却液，随之通过水泵继续循环工作。膨胀水箱在整个循环中主要起到水泵前补水防气蚀及提供膨胀空间的作用。冷却系统冷却液工作循环如图 4-25 所示。

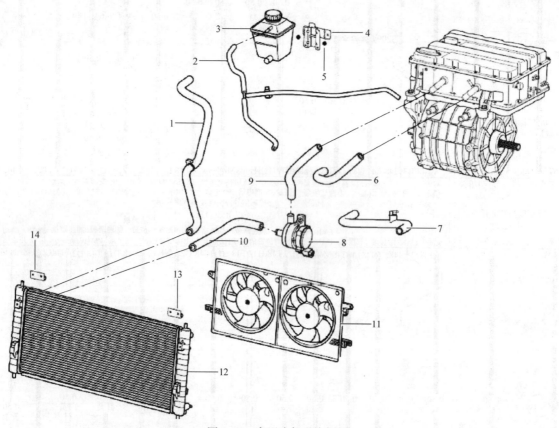

图 4-24 高压冷却系统部件

1—补水管 2—通气管 3—膨胀水箱 4—膨胀水箱支架 5—膨胀水箱支架固定螺母 6—电机进水软管
7—散热器进水软管 8—水泵总成 9—水泵出水软管 10—散热器出水软管 11—电子风扇总成 12—散热器总成
13—散热器左上支架 14—散热器右上支架

2. 系统电路

以 EU5 车型为例，高压冷却系统电路如图 4-26、图 4-27 所示。

3. 故障码

以 EU5 车型为例，冷却系统故障码见表 4-19。

表 4-19 故障码表

故障码	定义
P84098	水泵电机控制电路过温
U2C0017	EWP 检蓄电池电压过高故障

（续）

故障码	定义
U2C0016	EWP 检蓄电池电压过低故障
P184219	水泵电机过电流故障
P184313	水泵电机开路故障
P18471C	水泵温度传感器 1 对地/电源短路故障
P18481C	水泵温度传感器 2 对地/电源短路故障
U2C0387	EWP 与 MCU 通信丢失
U2C0088	EWP BUSOFF

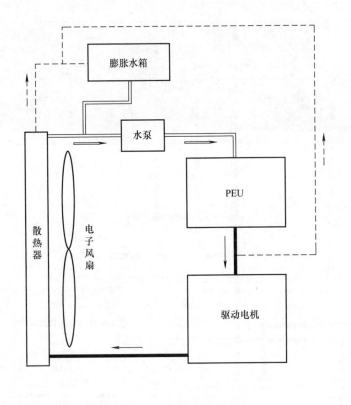

图 4-25 冷却系统工作循环

二、电动空调系统

1. 系统说明

汽车空调系统是对车厢内空气进行制冷、加热、除湿、通风换气、空气净化（选装）的装置。可提供舒适的乘车环境，降低驾驶人的疲劳强度，提高行车安全。

空调系统利用空气的热传递效应将空气中的热量向低温处传播；当蒸发器处于低温时，会吸收外部热量，以制冷剂作为传导介质被压缩机抽走，制冷剂经压缩机压缩后温度上升，此时制冷剂温度比外部环境温度高出许多，高温制冷剂流进冷凝器内，通过电子风扇向外界排放热量，降低温度，然后经膨胀节流作用生成低温制冷剂流入蒸发器，进行工作循环，不断抽取车厢内的热量，从而达到降温效果。

空调系统主要由空调压缩机、冷凝器、蒸发器、膨胀阀、储液干燥器（集成在冷凝器中）、管道、冷凝风扇、鼓风机和控制器等组成。

空调制冷剂循环管路系统分为高压管路和低压管路。

1）空调系统制冷时，压缩机吸入从蒸发器出来的低温低压气态制冷剂，经压缩后，制冷剂温度和压力升高，被送入冷凝器。在冷凝器内，高温高压的气态制冷剂经冷凝器散热，随后液化变成高温高压的液态制冷剂。

2）液体制冷剂流入储液干燥器，它存储和过滤液态制冷剂。

3）经过过滤后的高温高压的液态制冷剂流经膨胀阀，由膨胀阀将液态制冷剂转变成低温低压气液混合物，流入蒸发器内。

4）在蒸发器内，鼓风机将车内空气抽入蒸发器表面，空气经蒸发器散热片与低温低压的气雾态制冷剂进行热交换。制冷剂吸收车内的空气热量，将低温低压的气雾态制冷剂蒸发成低温低压的全气态制冷剂，再经管道送到压缩机低压端，进行下一次循环。

5）经热交换释放出的冷空气由鼓风机送入车厢，降低车厢内温度。空调制冷原理图如图 4-28 所示。

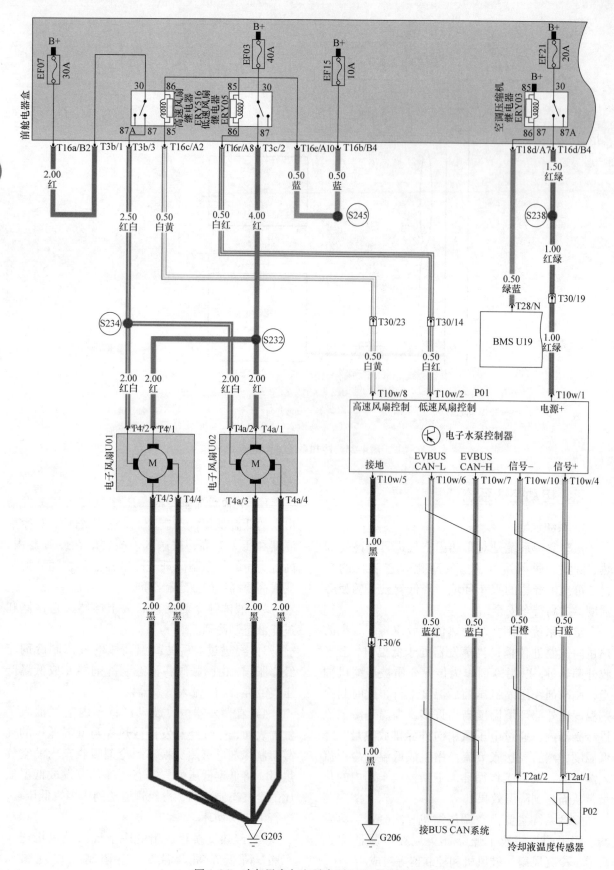

图 4-26 冷却风扇与电子水泵 EWP 控制电路

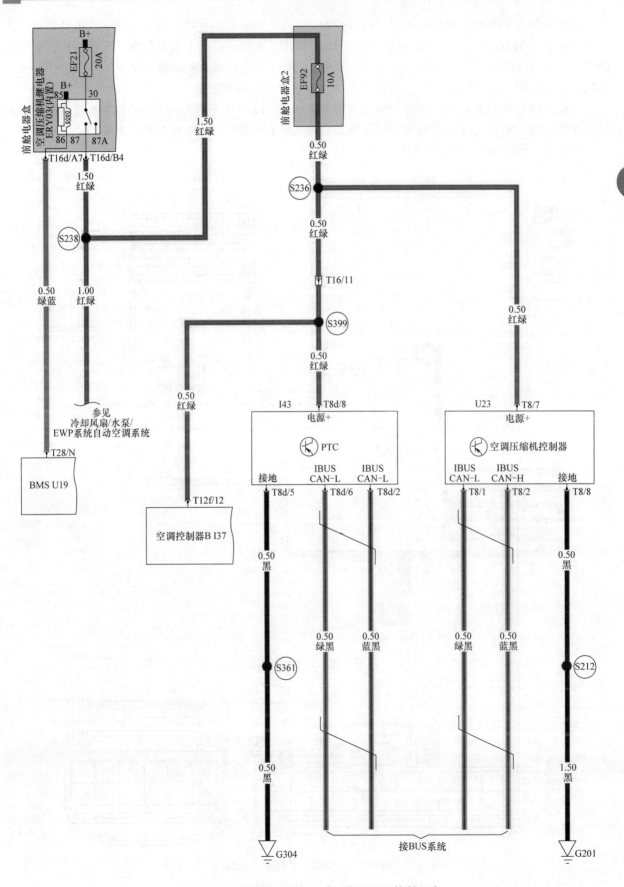

图 4-27 电加热器 PTC 与电动压缩机 EAS 控制电路

空调暖风功能由 PTC 电加热提供。打开空调控制面板上的暖风开关，PTC 电加热开始工作。鼓风机送出的风经过 PTC 芯体后变为热风，源源不断地送进车厢。

空调通风是在汽车运行中从车外引入新鲜空气，并将车内污浊空气排出车厢外，以保持车内空气的清新，同时还可以防止车窗玻璃起雾。

在湿度较大的阴雨天气或是车内外温差太大时，车内的玻璃上容易起雾，可以通过打开空调除雾功能清除车窗玻璃上的雾。

2. 端子定义

以 EU5 车型为例，空调控制器端子如图 4-29 所示，端子定义见表 4-20、表 4-21。

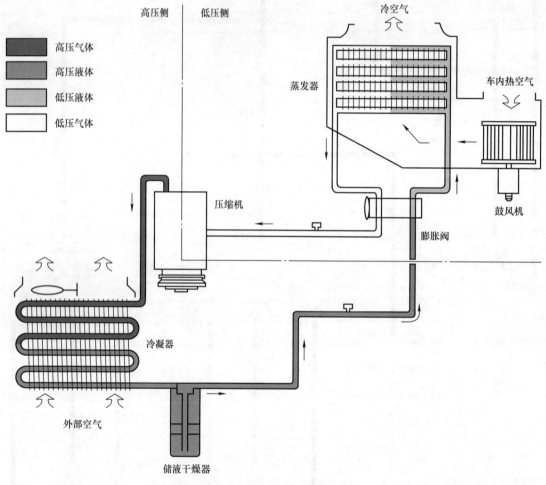

图 4-28 空调制冷原理

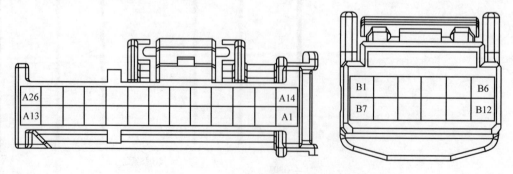

图 4-29 空调控制器端子（EU5）

第四章 北汽新能源 EU 系列 EV 汽车

表 4-20 空调控制器 A 端子定义 (续)

端子号	定义	端子号	定义
A1	外循环	A23	5V +
A2	内循环	A24	中压开关信号
A3	模式电机 +	A25	高低压开关信号
A4	模式电机 -	A26	模式电机反馈
A5	—		
A6	开机继电器		
A7	鼓风机模块控制		
A8	鼓风机反馈		
A9	—		
A10	—		
A11	IBUS CAN - H		
A12	IBUS CAN - L		
A13	—		
A14	混合电机 A		
A15	混合电机 B		
A16	混合电机 C		
A17	混合电机 D		
A18	—		
A19	模拟地		
A20	—		
A21	电源地		
A22	阳光传感器地		

表 4-21 空调控制器 B 端子定义

端子号	定义
B1	环境温度传感器信号
B2	蒸发温度传感器信号
B3	吹面风道传感器信号
B4	—
B5	传感器地
B6	电源地
B7	吹脚风道传感器信号
B8	除霜风道传感器信号
B9	室内温度传感器信号
B10	室内温度传感器风扇
B11	蓄电池电源
B12	IG 电源

EU300/EU400 车型空调控制器端子如图 4-30 所示,端子定义见表 4-22。

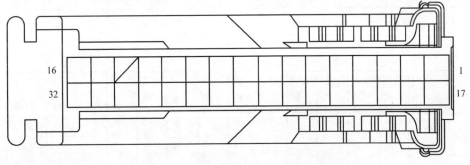

图 4-30 空调控制器端子（EU300/EU400）

表 4-22 空调控制器端子定义 (续)

端子号	定义	端子号	定义
1	车内温度传感器检测	19	蒸发温度传感器检测
2	CAN H	20	环境温度传感器检测
3	CAN 屏蔽	21	模式伺服电机反馈信号
4	模式电机参考电压 +5V	22	鼓风机电压反馈信号
5	传感器地	23	鼓风机控制信号
6	高低压开关信号	24	电磁阀 1 控制信号
7	中低压开关信号	25	电磁阀 2 控制信号
8	风速高速	26	内循环执行器驱动
9	后除霜请求	27	模式电机驱动 - （CW）
10	外循环执行器驱动	28	温度执行器驱动 6
11	模式电机驱动 + （CW）	29	温度执行器驱动 3
12	温度执行器驱动 4	30	传感器风扇控制
13	温度执行器驱动 1	31	电源地线
14	阳光温度传感器检测	32	蓄电池供电
15	电源地线		
16	IGN 供电		
17	背光灯开启信号		
18	CANL 通信线		

3. 系统电路

EU300/EU400 车型空调控制电路如图 4-31 所示,EU5 车型自动空调控制系统电路如图 4-32 所示。

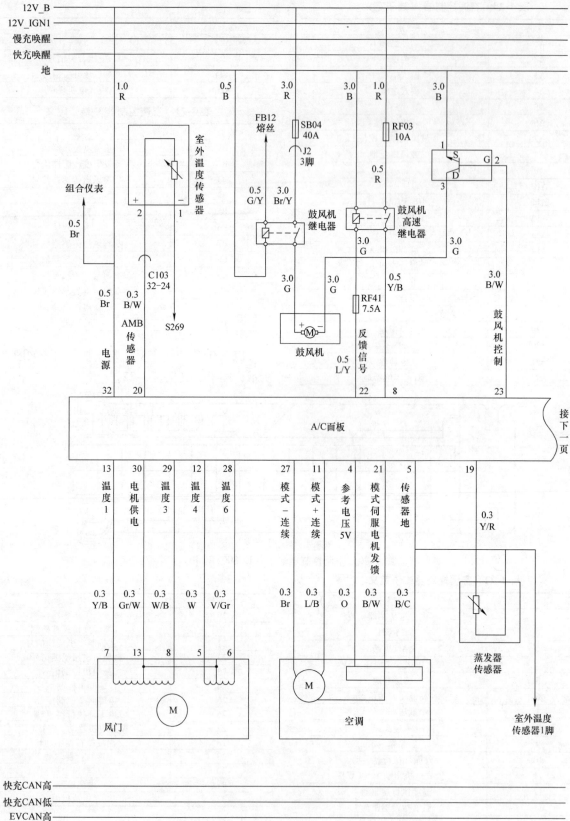

图 4-31　空调控制系统电路（EU300/EU400）

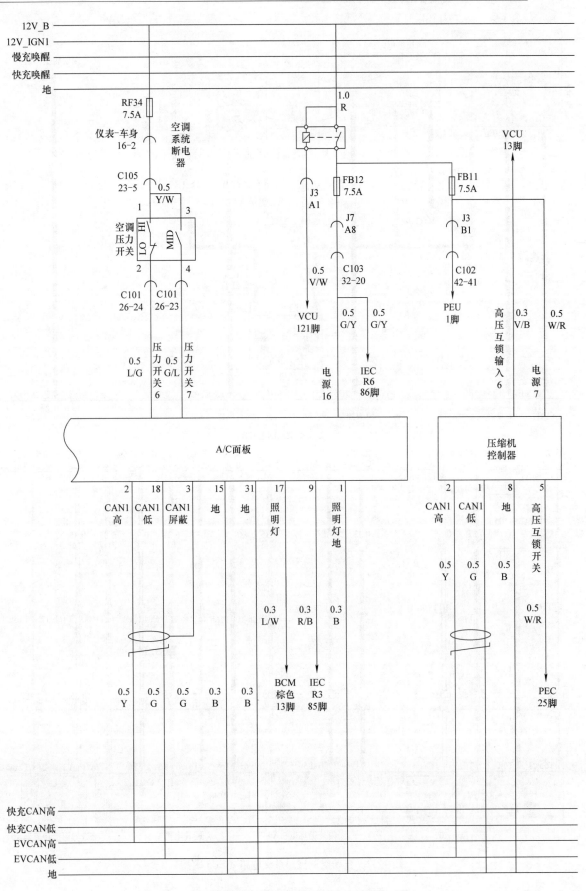

图 4-31 空调控制系统电路（EU300/EU400）（续）

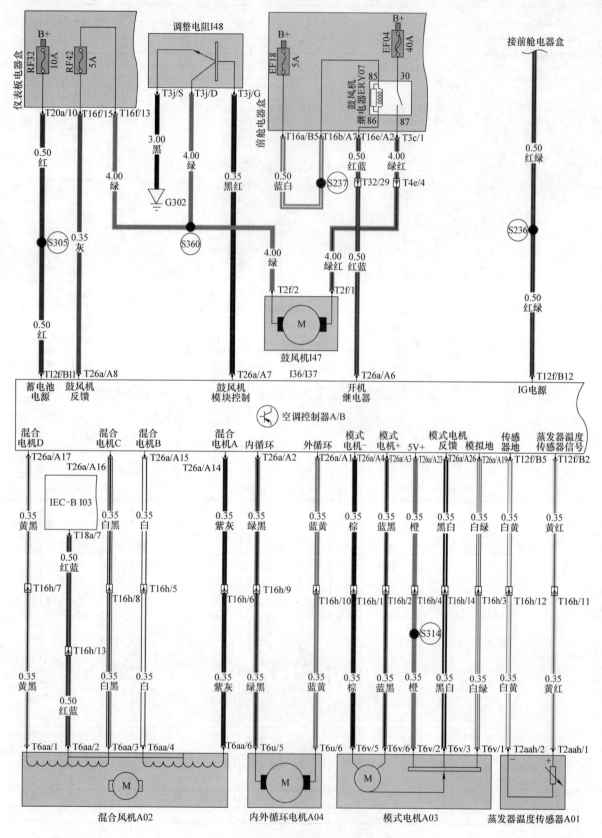

图4-32 自动空调控制系统电路（EU5车型）

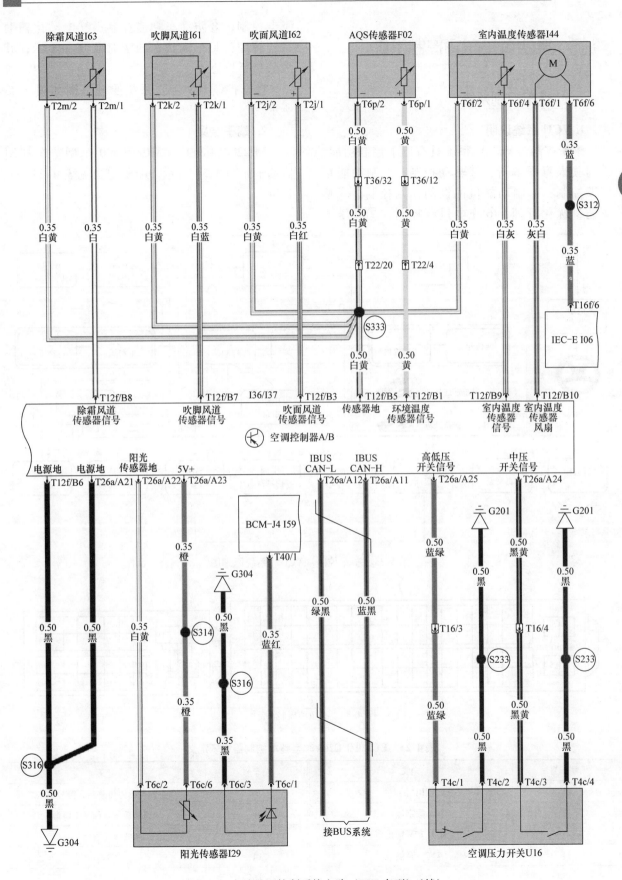

图 4-32 自动空调控制系统电路（EU5 车型）（续）

第四节 车辆控制系统

一、整车控制系统

1. VCU系统说明

整车控制（VCU）系统具有以下控制功能：①驾驶人意图解析；②驱动控制；③制动能量回馈控制；④制动能量回馈的原则控制；⑤整车能量优化管理；⑥充电过程控制；⑦高压上下电控制；⑧防溜车功能控制；⑨电动化辅助系统管理；⑩车辆状态的实时监测和显示；⑪故障诊断与处理。

整车控制（VCU）系统原理框图如图4-33所示。

2. 端子定义

EU220/EU260/EU300/EU400车型整车控制器端子如图4-34所示，端子定义见表4-23、表4-24。

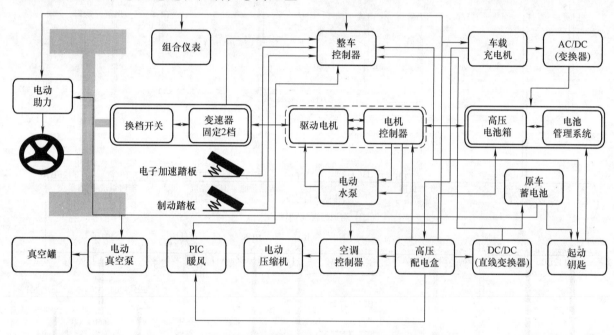

图4-33 整车控制（VCU）系统原理图

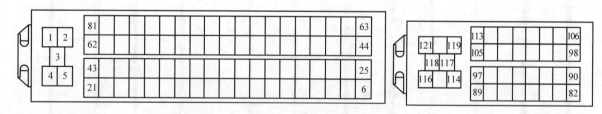

图4-34 整车控制器端子

表4-23 EU220/EU260车型整车控制器端子定义

端子号	定义	端子号	定义
1	VBU供电	7	真空助力压力传感器2信号输入
2	数字地	9	加速踏板位置信号1电源
3	真空泵12V输出信号	13	高低压互锁信号
4	真空泵供电	14	远程模式开关
5	功率地	16	快换有效信号
6	加速踏板位置信号1信号	17	快充连接确认

第四章 北汽新能源 EU 系列 EV 汽车

(续)

端子号	定义	端子号	定义
18	多功能转向盘 UP 开关信号	84	档位信号地
19	多功能转向盘 DOWN 开关信号	85	仪表充电灯点亮信号
21	制动开关信号	90	档位信号 3
22	制动灯信号	91	档位信号 1
25	加速踏板位置信号 2 信号	92	真空助力压力传感器 1 电源
27	真空助力压力传感器 1 信号输入	95	高位制动灯继电器
28	加速踏板位置信号 2 电源	96	倒车灯开关
32	多功能转向盘 B 开关信号	97	总继电器开关
33	出租车报警熄火信号	99	真空助力压力传感器 2 电源
34	电池包落锁信号	101	原车 CAN 低
35	P 档信号	102	快充 CAN 低
36	慢充连接确认	104	新能源 CAN 低
37	ON 唤醒	105	快充唤醒信号
41	B+（制动能量回收增加）	108	原车 CAN 高
46	真空助力压力传感器 2 地	109	快充 CAN 高
50	真空助力压力传感器 1 地	111	新能源 CAN 高
51	DC/DC 地线	112	远程唤醒信号
52	加速踏板位置信号 2 地	113	慢充唤醒信号
53	加速踏板位置信号 1 地	114	PEUMCU 的 run 电继电器
59	B-（制动能量回收减少）	115	冷却水泵上电开关
60	组合仪表唤醒线	116	快充负极继电器开关
61	车载充电机唤醒信号	117	低速风扇继电器
62	DC/DC 使能	118	快充正极继电器开关
63	EMC 地	119	DCDC 供电继电器
81	电池控制器唤醒	120	高速风扇继电器
82	档位信号 4	121	空调系统继电器
83	档位信号 2		

表 4-24 EU300/EU400 车型整车控制器端子定义

端子号	定义	端子号	定义
1	蓄电池正极	6	加速踏板位置信号 1 输入
2	数字地	9	加速踏板位置信号 1 电源
3	真空泵控制输出	13	高低压互锁信号输入
4	KL30 真空泵供电	16	ASR 功能开关
5	功率地	17	快充连接确认信号输入

(续)

端子号	定义	端子号	定义
21	制动开关信号	83	档位信号 2 输入
22	制动灯信号	84	档位信号输入地
25	加速踏板位置信号 2 输入	85	仪表充电灯点亮信号输出
27	相对压力传感器信号输入	90	档位信号 3 输入
28	加速踏板位置信号 2 电源	91	档位信号 1 输入
29	快充口温度传感器信号 1 +	92	相对压力传感蓄电源
30	快充口温度传感器 2 -	96	倒车灯继电器输出
31	快充口温度传感器 2 +	97	总继电器开关输出
35	用户终止充电请求输入	100	快充 CAN 总线低
36	慢充连接确认	101	原车 CAN 总线低
37	点火信号唤醒输入	102	刷写/快充 CAN 低
41	B + 制动能量回收增加	104	新能源 CAN 总线低
47	慢充连接确认地	105	快充唤醒信号输入
48	快充口温度传感信号 1 -	107	快充 CAN 总线高
50	相对压力传感器地	108	原车 CAN 总线高
51	DC/DC 故障信号地	109	刷写/快充 CAN 高
52	加速踏板位置信号 2 地	111	新能源 CAN 总线高
53	加速踏板位置信号 1 地	112	远程唤醒信号输入
59	B - 制动能量回收减少	113	慢充唤醒信号输入
60	组合仪表唤醒	114	PEU MCU 继电器控制
61	CMU 唤醒	115	冷却水泵继电器输出
62	DC/DC 充电机使能输出	116	快充负极继电器输出
63	屏蔽地 EMC 地	117	低速风扇继电器输出
80	整车唤醒充电机信号输出	118	快充正极继电器输出
81	电池 BCU 使能输出	120	高速风扇继电器输出
82	档位信号 4 输入	121	空调系统继电器输出

3. VCU 系统电路

EU300/EU400 车型 VCU 系统电路如图 4-35 所示。

二、车身控制系统

1. 端子定义

EU5 车型车身控制器（BCM）端子如图 4-36 所示，端子定义见表 4-25 ~ 表 4-29。

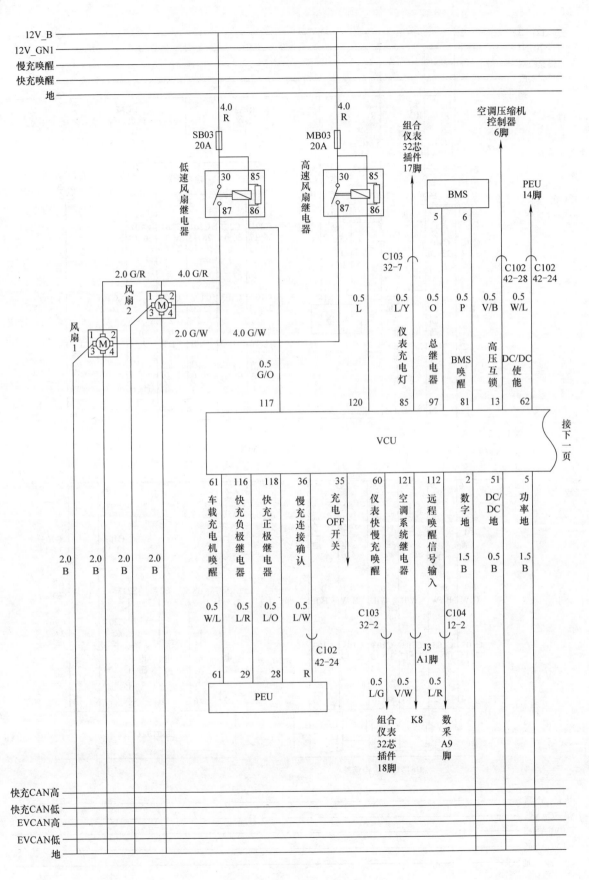

图 4-35 VCU 系统电路（1）

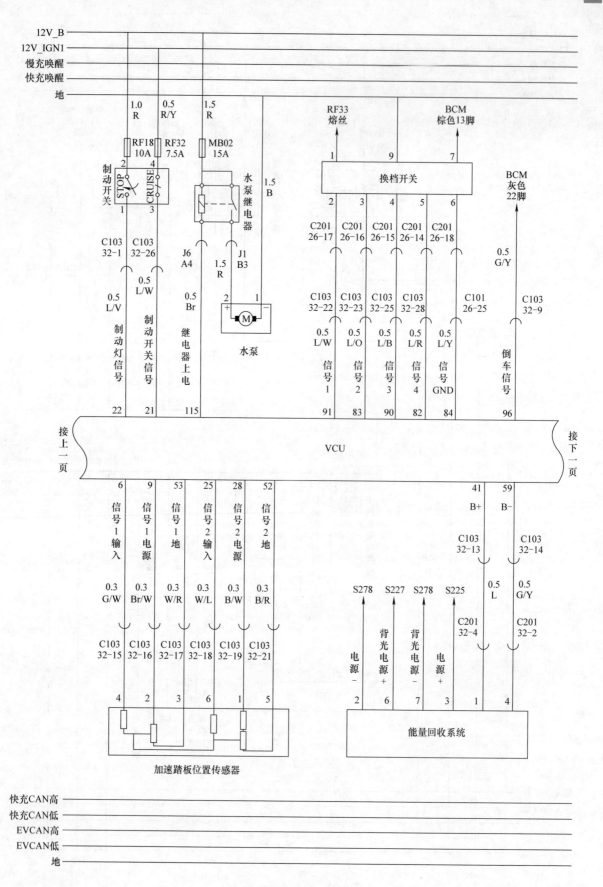

图 4-35　VCU 系统电路（2）

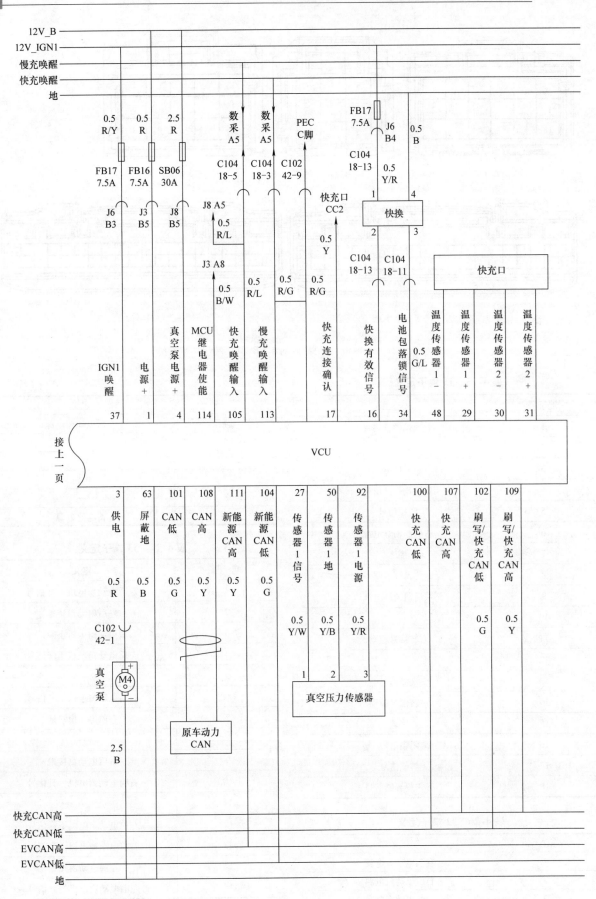

图 4-35 VCU 系统电路 (3)

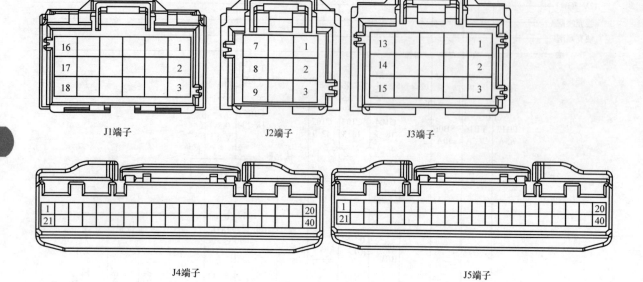

图 4-36 车身控制器（BCM）端子

表 4-25 J1 端子定义

端子号	定义
1	后视镜折叠信号
2	门灯电源
3	位置灯电源
4	后视镜打开信号
5	门控信号
6	右后制动灯电源
7	接地
8	背光灯照明
9	左后制动灯电源
10	—
11	右转信号驱动
12	—
13	洗涤信号
14	左转信号驱动
15	接地
16	闭锁信号
17	解锁信号
18	行李舱解锁信号

表 4-26 J2 端子定义

端子号	定义
1	右前电动窗电源
2	右后电动窗电源
3	左前电动窗电源

（续）

端子号	定义
4	左后电动窗电源
5	—
6	电源
7	电源
8	—
9	蓄电池电源

表 4-27 J3 端子定义

端子号	定义
1	左后电动窗电机上升信号
2	左后电动窗接地
3	右后电动窗电机下降信号
4	左后电动窗电机下降信号
5	—
6	右后电动窗电机上升信号
7	右前电动窗接地
8	—
9	右后电动窗接地
10	右前电动窗电机上升信号
11	—
12	左前电动窗电机下降信号
13	右前电动窗电机下降信号
14	左前电动窗接地
15	左前电动窗电机上升信号

表4-28 J4端子定义

端子号	定义
1	RKE防盗指示灯
2	后雾灯继电器控制信号
3	刮水器高速控制
4	危险警告灯信号
5	—
6	刮水器低速控制
7	
8	
9	
10	刮水器间歇调整开关信号
11	右转向灯开关信号
12	
13	后雾灯开关信号
14	洗涤开关信号
15	刮水器开关2
16	LIN
17	
18	ACC电源
19	IG1电源
20	IG2电源
21	
22	
23	后窗加热控制信号
24	中控门锁闭锁信号
25	日间行车灯继电器控制信号
26	远光灯继电器控制信号
27	近光灯继电器控制信号
28	中控门锁介绍信号
29	
30	远光灯开关自复位信号
31	远光灯开关信号
32	左转向灯开关信号
33	
34	—
35	—
36	刮水器开关1
37	
38	
39	刮水器复位信号
40	

表4-29 J5端子定义

端子号	定义
1	倒车灯继电器控制信号
2	—
3	近光灯开关信号
4	儿童锁信号
5	接地
6	自动前照灯开关信号
7	—
8	左前电动窗开关信号
9	左后电动窗开关信号
10	右前电动窗开关信号
11	右后电动窗开关信号
12	左后电动窗开关下降信号
13	左后电动窗开关上升信号
14	右后电动窗开关下降信号
15	右后电动窗开关上升信号
16	右前电动窗开关上升信号
17	位置灯开关信号
18	制动灯开关信号输入
19	—
20	
21	
22	高位制动灯电源
23	喇叭继电器控制信号
24	
25	后视镜折叠开关信号输入
26	右后门未关信号
27	
28	左前门解锁信号
29	机舱盖未关信号
30	行李舱开关信号
31	左后门未关信号
32	左前门未关信号
33	左前门闭锁信号
34	右前门未关信号
35	行李舱开关信号
36	EBUS CAN-L
37	EBUS CAN-H
38	右前电动窗开关下降信号
39	碰撞输入
40	

2. 系统电路

EU5车型车身控制(BCM)系统电路如图4-37所示。

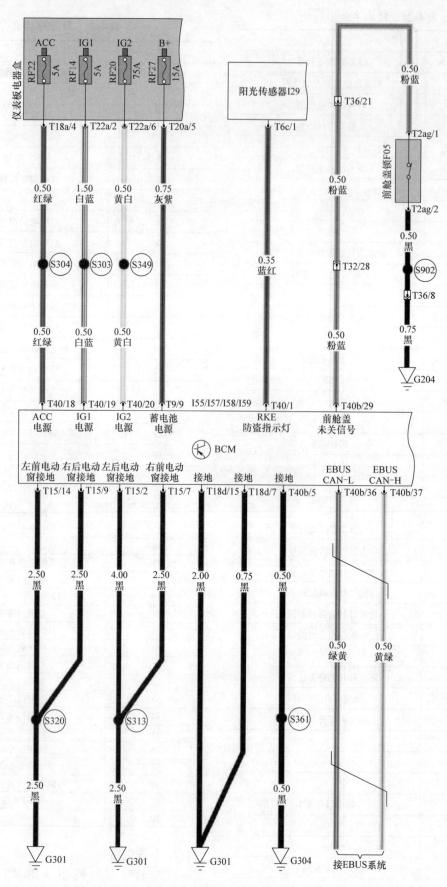

图 4-37 BCM 系统电路（1）

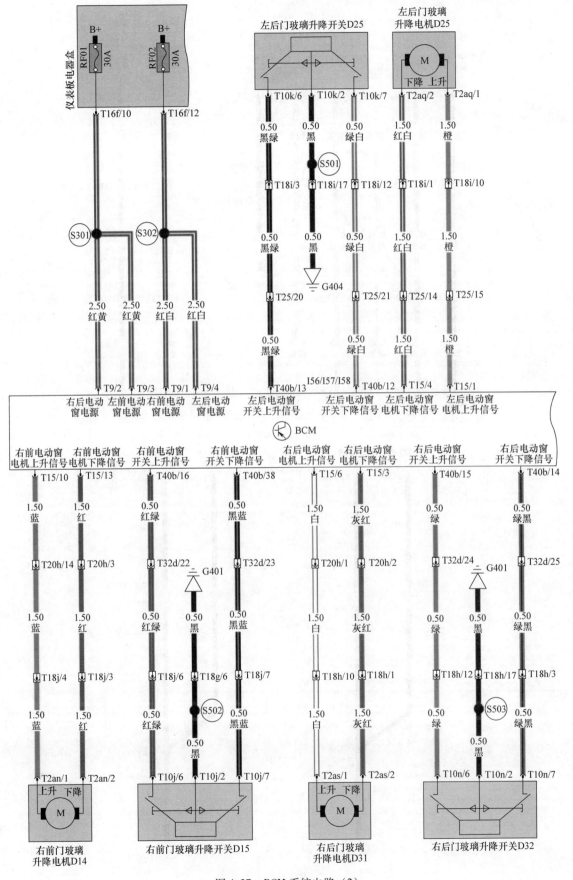

图 4-37 BCM 系统电路（2）

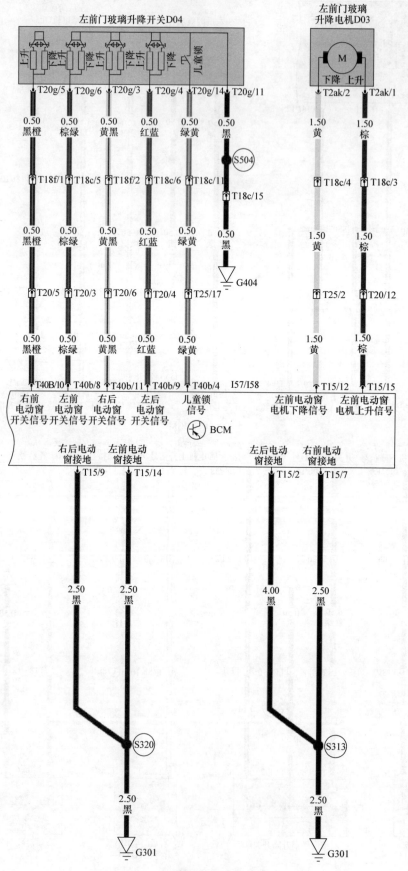

图 4-37　BCM 系统电路（3）

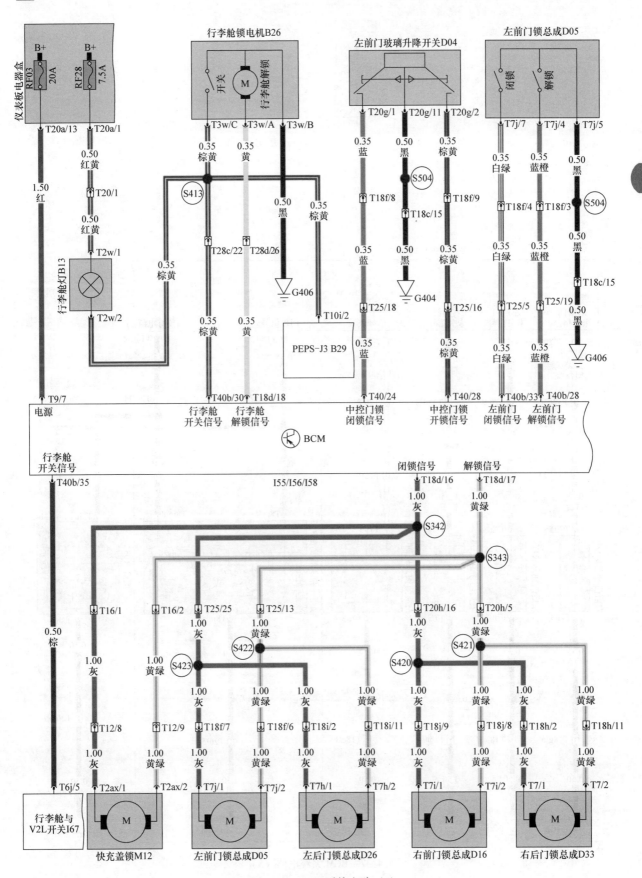

图 4-37 BCM 系统电路（4）

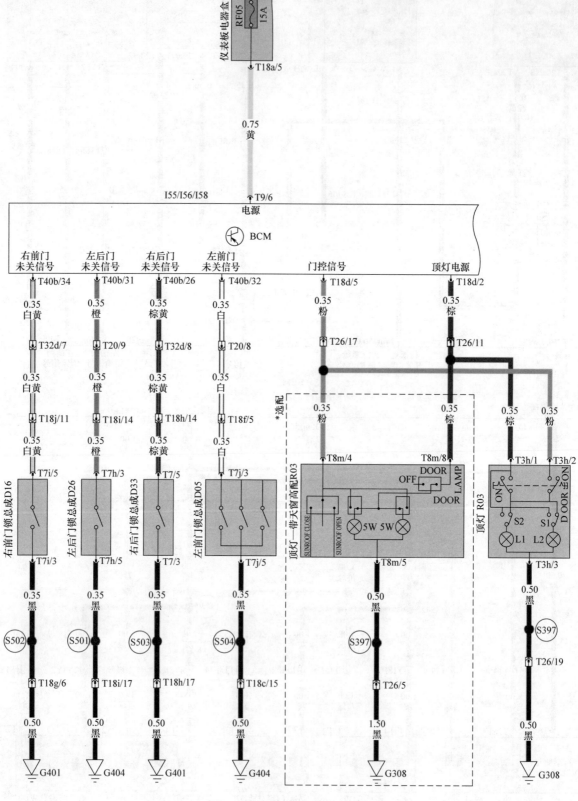

图 4-37　BCM 系统电路（5）

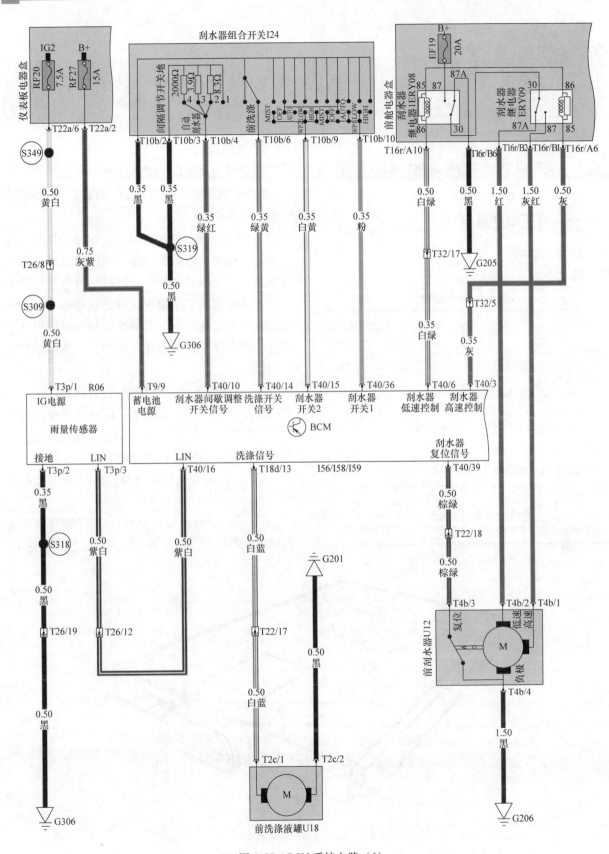

图 4-37 BCM 系统电路（6）

第五章 上汽荣威Ei5型EV汽车

第一节 高压电源系统

一、高压电池系统

1. 技术参数

技术参数见表5-1。

表5-1 技术参数

参数	MY18	MCE 出租版	MCE 个人版
额定能量/kW·h	35	50.8	52.5
标称容量/A·h	100	145	150
防护等级	IP67	IP67	IP67
额定电压/V	350	350	350
总电压范围/V	268~412	268.8~412.8	268.8~412.8
重量/kg	265	359	362
电芯排列方式	1并96串	1并96串	1并96串

2. 系统说明

高压电池包由以下部件组成：

1）电池模块：本包含24个模块，每个模块包含4个电芯。

2）电池管理系统（BMS）：通过采集电池包内部各个模块、电芯的电压、温度以及母线电流等信息，评估电池包状态，实时估算电池包剩余电量、纯电续驶剩余里程、寿命状态等，管理车载充电与非车载充电，向整车控制器提供电池包信息，响应整车高压回路通断命令，从而给整车提供能源。

3）电气分配单元（EDM）：它通过主正、主负、快充、慢充和预充继电器控制电池包所有的高压电路输出。同时EDM具有预充功能和电流冗余检测（莱姆电流传感器）功能。

4）高低压线束及接插件，各接插件分布见图5-1。

5）手动维修开关（MSD）：用于紧急情况或维修高压部件时，从物理上断开电池包高压输出。

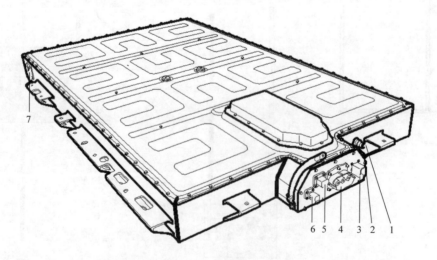

图5-1 高压电池包插接件分布

1—出水口（如有） 2—进水口（如有） 3—整车低压连接器 4—整车高压连接器
5—充电高压连接器 6—手动维修开关 7—泄压阀

6）冷却系统：采用自然冷却或水冷冷却方式。

7）外壳。

高压电池包安装位置见图5-2。

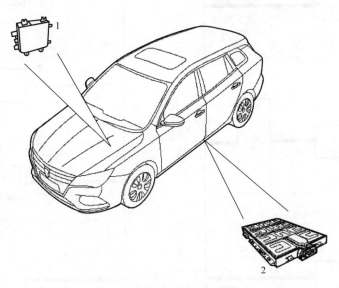

图5-2　高压电池包安装位置
1—车载充电器　2—高压电池包

高压电池包运作原理如下：

1）两路独立的CAN网络，分别与整车、车载充电器通信。

2）提供高压电池包的状态给整车控制器，通过不同高压继电器的通断，实现各个高压回路的通断，使其实现充放电管理和高压电池包电池状态的指示。

3）车载充电管理：使用交流充电（慢充）接口，通过车载充电器为高压电池包进行充电，并提供预约充电功能。

4）非车载充电管理：支持GB/T 27930—2011和GB/T27930—2015两种国标的快充桩，不支持其他企业标准或国外标准的快充桩。车辆停止后，挂P档，插入快充枪，充电连接灯亮起，完成快充桩设置，电池管理系统开始与快充桩进行连接确认、通信、闭合继电器，充电桩开始向车辆充电，充电指示灯亮起，充电呼吸灯亮起。充电完成后，充电桩显示充电结束，充电呼吸灯、充电指示灯熄灭，然后拔下快充枪，充电连接灯熄灭。在充电过程中，若想终止充电，请先在快充桩上进行操作，终止充电，确保快充桩显示充电电流降到0，充电结束后，再拔枪，以免发生危险。

5）热管理功能：通过水冷或自然冷却方式实现高压电池包的热管理。

6）高压安全管理：实现绝缘电阻检测，高压互锁检测，碰撞检测功能，具备故障检测管理及处理机制。

7）实现车载和非车载充电器的连接线检测，控制整车的充电状态和充电连接状态灯的指示。

电池管理系统框图如图5-3所示。

3. 端子定义

高压电池包整车低压线束连接端子BY123如图5-4所示，定义见表5-2。

高压电池包整车低压线束连接端子EB212如图5-5所示，定义见表5-3。

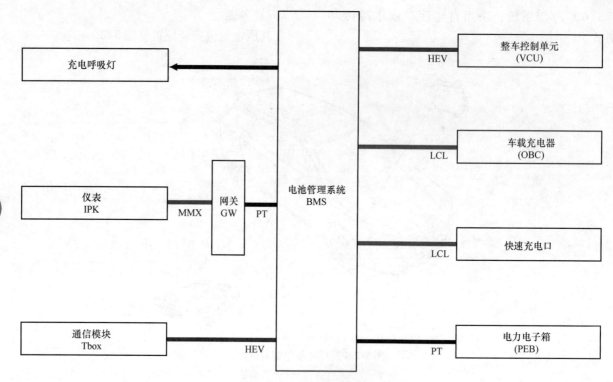

图 5-3 电池管理系统框图

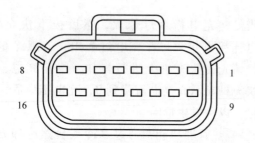

图 5-4 整车低压线束连接端子

表 5-2 低压端子定义

端子号	定义
1	供电
2	接地
3	混动高速 CAN 高电平

(续)

端子号	定义
4	混动高速 CAN 低电平
5	动力高速 CAN 高电平
6	高压互锁回路
7	—
8	充电呼吸灯
9	高压互锁源路
10	整车唤醒
11	—
12	接地
13	动力高速 CAN 低电平
14	供电
15	—
16	—

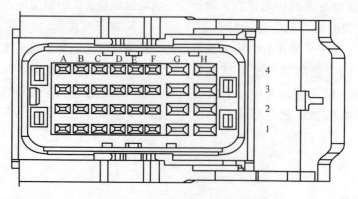

图 5-5 高压电池包整车低压线束端子

表 5-3 低压端子定义

端子号	定义
A1	混动高速 CAN 高
A2	—
A3	—
A4	车载充电器连接
B1	混动高速 CAN 低
B2	—
B3	—
B4	车载充电器唤醒
C1	动力高速 CAN 高
C2	—
C3	充电呼吸灯信号
C4	高压互锁源路
D1	动力高速 CAN 低
D2	—
D3	使能唤醒
D4	高压互锁回路
E1	快速充电 CAN 高
E2	快速充电口连接
E3	—
E4	高压电池包水泵驱动
F1	快速充电 CAN 低
F2	快速充电口唤醒
F3	—
F4	高压电池包水泵驱动
G1	电源管理系统能量供给 1
G2	—
G3	—
G4	电源管理系统能量供给 2
H1	电源管理系统接地 1
H2	—
H3	—
H4	电源管理系统接地 2

二、车载充电器

1. 技术参数

技术参数见表 5-4。

表 5-4 技术参数

项目	参数
输入电压	60Hz@110Vac/50Hz@220Vac
最大输入电流/A	32
最大输出电流/A	32
输出电压范围/Vdc	230~430
最大输入功率/kW	7
防护等级	IP67

2. 系统说明

车载充电器与高压电池包相连接,安装在前舱左侧蓄电池下方;民用的 220V 交流电源,通过慢速充电口、车载充电器给高压电池包补充电能。车载充电器外部端口分布如图 5-6 所示。

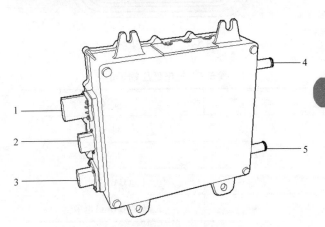

图 5-6 车载充电器外部端口
1—高压直流输出连接器 2—整车低压连接器
3—交流输入连接器 4—进水口 5—出水口

快速充电口与 PDU 连接在一起;安装在散热器上横梁上,主要作为给高压电池包快速补充电能的接口。直流充电桩的高压直流电,通过此充电口,给高压电池包补充电能。

说明:租赁版本不支持快速充电,没有快速充电口。

慢速充电口与车载充电器相连接;位于车身右后侧,主要作为民用电供给车载充电器的连接端口,将民用电的 220V 交流电源,通过此充电口,提供给车载充电器。

慢速充电线装配在行李舱手提箱内,主要功能为将民用 220V 交流电源引到慢速充电口,同时,具有连接指示和交流电路过电流保护功能。

车载充电器具有以下功能:

1) 提供与电池管理系统之间的 CAN 通信。

2) 基于电池管理系统的需求,在最大功率范围内为高压电池包充电。

3) 高压安全:提供输出反接保护、高压端口残压控制、故障自关断功能。

4) 热管理:以水冷方式进行冷却。

3. 端子定义

充电低压端子如图 5-7 所示,端子定义见表 5-5。

图 5-7 充电低压端子

表 5-5 充电低压端子定义

端子号	定义
1	供电
2	接地
3	本地 CAN 高电平
4	本地 CAN 低电平
5	—
6	快充 CAN 高电平
7	快充 CAN 低电平
8	慢充唤醒
9	BMS 内部 CAN 高电平
10	BMS 内部 CAN 低电平
11	慢充枪连接
12	快充枪连接
13~15	—
16	快充唤醒

车载充电器低压端子如图 5-8 所示，端子定义见表 5-6。

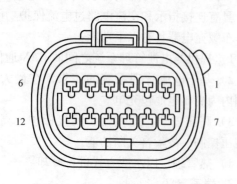

图 5-8 车载充电器低压端子

表 5-6 车载充电器低压端子定义

端子号	定义
1	供电
2	接地
3	本地 CAN 高电平
4	本地 CAN 低电平
5	混动高速 CAN 高电平
6	混动高速 CAN 低电平
7	—
8	相线温度传感器 +
9	充电器唤醒
10	零线温度传感器 +
11	充电连接确认
12	温度传感器 -

三、高压配电系统

1. 系统说明

高压配电单元（PDU），位于前舱中，固定在 PDU 托盘上。主要作用是将经由 PDU 的高压电池的电能传输到电加热器、电动空调压缩机、DC/DC 以及 PEB 上，实现电能的传输。同时，快速充电口通过 PDU 给高压电池实现快速充电。

主高压线束，位于车身底板下，连接在高压电池和 PDU 之间，主要功能是将高压电池的直流电传输到 PDU 上，以及通过快速充电口给高压电池充电的作用。

压缩机高压线束，位于前舱中，连接在 PDU 和电动空调压缩机之间，主要作用是将高压电池通过 PDU 上的高压直流电传输到电动空调压缩机，以驱动工作。

PTC 高压线束，主要作用是连接 PDU 和电加热器，将高压电池通过 PDU 的高压直流电传输给电加热器，以实现加热工作。

PEB 高压线束，位于前舱，连接在 PEB 和 PDU 之间，主要功能是将高压电池通过 PDU 的高压直流电传输给 PEB。高压配电系统连接部件如图 5-9 所示。高压配电原理如图 5-10 所示。

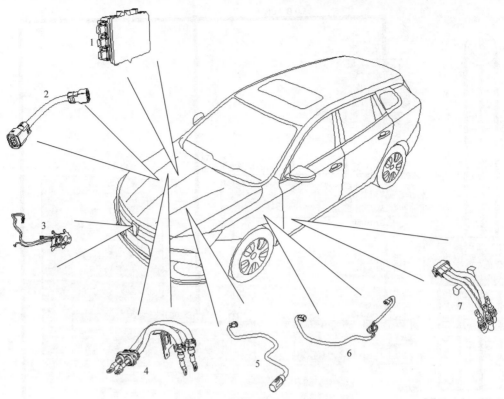

图 5-9 高压配电系统连接部件

1—高压配电单元 2—DC/DC 高压线束 3—快速充电口 4—PEB 高压线束
5—电动空调压缩机高压线束 6—电加热器高压线束 7—主高压线束

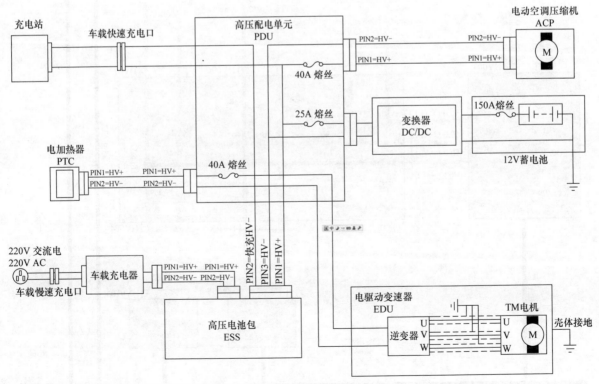

图 5-10 高压配电原理

2. 系统电路

2019 款上汽荣威 Ei5 车型高压配电系统电路如图 5-11 所示。

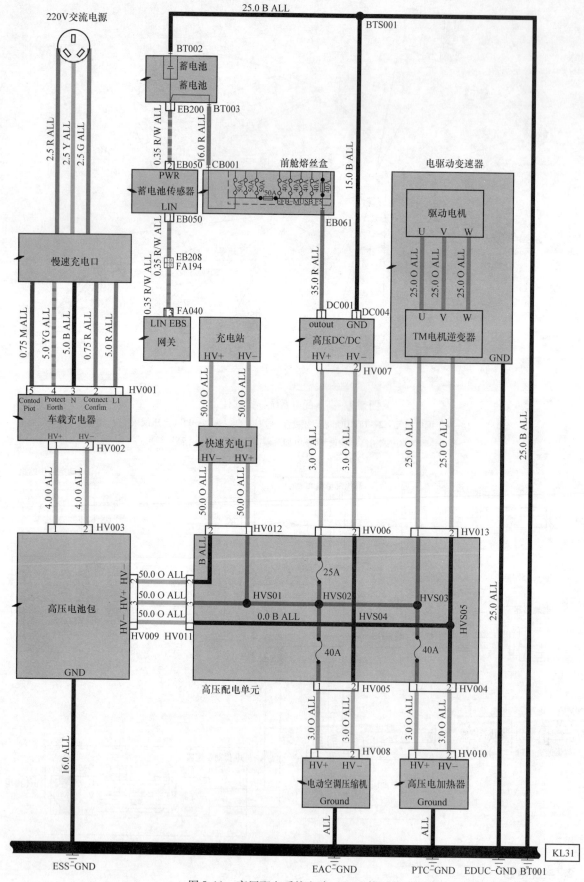

图 5-11　高压配电系统电路（2019 款 Ei5）

第二节 动力驱动系统

一、驱动电机

1. 技术参数

技术参数见表 5-7。

表 5-7 技术参数

项目	参数
电机类型	三相永磁同步电机
持续功率/峰值功率/(kW/kW)	40/85
额定转矩/峰值转矩/(N·m/N·m)	125/255
额定转速/最大转速/[(r/min)/(r/min)]	3100/10000
绕组接法	Y
电机质量/kg	39
防护等级	IP67

2. 总成介绍

驱动电机为三相永磁同步电机,接受 PEB 的控制,为车辆提供动力。

二、电力电子箱

1. 技术参数

技术参数见表 5-8。

表 5-8 技术参数

项目	参数
全负荷工作电压/V	220~410
最大电流/A	380
额定输出功率/kW	40
最大输出功率/kW	85
额定输入电压/V	350
防护等级	IP67

2. 总成介绍

电力电子箱(PEB)是控制驱动电机的电器组件,在高速 CAN 上与 VCU, IPK, BCM 等控制器通信。电力电子箱接收 VCU 的转矩命令以控制驱动电机,且带有自诊断功能,确保系统安全运行。

电力电子箱系统内部集成以下主要部件:MCU 和逆变器

TM 电机控制器根据 VCU 信号,对 TM 电机进行高精度与高效能的转矩和速度调节。PEB 将实时向 IPK 发送电机与逆变器温度信号,当温度超过限制时,仪表将点亮报警灯。

PEB 负责发出冷却需求给冷却水泵,当点火钥匙在 KL15 位置,高压上电后,水泵打开,根据温度调节流量。冷却液的温度应该控制在 65℃ 以下,当冷却液温度超过 85℃ 时,电力电子箱将停止工作。

PEB 根据电池管理系统(BMS)传递的参数信号为电池提供保护,这些参数信息包括最大充电电流、最大放电电流、最大峰值电压、最小峰值电压。当 BMS 断开 HV 的连接时,PEB 会释放电容中的电量。

整车控制单元(VCU)会监测计算 TM 电机所需的转矩,并将此转矩信号发给 PEB,使 PEB 能够通过对 TM 电机输出转矩的控制驱动车辆。VCU 同时会检测计算 TM 电机所需的转速,并将此转速信号发给 PEB,使 PEB 能够通过对 TM 电机转速控制驱动车辆。电力电子箱系统框图如图 5-12 所示。

由于驱动电机工作时的环境是高电压、大电流,所以,在操作时一定注意以下几点:

1) 产品运输及安装过程中应避免碰撞、跌落和人体的挤压。

2) 存储环境应干燥,在拆开电机包装时的环境要求为:温度在 -25℃~+55℃ 范围内,湿度为 10%~70%RH 范围内。

3) 电机在安装使用前,必须进行绝缘检查(接线端子对机壳的绝缘电阻应大于 250MΩ)

4) 电机在安装使用前,旋转电机输出轴应能灵活转动,检查电机外观应无机壳破损或异常形变情况。

5) 电机在安装使用前,检查三相线束导电部分及电机强电接口,应清洁无异物、油脂。

6) 低压接插件为塑料件,安装过程中应避免与坚硬物体直接碰撞或受力。

7) 电机转子带强磁性,电机除高低压盖板外,其余零部件禁止拆装。

3. 端子定义

EB076 连接器位于前舱 PEB 上,为黑色母连接器。PEB 线束低压端子 EB076 如图 5-13 所示,低压端子定义见表 5-9。

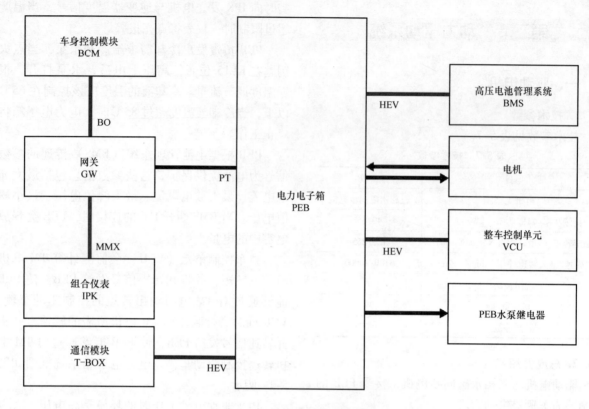

图 5-12 电力电子箱系统框图

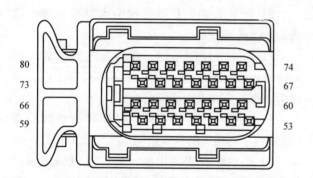

图 5-13 PEB 低压端子

表 5-9 低压端子定义

端子号	定义
53	高压互锁输入
54	—
55	PT – CAN L
56	高压互锁输出
57	—
58	电机温度传感器 GND
59	电机温度传感器输入
60	—
61	PT – CAN H

(续)

端子号	定义
62	旋变线束屏蔽地
63	GND
64 ~ 66	—
67	旋变励磁 +
68	旋变 cos -
69	旋变 sin -
70、71	—
72	混动 CAN H
73	混动 CAN L
74	旋变励磁 -
75	旋变 cos +
76	旋变 sin +
77	唤醒
78	KL30
79 ~ 80	—

4. 系统电路

2019 款上汽荣威 Ei5 车型电驱动控制系统电路如图 5-14 所示。

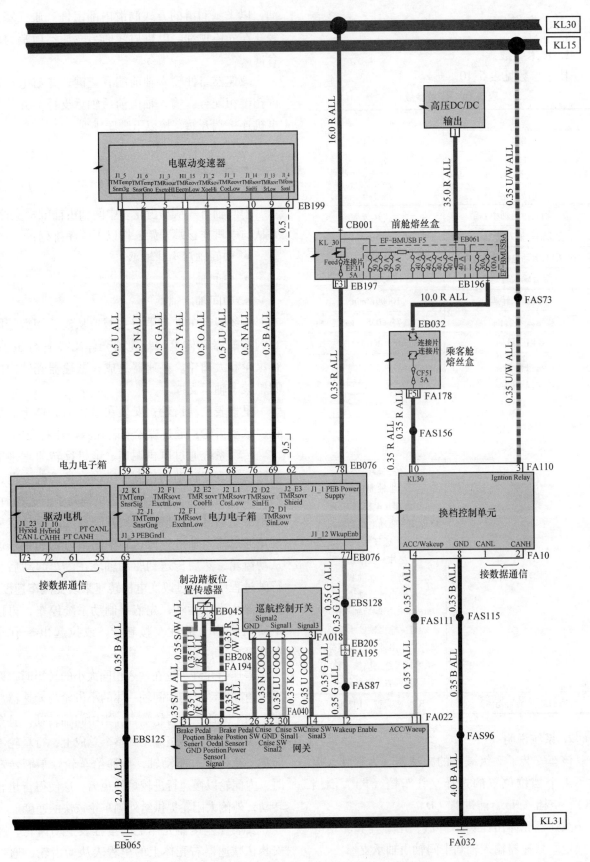

图 5-14 2019 款上汽荣威 Ei5 车型电驱动系统电路

三、变速器

1. 技术参数

技术参数见表5-10。

表5-10 技术参数

项目	参数
型号	EDS25E1
速比：	7.047
一档	1.885
主减速比	3.739
输入轴与输出轴中心距	89mm
差速器轴与输入轴中心距	185mm
所匹配的驱动电机额定功率	40kW
最大输入转矩	255N·m
最高输入转速	10000r/min
质量（不含油）	(75±0.5) kg
专用润滑油	Castrol BOT351LV
标准油量： 干机 湿机	(0.85±0.05) L (0.80±0.05) L
电驱动系统最大轮廓尺寸（长×宽×高）	450.1mm×532.11mm×502.53mm
一次性装配零件清单	输入轴油封 半轴油封 O形圈-电机到壳体 O形圈-驱动电机到输入轴 通气塞 垫片-放油塞 垫片-加油塞 输出轴后轴承 螺栓-输出轴后轴承锁片 螺钉-输出轴轴承盖板 垫片-输出轴轴承盖板螺钉 锁紧螺母-输出轴前轴承 里程表主动齿轮
密封胶（前后壳体）	RTV密封胶-LT5900

2. 系统说明

该车安装了2级减速的减速器。为驾驶人提供了4个档位位置的选择：驻车档（P）、倒档（R）、空档（N）、前进档（D）。

减速器壳体由压铸铝铸造，用螺栓和驱动电机固定。减速器输入轴和中间轴由轴承支撑。

加油塞及放油塞均位于减速器左壳体上，分别用一个铝制垫圈密封。减速器应加注专用润滑油，以飞溅润滑的方式润滑内部组件。通气塞安装在左壳体顶部。电机后端面与减速器前端为结合面。

减速器组件输入轴前端有花键，并与电机的内花键相配合。输入轴由前后轴承支撑，并从与电机连接端开始，按以下顺序排列：

- 输入轴前轴承
- 输入轴
- 输入轴后轴承

中间轴有一从动齿轮。中间轴由前轴承支撑，并从与电机连接端开始，按以下顺序排列：

- 中间轴深沟球轴承
- 中间轴
- 中间轴后轴承

传统设计的差速器将主减速从动轮用螺栓固定到差速器壳体上，差速器壳体支撑着行星轴，行星轮和太阳轮。差速器总成在减速器壳体内由圆锥滚子轴承支撑。

里程表主动齿轮：安装在差速器壳体上。里程表从动齿轮：通过螺栓安装在减速器右壳体上。

传动系统通过电机调速、电机反转原理来驱动输入轴改变转动的速度和方向，从而改变前进档和倒档的速度。当换档操纵机构处于前进档时，转矩由驱动电机直接传送到减速器输入轴，然后转矩通过输入轴齿轮传送到中间轴齿轮和主减速从动齿轮，然后传送到驱动轴。在汽车起动后和行驶过程中，通过改变电机转速来改变汽车速度。如需停止汽车运转，先依靠制动系统停车，再按下换档机构上的驻车按钮P，或拉起电子驻车PEB开关。

差速器允许车轮在输入相同大小的转矩时，以不同速度转动。与中间轴一体的小齿轮与差速器总成上的主减速从动齿轮啮合。当中间轴转动，且车轮直线前进时，转矩应用到整个总成上，行星轮不转动。转矩通过驱动轴，传递给车轮。车辆转弯时，内侧轮以慢速行进较短的距离。这使得行星轮转动，外侧太阳轮提供给外侧车轮较快的速度。

安装在差速器壳体上的里程表主动齿轮，及安装在减速器右壳体上的里程表从动齿轮，通过齿轮啮合，实现信号输出。电驱动系统部件分解如图5-15~图5-21所示。

第五章 上汽荣威 Ei5 型 EV 汽车

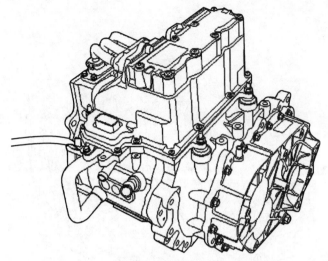

图 5-15 电驱动系统

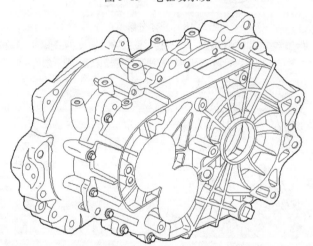

图 5-16 电驱动单元（减速器总成）

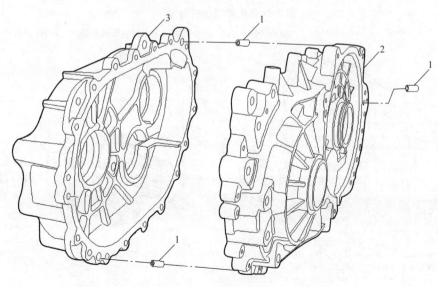

图 5-17 壳体分解（一）
1—定位销 - 前后壳体　2、3—电驱动单元壳体

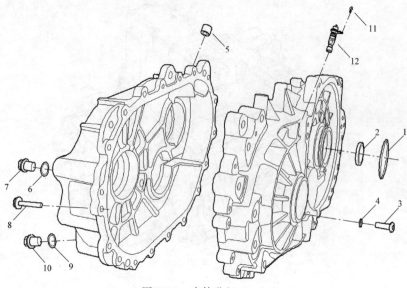

图 5-18　壳体分解（二）

1—O 形圈 - 电驱动单元驱动电机　2—电驱动单元输入轴油封　3—螺栓 - 变速器轴承盖板　4—垫圈 - 后轴承盖板螺栓　5—变速器通气塞总成
6—铝垫圈 - 加油塞　7—加油塞　8—螺栓 - 壳体连接　9—铝垫圈 - 放油塞　10—放油塞　11—螺栓 - 里程表从动齿轮　12—里程表从动齿轮

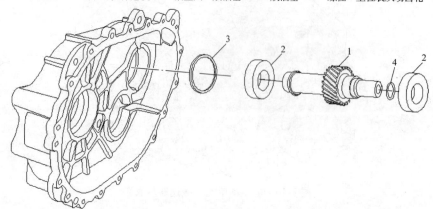

图 5-19　齿轮传动机构（一）

1—电驱动单元输入轴总成　2—输入轴前后轴承　3—电驱动单元输入轴调整垫片　4—O 形圈

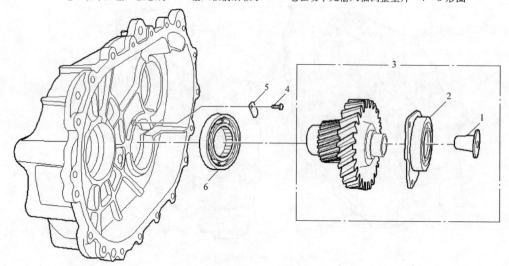

图 5-20　齿轮传动机构（二）

1—螺母 - 电驱动单元输出轴锁紧　2—电驱动单元输出轴轴承　3—电驱动单元输出轴总成
4—螺栓 - 电驱动单元轴承锁板　5—电驱动单元轴承锁板　6—输出轴后轴承外圈

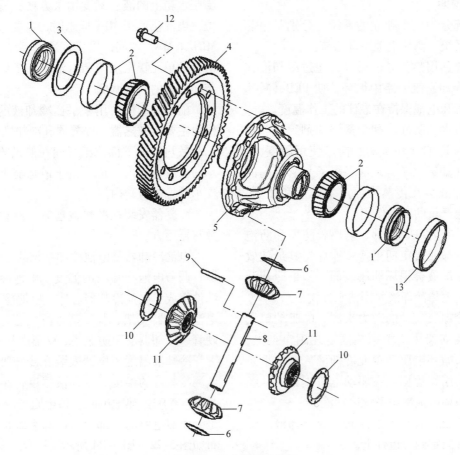

图 5-21 差速器总成分解

1—驱动轴油封 2—圆锥滚子轴承 3—调整垫片 4—电驱动单元主减速齿轮 5—差速器壳体 6—行星齿片
7—行星轮 8—行星轴 9—行星轴销 10—半轴齿垫片 11—半轴齿轮 12—螺栓－主减速齿轮 13—里程表主动齿轮

第三节 温度管理系统

一、高压冷却系统

1. 技术参数

技术参数见表 5-11。

表 5-11 技术参数

项目	参数
冷却液	
型号	由水和乙二醇配比成的冷却液
容量：	
EDS 冷却系统	4.2L
ESS 冷却系统	4.4L
冷却风扇	
冷却风扇	温控电动轴流式
冷却风扇的控制－高压上电	
开启：	满足以下一个条件就开启

（续）

项目	参数
EDS 水泵开启，EDS 冷却液温度	≥55℃
压缩机开启，空调压力	≥0.22MPa
关闭	同时未满足以上开启的条件
冷却风扇的控制－高压下电	
开启 EDS 冷却液温度	≥63℃
持续时间	
环境温度≥5 ℃	120s
环境温度＜5 ℃	60s
散热器	横流式
冷却水泵	
功率	80W
驱动电压	9～16V
流量	1900L/h 左右，30kPa

2. 系统说明

冷却系统分为两个独立的系统，分别是电驱动单元冷却系统、高压电池冷却系统。

冷却系统利用热传导的原理，通过冷却液在各个独立的冷却系统回路中循环，使 PEB、减速器、驱动电机和电池保持在最佳的工作温度。

冷却液由水、防冻液和少量添加剂组成。水的质量将直接影响冷却液的性能。使用硬度大、腐蚀性离子（如氯离子、硫酸根离子）含量高的水调配的冷却液会在传热表面产生锈蚀和结垢，并对金属产生严重的腐蚀作用。

冷却液具有防冻、防沸、防腐、防垢和防泡沫等特点。冷却液要定期更换才能保持其最佳效率。注意：冷却液会损坏油漆表面。如果冷却液溢出，要迅速擦掉冷却液并用清水冲洗。

水泵是冷却液流动的动力来源。电驱动单元水泵通过安装支架用 2 个螺栓固定在副车架上，经由其运转来循环电驱动单元冷却液。电池水泵通过安装支架用螺栓固定在驱动电机支架上，经由其运转来循环电池冷却系统冷却液。

冷却液橡胶软管在各组件间传送冷却液。弹簧卡箍将软管固定到各组件上。

膨胀水箱用来存储和补充系统中的冷却液。膨胀水箱上的液位刻度用来方便查看冷却液的液位，当液位低于 MIN 标志时，需要添加冷却液到 MIN 和 MAX 之间，以保证冷却系统的正常运作。电驱动单元膨胀水箱和电池冷却膨胀水箱分别安装在前舱的左右两侧。

前端冷却模块用来平衡冷却液的温度。冷却模块主要由散热器、冷凝器和冷却风扇组成。

散热器的下部位于紧固在前纵梁的支架所支承的橡胶衬套内，顶部位于散热器上横梁支架所支承的橡胶衬套内。

冷凝器安装在散热器前方，冷却风扇安装在散热器后方。

电池冷却器是电池冷却系统的一个关键部件，负责调节电池冷却液的温度。电池冷却器由以下部件组成：电池冷却器芯体、电池冷却器膨胀阀、电池冷却器支架、制冷剂进排气管、冷却液进出硬管、冷却器支架防振垫、O 形圈和安装螺栓。

冷却液温度传感器安装在冷却管路上，用来监测冷却液的温度。冷却液温度传感器是负温度系数（NTC）热敏电阻，该电阻与冷却液相接触，是分压器电路的一部分。冷却系统部件和管路分布如图 5-22 ~ 图 5-24 所示。

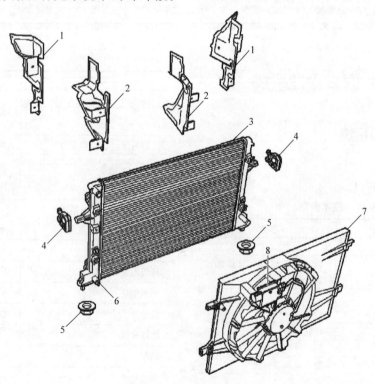

图 5-22　前端冷却模块

1—左上/右上导风板　2—左下/右下导风板　3—散热器　4—上减振垫　5—下减振垫　6—放水阀　7—冷却风扇　8—风扇调速模块

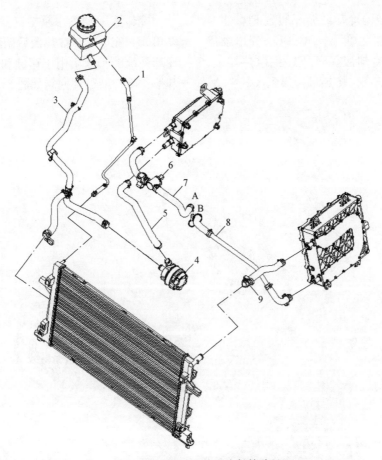

图 5-23 电驱动单元冷却管路

1—溢流管 - 散热器到膨胀水箱　2—膨胀水箱　3—管路总成 - 散热器到电子水泵　4—EDS 电子水泵　5—管路总成 - 电子水泵到 DC/DC
6—冷却液温度传感器　7—管路总成 - DC/DC 到 EDS　8—管路总成 - EDS 到充电器　9—管路总成 - 充电器到散热器

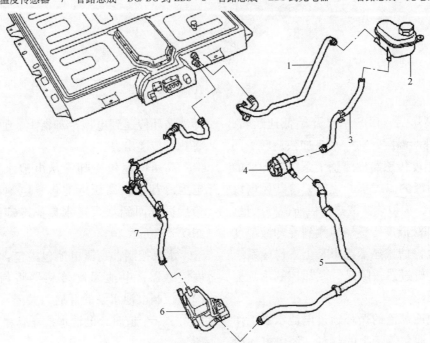

图 5-24 高压电池包冷却管路

1—管路总成 - 电池到电池膨胀水箱　2—电池膨胀水箱　3—管路总成 - 电池膨胀水箱到电子水泵　4—电子水泵
5—管路总成 - 电子水泵到电池冷却器　6—电池冷却器　7—管路总成 - 电池冷却器到电池

电驱动冷却系统的冷却液循环通过 EDS 水泵的工作来驱动。电驱动单元、DC/DC、充电器等产生的热量，经由冷却液循环传递到散热器上，通过冷却风扇吹动气流，将热量传递到大气中。

冷却液从 EDS 水泵端口，经过 DC/DC、电驱动单元、充电器、散热器后循环回到水泵进水口。冷却系统膨胀水箱用于存储和补充系统所需的冷却液。冷却液循环回路如图 5-25 所示。

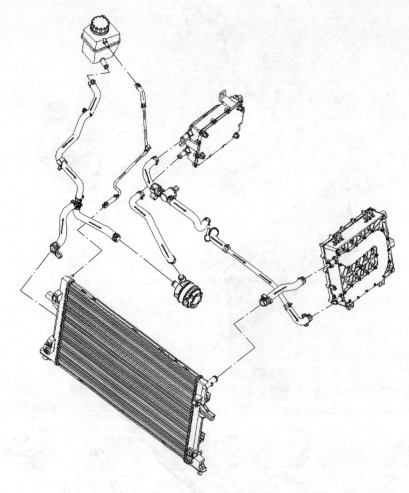

图 5-25　冷却液循环回路

当车辆上高压后，EDS 水泵开始低速运转，随着 EDS 等部件的温度升高，水泵加快运转。同时 EDS 冷却液温度传感器检测整个系统冷却液的温度，随着冷却液的温度不断上升，冷却风扇以相应的转速运转，为散热器散热提供所需的风量。

当 EDS 冷却液温度传感器检测到冷却液温度过高时，通过报警信息显示在 IPK 上。EDS 系统也有可能点亮电机过热故障灯。冷却控制系统框图如图 5-26 所示。

高压电池包冷却液的循环通过电池水泵工作来驱动。高压电池包等产生的热量，经由电池冷却液循环传递到电池冷却器上，通过空调制冷剂将热量传递出去。

高压电池包冷却液从电池水泵接口，经过电池冷却器、高压电池包、电池冷却液膨胀水箱后循环回到水泵进水口。冷却液循环回路如图 5-27 所示。

水泵控制：高压电池包中包含了多个电池温度传感器，电池温度传感器将信号传感 BMS，BMS 控制电池水泵的开启与关闭。当最高电池温度大于某个值时，电池水泵开启。

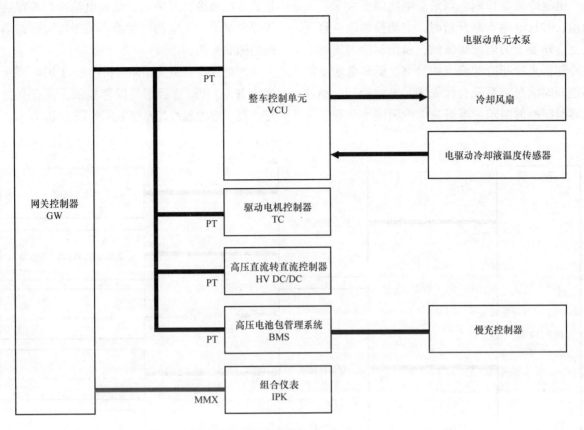

图 5-26 冷却控制系统框图

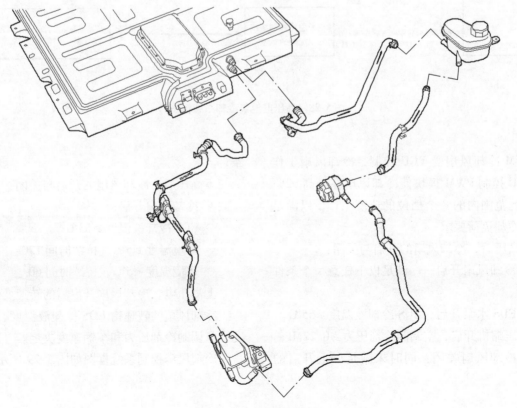

图 5-27 冷却液循环

电池冷却器控制：当最高电池温度大于等于某值，并且电池水泵开启时，空调控制器会打开电池冷却器上的电磁膨胀阀，以使制冷剂流经电池冷却器来冷却冷却液。如果乘客舱和电池冷却不能同时满足，系统会优先满足电池冷却，牺牲乘客舱制冷的需求。当最高电池温度小于等于某值或者电池冷却泵关闭，或者电池冷却液温度小于等于某值时，空调控制器会关闭电池冷却器上的电磁膨胀阀。

当电池冷却系统超温时，会通过 BMS 系统传递给 IPK，IPK 显示相关报警提示，或点亮报警灯。高压电池包冷却系统框图如图 5-28 所示。

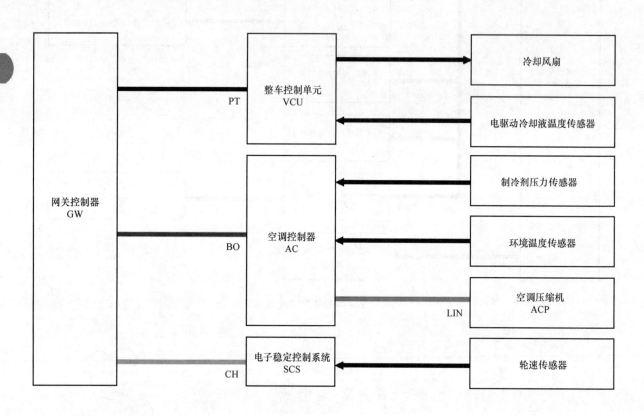

图 5-28　高压电池包冷却系统框图

PWM 冷却风扇受 VCU 控制，冷却风扇工作时，VCU 控制 PWM 模块使冷却风扇在最高 92% 的占空比范围内的 8 个档位的速度工作，以满足不同的冷却负荷要求。

上高压后，冷却风扇的开启与关闭：

- 冷却风扇开启——满足以下任意一个条件就开启：

◇ EDS 水泵开启，EDS 冷却液温度≥55℃。

◇ 压缩机开启，空调制冷剂压力≥0.22MPa。

- 冷却风扇关闭：同时未满足以上开启的条件。

下高压后，冷却风扇的开启与关闭：

- 冷却风扇开启：

◇ EDS 冷却液温度≥63℃。

◇ 环境温度≥5℃，持续时间 120s。

◇ 环境温度＜5℃，持续时间 60s。

上高压电，冷却风扇开启后的转速变化：

冷却风扇的转速由 EDS 冷却液温度、环境温度、空调制冷剂压力和车辆速度决定。

冷却风扇控制系统框图如图 5-29 所示。

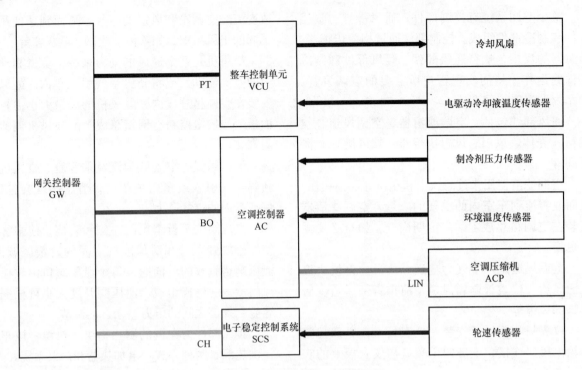

图 5-29　冷却风扇控制系统框图

二、自动空调系统

1. 技术参数

技术参数见表 5-12。

表 5-12　技术参数

项目	参数
制冷剂类型	R134a
制冷剂加注量	
热泵	(980±20)g
热泵带电池冷却器	(1060±20)g
压缩机	
排量	33mL
泄压阀压力保护	
• 开启压力	3.9±0.3MPa
• 关闭压力	3.1MPa
转速	
• 最小转速	800r/min
• 最大转速	8500r/min
高压侧工作电压	
• 最小电压	200V
• 最大电压	432V
低压侧工作电压	
• 最小电压	8.5V
• 最大电压	16V
系统保护	—

（续）

项目	参数
蒸发器温度	
• 压缩机开启	≥6℃
• 压缩机关闭	<4℃时60s后关闭 或者 <3℃时立即关闭
制冷剂压力	
• 高压保护开启	压力≥3.0MPa，开关断开；压力≤2.6MPa，开关接合。
• 低压保护开启	环境温度≥10℃ 压力≤0.14MPa，开关断开； 压力≥0.2MPa，开关接合。 环境温度<10℃ 压力≤0.05MPa，开关断开； 压力≥0.1MPa，开关接合。

2. 系统说明

暖风、通风与空调系统用于调节车内空气的温度、湿度、清洁度及空气流动性到最佳状态，为乘员提供舒适的乘坐环境，减少旅途疲劳；为驾驶人创造良好的工作条件，对确保安全行车起到重要作用的装置。

根据控制面板上的设置需求，由鼓风机提供动力源，将新鲜空气或车内空气，经过空调滤清器过滤后，流经空调箱后加热或冷却，最后从风道吹向风窗或乘客。

整个空调系统有控制部件、通风部件、暖风部件和制冷部件组成。控制部件通过相关传感器、传感器的反馈，执行通风部件、暖风部件和制冷部件的运作，从而实现客户所需要的空调设置，如车内的温度、湿度等。

通风部件包括：空调滤清器、空调风道、空调箱（壳体、风门、风门执行器、鼓风机）和泄压阀等。

空调滤清器用来过滤风尘和花粉等细小颗粒，从而改善流到车室内的空气的质量。空调滤清器安装在空调箱总成上，需定期检查，如有必要需要更换。

空调风道是以空气为输送介质，分为仪表板吹面风道、仪表板除霜风道、前排脚部风道、后排脚部风道等。

仪表板吹面风道安装在仪表板上，底部与空调箱出风口连接，上部四个端口与仪表板上的吹面风口连接。

仪表板除霜风道集成在仪表板上，底部与空调箱出风口连接，上部与仪表板上的除霜风口连接。

前排脚部风道布置在空调箱左右两侧，在仪表板下方，用于前排人员脚部的出风需求。

后排脚部风道安装在座椅下方的地毯下面，用于后排人员脚部的出风需求。

空调箱总成的壳体作为通风部件。空调箱安装在仪表板下方，箱体内包含鼓风机、空调滤清器、车内冷凝器、电加热器、蒸发器芯体、风门以及风门执行器等部件。空调箱总成根据控制面板上的设置，引导新鲜空气或循环空气，流经空调箱箱体并将它分成三股，分别通过吹面风道、吹足风道以及除霜风道，从出风口出风。箱体底部的排水口将冷凝水从箱体内部引向车辆下方。

风门安装在空调箱内，控制进气源、出风温度以及出风位置。

循环风门：通过风门执行器驱动循环风门来打开和关闭新鲜空气进气口和循环空气进气口，从而达到控制进气源的目的。

温度风门：通过风门执行器驱动温度风门来改变冷暖空气的混合比例，从而达到控制空调的出风温度。

模式风门：通过风门执行器驱动模式风门来改变流经空调箱和风道的空气，从而到达使用者不同的出风需求，如吹面、吹脚、吹风窗等。

鼓风机是整个通风的动力来源，负责驱动车内的空气流动，或将新鲜空气引入车内。鼓风机安装在空调箱总成内，鼓风机的风量大小由控制面板上的按钮控制空调箱总成上的鼓风机调速电阻来实现。

泄压阀促进空气顺利流经乘客舱。鼓风机将新鲜空气引入或车门关闭时，泄压阀就会打口，保持车内的空气压力。

泄压阀位于行李舱的左侧和右侧，使乘客舱空气排放到车身和后保险杠之间的遮蔽区域内。泄压阀是有效的单向阀，每个泄压阀口由软橡胶风门覆盖的格栅组成。泄压阀开度大小可根据乘客舱和外部之间的压力差来自动调节。

暖风部件为空调的制热提供了热源。该车型提供热源有两种方式：电加热器和热泵系统。

为了减少高压电池的电量损耗，增加车辆的续驶里程，在能满足乘客相关制热需求的前提下，首先执行热泵制热，根据不同情况可辅助电加热器制热。

电加热器（PTC）通过空调面板上的设定，根据不同的工况，空调控制器执行电加热器的电加热器的开启、关闭和加热等级，其工作的状态不显示在空调显示屏上。

随车可配有低压电加热器或高压电加热器。

低压电加热器由12V蓄电池供电产生热量。空调控制器控制继电器的通断，执行低压电加热器的控制。

高压电加热器由高压电池包供电产生热量。空调控制器通过LIN线控制高压电加热器的开启、关闭和加热等级。

制冷原理和热泵原理都是利用制冷剂的状态变化吸收或释放热量给车内空气。

制冷系统和热泵系统共用一套系统，其中热量的传播介质是制冷剂。车内的乘客有不同的温度需求时，根据各传感器的值，控制器自动通过开启或关闭相关电磁阀，执行制冷剂不同的流向控制，达到制冷、制热、除湿和除霜等功能。

空调系统的部件布置如图 5-30 ~ 图 5-33 所示。

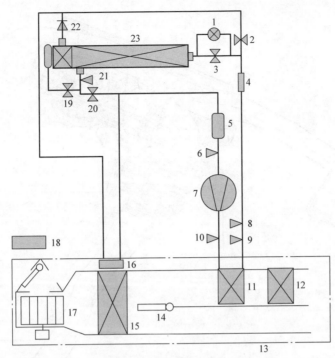

图 5-30 空调系统部件

1—电子膨胀阀 2—除湿阀 3—旁通阀 4—过滤器 5—油气分离器 6—压缩机进气温度传感器 7—压缩机 8—制冷剂压力传感器 9—车内冷凝器出口温度传感器 10—车内冷凝器进口温度传感器 11—车内冷凝器 12—高压/低压 PTC 13—空调箱总成 14—风门 15—蒸发器 16—乘客舱膨胀阀 17—鼓风机 18—热泵控制器 19—制冷阀 20—制热阀 21—车外热交换器出口温度传感器 22—单向阀 23—车外热交换器

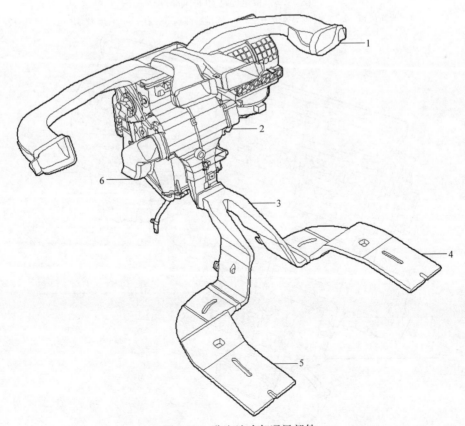

图 5-31 非电池冷却通风部件

1—吹面风道 2—前排脚部风道—右 3—后排脚部风道—前 4—后排脚部风道—右 5—后排脚部风道—左 6—前排脚部风道—左

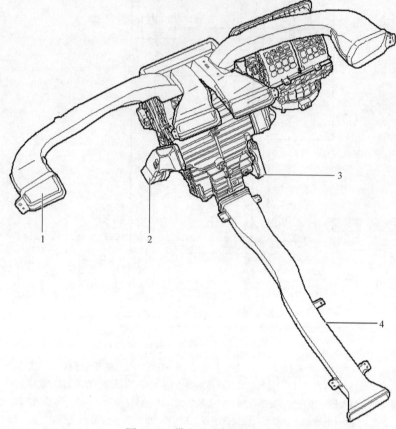

图 5-32 带电池冷却通风部件

1—吹面风道 2—前排脚部风道—左 3—前排脚部风道—右 4—后排脚部风道

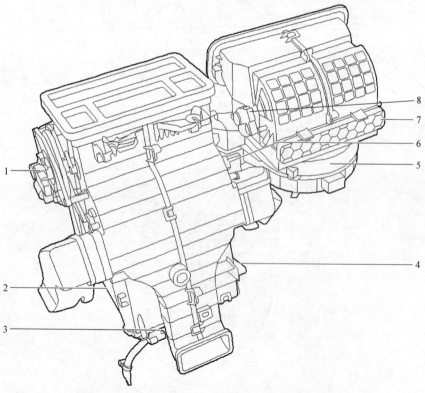

图 5-33 空调箱部件

1—模式风门执行器 2—蒸发器芯体 3—车内冷凝器 4—电加热器 5—鼓风机 6—温度风门执行器 7—空调滤清器 8—循环风门执行器

整个空调系统包括压缩机、车外热交换器、车内冷凝器、蒸发器、膨胀阀、电磁阀、相关传感器和控制系统（空调控制器和热泵控制器）等。

热泵（Heat Pump）制冷系统是一种将低位热源的热能转移到高位热源的装置，也是受到广泛关注的新能源技术，系统如图5-34所示。

汽车空调运用的热泵技术媒介是制冷剂。压缩机循环制冷剂，当制冷剂经过车外热交换器吸收车外空气的温度，蒸气经压缩机压缩后压力和温度上升，通过车内冷凝器将热量带给车内，从而达到制热的效果。

制冷原理是压缩式蒸发吸热。通过压缩机的作用把低温低压的制冷剂压缩成高温高压的制冷剂，使蒸气的体积减小，压力升高，经过冷凝器后冷却成液态制冷剂，此后经过膨胀阀迅速膨胀蒸发吸收车内空气温度，从而达到制冷的效果。制冷剂的管路如图5-35所示。

压缩机是制冷剂循环的动力来源。压缩机压缩来自蒸发器的低压、低温蒸气，将其加载成到冷凝器的高压、高温的气态制冷剂。

该压缩机是一个定排量的压缩机，安装在变速器的安装支架下，通过高压电机转速的变化向空调系统提供所需要的制冷剂量。空调压缩机外部接口如图5-36所示。

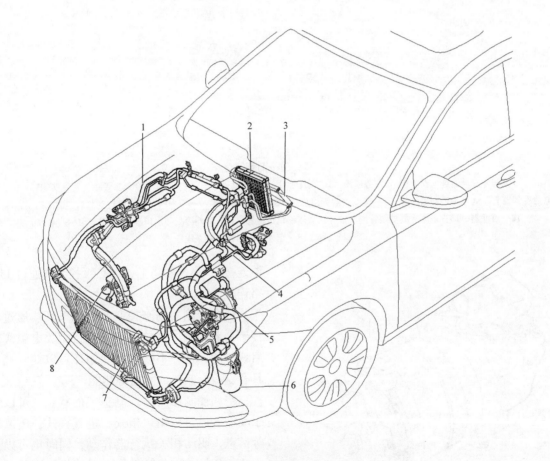

图 5-34　热泵制冷系统
1、4—空调高低压管　2—蒸发器总成　3—车内冷凝器总成　5—空调压缩机总成
6—气液分离器　7—车外热交换器总成　8—电池冷却器总成

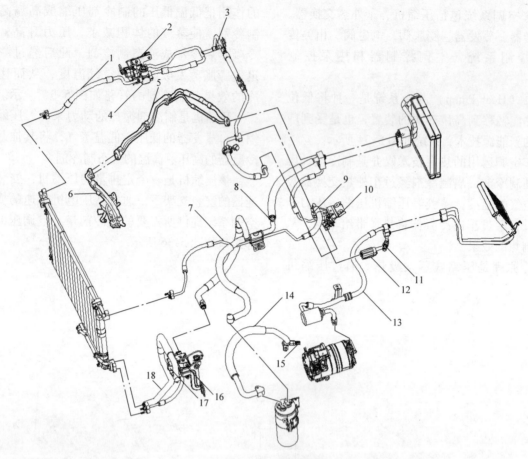

图 5-35 制冷剂管路分布

1—车外冷凝器进气管总成 2—旁通阀 3—高压加注阀 4—电子膨胀阀 5—电池冷却器管路（蒸发器端） 6—电池冷却器管路（电池冷却器端） 7—蒸发器端管路总成 8—低压加注阀 9—单向阀 10—除湿阀 11—制冷剂压力传感器 12—过滤器 13—车内冷凝器端管路总成 14—压缩机进气管 15—车外冷凝器出口温度传感器 16—制冷阀 17—制热阀 18—车外冷凝器排液管总成

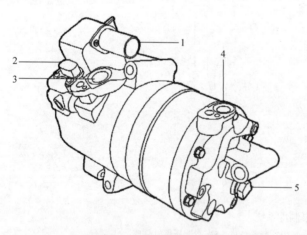

图 5-36 空调压缩机外部接口

1—高压压缩机线束接口 2—低压连接器 3—进气接口 4—出气接口 5—泄压阀

该自动空调系统同样包含两个控制器，分别为自动空调控制器和热泵控制器。自动空调控制器连接在 CAN 网络上，与热泵控制器通过 LIN 网络连接。

热泵控制器用来控制制冷剂循环。通过相关传感器监测制冷剂的状态来执行相关电磁阀的开启或关闭，选择不同的制冷循环可以使空调系统具有制冷、制热或除霜等功能。

空调控制器用来控制空气的状态，可以通过手动输入风量，出风模式，进气模式，出风温度等信息，驱动相关执行器作动，同时也可以设置为 AUTO 模式，此时系统自动选择相应的风量输出、出风模式、进气模式。自动空调控制面板如图 5-37 所示，自动控制系统部件分布如图 5-38 所示。

在自动模式下，空调控制器根据面板的设置温度，以及相应传感器的输入，自动转动模式风门执行器，改变空调的出风模式，以满足客户的需求。自动空调控制系统原理图5-39如示。

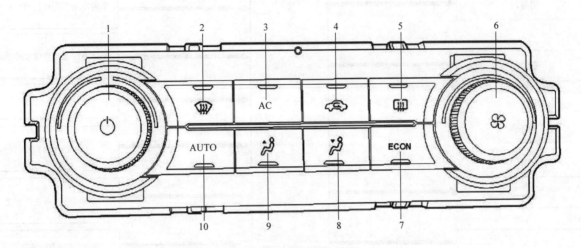

图5-37　自动空调控制面板

1—温度调节旋钮/空调系统开关键　2—除霜/除雾键　3—制冷/制热模式键　4—空气循环模式键　5—后风窗加热键　6—风量调节旋钮　7—ECON经济模式键　8—模式调节键（向下）　9—模式调节键（向上）　10—自动空调模式键

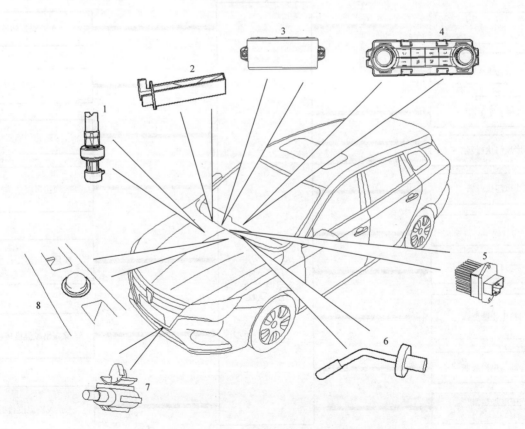

图5-38　自动空调控制系统部件分布

1—空调压力传感器　2—出风口温度传感器　3—空调控制器　4—空调控制面板　5—鼓风机调速模块　6—蒸发器温度传感器　7—环境温度传感器　8—阳光传感器

3. 端子定义

空调控制器ATC线束连接器（O：表示有，X：表示无）FA043端子如图5-40所示，端子定义见表5-13。

图 5-39 自动空调控制系统原理图

第五章 上汽荣威 Ei5 型 EV 汽车

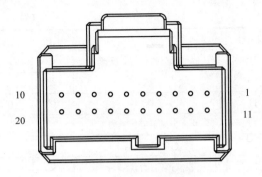

图 5-40 空调控制器端子

表 5-13 空调控制器端子定义

端子号	定义	低配	高配
1	KL30	O	O
2	KL31	O	O
3	传感器接地_1	O	O
4	5V 供电 1	O	O
5	CAN_H	O	O
6	CAN_L	O	O
7	LIN1	O	O
8	阳光传感器_L	O	O
9	阳光传感器_R	×	×
10	环境温度传感器	O	O
11	电可变排量压缩机电压	×	×
12	电可变排量压缩机驱动	×	×
13	负离子发生器	×	O
14	电加热器继电器 1	O	O
15	电加热器继电器 2	O	O
16	鼓风机控制 1	O	O
17	集成热指向传感器	O	O
18	集成热传感器接地	O	O
19	集成热指向阳光传感器	O	O
20	集成热指向参考传感器	O	O

ATC 线束端连接器 FA093 端子如图 5-41 所示，端子定义见表 5-14。

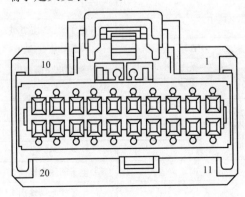

图 5-41 FA093 端子

表 5-14 FA093 端子定义

端子号	定义	低配	高配
1	鼓风机控制 2	X	X
2	鼓风机反馈 2 +	X	X
3	鼓风机反馈 2 -	X	X
4	PM2.5 传感器驱动	X	X
5	水泵	X	X
6	预留（PWM 输出）	X	X
7	灰尘传感器	X	X
8	电池膨胀阀电磁阀	X	X
9	乘客舱膨胀阀电磁阀	X	X
10	KL30	X	X
11	湿度温度传感器	X	X
12	风窗玻璃温度传感器	X	X
13	湿度传感器	X	X
14	空气质量传感器	X	X
15	唤醒	X	X
16	吹面出风温度传感器 3	X	X
17	蒸发器温度传感器 2	X	X
18	制冷剂压力传感器	X	X
19	电加热器继电器 3	X	X
20	KL31	O	O

ATC 线束端连接器 FA060 端子如图 5-42 所示，端子定义见表 5-15。

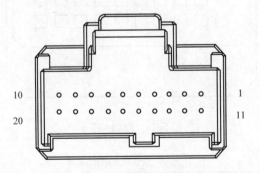

图 5-42 FA060 端子

表 5-15 FA060 端子定义

端子号	定义	低配	高配
1	鼓风机反馈 1 +	O	O
2	鼓风机反馈 1 -	O	O
3	温度风门执行器 1 +	O	O
4	温度风门执行器 1 -	O	O
5	温度风门执行器 1 反馈	O	O

（续）

端子号	定义	低配	高配
6	NA	×	×
7	模式风门执行器 1 +	O	O
8	模式风门执行器 1 −	O	O
9	模式风门执行器 1 反馈	O	O
10	NA	×	×
11	电加热器 PWM 控制	×	×
12	蒸发器温度传感器	O	O
13	吹面出风温度传感器 1	O	O
14	吹足出风温度传感器 1	O	O
15	5V 供电 2	×	×
16	5V 供电 2	O	O
17	内外循环风门执行器 +	O	O
18	内外循环风门执行器 −	O	O
19	内外循环风门执行器反馈	O	O
20	传感器接地_2	O	O

（续）

端子号	定义	低配	高配
9	温度风门执行器 2 反馈	×	×
10	NA	×	×
11	LIN2	O	O
12	吹面出风温度传感器 2	×	×
13	模式风门执行器 3 +	×	×
14	模式风门执行器 3 −	×	×
15	模式风门执行器 3 反馈	×	×
16	NA	×	×
17	模式风门执行器 2 +	×	×
18	模式风门执行器 2 −	×	×
19	模式风门执行器 2 反馈	×	×
20	NA	×	×

ATC 线束端连接器 FA014 端子如图 5-43 所示，端子定义见表 5-16。

热泵控制器线束端连接器 EB203 端子如图 5-44 所示，端子定义见表 5-17。

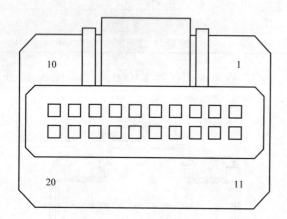

图 5-43　FA014 端子

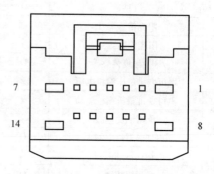

图 5-44　EB203 端子

表 5-16　FA014 端子定义

端子号	定义	低配	高配
1	吹足出风温度传感器 2	X	X
2	除霜出风温度传感器	O	O
3	温度风门执行器 3 +	X	X
4	温度风门执行器 3 −	X	X
5	温度风门执行器 3 反馈	X	X
6	NA	X	X
7	温度风门执行器 2 +	X	X
8	温度风门执行器 2 −	X	X

表 5-17　EB203 端子定义

端子号	定义
1	电磁阀电源
2	—
3	—
4	—
5	电子膨胀阀输出 4
6	电子膨胀阀输出 3
7	制热电磁阀输出
8	—
9	—
10	—
11	—
12	电子膨胀阀输出 2
13	电子膨胀阀输出 1
14	除霜电磁阀输出

热泵控制器线束端连接器 EB198 端子如图 5-45 所示，端子定义见表 5-18。

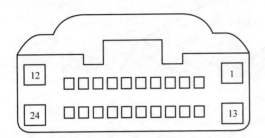

图 5-45　EB198 端子

表 5-18　控制器 EB198 端子定义

端子号	定义
1	制冷电磁阀输出
2	—
3	—
4	传感器 5V 电压
5	—
6	—
7	—
8	车外热交换器出口温度传感器
9	压缩机进口温度传感器
10	LIN
11	—
12	电源
13	旁通电磁阀输出
14	—
15	—
16	电加热器温度传感器
17	车内冷凝器出口温度传感器
18	传感器接地
19	—
20	车内冷凝器进口温度传感器
21	—
22	室内换热出口压力传感器
23	—
24	接地

第四节　车辆控制系统

一、整车控制系统

1. 系统说明

整车控制单元（VCU）的功能是根据踏板信号和档位状态解释驾驶人的驾驶意图，依据动力系统部件状态协调动力系统输出动力。另外，VCU 具有冷却风扇控制、仪表显示等辅助功能。

1. 驾驶人意图分析——制动与加速

VCU 读取换档控制单元（SCU）的 PRND 信息及制动开关信号。VCU 根据加速踏板的位置信号，发送给驱动电机控制单元（MCU）进行输出控制。

当外部充电线连接在车上，VCU 将接收到 BMS 的充电进行中的信息，此时整车控制系统将禁止车辆移动。

2. 动力模式管理

1）VCU 能够根据车辆状态获取期望的转矩并将这些信息发送到 MCU。

2）BMS 监控当前高压电池包的状态并反馈给 VCU，VCU 结合这些状态信息及当前的功率输出需求来平衡高压电功率的使用。

3）当 BMS 可用放电功率有限（如高压电池包电量低、爬大坡等）时，VCU 会根据动力优先原则，适当限制电空调压缩机 ACP 和电加热器 PTC 等高压电模块输出的功率。

3. 制动能量回收

滑行或者减速的时候，整车控制系统能够进行制动能量的回收。制动能量通过驱动电机转换为电能储存到高压电池组中。

当 ABS 被激活或者 ABS 故障的时候，整车控制系统将关闭该功能。

4. 辅助功能

（1）冷却风扇控制

根据热管理策略控制冷却风扇的工作。

（2）仪表显示

仪表上动力系统就绪、动力系统故障的信号来自 VCU。

（3）充电下的辅助功能

充电模式下，VCU 控制风扇、冷却水泵和 DC/DC 工作。整车控制器安装位置见图 5-46，系统框图如图 5-47 所示。

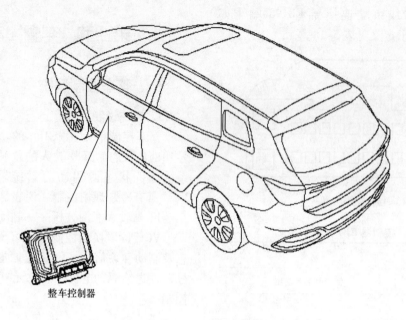

图 5-46　整车控制器安装位置

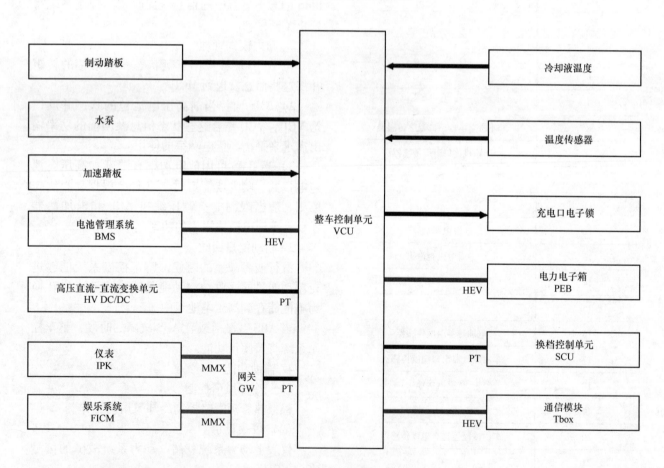

图 5-47　整车控制系统框图

2. 端子定义

整车控制器端子如图 5-48 所示，端子定义见表 5-19。

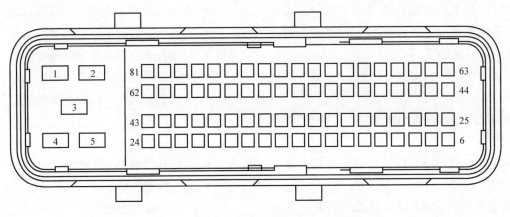

图 5-48 整车控制器端子

表 5-19 整车控制器端子定义 (续)

端子号	定义	端子号	定义
1~3	接地	63	主继电器信号
4~5	供电	64	DC+温度传感器-
6	整车控制单元供电(CRANK\IGN)	65	DC-温度传感器-
7~13	—	66	—
14	整车控制单元供电(ACC\WakeUp)	67	制动灯开关信号
15	加速踏板位置传感器1信号	68~70	—
16	加速踏板位置传感器2信号	71	加速踏板位置传感器1接地
17	动力高速CAN低电平	72	—
18	动力高速CAN高电平	73	冷却液温度传感器接地
19	水泵信号	74	加速踏板位置传感器2接地
20~25	—	75~81	—
26	加速踏板位置传感器1供电		
27	加速踏板位置传感器2供电		
28~30	—		
31	微动开关信号		
32~35	—		
36	DC+温度传感器+		
37	DC-温度传感器+		
38	电子锁解锁信号		
39	冷却风扇信号		
40~47	—		
48	制动踏板开关信号		
49~53	—		
54	冷却液温度传感器信号		
55	混动高速CAN高电平		
56	混动高速CAN低电平		
57	电子锁锁止信号		
58~62	—		

二、车身控制系统

1. 系统说明

在点火开关打开后，车身控制模块（BCM）唤醒安全系统、照明系统和诊断系统。点火开关位于 ACC 位置时，BCM 允许洗涤器/刮水器和电动车窗系统运行。当点火开关位于 ON 位置时，BCM 通过 CAN、LIN 总线与其他 ECU 进行联络和信息传递。

BCM 通过配置可对部分电器的负载进行管理，保证车辆在仓储、运输或一段时间未使用的情况下，减少蓄电池中电能的消耗。

生产模式是车辆在进行装配过程中对 BCM 配置的模式。

在车辆完成装配后，对 BCM 进行编程，以便在运输过程中使用运输模式，从而防止车辆在出厂后，交付给当地授权售后服务中心时，出现蓄电池严重亏电的情况。运输模式会对某些电器功能进行限制，具体如下：

- 除非车辆进入 READY 状态，否则后雾灯不工作。
- 除非车辆进入 READY 状态，否则远光前照灯不工作。
- 除非车辆进入 READY 状态，否则近光前照灯不工作。
- 除非车辆进入 READY 状态，否则倒车灯不工作。
- 除非车辆进入 READY 状态，否则转向指示灯不工作。
- 除非车辆进入 READY 状态，否则日间行车灯不工作。
- "伴我回家"和"寻车指示"功能无法实现。
- 除非车辆进入 READY 状态，否则危险警告灯背光照明不工作，但危险警告灯功能不受影响。
- 当车辆未进入 READY 状态，可以进行车窗上升操作，下降功能禁止。

通过售后诊断工具，当地授权售后服务中心可将车辆负载管理配置从运输模式变为正常模式。

正常模式为默认设置，完成 PDI 后，车辆即可正常工作。

在点火开关关闭，CAN 和 LIN 总线停用状态下，如果蓄电池仍连接，BCM 将一直保持睡眠待命状态，随时准备接受 CAN 和 LIN 总线信号。

在睡眠模式下，进行以下任一操作，BCM 将被唤醒：

- 收到危险警告灯开关激活信号。
- 收到转向灯开关激活信号。
- 收到内部锁锁止信号。
- 收到内部锁解锁信号。
- 收到驾驶人侧车门开关激活信号。
- 收到乘客侧车门开关激活信号。
- 收到前舱盖开关激活信号。
- 收到行李舱盖开关激活信号。
- 收到行李舱盖释放开关激活信号。
- 收到驾驶人侧车门锁止开关激活信号。
- 收到驾驶人侧车门解锁开关激活信号。
- 点火开关至 ACC 位置。
- 点火开关至 ON 位置。
- 踩下制动踏板信号。
- SSB 数据（PEPS）。
- 内部灯光开关激活信号。
- LIN 线上的唤醒信号。
- CAN 线上的唤醒信号。
- 本地硬线上的唤醒信号。
- 有效的射频信号。

车辆起动瞬间，为满足起动机起动时大电流的需要，需对某些电器载荷断电，如切断可加热的后风窗（HRW）、远光前照灯、倒车灯、喇叭、车内照明等的电源。车辆进入 READY 状态后，可重新单独激活各电器载荷以限制蓄电池的电流消耗。

BCM 监控所有信息的输入和输出，如果检测到故障，相应的故障码将存储在故障记录中。BCM 能检测到短路和开路，以及错误的 CAN 和 LIN 总线信号。检测到故障后，BCM 将关闭相应功能。在故障消除后，相应功能将在下次功能请求时被激活。

诊断插座可以使 BCM 和售后诊断工具之间进行信息交换。它位于驾驶人侧的仪表板封闭面板驾驶人腿部位置上，并按照 ISO 标准制成。网关和 TBOX 之间有一根专用诊断总线，该诊断总线允许使用故障诊断仪读取诊断信息，并进行一定功能的编程。车身控制系统框图如图 5-49 所示。

2. 端子定义

BCM 线束端连接器 EB039 的端子如图 5-50 所示，端子定义见表 5-20。

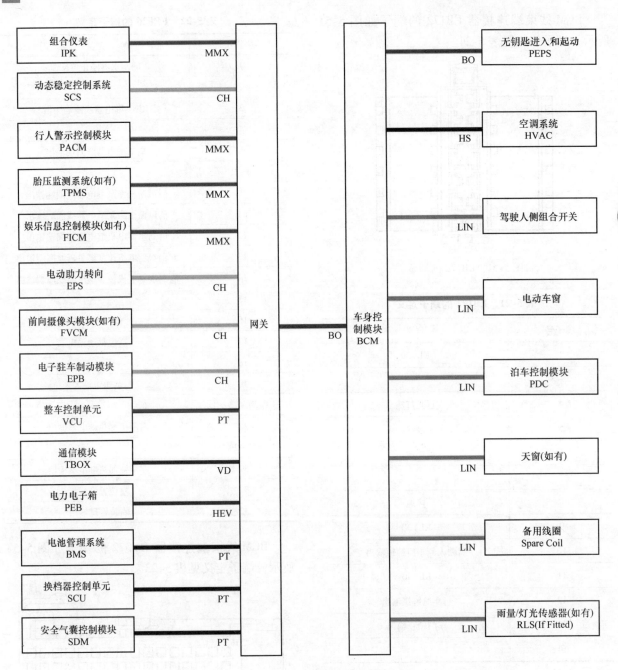

图 5-49 车身控制系统框图

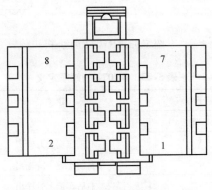

图 5-50 EB039 的端子

表 5-20 EB039 的端子定义

端子号	定义
1	KL.30
2	右近光灯输出
3	右日间行车灯输出
4	KL.30
5	接地
6	KL.30
7	左日间行车灯输出
8	—

BCM 线束端连接器 EB172 的端子如图 5-51 所示，端子定义见表 5-21。

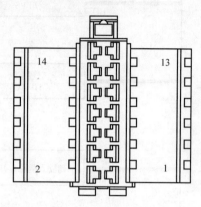

图 5-51　EB172 的端子

表 5-21　EB172 的端子定义

端子号	定义
1	KL.30
2~3	—
4	左近光灯输出
5	接地
6	解锁输出
7	—
8	接地
9	KL.30
10	驾驶人侧车门解锁输出
11	KL.30
12	行李舱解锁输出
13	车门锁止输出
14	—

BCM 线束端连接器 EB026 的端子如图 5-52 所示，端子定义见表 5-22。

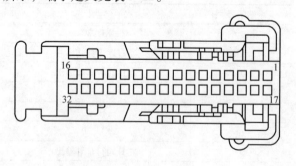

图 5-52　EB026 的端子

表 5-22　EB026 的端子定义

端子号	定义
1	前刮水器停止位反馈
2	—
3	IGN1 继电器线圈端输出
4	—
5	喇叭继电器线圈端输出
6~9	—
10	后风窗洗涤泵继电器线圈端输出
11	前风窗洗涤泵继电器线圈端输出
12	后刮水器电机继电器线圈端输出
13	前刮水器电机速度继电器线圈端输出
14	前刮水器电机使能继电器线圈端输出
15	—
16	主灯光继电器线圈端输出
17	高边驱动输出
18	—
19	前舱盖输入
20~25	—
26	右座椅加热继电器输出
27~29	—
30	左座椅加热继电器输出
31	左位置灯输出
32	右位置灯输出

BCM 线束端连接器 BY072 的端子如图 5-53 所示，端子定义见表 5-23。

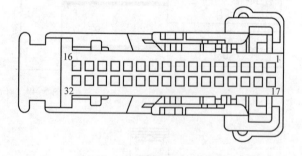

图 5-53　BY072 的端子

表 5-23　BY072 的端子定义

端子号	定义
1~2	—
3	右前车窗上升输出
4	右前车窗下降输出
5	右后车窗上升输出

(续)

端子号	定义
6	右后车窗下降输出
7	左后车窗上升输出
8	左后车窗下降输出
9	—
10	高位制动灯输出
11	牌照灯输出
12	内顶灯 PWM 输出
13~21	—
22	右制动灯输出
23	—
24	右前转向灯输出
25	右位置灯输出
26	倒车灯输出
27	左制动灯输出
28	后雾灯输出
29	左位置灯输出
30	左前转向灯输出
31	—
32	内顶灯延时继电器输出

BCM 线束端连接器 BY089 的端子如图 5-54 所示，端子定义见表 5-24。

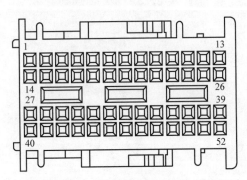

图 5-54　BY089 的端子

表 5-24　BY089 的端子定义

端子号	定义
1~6	—
7	氛围灯
8~9	—
10	行李舱灯输出
11~12	—
13	LIN3

(续)

端子号	定义
14~15	—
16	左后窗下降开关输入
17	—
18	左后窗自动开关输入
19	左后窗上升开关输入
20~21	—
22	左后门状态开关输入
23	行李舱门状态开关输入
24	右后窗下降开关输入
25	LIN6
26	—
27	右前窗自动开关输入
28	—
29	右后窗自动开关输入
30	右后窗上升开关输入
31	右前窗下降开关输入
32	右前窗上升开关输入
33	右后门状态开关输入
34	右前门状态开关输入
35~38	—
39	LIN1
40~41	—
42	左前门状态开关输入
43	左前门解锁开关输入
44~48	—
49	后刮水器电机停止位开关输入
50	制动踏板开关输入
51	中速 CAN 高
52	中速 CAN 低

BCM 线束端连接器 FA047 的端子如图 5-55 所示，端子定义见表 5-25。

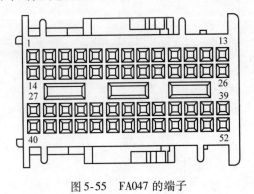

图 5-55　FA047 的端子

表 5-25 FA047 的端子定义 (续)

端子号	定义	端子号	定义
1~4	—	30~36	—
5	中控锁开关输入	37	一键起动 ST/RUN 档指示灯输出
6	—	38、39	—
7	—	40	后洗涤开关输入
8	转向灯开关输入	41	前刮水器开关输入 2
9	—	42	前刮水器间歇档开关输入
10	LIN5	43	后刮水器开关输入
11~19	—	44	前洗涤开关输入
20	危险警告灯开关输入	45	一键起动开关输入
21~24	—	46	灯光开关
25	点火开关运行输入/起动信号输入	47	前刮水器开关输入 1
26	一键起动 ACC 档指示灯输出	48	—
27	接地	49	车门状态 LED 灯输出
28	前雾灯开关信号	50~52	—
29	主灯光开关输入		

第六章 上汽荣威eRX5型PHEV汽车

第一节 高压电源系统

一、高压电池系统

1. 技术参数

1) 高压电池包（LG电芯）技术参数见表6-1。

表6-1 技术参数

项目	参数
总能量	11.8kW·h
总容量	33.1A·h
额定电压	355V（DC）
防护等级	IP67
电池排列方式	1并96串（96Cells）
单体电芯额定电压	3.7V
重量	约141kg

2) 高压电池包（CATL电芯）技术参数见表6-2。

表6-2 技术参数

项目	参数
总能量	12kW·h
总容量	37A·h
额定电压	329V（DC）
防护等级	IP67
电池排列方式	1并90串（90Cells）
单体电芯额定电压	3.65V
重量	约141kg

（续）

2. 系统说明

高压电池包具有以下功能：

1) 2路独立的CAN网络，分别与整车充电器以及内部控制模块通信。

2) 提供电池的状态给整车控制器，通过不同高压继电器的通断，实现各个高压回路的通断，实现充放电管理和电池状态的指示。

3) 充电管理：通过一定流程实现车载充电器充电。

4) 热管理功能：通过水冷的方式控制电池在各种工况下，工作在合适的温度范围。

5) 高压安全管理：实现绝缘电阻检测，高压互锁检测，碰撞检测功能，具备故障检测管理及处理机制。

6) 提供充电连接线检测，控制整车的充电状态和充电连接状态灯的指示。

高压电池包安装位置与接口分布如图6-1、

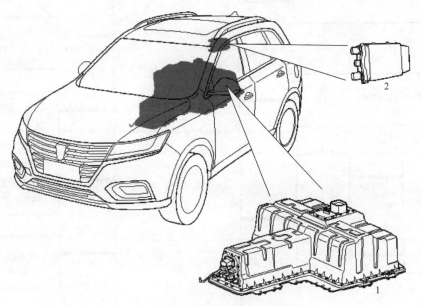

图6-1 高压电池包安装位置
1—高压电池包 2—车载充电器

图6-2所示。高压电池管理系统框图如图6-3所示。

3. 端子定义

整车低压端子如图6-4所示，端子定义见表6-3。

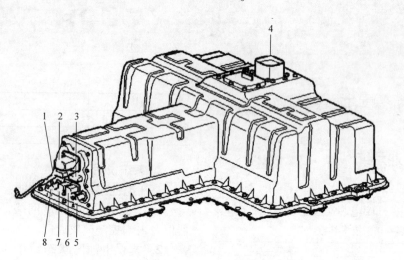

图6-2 高压电池包接口分布

1—充电低压连接器 2—主高压线束连接器 3—整车低压连接器 4—手动维修开关 5—进水管
6—空调压缩机高压输出连接器 7—充电高压线束连接器 8—出水管

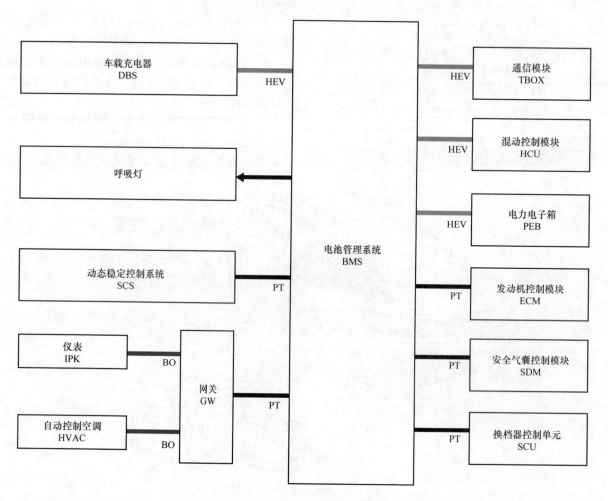

图6-3 高压电池管理系统框图

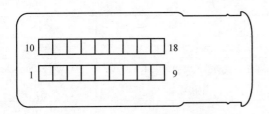

图 6-4 整车低压连接端子

表 6-3 整车低压端子定义

端子号	定义
1	12V 低压供电正极（KL30）
2	12V 低压供电负极接地（GND）
3	高速 CAN 高电平（HY CAN H）
4	高速 CAN 低电平（HY CAN L）
5	—
6	主高压互锁回路（RTN）
7	KL15 低压唤醒（KL15）
8	—
9	主高压互锁回路（SRC）
10	12V 低压供电正极（KL30）
11	12V 低压供电负极接地（GND）
12	高速 CAN 高电平（PT CAN H）
13	高速 CAN 低电平（PT CAN L）
14	—
15	高压电池水泵输出驱动（保留）
16	高压电池水泵供电电源（保留）
17	—
18	前部充电呼吸灯

充电低压端子如图 6-5 所示，端子定义见表 6-4。

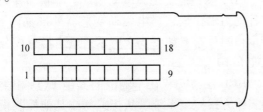

图 6-5 充电低压端子

表 6-4 充电低压端子定义

端子号	定义
1	车载充电器低压供电正极
2	车载充电器低压供电接地
3	本地 CAN 高电平（FUN CAN H）

（续）

端子号	定义
4	本地 CAN 低电平（FUN CAN L）
5～6	—
7	车载充电器低压供电正极
8	车载充电器低压供电接地
9	车载充电器低压唤醒
10	—
11	车载充电器连接线检测
12	—
13	高速 CAN 高电平（保留）
14	高速 CAN 低电平（保留）
15～18	—

二、车载充电系统

1. 技术参数

技术参数见表 6-5。

表 6-5 技术参数

项目	参数
输入电压	50Hz@110Vac/220Vac
最大持续输入电流	16A
输出电压范围	200～430Vdc
最大持续输出电流	13A

2. 总成介绍

充电器功能如下：

1）提供与 BMS 之间的 CAN 通信。

2）以 BMS 的需求，在最大功率范围内为高压电池充电。

3）高压安全：提供输出反接保护、高压端口残压控制、故障自关断功能。

4）热管理：以风冷方式进行冷却。

车载充电器接口分布如图 6-6 所示。

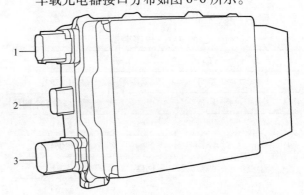

图 6-6 车载充电器接口分布
1—高压直流输出连接器　2—整车低压线束连接器
3—交流输入连接器

3. 端子定义

充电低压端子如图6-7所示，端子定义见表6-6。

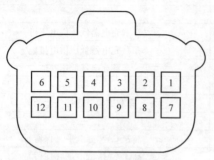

图6-7 充电低压端子

表6-6 充电低压端子定义

端子	定义
1	供电1
2	接地1
3	本地CAN 高电平（FUN CAN H）
4	本地CAN 低电平（FUN CAN L）
5	高速CAN 高电平
6	高速CAN 低电平
7	供电2
8	接地2
9	BMS唤醒
10	—
11	连接确认
12	—

第二节 动力驱动系统

一、电驱动变速器

1. 技术参数

技术参数见表6-7。

表6-7 技术参数

项目		参数
型号		EDU75P2E
档位		2个前进档和1个倒档
速比	1档	2.03
	2档	1.064
	倒档	2.03
	主减速	3.138
总长		约390mm
中心距（曲轴到差速器）		约212mm

（续）

项目		参数
差速器落差		约72mm
所匹配的发动机最大功率	1.5T SGE	124kW@5600r/min
电机数量		2
持续功率/峰值功率	ISG电机	16kW/32kW（30s）@355Vdc
	TM电机	30kW/60kW（30s）@355Vdc
额定转矩/峰值转矩	ISG电机	79Nm/150Nm（30s）
	TM电机	147Nm/318Nm（30s）
额定转速/峰值转速	ISG电机	2000r/min/6000r/min
	TM电机	2000r/min/7000r/min
最大输入转矩	发动机	约235Nm
	ISG电机	约150Nm
	TM电机	约318Nm
最高输入转速		6800r/min
总质量（含油）		约115Kg
专用润滑油	型号	Castrol BOT 351 LV
标准油量	排空和重新加注	2.1L
传动效率		≥95%

2. 系统说明

该车型以EDU为动力传输单元，全称为E-lectrical Drive Unit，电驱动变速器。EDU总成位于前舱内，整个动力总成通过悬置分别固定于副车架和纵梁上。EDU总成带扭转减振器，并具有电液控制功能，实现平行轴式齿轮式自动换档，其中前进档（D档）共有2个档位，为2档变速器。EDU总成能实现纯电动驱动、串联和并联等多种动力输出模式。电驱动变速器外形如图6-8所示，附件布置如图6-9所示，差速器总成分解见图6-10。

HCU用与安装在车辆上的其他ECU相类似的工作方式控制系统，从传感器或其他控制模块接收信息，根据存储在HCU存储器中的脉谱信息进行计算，然后输出信号至各执行器或其他ECU。接收或发送信号至其他控制模块主要通过高速CAN总线进行。通过诊断接口（DLC）可进行诊断测试。当电驱动变速器出现某些故障时，HCU会存储相关的故障码（DTC），这些故障码可通过使用诊断仪重新获取。

第六章　上汽荣威 eRX5 型 PHEV 汽车

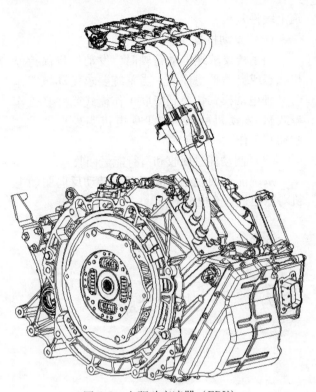

图 6-8　电驱动变速器（EDU）

EDU 的动力系统构架如图 6-11 所示，该方案包括下述混合动力特征。

（1）驱动模式选择

EDU 可以实现如下的驱动模式。E：电驱动模式（Traction Motor（TM）only）；HEV：串联或并联（Series and parallel）；纯电动驱动。EDU 可以通过电池带动 TM 电机，实现纯电机驱动的前进档和倒档。

（2）串联混合动力驱动（智能充电）

起动发动机，ISG 发电并把电提供给 TM，TM 通过所选档位（一档或二档）驱动车辆，不足或者多余电量将由电池平衡。智能充电，发动机打开，带动 ISG 发电，给电池充电。

（3）全混驱动（并联混驱）

当 TM 电机起动并使得车辆达到一定速度后，根据驾驶人意愿和混动系统状态，HCU 决定何时由 ISG 起动发动机。当曲轴和主轴都达到同步速度后，离合器 C1 闭合。之后 HCU 根据驾驶人意愿及电池状态，以及最佳的燃油经济性来决定发

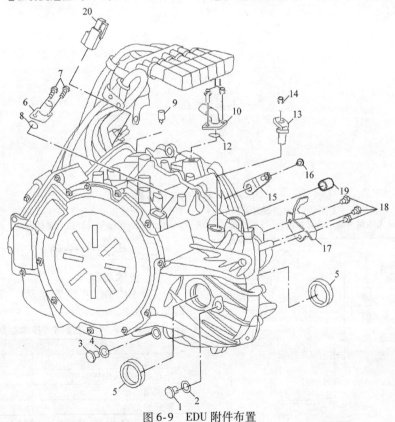

图 6-9　EDU 附件布置

1—加油口螺塞　2—垫圈-加油口螺塞　3—放油口螺塞　4—垫圈-放油口螺塞　5—差速器油封-左侧　6—TM 冷却水管接头　7—螺栓-TM 冷却水管接头　8—O 形圈-TM 冷却水管接头　9—通气塞　10—ISG 冷却水管接头　11—螺栓-ISG 冷却水管接头　12—O 形圈-ISG 冷却水管接头　13—输出轴速度传感器　14—螺栓-输出轴速度传感器　15—驻车摇臂　16—螺栓-驻车摇臂　17—拉索支架　18—螺栓-拉索支架　19—定位销-变速器壳体　20—电驱动单元高压互锁接插件

动机、ISG 电机和 TM 电机的输出，相应的驱动车辆或者制动。

(4) 纯电动爬行（TM 单独完成）：

在档位处于 D，并且没有踩加速踏板的情况下，如果电池荷电量不太低，车辆可以进行纯电动爬行，像传统车那样缓慢向前移动。

(5) 驻坡功能

在档位处于 D 档，并且没有踩加速踏板的情况下，为了防止车辆在坡道上溜车，混合动力系统具备与传统车相当的驻坡功能。车辆可以在坡道上缓慢爬行。

(6) 发动机自动起停

当系统要求纯电动行驶时，发动机将保持停机状态或自动平稳停机。当系统要求发动机工作时（纯电动模式切换到串联工作模式或并联工作模式），发动机可以通过 ISG 电机实现自动平稳起动并工作。

(7) 制动能量回收和滑行能量回收

系统能量回收是指利用车轮转动反向驱动电机对电池进行充电。

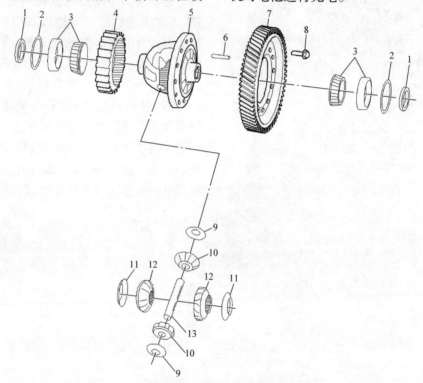

图 6-10 差速器总成分解

1—半轴油封 2—调整垫片-差速器 3—圆锥滚子轴承 4—驻车齿轮 5—差速器壳体 6—行星轴销 7—主减速从动轮 8—螺栓-差速器壳体到主减速从动轮 9—行星轮垫片 10—行星轮 11—半轴垫片 12—半轴齿轮 13—行星齿轮轴

二、电力电子箱

1. 技术参数

1) DC/DC 变换器参数-降压模式的技术参数见表 6-8。

表 6-8 技术参数

项目	参数
输出电压范围	9～16V
全负荷下输入电压范围	250～430V
峰值输出功率	2.4kW
额定输出功率	2.4kW

2) TM 转矩/转速控制的技术参数见表 6-9。

表 6-9 技术参数

项目	参数
全负荷工作电压	230～393V
最大电流	340A

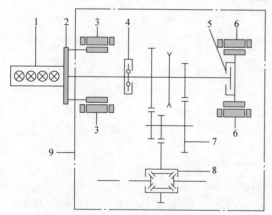

图 6-11 EDU 动力系统构架

1—发动机 2—柔性连接盘 3—ISG 电机 4—C1 离合器 5—C2 离合器 6—TM 电机 7—齿轴机构 8—差速器 9—EDU 总成

3) ISG 转矩/转速控制技术参数见表 6-10。

表 6-10　技术参数

项目	参数
全负荷工作电压	230～393V
最大电流	150A

2. 系统说明

电力电子箱是控制 TM 电机和 ISG 电机的电器组件，在混动 CAN 上与 HCU，BMS 等控制器通信。接收 HCU 的转矩和转速命令以控制 ISG 电机和 TM 电机，同时电力电子箱控制器带有自诊断功能，确保系统安全运行。

电力电子箱系统内部集成以下主要部件：①TM 控制器；②ISG 控制器；③逆变器；④DC/DC 变换器。

第三节　整车电控系统

一、混合动力控制系统

1. 系统介绍

混合动力控制单元 HCU 主要用于协调控制动力系统。混动控制系统能够根据踏板信号和档位状态解释驾驶人的驾驶意图，依据动力系统部件状态协调动力系统输出动力。

驾驶人可以根据需要选择不同的驾驶模式，E（Economic）是指经济驾驶模式，N（Normal）是指常规驾驶模式，S（Sport）是指运动驾驶模式。在不同的驾驶模式下，混动控制系统能够采用不同的控制策略，进行输出控制：

- 经济（E）模式下，尽可能使用电能驱动车辆。
- 常规（N）模式下，电池 SOC 维持在较高水平，发动机使用频率较 E 模式高。
- 运动（S）模式下，车辆动力充沛，加速性能更好，但能耗可能有所增加。

驾驶过程中可以通过驾驶模式选择开关进行模式的切换，下一次起动车辆时，系统默认按照上一次驾驶循环选择的模式工作。用户可以通过仪表显示查看当前驾驶模式。

驾驶人根据变速杆 +/- 位置，可切换松节气门减速时的能量回收等级。

- H（Heavy）：松节气门减速时能量回收较多，减速感觉明显。
- M（Moderate）：松节气门减速时能量回收中等，减速感觉适中。
- L（Light）：松节气门减速时能量回收较少，减速感觉不明显（仅在 E/N 模式下支持）。

SOC 电源管理模式（SOC Default/Hold/Charge）：

- SOC Default：使用系统默认电量平衡点驾驶。
- SOC Hold：将电量平衡点设置为当前 SOC（仅在 N 模式下支持）。
- SOC Charge：可使用发动机将车辆充电至指定 SOC（仅在 N 模式下支持）。

除驾驶模式选择外，混动控制系统还能够根据车辆各种实时状态信息（如电池 SOC、空调负载、节气门开度、车速等），来选择不同的工作模式：纯电动、串联、并联模式。这几种工作模式的切换是通过控制离合器 C1、C2 的结合与分离来实现。

- 纯电动模式：C1 分离、C2 接合，TM 工作，发动机，ISG 均不工作，仅由 TM 提供驱动动力。
- 串联模式：C1 分离、C2 接合，发动机、TM、ISG 均工作。发动机通过 ISG 电机给高压电池包充电，TM，ISG 均工作，但仅由 TM 提供驱动动力。
- 并联模式：C1、C2 都接合，发动机、ISG、TM 都可提供驱动动力。

EDU 电磁阀控制，当点火开关打开，HCU 在收到起动信号后将根据档位信息，控制 EDU 内各个电磁阀运作，具体运作见表 6-11。

表 6-11　电磁阀的运作

	安全控制阀 SV1	离合器 C1 控制阀	离合器 C2 控制阀	换档压力阀 SV2	换档方向阀 G1
上高压过程	√	×	×	×	×
起步（P→D）	×	×	×	√	√
进退并联	×	√	×	×	×
档位切换	×	√	√	√	√

注：√：电磁阀动作；×：电磁阀不动作。

当点火开关打开后，HCU 根据检测到的油压信号，控制油泵电机继电器的打开和关闭。在工作过程中，HCU 监测到油压过高即关闭油泵。

当发生碰撞后，HCU 通过 CAN 总线接收来自安全气囊模块的信号，断开高压电池包内部主继电器、预充电继电器及负极主继电器，从而切断高压电池包的高压电输出（高压电的正极和负极均断开）。

混合动力控制系统框图如图6-12所示。

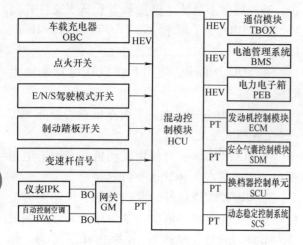

图6-12 混合动力控制系统框图

2. 端子定义

HCU连接端子如图6-13所示，端子定义见表6-12。

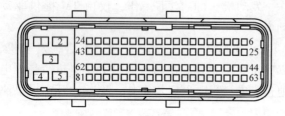

图6-13 HCU连接端子

表6-12 HCU端子定义

端子号	定义
1~3	混动控制单元（-）
4、5	混动控制单元（+）
6	Run/Crank信号
7	输出轴速度传感器（+）
8	输入轴速度传感器（+）（保留）
9	输入轴速度传感器（-）（保留）
10	—
11	拨叉位置信号
12	点火开关信号（保留）
13	—
14	ACC/唤醒信号
15	加速踏板位置信号1
16	加速踏板位置信号2
17	整车CAN低电平

（续）

端子号	定义
18	整车CAN高电平
19	—
20	换档压力阀控制端
21	—
22~24	安全阀（+）
25	—
26	拨叉位置传感器（+）& 制动踏板位置传感器（+）& 加速踏板位置传感器1（+）
27	油压传感器1（+）& 加速踏板位置传感器2（+）& 油压传感器2（+）（保留）
28	输出轴速度传感器（-）
29	—
30	拨叉位置信号（反）
31~33	—
34	油压传感器1信号
35	油压传感器2信号（保留）
36、37	—
38	离合器操作阀C1控制端
39	离合器操作阀C2控制端
40~43	—
44	油泵继电器控制端
45、46	—
47	E/N/S驾驶模式切换开关
48	制动踏板开关信号1
49	—
50	急停开关信号（保留）
51、52	—
53	油温传感器信号
54	冷却液温度传感器信号
55	混动CAN高电平
56	混动CAN低电平
57	安全阀控制端
58	换档方向阀控制端
59	—
60~62	离合器操作阀C1 & 换档方向阀（+）
63	—
64	拨叉位置传感器（-）
65	油压传感器1（-）
66	—
67	制动踏板开关信号2

(续)

端子号	定义
68~70	—
71	冷却液温度传感器（-）& 加速踏板位置传感器1（-）
72	制动踏板位置信号（保留）
73	制动踏板位置传感器（-）（保留）
74	油温传感器（-）& 加速踏板位置传感器2（-）
75	油压传感器2（-）（保留）
76~78	—
79~81	离合器操作阀C2（+）& 换档压力阀（+）

二、车身控制系统

1. 系统说明

车身控制模块（BCM）位于A柱左前侧围板处。

BCM包括低功率模式的微处理器，电可擦除只读存储器（EEPROM），CAN、LIN收发机和电源。BCM具有离散的输入和输出端子，控制车身大部分功能。它通过高速CAN总线与其他主要电气系统交互作用，通过LIN总线与次要的电气系统交互作用。BCM的电源模式主控模块（PMM）功能，为大部分车辆电器部件供电。

通过车身高速CAN总线，BCM与以下部件直接通信：
- PLCM（电动尾门控制模块）
- TPMS（胎压监测系统）
- ACM（空调）
- FICM（娱乐系统）
- IPK（组合仪表）
- PEPS（无钥匙进入和起动控制模块）
- GATEWAY（网关）

使用LIN总线，车身控制模块与以下部件直接通信：
- SR（天窗）
- SS（遮阳帘）
- IMMO（低频防盗线圈）
- RS（雨量传感器）
- DDSP（驾驶人侧组合开关）
- PWL（电动车窗升降电机）

2. 端子定义

车身控制模块（BCM）连接端子如图6-14所示，端子定义见表6-13~表6-18。

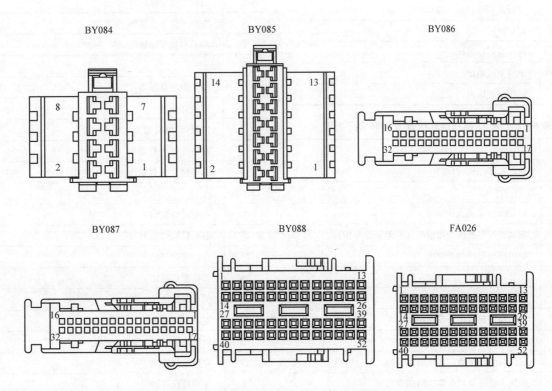

图6-14 车身控制模块（BCM）连接端子

表6-13 BCM线束端连接器BY084端子定义

端子号	定义
1	KL.30
2	右近光灯输出
3	照地灯输出
4	KL.30
5	接地
6	KL.30
7	日间行车灯输出
8	—

表6-14 BCM线束端连接器BY085端子定义

端子号	定义
1	KL.30
2	—
3	—
4	左近光灯输出
5	接地
6	解锁输出
7	—
8	接地
9	KL.30
10	驾驶人侧车门解锁输出
11	KL.30
12	行李舱解锁输出
13	车门上锁输出
14	超级上锁输出

表6-15 BCM线束端连接器BY086端子定义

端子号	定义
1	前刮水器停止位反馈
2	—
3	KL.15继电器线圈端输出
4	起动机继电器线圈端输出（起停系统专用）
5	喇叭继电器线圈端输出
6	—
7	—
8	右座椅加热继电器线圈端输出
9	后风窗加热输出
10	后风窗洗涤泵继电器线圈端输出
11	前风窗洗涤泵继电器线圈端输出
12	后刮水器电机继电器线圈端输出
13	前刮水器电机速度继电器线圈端输出

（续）

端子号	定义
14	前刮水器电机使能继电器线圈端输出
15	前雾灯继电器线圈端输出
16	主灯光继电器线圈端输出
17	高边驱动输出
18	—
19	发动机舱盖输入
20~23	—
24	儿童锁继电器线圈端输出
25~30	—
31	左位置灯输出
32	右位置灯输出

表6-16 BCM线束端连接器BY087端子定义

端子号	定义
1	左前车窗上升输出
2	左前车窗下降输出
3	右前车窗上升输出
4	右前车窗下降输出
5	右后车窗上升输出
6	右后车窗下降输出
7	左后车窗上升输出
8	左后车窗下降输出
9	—
10	高位制动灯输出
11	牌照灯输出
12	内顶灯PWM输出
13	左后位置A灯输出
14	右后位置A灯输出
15~21	—
22	右制动灯输出
23	右后转向灯输出
24	右前转向灯输出
25	右位置灯输出
26	倒车灯输出
27	左制动灯输出
28	后雾灯输出
29	左位置灯输出
30	左前转向灯输出
31	左后转向灯输出
32	内顶灯延时继电器输出

表 6-17 BCM 线束端连接器 BY088 端子定义

端子号	定义
1~7	—
8	氛围灯
9	P 档锁输出
10	行李舱灯输出
11	—
12	LIN4
13	LIN3
14、15	—
16	左后窗下降开关输入
17	离合器开关输入
18	左后窗自动开关输入
19	左后窗上升开关输入
20	空档开关输入
21	—
22	左后门状态输入
23	行李舱门状态输入
24	右后窗下降开关输入
25	LIN6
26	LIN2
27	右前窗自动开关输入
28	倒档开关输入
29	右后窗自动开关输入
30	右后窗上升开关输入
31	右前窗下降开关输入
32	右前窗上升开关输入
33	右后门状态开关输入
34	右前门状态开关输入
35	主驾门上锁输入
36~38	—
39	LIN1
40	内顶灯开关
41	行李舱开启开关输入
42	左前门状态开关输入
43	左前门解锁输入
44、45	—
46	洗涤液液位报警输入
47、48	—
49	后刮水器电机停止位开关输入
50	制动踏板开关输入
51	中速 CAN 高
52	中速 CAN 低

表 6-18 BCM 线束端连接器 FA026 端子定义

端子号	定义
1~4	—
5	中控锁开关输入
6	—
7	主灯光开关输入
8	转向灯开关输入
9	—
10	LIN5
11	—
12	KL.50
13	中控解锁开关输入
14	前照灯洗涤泵线圈输出
15	后风窗加热指示
16~19	—
20	危险警告灯开关输入
21	—
22	灯光传感器接地
23、24	—
25	点火开关运行输入/起动信号输入
26	一键起动 ACC 档指示灯输出
27	接地
28	前雾灯开关信号输入
29	主灯光开关输入
30~32	—
33	后风窗加热开关输入
34~36	—
37	一键起动 ST/RUN 档指示灯输出
38	灯光传感器请求信号输入
39	—
40	后洗涤开关输入
41	前刮水器开关输入 1
42	前刮水器间歇档开关输入
43	后刮水器开关输入
44	前洗涤开关输入
45	一键起动开关输入
46	—
47	前刮水器开关输入 2
48	喇叭开关输入
49	车门状态 LED 灯输出
50	灯光传感器电源输出
51	ACC 档唤醒信号
52	—

第七章 吉利帝豪300/450型EV汽车

第一节 高压电源系统

一、高压电池系统

1. 技术参数

1）风冷型高压电池参数见表7-1。

表7-1 技术参数

项目	型式与参数	单位
电池种类	三元锂离子高压电池	—
电池组额定电压	359.66	V
峰值功率	150kW，持续10s	kW
额定功率	50	kW
电池组工作电压范围	274.4~411.6	V
电池容量	126	A·h

2）水冷型高压电池参数见表7-2。

表7-2 技术参数

项目	型式与参数	单位
电池种类	三元锂离子高压电池	—
电池组额定电压	346	V
峰值功率	150kW，持续10s	kW
额定功率	50	kW
电池组工作电压范围	266~394.3	V
电池容量	120	A·h

2. 总成介绍

本车高压电池采用三元锂电池（Lithium ion Battery）：以钴酸锂、锰酸锂或镍酸锂等化合物为正极，以可嵌入锂离子的碳材料为负极，使用有机电解质。高压电池总成安装在车体下部，高压电池的组成部件包括：各模块总成、CSC采集系统、电池控制单元（BMU）、电池高压分配单元（B-BOX）、维修开关等部件。高压电池安装位置见图7-1，电池管理系统框图如图7-2所示。

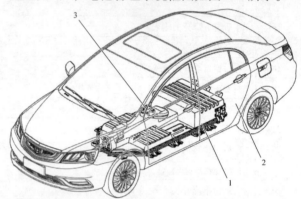

图7-1 高压电池包安装位置

1—高压电池 2—车身 3—维修开关

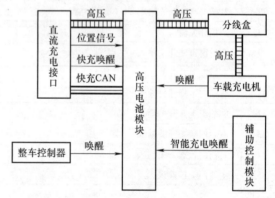

图7-2 电池管理系统框图

3. 故障码

故障码内容见表7-3。

表7-3 故障码表

故障码（DTC）	故障描述/条件	故障部位/排除方法
U0AC47D	A-CAN 总线故障	BMS通信线路故障
U0AC486	BMU 的 CAN 网络中断	
U0AE400	SCAN 总线故障	
U014287	VCU 通信丢失	
U014387	VCU 通信丢失（仅在慢充检测）	
U017487	OBC 通信丢失	
U24BA81	VCU_General 报文校验错误	
U24BB81	VCU_BMS_Ctrl 报文校验错误	
U24BC81	CCU_InternalValues 报文校验错误	

第七章　吉利帝豪300/450型EV汽车

（续）

故障码（DTC）	故障描述/条件	故障部位/排除方法
U24BD81	CCU_ExternalValues报文校验错误	BMS通信线路故障
U24BE81	CCU_Temperature报文校验错误	
U344003	SCAN电流报文丢失	
P21F10E	主正继电器粘连故障	电池包内部（更换主正继电器）
P21F10B	主负继电器粘连故障	电池包内部（更换主负继电器）
P21F10C	直流充电继电器粘连故障	电池包内部（更换充电正端继电器）
P21F06A	主正继电器无法闭合故障	电池包内部（更换主正继电器）
P21F06B	主负继电器无法闭合故障	电池包内部（更换主负继电器）
P21F06C	直流充电继电器无法闭合故障	电池包内部（更换充电正端继电器）
P21F06D	预充继电器无法闭合故障	电池包内部（更换预充继电器）
P21F601	充电继电器老化	电池包内部（更换充电继电器）
P21F602	主负继电器老化	电池包内部（更换主负继电器）
P21F603	主正继电器老化	电池包内部（更换主正继电器）
P21F604	预充继电器老化	电池包内部（更换预充继电器）
P21E011	主正或主负继电器下电粘连	电池包内部（更换主正继电器）
P21F102	不可逆的碰撞信号发生（仅有ACAN信号）	参见DTC P21F102、P21F103
P21F103	不可逆的碰撞信号发生（仅PWM波）	
P21F10F	放电电流过大（PS：放电为正）（可操作级别）	电池包内/外部（重新上下电）
P21F118	放电电流过大（PS：放电为正）（质保级别）	
P21F111	放电电流过大（PS：放电为正）（安全级别）	
P21F112	充电电流过大（PS：充电为负）（安全级别）	
P21F114	充电电流过大（PS：充电为负）（质保级别）	
P21F115	充电电流过大（PS：充电为负）（可操作级别）	
P21F113	电流传感器故障	电池包内部（更换CSU）
P21E01C	CSU采样异常	电池包内部（重新上下电，不恢复，更换CSU）
P21F122	单体欠电压（可操作级别）	电池包内部（重新上下电）
P21F123	单体过电压（安全级别）	
P21F124	单体欠电压（安全级别）	
P21F125	单体过电压（质保级别）	
P21F126	单体欠电压（质保级别）	
P21F127	电池包总电压过电压	
P21F128	电池包总电压欠电压	
P21F12A	高压互锁断路故障	电池包内部（检查电池包内部高压线路哪里短接到电源）
P150117	热管理结束时温差过大	电池包内部（检查电池温差）
P21F12C	高压互锁短路到电源故障	电池包内部（检查电池包内部高压线路哪里短接到地）
P21F12D	高压互锁短路到地故障	检查外部快充、主回路、MSD高压连接器插件和内外部高压线路
P21F12E	高压回路断路	
P21F070	CSC的CAN报文丢失	电池包内部（电池包内部通信异常，检测CCAN通信）
P21F0B0	CSC采样线掉线或松动	电池包内部（检测CSC采样线松动或掉线）

(续)

故障码（DTC）	故障描述/条件	故障部位/排除方法
P21E010	SOC 不合理	电池包内部（根据故障码具体检查结果处理，包括 CSCWakeup 电流短路、CSCPCB 板载温度过高、均衡回路故障）
P21F179	电池温度高于可操作温度的上限值	电池包内部（重新上下电）
P21F17A	电池温度低于可操作温度的下限值	
P21F17B	电池温度高于质保温度的上限值	
P21F17D	电池温度高于安全温度的上限值	
P21F17E	电池温度低于质保温度的下限值	
P21F17F	电池温度不合理（安全级别）	电池包内部（电池温度异常）
P21F310	电池温差过大	
P21F710	CSC 采样线松动	电池包内部（检测 CSC 采样线松动或掉线）
P21F180	电池老化：电池健康状态过低（告警级别）	电池包内部（电芯有老化，建议更换电池包）
P21F181	电池老化：电池健康状态过低（故障级别）	
P21F186	电芯电压严重不均衡（最严重）	电池包内部（电芯已严重不均衡，建议更换电池包）
P21F048	电芯极限过电压	
P21F300	电压传感器故障	
P21F16F	电池温度传感器故障	电池包内部（更换 CSC 采样线或模组线或 CSC）
P21F301	温度传感器故障（严重）	
P21F0B1	CSC 均衡单元失效	电池包内部（更换 CSC）
P21E025	充电故障：快充设备故障	检查外部快充、主回路、MSD 高压连接器插件和内外部高压线路
P21E026	充电故障：车载充电机故障	
P21E02A	整车非期望的整车停止充电	
P21F711	均衡停止原因：CSCWakeup 电流短路	
P21F713	均衡停止原因：均衡回路故障	
P21F401	继电器外侧高压大于内侧高压	
P21F311	连续预充失败超过最大次数	
P21E01B	充电机与 BMS 功率不匹配故障（无法充）	检查充电机和 BMS，更换合适的充电机或 BMS
P21F13E	预充电流过大	电池包内部（检查预充电阻是否装小）
P21F501	充电时放电电流大于 30A	
P21F13F	预充电流反向	
P21F140	预充时间过长	
P21F049	电芯极限欠电压	
P21F142	预充短路	
P21F024	BMS 的 12V 供电电源电压过低故障	参见故障码 P15041C、P150517
P21F025	BMS 的 12V 供电电源电压过高故障	
P21F026	BMU 非预期的下电故障	电池包内部（BMU 异常下电，重新上电）
P21F027	BMU 非预期的重启故障	电池包内部（BMU 异常重启，重新上电）
P21E135	上高压过程中传感器失效	电池包内部（重新上电）
P21E141	VCU6 级故障响应超时	电池包内部（重新上电）
P21F028	ROM 自检失败	电池包内部（重新上电，不恢复更换 BMU 板子）
P21F029	RAM 自检失败	
P21F02A	高压继电器闭合的前提下，绝缘故障（最严重）	进行高压电池绝缘阻值检测

(续)

故障码（DTC）	故障描述/条件	故障部位/排除方法
P21F02B	高压继电器断开的前提下，绝缘故障（最严重）	电池包内部（检查PACK绝缘）
P21F02C	绝缘测量故障	电池包内部（更换BMU）
P21E110	热管理故障：入水口温度传感器故障	加热芯温度传感器更换
P21E111	热管理故障：出水口温度传感器故障	蒸发器温度传感器更换
P21E023	不能充电原因：CC硬件信号异常	电池包外部（检测铅CC信号）
P150217	加热时进水口温度过高	电池包外部（更换整车控制的制冷器或其控制器）
P150316	冷却时进水口温度过高	
P15041C	充电口温度传感器故障	电池包外部（更换充电口温度传感器）
P150517	充电口温度传感器过温	
P150616	快充预充失败	电池包外部（更换充电桩）

二、高压充电系统

1. 技术参数

技术参数见表7-4。

表7-4 技术参数

项目	参数	单位
输入电压	90~264	V
输入频率	50±2%	HZ
输入最大电流	16	A
输出电压	直流200~450	V
输出最大功率	3.3/6.6（2017款）	KW
输出最大电流	直流12	A
效率	≥93%	—
质量	6	kg
工作温度	-40~80	℃
冷却液类型	50%水+50%乙二醇（均为体积分数）	—
冷却液流量要求	2~6	L/min

2. 系统介绍

（1）系统组成

充电系统从功能上可分为快充、慢充、低压充电、制动能量回收四项。

快充功能由以下部件组成：直流充电口（带高压线束）；高压电池。

慢充功能由以下部件组成：交流充电口（带高压线束）；交流充电插座；交流充电插头；高压电池；车载充电机（如配备）。

低压充电功能由以下部件组成：12V铅酸蓄电池；电机控制器；分线盒；高压电池。

能量回收功能由以下部件组成：制动开关、高压电池、驱动电机、整车控制器、高压线束等。充电系统部件分布如图7-3所示。

（2）系统原理

1）快充（直流高压充电）。当直流充电设备接口连接到整车直流充电口，直流充电设备发送

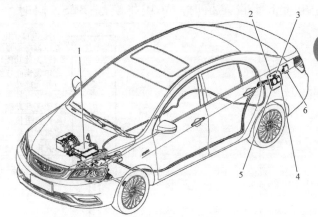

图7-3 充电系统部件分布
1—车载充电机（如配备） 2—充电接口照明灯
3—充电接口指示灯 4—交流充电接口（如配备）
5—直流充电接口 6—辅助控制器（ACM）

充电唤醒信号给BMS，BMS根据高压电池的可充电功率，向直流充电设备发送充电电流指令。同时，BMS吸合系统高压正极继电器和高压负极继电器，高压电池开始充电。

充电时间：48min可充电80%。

2）慢充（交流高压充电）。当车辆处于交流充电模式下，ACM检测交流充电接口的CC、CP信号（充电枪插入、导通信号）并唤醒BMS，BMS唤醒车载充电机，并发送指令充电，同时闭合主继电器，高压电池开始充电。

充电时间：预估13~14h可充满。

3）充电锁功能（暂无此功能）。为防止车辆充电过程中充电枪丢失，车辆具有充电枪锁功能。充电枪插入充电接口后，只要驾驶人按下智能钥匙闭锁按钮，充电枪防盗功能将开启；PEPS收到智能钥匙的闭锁信号后通过CAN总线将该信号传递到辅助控制模块（ACM），ACM将控制充电枪锁止电机锁止充电枪，此时充电枪无法拔出。

如要拔出充电枪，需先按下智能钥匙解锁按钮，解锁充电枪。

4）低压充电。高压上电前，低压电路系统依赖 12V 铅酸蓄电池供电，当高压上电后，电机控制器将高压电池的高压直流电变换成低压直流电，为 12V 铅酸蓄电池充电。

5）智能充电。长期停放的车辆容易造成低压蓄电池亏电，如低压蓄电池严重亏电将会导致车辆无法起动上电。为避免这一问题，本车具有智能充电功能。车辆停放过程中辅助控制器（ACM）将持续对低压蓄电池电压就行监控，当电压低于设定值时，ACM 将唤醒 BMS，同时 VCU 也将控制电机控制器通过 DC/DC 对低压蓄电池进行充电，防止低压蓄电池亏电。

6）制动能量回收。能量回收系统是在车辆滑行或制动过程中，驱动电机从驱动状态转变成发电状态，将车辆的动能转换为电能储存在高压电池中。

车辆在滑行或制动时，VCU 根据当前高压电池状态和制动踏板位置信号，计算能量回收量，并发送指令给电机控制器，启动能量回收。

制动能量回收过程中电机消耗车轮旋转的动能发出交流电再输出给电机控制器，电机控制器将交流电变换成直流电给高压电池充电。充电控制系统电气原理图如图 7-4 所示。

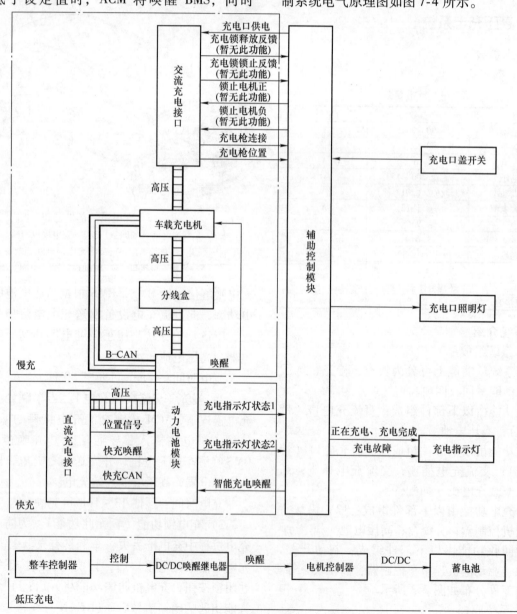

图 7-4　充电控制系统电气原理图

3. 端子定义

帝豪 EV 车载充电器低压端子如图 7-5 所示，低压端子定义见表 7-5。

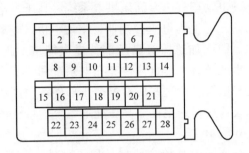

图 7-5　充电器低压端子

表 7-5　低压端子定义

端子号	端子定义	线径/（mm²）/颜色	端子状态	规定条件
1	终端 30 输出	0.5 R/L	电源	+12V
2	GND	0.5 B	接地	负极
3	CAN-H	0.5 L/R	总线高	—
4	CAN-L	0.5 Gr/O	总线低	—
5~18	—	—	—	—
19	唤醒	0.5 Y/B	慢充唤醒信号	—
20~28				

4. 故障码

1）车载充电机故障码见表 7-6。

表 7-6　故障码表

故障码	故障描述	故障条件
U007300	CAN 总线关闭	Busoff 事件发生
U017187	与 BMS 通信丢失	BMS 报文超时事件发生。
U100016	ECU 供电电压超过下限	KL30 电压小于 9V
U100017	ECU 供电电压超过上限	KL30 电压大于 16V
P100006	MCU ROM 故障	发现内部错误
P100007	MCU ROM 故障	发现内部错误
P100005	预充电继电器故障	预充完成后交流预充继电器状态不为 1（10min 内超过 10 次）
P100002	内部母线电压未达到设定值	充电时母线电压采样值与目标值比值不大于 95%（10min 内超过 10 次）
P100003	高压输出电流未达到设定值	充电时直流输出电流采样值与目标值偏差大于 0.5A（10min 内超过 10 次）
P100004	AC 电感过电流	单 PFC 电感电流大于 15A（10min 内超过 10 次）
P100100	充电效率故障	充电机输入功率大于 1000W 时计算效率小于 80%（持续 60s）
P100201	系统板过温	系统板检测温度大于 120℃（持续 1s）
P100202	功率板过温	功率板检测温度大于 120℃（持续 1s）
P100203	PFC 电感过温	PFC 电感检测温度大于 100℃（持续 1s）
P100204	PFC 电感过温	DCDC 电感检测温度大于 100℃（持续 1s）
P100205	OBC 充电过程中冷却液温度过高	检测温度大于 100℃（持续 1s）
U210101	交流输入电压过高	交流输入电压大于 300V（10min 内超过 10 次）
U210001	两路直流高压检测偏差过大	两路直流高压偏差超过 5V（10min 内超过 10 次）
P100001	内部母线电压过高	内部母线电压大于 475V（10min 内超过 10 次）
U210002	高压输出过电压	直流输出电压大于 450V（持续 1200ms）
U210003	高压输出过电流	直流输出电流大于 15A
U210004	高压输出短路	充电时直流输出电流大于 0.5A，并且输出电压小于 2.5V
U210201	高压互锁故障	故障状态为紧急故障，且高压互锁断开。
U24BA81	BMS_CCU_Control 帧内的 Checksum 错误	故障连续发生了 10 个周期

2）辅助控制器故障码见表7-7。

表 7-7 故障码表

故障码	故障描述
B11B172	充电枪电子锁解锁卡滞（暂无此功能）
B11B173	充电枪电子锁锁止卡滞（暂无此功能）
B11B491	CC 阻值超出范围
B11B592	CP 信号有效但 CC 无效
B11B692	智能充电故障
B11B792	交流充电启动后 60s 内未收到 VCU 正发充电报文
U014687	ACM 与 VCU 通信丢失
U014087	ACM 与 BCM 通信丢失
U021487	ACM 与 PEPS 通信丢失
U012887	ACM 与 EPB 通信丢失
U012287	ACM 与 ESP 通信丢失
U017081	VCU_TradTCUControl_校验失败
U017082	VCU_TradTCUControl_滚码计数器失败
U017181	ABS_ESP_Status 校验失败
U017182	ABS_ESP_Status_滚码计数器失败
U017281	ABS_ESP_EPBControl 校验失败
U017282	ABS_ESP_EPBControl_滚码计数器失败
U017381	EPB_StatusControl_校验失败
U017382	EPB_StatusControl_滚码计数器失败
U017481	VCU_Manage1_校验失败
U017482	VCU_Manage1_校验失败
U007388	CAN 网络通信失败
U100016	KL30 电源低电压
U100017	KL30 电源高电压

三、高压配电系统

1. 系统介绍

纯电动车有一套高压供电系统。高压供电系统由高压电池为电机控制器、驱动电机、电动压缩机、PTC 加热器等高压部件提供能量。此外，高压电池还有一套直流快充充电系统和一套交流慢充充电系统。这些所有的高压部件都由高压配电系统连接输送电能。高压配电系统连接框图如图 7-6 所示。

高压配电系统主要包括以下部件：分线盒、直流充电接口、交流充电接口、直流母线、电机三相线，组成部件见图 7-7。

分线盒的作用类似于低压供电系统中的熔丝盒，高压接线盒功能包括：高压电能的分配，和高压回路的过载及短路保护，分线盒将高压电池总成输送的电能分配给电机控制器、空调压缩机和 PTC 加热器。此外，交流慢充时，充电电流也会经过分线盒流入高压电池为其充电。

分线盒内对电动压缩机回路、PTC 加热器回路、交流慢充回路各设有一个 30A 的熔断器。当上述回路电流超过 90A 时，熔断器会在 15s 内熔断；当回路电流超过 150A 时，熔断器会在 1s 内熔断，保护相关回路。

分线盒电器原理图如图 7-8、图 7-9 所示。

直流充电接口能接收直流充电桩的电能，并通过高压线束将电能输送给高压电池总成，为其充电。

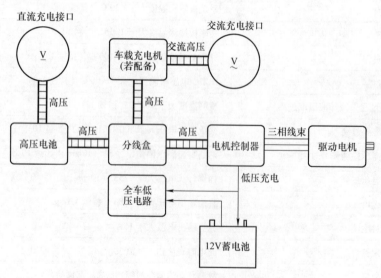

图 7-6 高压配电系统连接框图

图 7-7　高压配电系统部件

1—分线盒　2—直流母线　3—电机三相线束　4—交流充电接口（如配备）　5—直流充电接口

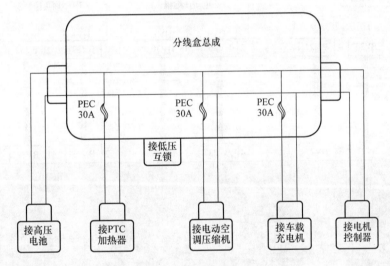

图 7-8　分线盒原理图

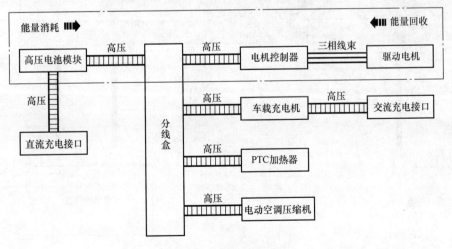

图 7-9　分线盒电气原理图

交流充电接口能接收交流充电桩的电能,并通过高压线束将电能输送给车载充电机,车载充电机将交流电变换成直流电再传递给分线盒,分线盒经过直流母线将直流电传递到高压电池,为其充电。

能量传递路线如图7-10所示。

电机三相线到达驱动电机,产生驱动力。

能量传递路线如图7-11所示(能量回收时传递路线相反)。

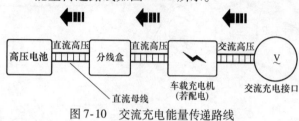

图7-10 交流充电能量传递路线

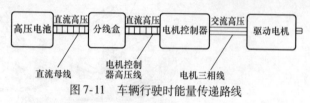

图7-11 车辆行驶时能量传递路线

车辆行驶时,电流从高压电池依次经过,直流母线、分线盒、电机控制器高压线、电机控制器、

2. 系统电路

2018款帝豪EV450车型高压配电系统电路如图7-12所示。

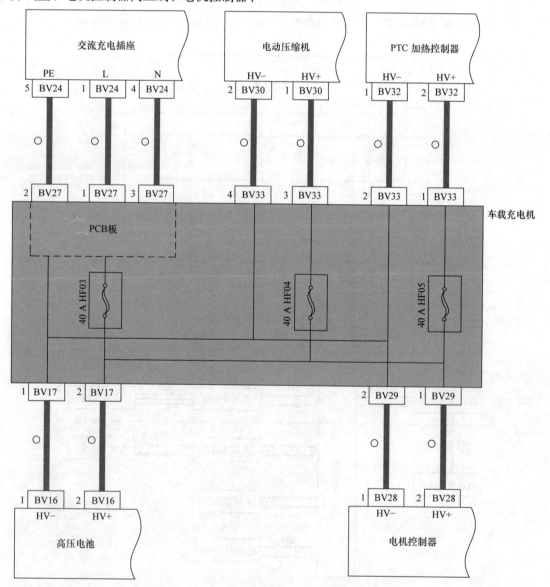

图7-12 2018款帝豪EV450车型高压配电系统电路

第二节 动力驱动系统

一、驱动电机

1. 技术参数

1) 驱动电机技术参数见表7-8。

表7-8 技术参数

项目	参数	单位
额定功率	42	kW
峰值功率	95	kW
额定转矩	105	N·m
峰值转矩	240	N·m
额定转速	4000	r/min
峰值转速	11000	r/min
电机旋转方向	从轴端看电机逆时针旋转	—
温度传感器类型	NTC	—
温度传感器型号	SEMITEC 103NT-4（11-C041-4）	—
冷却液类型	50% 水 + 50% 乙二醇（均为体积分数）	—
冷却液流量要求	8	L/min

2) 驱动电机花键技术参数见表7-9。

表7-9 技术参数

项目	参数	项目	参数
参照标准	ANSI B92.2M-1980（R1989）	模数	1
大径/mm	φ24.87~25	齿数	24
小径/mm	φ22.32~22.5	压力角	30°
作用齿厚最大值 E_{vmax}/mm	1.571	分度圆直径/mm	24
实际齿厚最小值 E_{vmin}/mm	1.485	基圆直径/mm	20.785
量棒直径 d_p/mm	φ2.12	外花键渐开线起始圆最大直径/mm	φ22.89
跨棒距 M 值/mm	27.339~27.479	公差等级	6h
硬度	60-63HRC	渗碳深度/mm	0.6~0.85

2. 总成结构

驱动电机组成部件如图7-13所示。

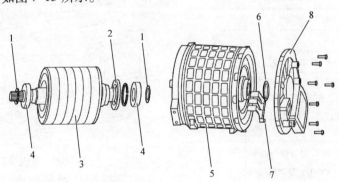

图7-13 驱动电机部件

1—轴用弹性挡圈 2—旋变转子 3—转子总成 4—深沟球轴承 5—定子壳体总成 6—波形弹簧 7—圆柱销 8—后端盖总成

3. 端子定义

驱动电机低压端子如图7-14所示，端子定义见表7-10。

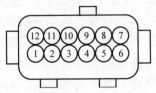

图7-14 驱动电机低压端子

表7-10 驱动电机低压端子定义

端子号	定义	线径/(mm²)/颜色	端子状态
1	R1+	0.5 L/R	NTC 温度传感器1
2	R1-	0.5 R	
3	R2+	0.5 Br/W	NTC 温度传感器2
4	R2-	0.5 W/G	
5	GND	0.5 B	屏蔽
6	GND	0.5 B	

(续)

端子号	定义	线径/(mm²)/颜色	端子状态
7	COSL	0.5 P	旋变余弦
8	COS	0.5 L	
9	SINL	0.5 W	旋变正弦
10	SIN	0.5 Y	
11	REFL	0.5 O	旋变励磁
12	REF	0.5 G	

二、电机控制器

1. 技术参数

技术参数见表7-11。

表7-11 技术参数

项目	参数	单位
产品尺寸（长×宽×高）	337×206×196	(mm×mm×mm)
产品体积/重量	约8.6/约9.8	L/kg
产品工作环境温度	-40 ~ 105	℃
逆变器直流输入电流最大持续电流	±190	A
逆变器直流输入电压	240 ~ 430	V
逆变器输出相电流峰值	400Arms for 10s @ 336V；持续：190Arms @ Tcool_max = 65℃，8L/min	—
直流变换器输入电压	240 ~ 430	V
直流变换器输出电压	10 ~ 16	V
直流变换器输出电流	160A@ 13.5V，持续	—
冷却液型号	冷却液冰点≤-40℃，选用乙二醇和去离子水的混合液，乙二醇体积分数≤55%	—
冷却液温度及流量要求	最大65℃ Q≥0L/min@ -40 ~ -25℃；Q≥8L/min @ -25 ~ 65℃	—
冷却液入口压力要求	≤200	kPa

2. 系统介绍

电机控制器安装在前舱内，见图7-15，采用CAN通信控制，控制着高压电池组到电机之间能量的传输，同时采集电机位置信号和三相电流检测信号，精确地控制驱动电机运行。

电机控制器是一个既能将高压电池中的直流电变换为交流电以驱动电机，同时具备将车轮旋转的动能转换为电能（交流电变换为直流电）给

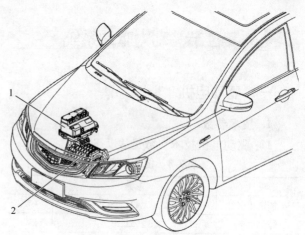

图7-15 电机控制器安装位置
1—电机控制器 2—驱动电机

高压电池充电的设备。

车辆制动或滑行阶段，电机作为发电机应用。它可以完成由车轮旋转的动能到电能的转换，给电池充电。

DC/DC集成在电机控制器内部，其功能是将电池的高压电变换成低压电，提供整车低压系统供电。电机控制器接口分布如图7-16所示。电机与电机控制器电气原理如图7-17所示。

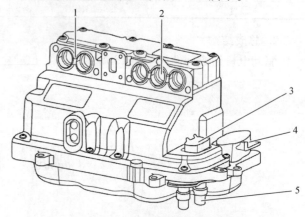

图7-16 电机控制器接口分布
1—高压线束接口 2—驱动电机三相线束接口 3—低压信号接口 4—低压充电（DC/DC）接口 5—冷却管口

电机控制器内部包含1个DC/DC逆变器和1个DC/DC直流变换器，逆变器由IGBT、直流母线电容、驱动和控制电路板等组成，实现直流（可变的电压、电流）与交流（可变的电压、电流、频率）之间的转变。直流变换器由高低压功率器件、变压器、电感、驱动和控制电路板等组成，实现直流高压向直流低压的能量传递。电机控制器还包含冷却器（通冷却液）给电子功率器件散热。电机控制器内部原理如图7-18所示。

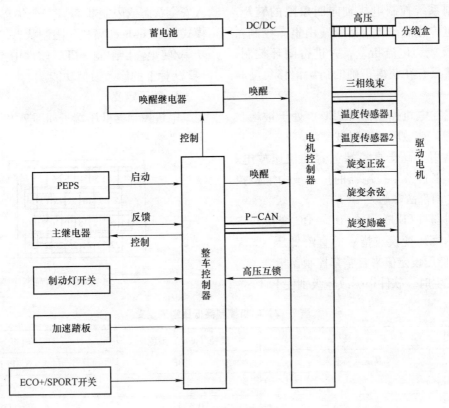

图 7-17 电气原理图

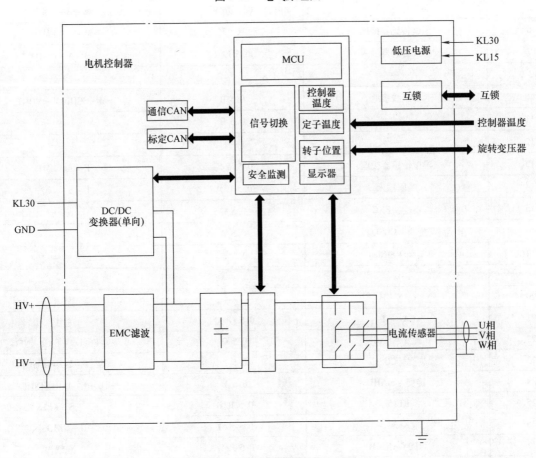

图 7-18 电机控制器内部原理图

电机控制系统控制电机轴向四象限的转矩。由于没有转矩传感器,转矩指令(由整车控制器发送)被转换成为电流指令,并进行闭环控制。转矩控制模式只有在获得正确的初始偏移角度时才能进行。

静态模式在电机控制器(PEU)处于被动状态(待机状态)或故障状态时被激活。

主动放电用于高压直流端电容的快速放电。主动放电指令来自整车控制器的指令或由电机控制器(PEU)内部故障触发。

电机控制器(PEU)中的DC-DC变换器将高压直流端的高压变换成指定的直流低压(12V低压系统),低压设定值来自整车控制器指令。

当故障发生时,软件根据故障级别使PEU进入安全状态或限制状态。安全状态包括主动短路模式或Freewheel模式,限制状态包括四个级别的功率/转矩输出限制。PEU软件中提供基于ISO-14229标准的诊断通信功能。

3. 端子定义

电机控制器低压端子如图7-19所示,低压端子定义见表7-12。

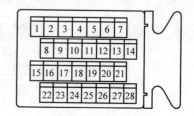

图7-19 电机控制器低压端子

表7-12 电机控制器低压端子定义

端子号	定义	线径/(mm²)/颜色	端子状态
1	高压互锁输入	0.5 Br	E-S-PLTIN
2~3	—	—	—
4	高压互锁输出	0.5 W	E-S-PLOUT
5	温度传感器输入	0.5 Br/W	E-A-EMTI
6	温度传感器接地	0.5 R	M-A-EMTO
7	温度传感器输入	0.5 L/R	E-A-EMTO
8、9	—	—	—
10	屏蔽线接地	0.5 B	M-SCHIRM-VOGT
11	接地	0.5 B	—
12	—	—	—
13	温度传感器接地	0.5 W/G	E-A-EMTI
14	唤醒输入	0.5 L/W	E-S-唤醒
15	旋变+EXC	0.5 G	
16	旋变+COSLO	0.5 P	
17	旋变+SINLO	0.5 W	
18~19	—	—	—
20	CAN-H	L/R	总线
21	CAN-L	0.5 Gr/O	总线
22	旋变-EXC	0.5 O	A-F-LG-ERR-NEG
23	旋变+COSHI	0.5 L	E-F-LG-COSHI
24	旋变+SINHI	0.5 Y	E-F-LG-SINHI
25	KL15	0.5 R/B	E-S-KL15
26	KL30	0.5 R/Y	U-UKL30
27	调试 CAN-H	0.5 P/W	总线
28	调试 CAN-L	0.5 B/W	总线

4. 故障码

故障码见表7-13。

表7-13 故障码表

故障码	故障描述	排除方法
P1C0300	Drive 模式下 DFW 时钟检测	更换 PEU 硬件
P060600	CPLD 时钟检测	
P06B013	IGBT 驱动芯片电源故障	
P1C0619	IGBT 上桥臂短路故障	
P0C0100	硬件过电流故障	
P1C0819	IGBT 下桥臂短路故障	
P0C7900	母线电压硬件过电压	
P1C1500	Inverter 内部 5V 过电压	
P060400	检测 CAN Ram 读写是否正常	
P1C0100	正常输出时 70k DFW 时钟检测	
P1C0200	紧急输出时 25K DFW 时钟检测	
P0A1B01	CY320 与主控芯片的 SPI 通信不正常故障	
U007388	hybrid CAN 发生 BusOff 故障	电机控制器通信故障
U007387	hybrid CAN 发生 Timeout 故障	
P064300	VDD30 电压过电压故障	更换 PEU 硬件
P064200	VDD30 电压欠电压故障	
P065300	VDD5G1 电压过电压故障	
P065200	VDD5G1 电压欠电压故障	
P0A1B47	看门狗故障	
P140000	被动放电超时故障	
P1C0001	主动短路不合理故障	
P150500	检测 IGBT 开路是否成功	
P0C5300	sin/cos 输入信号消波故障	驱动电机旋变信号故障
P0C511C	sin/cos 输入信号超过电压阈值	
P0C5200	sin/cos 输入信号低于电压阈值	
P0A4429	跟踪误差超过阈值	
P170900	输入转速信号超过芯片最大跟踪速率	
P0C7917	母线电压最大值大于阈值	更换 PEU 硬件
P130000	看门狗反馈的错误计算器的合理性检测	
P130200	转矩监控模块的输入部分检查、转矩计算检查、第一层和第二层转矩合理性检查、转矩比较、关断路径等	
P130700	监控层两条独立计算转矩的路径的计算结果比较	
P0A9000	电流控制不合理故障	驱动电机三相线束故障
P0BE500	U 相电流幅值不合理故障	更换 PEU 硬件
P0BE800	U 相电流过大故障	
P0BE700	U 相电流过小故障	
P180000	U 相电流中心线偏移量不合理故障	
P0BFD00	三相电流之和不合理故障	
P0BE900	V 相电流幅值不合理故障	
P0BEC00	V 相电流过大故障	

(续)

故障码	故障描述	排除方法
P0BEB00	V 相电流过小故障	更换 PEU 硬件
P180100	V 相电流中心线偏移量不合理故障	
P0BED00	W 相电流幅值不合理故障	
P0BF000	W 相电流过大故障	
P0BEF00	W 相电流过小故障	
P180200	W 相电流中心线偏移量不合理故障	
P0C4E99	初始位置标定处于加速阶段，加速至阈值频率的时间超过时间阈值	电机转子偏移角检查
P170000	初始位置标定处于 Fw 阶段，标定停留时间超过时间阈值	
P040100	CAN 所接收的目标工作状态超过定义范围	更换 PEU 硬件
P062F42	检测 EEPRom 的擦除操作是否可以正确完成	
P062F43	EEPRom 读取不成功故障	
P062F45	EEPRom 写入不成功故障	
U120000	ID 1B6 接收超时	电机控制器通信故障
U120100	ID 1B6 长度错误	
U120200	ID 1B6 校验和错误	
U120300	ID 1B6 循环计数错误	
P150700	电机超速故障	驱动电机旋变信号故障
P056200	蓄电池电压欠电压故障	电机控制器低压供电回路故障
P1C1400	蓄电池电压不合理故障	更换 PEU 硬件
U120400	ID 1CA 接收超时	电机控制器通信故障
U120500	ID 1CA 长度错误	
U120600	ID 1CA 校验和错误	
U120700	ID 1CA 循环计数错误	
U120800	ID 364 接收超时	
U120900	ID 364 长度错误	
U120A00	ID 364 校验和错误	
U120B00	ID 364 循环计数错误	
P170100	offset 角不合理故障	电机转子偏移角检查
P170200	offset 角状态无效故障	
P0A9300	冷却液过温故障	电机过温故障
P0AEF00	U 相 IGBT 温度值大于阈值	更换 PEU 硬件
P0AF000	U 相 IGBT 温度值小于阈值	
P0AED00	U 相 IGBT 温度值与 V 和 W 相之差大于阈值	
P0AF400	V 相 IGBT 温度值大于阈值	
P0AF500	V 相 IGBT 温度值小于阈值	
P0AF200	V 相 IGBT 温度值与 V 和 W 相之差大于阈值	
P0BD300	W 相 IGBT 温度值大于阈值	
P0BD400	W 相 IGBT 温度值小于阈值	
P0BD100	W 相 IGB T 温度值与 V 和 W 相之差大于阈值	
P190000	IGBT 过温故障	

第七章　吉利帝豪300/450型EV汽车

（续）

故障码	故障描述	排除方法
P0A2C00	定子温度最大值超过阈值	电机过温故障
P0A2D00	定子温度最小值小于阈值	
P0A2B00	定子温度过温故障	更换PEU硬件
P0A2B01	定子温度不合理故障	
P1C0513	DFW时钟不合理故障	
P0A8E00	12V电压传感器值大于设定值	
P0A8D00	12V电压传感器值小于设定值	
P056300	蓄电池电压过电压故障	电机控制器低压供电回路故障
P0C7600	主动放电超时	更换PEU硬件
U110000	ID 230 BMS_General 帧超过一段时间	电机控制器通信故障
U110100	ID 230 BMS_General DLC 长度错误	
U110200	ID 230 BMS_General 校验和错误	
U110300	ID 230 BMS_General 循环计数错误	
U110400	ID 2A6 帧接收超过一段时间	
U110500	ID 2A6 长度错误	
P069900	VDD5_Z 电压过电压故障	更换PEU硬件
P069800	VDD5_Z 电压欠电压故障	
P110300	Buck模式下输入输出电流的合理性检查	
P110500	低压输出电流初始值零值确认	
P110A00	低压端过电流检测	
P111300	DC/DC 未知故障	
P111600	高压输入端电流AD值范围检测（小于阈值）	
P111C00	严重故障确认故障次数超限	
P112D00	模式转换超时	
U100D00	DC/DC 模式接收 ElmarCAN 信号超时	
P110600	低压输出电流AD值范围检测（大于阈值）	
P110700	低压输出电流AD值范围检测（小于阈值）	
P111400	高压端电流传感器零漂故障	
P111500	高压输入端电流AD值范围检测（大于阈值）	
P111A00	DC/DC peak 硬件过电流	
P111E00	B+/B- 连接检查	
P111F00	非能量传递状态输入输出电流超限故障	
P112B00	DBC 过温检测	
P113000	PCB温度检测AD值范围检测（大于阈值）	
P113100	PCB温度检测AD值范围检测（小于阈值）	
P113400	PCB 过温检测	
P113500	输出电压控制检查	
P113600	低压端输出与蓄电池连接断开故障	
P113700	输出电压检测AD值范围检测（大于阈值）	
P113800	输出电压检测AD值范围检测（小于阈值）	

(续)

故障码	故障描述	排除方法
P113B00	低压网络电压过电压	更换 PEU 硬件
P113D00	输出电压超调检测	
P113F00	低压网络电压欠电压	
P114D00	高压端过电压检测	电机控制器高压供电回路故障
P115000	高压端欠电压检测	更换 PEU 硬件
P115200	驱动板供电欠电压故障	
U130000	ID 2A8 接收超时	电机控制器通信故障
U130100	ID 2A8 长度错误	
U130200	ID 2A8 校验和错误	
U130300	ID 2A8 循环计数错误	
P150100	转子角无效时，检测转子转速是否在规定范围内	更换 PEU 硬件
P1C1600	PEU 计数校验错误	
P06A500	内部电压 VDD5G3 过高	
P06A400	内部电压 VDD5G3 过低	
P1C0F00	PEU 硬件故障	
P170C00	Resolver 状态错误	
P130100	监控电机转子角度	
P130300	监控电机转速	
P130400	监控相电流	
P130500	监控电机控制模式	
P130600	监控 CAN 收到消息出错	
P130800	监控层转矩是否合理	
P130900	监控层转矩是否在限制范围	
P130A00	监控 damping 转矩是否合理	
P111900	高压端过流故障	
P113C00	输出电压硬件过电压	
U100100	DDC100 接收超时	
U100500	DDC10 接收超时	
U100700	DDC11 接收超时	
U100900	DDC12 接收超时	
U100B00	DDCInfo 接收超时	
P130B00	监控直流母线电压	
P130C00	Resolver 初始化错误	
U110600	ID 2A6 校验和错误	电机控制器通信故障
U110700	ID 2A6 循环计数错误	
P171000	角度跳变故障	驱动电机旋变信号故障
P171100	信号失配错误	
P171200	配置错误	
P171300	奇偶校检错误	
P171400	锁相错误	
P170C00	传感器所测频率与计算频率之差绝对值大于阈值	

(续)

故障码	故障描述	排除方法
P1B0000	内部电源1 过电压	更换PEU 硬件
P1B0100	内部电源1 欠电压	
P1B0200	内部电源3 过电压	
P1B0300	内部电源3 欠电压	

三、减速器

1. 技术参数

1）减速器技术参数见表7-14。

表7-14 技术参数

项目	参数	单位
转矩容量	300	N·m
转速范围	≤14000	r/min
主减速比（博格华纳）	8.28:1	—
主减速比（青山）	7.793:1	—
减速器油牌号	Mobil Dexron Ⅵ	—
减速器油量	2.3±0.1	L
润滑方式	飞溅润滑	—
减速器最高输出转矩	2500	N·m
效率	>95%	—

2）输入轴花键参数见表7-15。

表7-15 技术参数

项目	参数	项目	参数
参照标准	ANSI B92.2M–1980（R1989）	模数	1
大径/mm	φ24.75~φ25	齿数	24
小径/mm	φ22.26~φ22.5	压力角	30°
作用齿厚最大值 E_{vmax} /mm	1.571	分度圆直径/mm	24
实际齿厚最小值 E_{vmin} /mm	1.485	基圆直径/mm	20.785
量棒直径 d_p /mm	φ2.12	外花键渐开线起始圆最大直径/mm	φ22.89
跨棒距M值/mm	27.339~27.479	公差等级	6h

3）差速器花键参数见表7-16。

表7-16 技术参数

项目	参数	项目	参数
参照标准	ANSI B92.2M–1980（R1989）	模数	1
大径/mm	φ27.2~φ27.34	齿数	26
小径/mm	φ25.22~φ25.41	压力角	45°

(续)

项目	参数	项目	参数
作用齿厚最大值 E_{vmax} /mm	1.571	分度圆直径/mm	26
实际齿厚最小值 E_{vmin} /mm	1.657	基圆直径/mm	18.385
量棒直径 d_p /mm	φ2.36	外花键渐开线起始圆最大直径/mm	φ27
跨棒距M值/mm	21.837~21.895	公差等级	H6

2. 总成介绍

电机的速度——转矩特性非常适合汽车驱动的需求。纯电动模式下，汽车的驱动系统不再需要多档位的变速器，驱动系统结构得以大幅简化。减速器介于驱动电机和驱动半轴之间，驱动电机的动力输出轴通过花键直接与减速器输入轴齿轮连接。一方面减速器将驱动电机的动力传给驱动半轴，起到降低转速增大转矩作用，另一方面满足汽车转弯及在不平路面上行驶时，左右驱动轮以不同的转速旋转，保证车辆的平稳运行。

本车采用单速比减速器，只有一个前进档、一个空档，和一个驻车档。当车辆处在驻车档时减速器会通过一套锁止装置，锁止减速器。减速器部件安装位置见图7-20，总成分解如图7-21所示。

驾驶人操作电子换档器进入P档，电子换档器将驻车请求信号发送到整车控制器（VCU），VCU结合当前驱动电机转速及轮速情况判断是否符合驻车条件。当符合条件时，VCU发送驻车指令到TCU，TCU控制驻车电机进入P档，锁止减速器。驻车完成后TCU将收到减速器发出的P档位置信号，并将此信号反馈给VCU，完成换档过程。驾驶人操作电子换档器退出P档，电子换档器将解除驻车请求信号发送给整车控制器

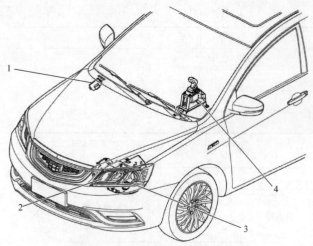

图 7-20 减速器部件安装位置
1—减速器控制器（TCU） 2—减速器 3—驻车电机
4—电子换档器

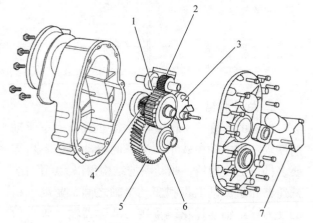

图 7-21 总成分解
1—中间轴输入齿轮 2—输入轴齿轮 3—驻车棘爪
4—中间轴输出齿轮 5—输出轴齿轮 6—差速器 7—驻车电机

（VCU），VCU 结合当前驱动电机转速及转速情况判断是否满足解除驻车条件，当符合条件时，VCU 发送解除驻车指令到 TCU，TCU 控制电机解除 P 档锁止减速器。解除驻车完成后 TCU 将收到减速器发出的档位位置信号，并将此信号反馈给 VCU，完成换档过程。驻车控制流程如图 7-22 所示。

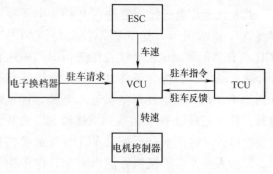

图 7-22 驻车控制流程

TCU 控制减速器上的换档电机。驻车电机有一个编码器，输出 4-bit 代码用来确定驻车电机位置。TCU 接口通过汽车 CAN 总线接收来自车辆其他系统的信息（驱动电机转速、车速、停车请求等）。TCU 接收相关的换档条件和换档请求，直接控制驻车电机驱动棘爪扣入或松开棘轮，达到驻车或解除驻车功能。减速器控制器内部结构如图 7-23 所示。TCU 控制电气原理如图 7-24 所示。

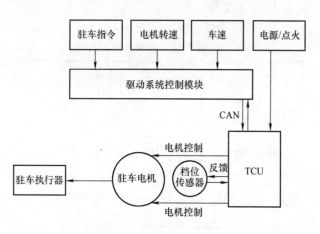

图 7-23 减速器控制器内部结构

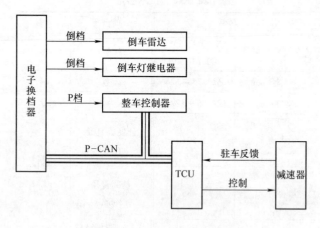

图 7-24 TCU 控制电气原理图

3. 端子定义

TCU 控制器端子如图 7-25 所示，TCU 端子定义见表 7-17。

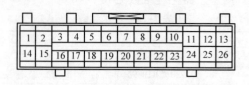

图 7-25 TCU 控制器端子

第七章　吉利帝豪300/450型EV汽车

表 7-17　TCU 端子定义

端子号	定义	线径/（mm²）/ 颜色	端子状态	状态
1	电机控制驻车 – 解除	1.25 O	电机控制驻车换到解除驻车	—
2	电机控制驻车 – 驻车	1.25 Y	电机控制解除驻车换到驻车	—
3、4	—	—	—	—
5	电机位置2	0.75 Br/W	电机位置2	—
6、7	—	—	—	—
8	P CAN – H	0.5 L/R	总线高	—
9	P CAN – L	0.5 Gr/O	总线低	—
10、11	—	—	—	—
12	GND	1.25 B	接地	12V
13	B +	1.25 R	电源	—
14	电机控制驻车 – 解除	1.25 O	电机控制驻车换到解除驻车	—
15	电机控制驻车 – 驻车	1.25 Y	电机控制解除驻车换到驻车	—
16	—	—	—	—
17	电机位置4	0.75 V	电机位置4	—
18	电机位置1	0.75 O/W	电机位置1	—
19	电机位置3	0.75 W	电机位置3	—
20	电机公共端	0.75 Y/W	驻车电机公共端	—
21、22	—	—	—	—
23	IG 电源	—	起动开关电源	12V
24	—	—	—	—
25	GND	1.25 B	接地	负极
26	B +	1.25 R	电源	12V

4. 故障码

1) TCU 故障码见表 7-18。

表 7-18　故障码表

故障码	故障描述
U100016	系统欠电压
U100017	系统过电压
P178801	换档电机编码器位置无效
P178711	换档电机编码器对地短路
P178013	换档电机电路开路
P173612	换档电机电路对电源短路
P173711	换档电机电路对地短路
U041581	前/后轮轮速无效
U24DA81	前轮速校验位无效
U24DB81	后轮速校验位无效
U34DA82	前轮轮速信号序列错误
U34DB82	前轮轮速信号序列错误
U007300	CAN 总线关闭
U010087	IPU 报文丢失

（续）

故障码	故障描述
U014287	VCU 报文丢失
U040181	IPU 数据无效
U043181	VCU 数据无效
U24D881	IPU 校验位无效
U24D981	VCU 校验位无效
U34D882	IPU 信号序列错误
U34D982	VCU 信号序列错误

2) GSM 故障码见表 7-19。

表 7-19　故障码表

故障码	故障描述
P120016	电池电压过低
P120017	电池电压过高
P120018	点火电压过低（FICOSA 内部用）
P120019	点火电压过高（FICOSA 内部用）
P09291E	Bootloader 程序刷写失败
P12A012	前推/R 档位置卡死

(续)

故障码	故障描述
P12A013	后推/D档位置卡死
P12A014	P按钮卡死
P12A101	位置检测轻微故障
P12A109	位置检测严重故障
P12A10A	P按钮状态错误
U007388	总线关闭
U010087	档位控制器信号无法发送
U010187	与车身通信丢
U34D282	整车控制单元数据计数无效
U24D281	整车控制单元数据校验无效

第三节　温度管理系统

一、高压冷却系统

1. 技术参数

1）散热器风扇技术参数见表7-20。

表7-20　技术参数

项目	参数	单位
额定电压	直流（12±0.1）	V
额定电流（高速档）	≤20	A
额定电流（低速档）	≤15	A
额定转速（高速档）	2300±230	r/min
额定转速（低速档）	1900±190	r/min
额定噪声	≤（72±2.5）	dB
额定风量	2500±100	m³/h
单侧风扇不平衡量	20	g·mm

2）水泵技术参数见表7-21。

表7-21　技术参数

项目	参数	单位
工作电压范围	8~16.5	V
流量（10kPa水压）	1100	L/h
流量（14kPa水压）	900	L/h
流量（20kPa水压）	600	L/h
环境温度	-40~135	℃
调速方式	PWM/LIN信号	—

3）高压电池水泵技术参数见表7-22。

表7-22　技术参数

项目	参数	单位
工作电压范围	8~16.5	V
流量（10kPa水压）	1100	L/h
流量（14kPa水压）	900	L/h
流量（20kPa水压）	600	L/h
环境温度	-40~135	℃

2. 系统介绍

本车冷却系统由以下部件组成：电机控制器；车载充电机（如配备）；驱动电机、水泵、膨胀水箱、散热器、散热器风扇、整车控制器、热交换管理模块；相关管路。

风冷型冷却系统部件分布如图7-26、图7-27所示，水冷型冷却系统部件分布如图7-28、图7-29所示。

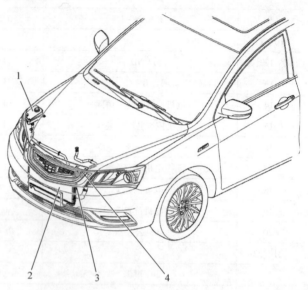

图7-26　风冷型冷却系统部件
1—膨胀水箱　2—散热器　3—散热器风扇　4—水泵

驱动电机转子高速旋转会产生高温，热量通过机体传递，如果不加以降温，驱动电机无法正常工作，所以驱动电机机体内设置有冷却液道，通过冷却液的循环与外界进行热交换。这样能将驱动电机的工作温度保持在一定范围内，防止驱动电机过热。

车载充电机（如配备）工作时将高压交流电变换成高压直流电，其变换过程中会产生大量的热量，因此车载充电机内部也有冷却液道，通过冷却液的循环降低车载充电机的工作温度。

电机控制器不但控制驱动电机的高压三相供电，还要将高压电池的高压直流电变换成低压直流电为铅酸蓄电池充电。在此过程中会产生热量，需要通过冷却液循环散热。

冷却系统的作用就是通过冷却液循环散热，为驱动电机、车载充电机（如配备）、电机控制器这三大部件进行散热。冷却系统控制原理框图如图7-30所示。

第七章 吉利帝豪300/450型EV汽车

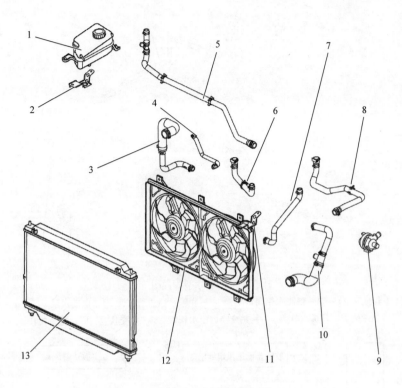

图7-27 风冷型管路分布
1—膨胀水箱 2—散热器右上安装支架 3—散热器进水管 4—通气软管 5—加水软管 6—充电机进水管
7—充电器出水管 8—电机控制器总成进水管 9—水泵 10—散热器出水管 11—散热器左上安装支架
12—冷却风扇 13—散热器

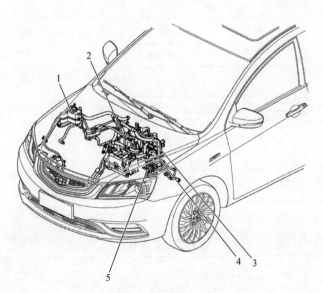

图7-28 水冷型冷却系统部件
1—膨胀水箱 2—散热器 3—三通电磁阀 4—热交换器 5—电动水泵（电池冷却）

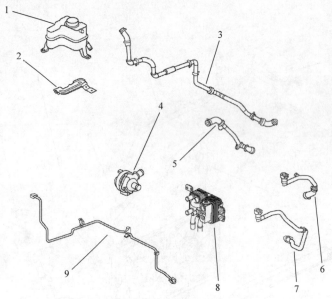

图7-29 水冷型管路分布

1—膨胀水箱（电池冷却） 2—膨胀水箱固定支架 3—膨胀水箱加水软管 4—电动水泵总成 5—电池出水管 6—热交换器进水软管 7—热交换器出水软管 8—热交换器 9—通气软管

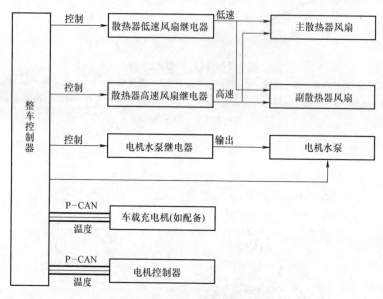

图7-30 冷却系统控制原理框图

二、电动空调系统

1. 技术参数

技术参数见表7-23。

表7-23 技术参数

部件	项目	参数
压缩机	类型	电动涡旋式压缩机
	型号	06736277（EVS34QVBEAA-6BF）
	电磁离合器消耗功率/W	无
	高压电压范围/V	200~720
	低压电压范围/V	9~16

第七章 吉利帝豪300/450型EV汽车

(续)

部件	项目	参数
压缩机	绝缘电阻	＞200MΩ
	低压模块电流	≤500mA
	高压模块电流	≤20A
	转速范围	1000~6000r/min
	泄压阀压力	(3.5±0.4)MPa
	噪声要求	≤74dB（测试条件：4000r/min，正上方15cm处）
鼓风机	最大风量/(m³/h)	500
	风量调节	7档可调
	电机消耗功率/W	220W
	运行温度范围/℃	-30~65
加热器	加热温度范围/℃	-40~90
	高压模块电压范围/V	250~450
	低压模块电压范围/V	9~16
	加热功率	5kW±5%@Tmed=75℃
加热器芯	制热量/W	4.6KW@流量6L/min，进口水温85℃，温差65℃，风量300m³/h
	空气流量/(m³/h)	300
	进风温度/℃	20
	类型	直流铝制
	尺寸W（宽）×H（高）×L（长）	22mm×180mm×26mm
	管排数	36
蒸发器芯	类型	层叠式
	制冷量W	4500
	空气流量/(m³/h)	500
	进风温度/℃	27（干球温度）
	尺寸W×H×L	258mm×250mm×38mm
	管排数	23排
冷凝器	类型	平行流动式
	尺寸L×W×H	613mm×395mm×16mm
	换热量	13.5kW@入口侧空气干球温度(35±1)℃，迎风速度：(4.5±0.1)m/s 入口制冷剂蒸气压力：(1.47±0.01)MPa(G).入口制冷剂蒸气过热度：(25±0.5)℃ 出口制冷剂液体过冷度：(5±0.5)℃
制冷剂	类型	R134a
	单车加注量/g	550
润滑油	类型	POE、HAF68
	润滑油容量/mL	120±20

2. 系统说明

电动空调控制系统部件与管路分布如图7-31~图7-34所示，空调系统电气原理见图7-35。

3. 端子定义

帝豪EV自动空调控制面板线束端子排列如图7-36所示。空调主机接仪表线束端子如图7-37所示。

自动空调控制端子定义见表7-24。

空调主机接仪表线束端子定义见表7-25。

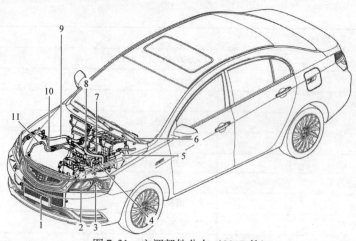

图7-31 空调部件分布(2017款)

1—冷凝器 2—空调压缩机 3—电池水泵 4—热交换器 5—空调主机 6—空调控制面板 7—三通电磁阀 8—热交换器高低压管 9—空调高低压管 10—加热器出水管 11—暖风出水管

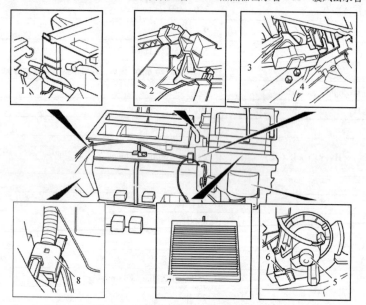

图7-32 空调主机部件

1—加热器芯进出水管 2—内外循环控制电机 3—冷暖风向控制电机 4—膨胀阀 5—鼓风机 6—鼓风机调速模块 7—空调滤芯 8—室内温度传感器

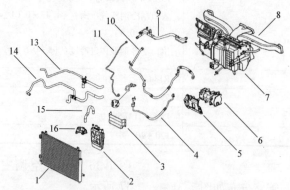

图7-33 空调部件分布

1—冷凝器 2—PTC加热器 3—加热器安装支架 4—压缩机排气管 5—压缩机安装支架 6—空调压缩机 7—空调主机 8—空调上部出风管 9—空调高低压管 10—压缩机吸气管 11—空调高压管 12—冷凝器进气管 13—暖风进水软管 14—暖风出水软管 15—加热器进水管 16—加热器水泵

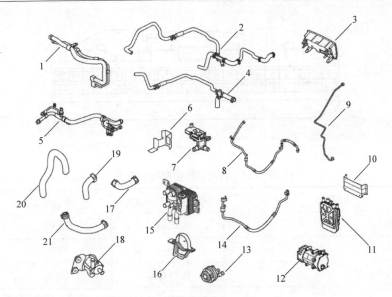

图7-34　空调管路分解图（2017款）

1—热交换器高低压管　2—暖风出水软管　3—空调控制面板　4—加热器出水管　5—空调高低压管
6—三通电磁阀安装支架　7—三通电磁阀　8—压缩机吸气管　9—空调高压管　10—加热器安装支架
11—加热器　12—空调压缩机　13—电池水泵　14—压缩机排气管　15—热交换器　16—电池水泵安装支架
17—暖风进水软管　18—加热器水泵　19—热交换器进水管　20—加热器进水管　21—热交换器出水管

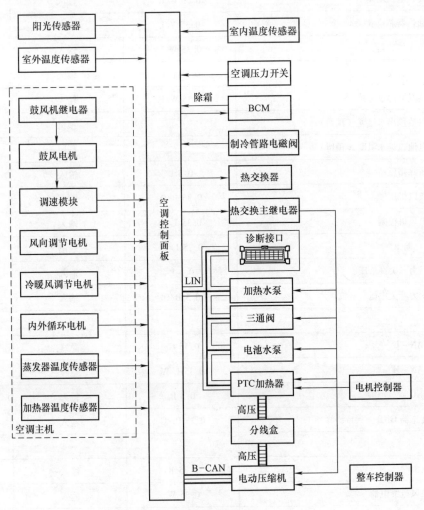

图7-35　空调系统电气原理图（2017款）

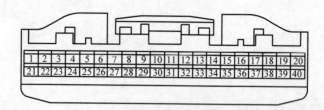

图 7-36 自动空调控制面板线束端子

表 7-24 自动空调控制端子定义

端子号	定义	线径/(mm²)/颜色	端子状态	规定条件
1	LIN BUS	0.35 Gr/P	总线	
2	—	—	—	—
3	背光照明电源	0.35 O/G	输入	小灯开时 B +
4	—	—	—	—
5	车内温度传感器	0.35 W/G	输入	
6	混合风门电机反馈	0.5 G/Y	输入	
7	模式电机反馈	0.35 G/R	输入	
8	加热器芯温度	0.35 Y/L	输入	
9	阳光传感器	0.35 W/L	输入	
10	车外温度	0.35 P/L	输入	
11	蒸发器温度	0.35 W/R	输入	
12	电池包出水温度（预留）	—	预留	
13	电池包进水温度（预留）	—	预留	
14	后除霜反馈	0.5 L	输入	
15	鼓风机反馈	0.35 B/O	输入	
16	鼓风机控制	0.35 L/B	输入	
17	5V 输出	0.35 L/W	输出	5V
18	压力开关高低压	0.5 P	输入	
19	压力开关中压	0.5 B/O	输入	
20	—	—	—	—
21	CAN – L	0.35 Gr	总线	CAN 低
22	CAN – H	0.35 L/W	总线	CAN 高
23	GND	0.5 B	输入	接地
24	传感器 GND	0.35 Br/G	输入	接地
25	—	—	—	—
26	电源	0.35 R	输入	B +
27	鼓风机继电器	0.35 W	输入	
28	模式电机除霜模式端	0.35 B/Y	输出	—

（续）

端子号	定义	线径/(mm²)/颜色	端子状态	规定条件
29	模式电机出风口模式端	0.35 B/W	输出	—
30	混合风门电机冷端	0.35 B/G	输出	—
31	混合风门电机热端	0.35 B/P	输出	—
32	循环电机外循环端	0.35 Br/L	输出	—
33	循环电机内循环端	0.35 W/L	输出	—
34	后除霜控制	0.35 L	输出	—
35	主继电器控制	0.5 Br	输出	—
36	三通阀（电机侧）继电器（预留）	—	预留	—
37	两通阀（热交换器侧）继电器（预留）	—	预留	—
38	制冷管继电器（预留）	—	预留	—
39	三通阀（到电池包）继电器（预留）	—	预留	—
40	起动状态电源	0.5 R/L	电源	KL15

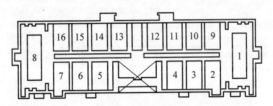

图 7-37 空调主机线束接仪表线束连接端子

表 7-25 空调主机接仪表线束端子定义

端子号	定义	线径/(mm²)/颜色	端子状态	规定条件
1	鼓风机电源线	2.5 P/B	输入	—
2	鼓风机反馈	0.35 B/O	输入	—
3	循环电机外循环端	0.35 Br/L	输出	—
4	蒸发器温度	0.35 W/R	输入	—
5	混合风门电机热端	0.35 B/P	输出	—
6	模式电机反馈	0.35 G/R	输入	—
7	模式电机除霜模式端	0.35 B/Y	输出	—
8	调速模块接地线	2.5 B	输入	GND
9	鼓风机控制	0.35 L/B	输出	—
10	循环电机内循环端	0.35 W/L	输出	—
11	信号线公共接地线	0.5 Br/R	输入	GND
12	加热器芯温度	0.35 Y/L	输入	—
13	5V 输出	0.35 L/W	输出	5V
14	混合风门电机冷端	0.35 B/G	输出	—
15	混合风门电机反馈	0.5 G/Y	输入	—
16	模式电机出风口模式端	0.35 B/W	输出	—

4. 故障码

故障码内容见表7-26。

表7-26 故障码表

故障码	说明	故障码	说明
B118017	鼓风机反馈电压与目标值相差过大	P170902	水泵低温
B118111	混合电机接地	P170A02	水泵低压
B118112	混合电机接到电源或断路	P170B02	水泵堵转
B118311	模式电机接地	P170C02	水泵空载
B118312	模式电机接到电源或断路	B118813	加热器 DC/DC 低压端过电压
B118511	车内温度传感器接地	B118913	加热器高压端过流
B118512	车内温度传感器接到电源或断路	B119013	加热器 IGBT 短路/断路
B118611	蒸发器温度传感器接地	B119113	加热器存储器错误
B118612	蒸发器温度传感器接到电源或断路	B119213	加热器冷却温度过高
B118711	车外温度传感器接地	B119313	加热器硬件接口高低压报警
B118712	车外温度传感器接到电源或断路	B119413	加热器高压端口过电压报警
P170002	压缩机过电流故障	B119513	加热器欠电压报警
P170102	压缩机过电压故障	B119613	加热器 LIN 通信故障
B1C1211	阳光传感器与地短路	B119713	加热器硬件保护
U014287	VCU 通信丢失	B119813	加热器硬件过热
U014087	COMP 通信丢失	B119913	加热器冷却液入口端温度传感器错误
U012187	ABS/ESP 通信丢失	B141411	加热芯体传感器与地短路
U245481	VCU_Manage1 报文校验和错误	B141412	加热芯体传感器与电源短路或断路
U245581	Comp_Status 报文校验和错误	B11A113	加热器核心温度传感器错误
U245681	ABS_ESP_Status 报文校验和错误	B11A013	加热器冷却液出口端温度传感器错误
U345482	VCU_Manage1 报文滚动计数器错误	P170D02	水泵 2 过电流
U345582	Comp_Status 报文滚动计数器错误	P170E02	水泵 2 过电压
U345682	ABS_ESP_Status 报文滚动计数器错误	P170F02	水泵 2 过温
U007300	CAN 总线关闭	P171002	水泵 2 低压
U120100	CAN 网络管理跛行回家	P171102	水泵 2 堵转
U100016	KL30 电压过低	P171202	水泵 2 空载
U100017	KL30 电压过高	B11B002	水阀线圈短路
P170202	空调系统欠电压故障	B11B013	水阀线圈开路
P170302	空调系统待机过电压故障	B11B102	水阀过温关断
P170402	空调系统待机欠电压故障	B11B202	水阀未确定故障
P170502	空调系统通信异常故障	B11B385	水阀过温告警
P170602	空调系统过电流降频故障	B11B484	水阀过电压
P170702	水泵过电流	B11B402	水阀欠电压
P170802	水泵过电压		

第四节 车辆控制系统

一、整车控制系统

系统电路

2017 款帝豪 EV300 车型整车控制器（VCU）控制单元电路如图 7-38 所示。

二、车身控制系统

1. 系统说明

车辆控制系统 VCU 与 BCM 安装位置见图 7-39，BCM 控制系统电路连接如图 7-40、图 7-41 所示。

2. 端子定义

帝豪 EV 汽车车身控制模块（BCM）端子分布如图 7-42～图 7-44 所示。

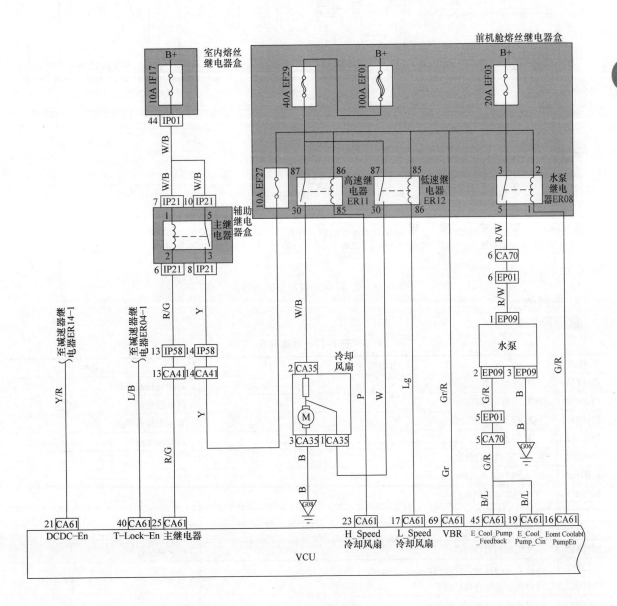

图 7-38　自主 VCU 控制单元电路图

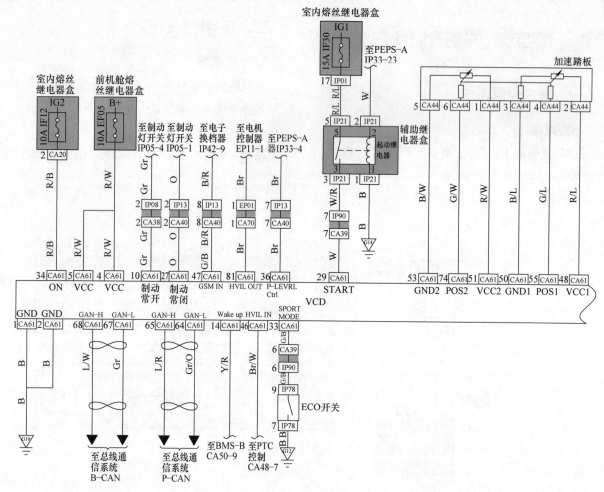

图 7-38 自主 VCU 控制单元电路图（续）

3. 故障码

故障码见表 7-27。

表 7-27 故障码表

故障码	故障描述	设置条件
P100011	VCU 主继电器错误	对地短路或开路
P100012	VCU 主继电器错误	对电源短路
P100111	VCU 模拟的 P 档硬线错误	对地短路或开路
P100112	VCU 模拟的 P 档硬线错误	对电源短路
P100262	钥匙 ON 档合理性错误	—
P100362	钥匙 START 档合理性错误	—
P212211	节气门 1 信号值过低	对地短路或开路
P212315	节气门 1 信号值过高	对电源短路
P212711	节气门 2 信号值过低	对地短路或开路
P212815	节气门 2 信号值过高	对电源短路
P213862	两路节气门信号合理性错误	—
P05E062	两路制动信号合理性错误	—
P0CEB11	电机系统水泵控制信号错误	对地短路
P0CEC15	电机系统水泵控制信号错误	对电源短路或开路
P0A0A11	VCU 高压互锁断开	—
P0A0A15	VCU 高压互锁短路故障	—
P215A64	VCU 输出车速 PWM 信号错误	—

（续）

故障码	故障描述	设置条件
P060C00	转矩监控检测出错误（Level 2）	—
U002888	车身 CAN 总线 Busoff	—
U003788	动力 CAN 总线 Busoff	—
P100411	VCU 给出的 DC/DC 使能硬线错误	对地短路或开路
P100412	VCU 给出的 DC/DC 使能硬线错误	对电源短路
P100511	VCU 给出的 T-Lock 使能硬线错误	对地短路或开路
P100512	VCU 给出的 T-Lock 使能硬线错误	对电源短路
P100811	高速风扇	VCU 控制的信号对地开路或短路
P100812	高速风扇	VCU 控制的信号对电源短路
P100911	低速风扇	VCU 控制的信号对地开路或短路
P100912	低速风扇	VCU 控制的信号对电源短路
P100A11	电机水泵使能	VCU 控制的信号对电源短路
P100A12	电机水泵使能	VCU 控制的信号对地开路或短路
U34A882	电机控制器报文循环计数错误（IPUMOT_General, 0x171）	—
U24A881	电机控制器报文校验和错误（IPUMOT_General, 0x171）	—
U34A982	电机控制器报文循环计数错误（IPUMOT_Temp, 0x179）	—
U24A981	电机控制器报文校验和错误（IPUMOT_Temp, 0x179）	—
U34AA82	电机控制器报文循环计数错误（IPUMOT_Limits, 0x181）	—
U24AF81	电机控制器报文校验和错误（IPUMOT_Limits, 0x181）	—
U34AB82	DC-DC 报文循环计数错误（IPUDCDC_General, 0x379）	—
U24AA81	DC-DC 报文校验和错误（IPUDCDC_General, x0379）	—
U34AC82	电机控制器报文循环计数错误（IPU_Calibrate, 0x37A）	—
U24AB81	电机控制器报文校验和错误（IPU_Calibrate, 0x37A）	—
U34AD82	BMS 报文循环计数错误（BMS_General, 0x230）	—
U24AC81	BMS 报文校验和错误（BMS_General, 0x230）	—
U34EA82	BMS 报文循环计数错误（BMS_VolCurr, 0x2A6）	—
U24AD81	BMS 报文校验和错误（BMS_VoltCurr, 0x2A6）	—
U34AE82	BMS 报文循环计数错误（BMS_Volt, 0x36A）	—
U24AE81	BMS 报文校验和错误（BMS_Volt, 0x36A）	—
U34EB82	BMS 报文循环计数错误（BMS_Temp, 0x36C）	—
U24EA81	BMS 报文校验和错误（BMS_Temp, 0x36C）	—
U34EC82	BMS 报文循环计数错误（BMS_PwrLimit, 0x377）	—
U24EB81	BMS 报文校验和错误（BMS_PwrLimit, 0x377）	—
U34ED82	BMS 报文循环计数错误（BMS_Fault, 0x380）	—
U24EC81	BMS 报文校验和错误（BMS_Fault, 0x380）	—
U34EE82	车载充电机报文循环计数错（CCU_InternalValues, 0x611）	—
U24ED81	车载充电机报文校验和错误（CCU_InternalValues, 0x611）	—
U34EF82	车载充电机报文循环计数错误（CCU_Temperature, 0x613）	—
U24EE81	车载充电机报文校验和错误（CCU_Temperature, 0x613）	—
U24EF81	档位器报文校验和错误（GSM_GearPosition, 0x250）	—
U34F082	档位器报文循环计数错误（GSM_GearPosition, 0x250）	—
U34F182	安全气囊控制器报文循环计数错（ACU_ChimeTelltaleReq, 0x268）	—
U24F081	安全气囊控制器报文校验和错误（ACU_ChimeTelltaleReq, 0x268）	—
U34F282	电动压缩机报文循环计数错误（Comp_Status, 0x326）	—
U24F181	电动压缩机报文校验和错误（Comp_Status, 0x326）	—

(续)

故障码	故障描述	设置条件
U24F281	空调面板报文校验和错误（AC_Control, 0x324）	—
U34F382	空调面板报文循环计数错误（AC_Control, 0x324）	—
U34F482	ESP 报文循环计数错误（ABS_ESP_Status, 0x68）	—
U24F381	ESP 报文校验和错误（ABS_ESP_Status, 0x68）	—
U34F582	ESP 报文循环计数错误（ESP_TorqueRequset, 0x25）	—
U24F481	ESP 报文校验和错误（ESP_TorqueRequset, 0x25）	—
U34F882	ESP 报文循环计数错误（ABS_ESP_RegenTorqueRequest, 0xB7）	—
U24F781	ESP 报文校验和错误（ABS_ESP_RegenTorqueRequest, 0xB7）	—
U34F982	EPB 报文循环计数错误（EPB_StatusControl, 0x10D）	—
U24F881	EPB 报文校验和错误（EPB_StatusControl, 0x10D）	—
U34FA82	ACM 报文循环计数错误（ACM_Control, 0x3F4）	—
U24F981	ACM 报文校验和错误（ACM_Control, 0x3F4）	—
U017687	与驻车锁 PCU 通信丢失	—
U021487	与一键起动 PEPS 通信丢失	—
U015587	与仪表 ICU 通信丢失	—
U311000	车辆信息错误	—
U311001	VCU 信息错误	—
P100D04	BMS 降功率	—
P100E04	BMS 预充失败	—
P100F04	BMS 系统故障	—
P101104	电池故障等级处于降功率	—
P101204	电池故障等级处于软关闭	—
P101304	BMS 故障等级处于关断	—
P101704	车载充电机错误等级处于降功率	—
P101804	车载充电机故障等级处于零输出	—
P101904	车载充电机故障等级处于关闭	—
P101A04	车载充电状态降功率	—
P101B04	电机控制器电压过高	—
P101C04	电机控制器电压超高	—
P101D04	电机控制器电压过低	—
P101E04	电机控制器电压超低	—
P101F04	电机控制器电流超负限	—
P102004	电机控制器电流超正限	—
P102104	电机实际转矩小于负转矩限值	—
P102204	电机实际转矩大于正转矩限值	—
P102304	电机温度过高	—
P102404	电机温度超高	—
P102504	电机控制器温度过高	—
P102604	电机控制器温度超高	—
P102704	电机控制器进水口温度过高	—
P102804	电机控制器进水口温度超高	—
P102904	电机控制器故障等级1（降功率）	—
P102A04	电机控制器故障等级2（关闭输出）	—
P102B04	电机控制器故障等级3（下电）	—
P102C04	电机处于限功率状态	—

（续）

故障码	故障描述	设置条件
P102D04	电机超速	—
P102E02	电机转速信号错误	—
P102F02	EBD 报故障	—
P103002	ABS 报故障	—
P103102	TCS 报故障	—
P103202	EPS 报故障	—
P103304	加速踏板错误（零转矩）	—
P103404	加速踏板错误（降功率）	—
P103504	加速踏板错误（报警）	—
P103604	制动踏板错误	—
P103704	制动踏板报警	—
P103804	DC/DC 故障等级 1（降功率）	—
P105F63	充电后 IPU 执行关闭请求超时	—
P106029	检测到碰撞信号	—

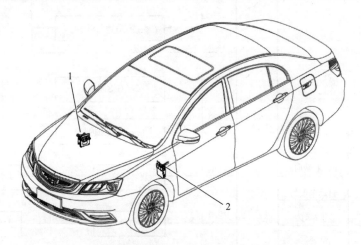

图 7-39　车辆控制系统 VCU 与 BCM 安装位置
1—整车控制器（VCU）　2—车身控制模块（BCM）

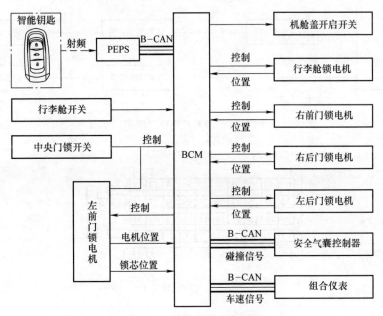

图 7-40　中控门锁电气原理

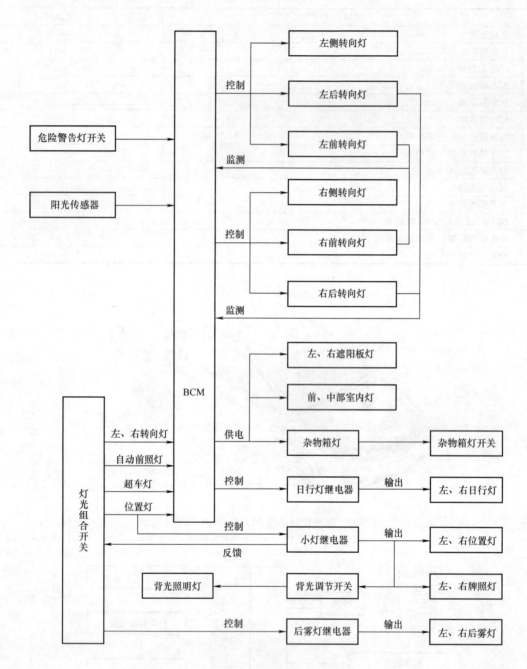

图 7-41　照明系统电气原理

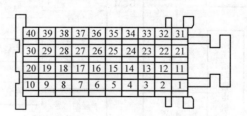

图 7-42　BCM 端子 1

BCM 端子 1 定义与检测值见表 7-28。

表 7-28　BCM 端子 1 定义与检测值

端子号	定义	线径/(mm²)/颜色	端子状态	规定条件（电压、电流、波形）
1	—	—	—	—
2	后刮水器开关（预留）	0.5 G/W	输入	—
3	机舱盖接触开关	0.5 R/W	输入	低电平
4	驾驶人侧闭锁器状态	0.5 Gr/W	输入	低电平
5	行李舱接触开关	0.5 B/Y	输入	低电平
6	自动光线传感器信号	0.5 P	输入	低电平
7	前刮水器低速档	0.5 W/B	输入	—
8	倒档车继电器	0.5 R/B	输入	—
9	右转向灯开关	0.5 R/L	输入	低电平
10	左前门锁电机	0.5 B/Y	输入	低电平
11	—	—	—	—
12	—	—	—	—
13	防盗指示灯输出	0.35 L/W	输出	低电平
14	座椅加热器使能输出	0.5 P/B	输出	低电平
15	车速信号输入（预留）	—	输入	周期
16	位置灯继电器输出及开关	0.5 B/W	输入/输出	高电平
17	前照灯继电器驱动及开关	0.5 B/G	输入/输出	高电平
18	右后门锁电机	0.35 R/Y	输入	低电平
19	左后门锁电机	0.35 B/O	输入	低电平
20	中控锁内部开锁开关	0.5 B/L	输入	低电平
21	前转向灯检测	0.5 G/Br	输入	—
22	碰撞信号输入（预留）	—	输入	低电平（周期）
23	左前门锁电机	0.35 B/O	输入	低电平
24	后除霜开关	0.35 L	输入	低电平
25	行李舱开启开关	0.75 W/G	输入	高电平
26	—	—	—	—
27	左转向灯开关	0.5 Y/R	输入	低电平
28	警告灯开关	0.35 Gr	输入	低电平
29	LIN 总线	0.5 G	总线	—
30	CAN-H	0.5 L/W	总线	—
31	自动灯光开关	0.5 Y/B	输入	高电平
32	—	—	—	—
33	IG1	0.5 G/R	输入	高电平
34	—	—	—	—
35	后转向灯检测	0.5 G/Y	输入	—
36	后刮水器间开关歇档	0.5 V	输入	—
37	中控锁锁止开关	0.5 G/R	输入	低电平
38	振动传感器（预留）	—	输入	低电平
39	右前门锁电机	0.5 B/L	输入	低电平
40	CAN-L	0.5 Gr	总线	—

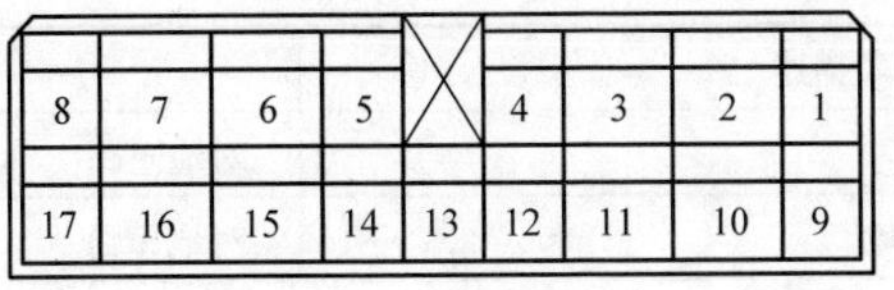

图 7-43　BCM 端子 2

BCM 端子 2 定义与检测值见表 7-29。

表 7-29 BCM 端子 2 定义与检测值

端子号	定义	线径/(mm²)/颜色	端子状态	规定条件（电压、电流、波形）
1	内部顶灯输出	0.5 B/W	输出	低电平
2	日行灯继电器输出	0.5 O	输出	低电平
3	远光继电器驱动输出	0.5 Br	输出	低电平
4	左转向灯输出	0.5 G/B	输出	高电平
5	电源地	0.5 B	GND	低电平
6	节电功能电源	0.75 R	PVbat	高电平
7	—	—	—	—
8	行李舱开启输出	0.75 W/B	输出	高电平
9	超级锁输出	0.75 Y	输出	高电平
10	超级锁电源	0.75 L	电源	高电平
11	—	—	—	—
12	—	—	—	—
13	右转向灯输出	0.5 G/R	输出	高电平
14	转向灯电源	0.5 W/B	电源	高电平
15	节电功能输出	0.5 R/W	输出	高电平
16	电源地	0.5 B	GND	低电平
17	行李舱开启电源	0.75 L	电源	高电平

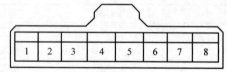

图 7-44 BCM 端子 3

BCM 端子 3 定义与检测值见表 7-30。

表 7-30 BCM 端子 3 定义与检测值

端子号	定义	线径/(mm²)/颜色	端子状态	规定条件（电压、电流、波形）
1	报警喇叭电源	0.5 L/B	IGN	高电平
2	报警喇叭输出	0.5 P/B	输出	高电平
3	后除霜控制输出	2.0 L	输出	高电平
4	后除霜电源	2.0 R	B+	高电平
5	中控锁止输出	0.75 Y/B	输出	高电平
6	中控开锁输出	0.75 W/B	输出	高电平
7	中控锁电源	0.75 L	B+	高电平
8	电源地	2.0 B	GND	高电平

4. 故障码

故障码内容见表 7-31。

表 7-31 故障码表

故障码	故障描述	设置条件
B1300	中央门锁门锁开关电路故障	对地短路
B1310	中央门锁开锁开关电路故障	对地短路
B1301	内部车门锁止电路故障	对地短路

第七章　吉利帝豪300/450型EV汽车

(续)

故障码	故障描述	设置条件
B1311	内部车门开锁电路故障	对地短路
B1319	驾驶人侧车门接触电路故障	对地短路
B1327	乘员侧车门接触电路故障	对地短路
B1335	右后车门接触电路故障	对地短路
B1571	左后车门接触电路故障	对地短路
B1551	行李舱开启开关电路故障	对地短路
B1331	行李舱接触电路故障	对地短路
B1519	发动机舱盖接触电路故障	对地短路
B1499	左转信号灯电路故障	电路对电池开路或短路
B1503	右转信号灯电路故障	电路对电池开路或短路
B1342	ECU故障	—
B1343	后风窗除霜电路故障	对地短路
B1875	危险警告开关电路故障	对地短路
B2281	右转开关电路故障	对地短路
B2282	左转开关电路故障	对地短路
B1695	自动灯电路故障	对KL30电路短路
B2598	前照灯电路和前照灯外继电器故障	对KL30电路短路
B1697	位置灯电路和位置灯外继电器故障	对KL30电路短路
B1093	驾驶人侧车门开关电路故障	对地短路
B1612	后刮水器持续刮水电路故障	对KL15电路短路
B1611	后刮水器间歇刮水电路故障	电路开路
B2114	后风窗洗涤器电路故障	对KL15电路短路
B2116	倒档开关电路故障	对KL15电路短路
B1317	电池电压过高	—
B1318	电池电压过低	—
B2477	模块配置故障	—
B2600	阳光传感器暗故障	阳光传感器暗超出阈值
B2601	阳光传感器亮故障	阳光传感器亮超出阈值
U2200	CAN与ABS通信故障	与ABS无通信
U2210	CAN与ACU通信故障	与ACU无通信
U2230	CAN与EMS通信故障	与EMS无通信
U2260	Lin电气故障	BCM不能够在LIN上发送一个帧
U2250	DDAPWL LIN通信响应故障	BCM未接收到DDAPWL模块发出的响应信号
U2253	PDAPWL LIN通信响应故障	BCM未接收到PDAPWL模块发出的响应信号
U2257	RRAPWL LIN通信响应故障	BCM未接收到RRAPWL模块发出的响应信号
U2255	RLAPWL LIN通信响应故障	BCM未接收到RLAPWL模块发出的响应信号
B1615	前刮水器低速电路故障	对地短路
U2600	BCM总线中断	BCM CAN总线故障

第八章 吉利博瑞GE型PHEV汽车

第一节 高压电源系统

一、高压电池系统

1. 技术参数

1) 高压电池技术参数见表8-1。

表8-1 技术参数

应用	规格
高压电池类型	锂离子电池
额定电压	306.6V
额定容量	37A·h
高压电池总能量	11.3kW·h
冷却方式	水冷
产品重量	127kg
充电电流	16A
放电电流	37A

2) 水泵技术参数见表8-2。

表8-2 技术参数

应用	规格
工作温度	-40~125℃
产品介质温度范围	-40~120℃
工作电压	9~16V
绝缘电阻	≥10MΩ
泄漏率	≤3mL/min
流量（扬程70kPa）	7.5L/min
流量（扬程60kPa）	19.5L/min
流量（扬程40kPa）	28.5L/min

2. 端子定义

博瑞GE电池管理器安装位置如图8-1所示，低压端子见图8-2，低压端子定义见表8-3。

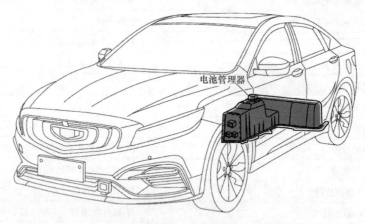

图8-1 博瑞GE电池管理器安装位置

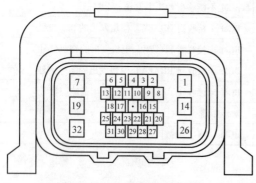

图8-2 电池管理器低压端子

表8-3 电池管理器低压端子定义

端子号	线色	定义
1	R/Y	蓄电池电源
2	L	主继电器非持续电源
3~6	—	—
7	B/W	接地
8		
9	W/L	车载充电器输入
10	L/W	电机控制器输出

第八章 吉利博瑞 GE 型 PHEV 汽车

(续)

端子号	线色	定义
11～15	—	—
16	R/Y	碰撞信号输入
17～18	—	—
19	B/W	接地
20～23	—	—
24	G	HBCAN-L
25、26	—	—
27	Y	HBCAN-H
28～32	—	—

二、高压充电系统

1. 技术参数

技术参数见表 8-4。

表 8-4 技术参数

项目	参数	单位
输入电压	85～265	V（AC）
输入频率	45～65	Hz
输入最大电流（6.6kW）	32	A
输入最大电流（3.3kW）	16	A
输出电压（6.6kW）	200～450	V（DC）
输出电压（3.3kW）	270～430	V（DC）
输出最大功率（6.6kW）	6.6	kW
输出最大功率（3.3kW）	3.3	kW
输出最大电流	24	A
效率	≥93%	—
质量（6.6kW）	6.6	kg
工作温度	-40～85	℃
冷却液类型	50%水+50%乙二醇（均为体积分数）	—
冷却液流量要求	6～8	L/min

2. 端子定义

博瑞 GE 车载充电机和充电口的位置如图 8-3 所示。

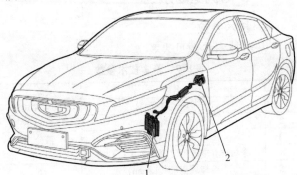

图 8-3 博瑞 GE 车载充电机和充电口的位置
1—车载充电机 2—充电口

车载充电机低压端子如图 8-4 所示，低压端子定义见表 8-5。

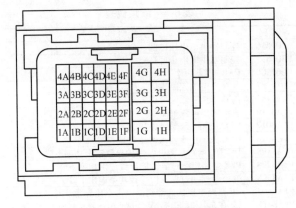

图 8-4 车载充电机低压端子

表 8-5 车载充电机低压端子定义

端子号	线色	定义
1A～2A	—	—
3A	GR/R	充电感应信号
4A	Y	HBCANH
1B～2B	—	—
3B	W/B	充电枪电压
4B	G	HBCANL
1C	—	—
2C	L/W	温度传感器信号
3C	—	—
4C	BR	车载充电器输出
1D	—	—
2D	BR/W	温度传感器接地
3D	—	—
4D	W/L	车载充电器输入
1E	Y/B	LED 绿色
2E	GR/L	LED 黑色
3E～4E	—	—
1F	BR/L	LED 红色
2F	B	LED 接地
3F	—	—
4F	L/Y	车载充电器充电插座锁止信号
1G～3G	—	—
4G	B	接地
1H	V/W	车载充电器电源
2H	—	—
3H	LG/B	锁止车载充电器输入
4H	LG	锁止车载充电器输出

3. 故障码

故障码内容见表8-6。

表8-6 故障码表

故障码	说明
U300616	控制器供电电压过低
U300617	控制器供电电压过高
U007300	CAN 总线关闭
U011287	与高压电池控制通信丢失
U111487	与整车控制器通信丢失
P1A8019	直流输出电流过高
P1A8017	OBC 关闭由于输入电压过高
P1A8016	OBC 关闭由于输入电压过低
P1A8198	DC/DC 电路检测过温保护导致输出功率下降
P1A8298	PFC 电路检测过温保护导致输出功率下降
P1A8398	变压器检测过温保护导致功率输出下降
P1A8403	CP 在充电机的内部测试点空占比异常
P1A841C	CP 在充电机的内部6V测试点电压异常（S2关闭以后）
P1A851C	CP 在充电机的内部9V测试点电压异常（S2关闭以前）
P1A8538	CP 在充电机的内部测试点频率异常（S2关闭以前）
P1A8617	输出电压过高关机
P1A8616	输出电压过低关机
P1A8600	温度过低关机
P1A8698	温度过高关机
P1A8719	输入过载
P1A8800	电子锁故障
P1A8806	自检故障

三、高压分配系统

1. 系统介绍

混合动力车有一套高压供电系统。高压供电系统由高压电池为电机控制器、动力合成箱、电动压缩机等高压部件提供能量。此外，高压电池还有一套交流慢充充电系统。所有的高压部件都由高压配电系统连接输送电能。高压配电系统主要包括以下部件：动力线束总成、PEU-电机连接电缆、PTC线束、分线盒-PEU连接线缆等。

博瑞GE车型高压配电系统线束分布如图8-5所示。

2. 系统电路

高压配电系统电路如图8-6所示。

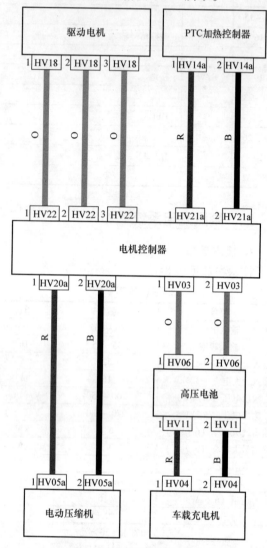

图8-6 高压配电系统电路

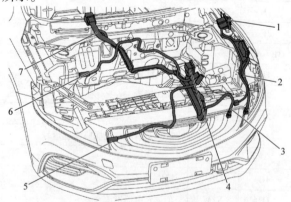

图8-5 博瑞GE高压配电系统线束分布
1—交流充电插座线束连接器 2—车载充电机线束连接器2
3—车载充电机线束连接器1 4—电机控制器线束连接器
5—电动压缩机线束连接器 6—PTC加热控制器线束连接器
7—高压电池线束连接器

第二节 动力驱动系统

一、电机驱动系统

1. 技术参数

基本技术参数见表8-7。

表8-7 基本技术参数

序号	名称	要求
1	工作环境温度/℃	-40 ~ +105
2	允许工作海拔/m	3500 以下
3	冷却方式	液冷
4	冷却液温度范围（全功率运行）/℃	65 以下
5	冷却液流量/(L/min)	<6
6	防护等级	IP6K9K
7	重量/kg	<11

性能技术参数见表8-8。

表8-8 性能技术参数

项目	参数	单位
工作电压	198~387	VDC
持续转矩	60	N·m
峰值转矩	130	N·m
持续功率	25	kW
峰值功率	60	kW
最高转速	11500	RPM

2. 系统说明

CIDD内部集成1个电机控制单元、1个DC/DC变换器单元和1个高压分线盒。CIDD采用CAN总线通信，电机控制器能够按照控制指令的要求，对三相交流永磁同步电机进行控制。DC/DC变换器将直流母线上的高压变换为低压，给车辆12V低压蓄电池充电，供低压用电设备使用。高压分线盒将高压直流母线经熔丝分别为PTC和ACCM提供高压电能。电机控制系统原理框图如图8-7所示。

3. 端子定义

驱动电机控制器安装位置如图8-8所示。

驱动电机控制器低压端子如图8-9所示，端子定义见表8-9。

4. 系统电路

2018款博瑞GE PHEV车型驱动电机控制电路如图8-10所示。

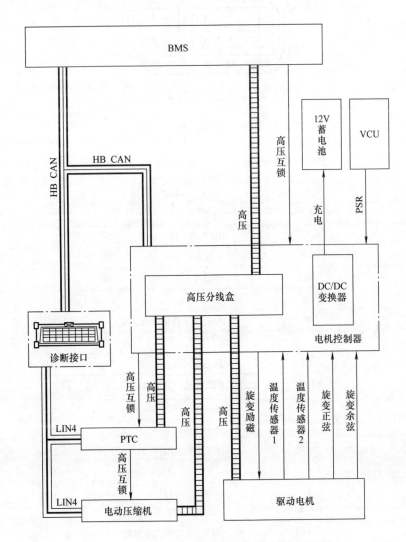

图8-7 电机控制系统原理框图

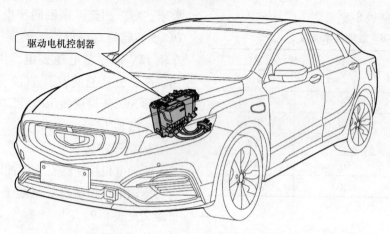

图 8-8 驱动电机控制器安装位置

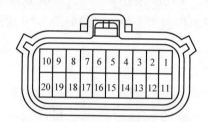

图 8-9 驱动电机控制器低压端子

表 8-9 驱动电机控制器低压端子定义

端子号	线色	定义
1	R	电源
2	L	电动变压器正旋转输入
3	R/Y	电源
4	Y	HBCAN – H
5	G	HBCAN – L
6	GR/R	驱动电机 1 接地
7	—	—
8	W	电动变压器正余弦输入
9	—	—
10	L/W	高压输入
11	BR	PTC 加热控制器输出
12	G/B	电动变压器负余弦输出
13	W/B	驱动电机 1 电源
14	G/Y	驱动电机 2 电源
15	—	—
16	V	电机控制器信号
17	BR/W	电动变压器负旋转输出
18	LG	电动变压器驱动电机输入
19	LG/R	电动变压器驱动电机输出
20	R/Y	驱动电机 2 接地

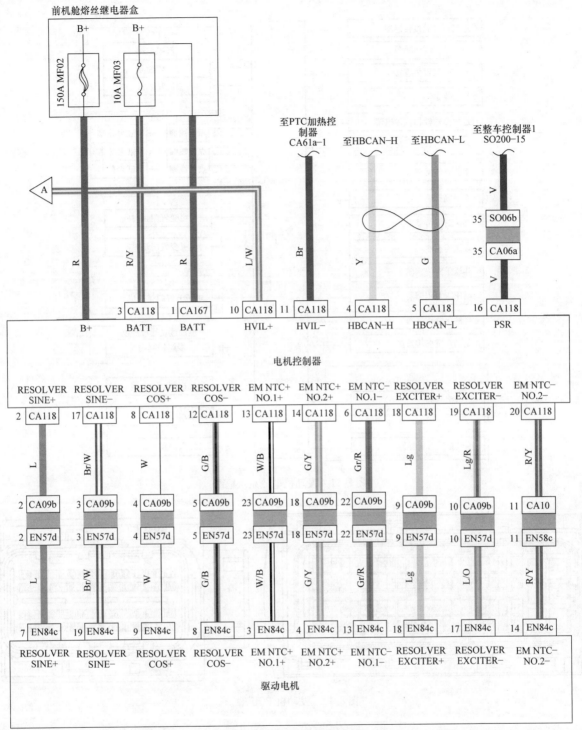

图 8-10 驱动电机控制电路

二、JLH-3G15TD 混动发动机

1. 系统说明

JLH-3G15TD 发动机是吉利公司最新开发的缸内直喷、直列三缸 1.5L 带废气涡轮增压 12 气门 DOHC 发动机，该发动机使用双可变气门正时系统（DVVT）、DIS（直接点火系统）和电子节气门体控制系统。该控制系统主要由发动机控制模块 ECU、ECU 工作电路、系统输入、输出部件组成。发动机电控系统原理框图如图 8-11 所示。

2. 端子定义

发动机 ECU 端子如图 8-12 所示，端子定义见表 8-10、表 8-11。

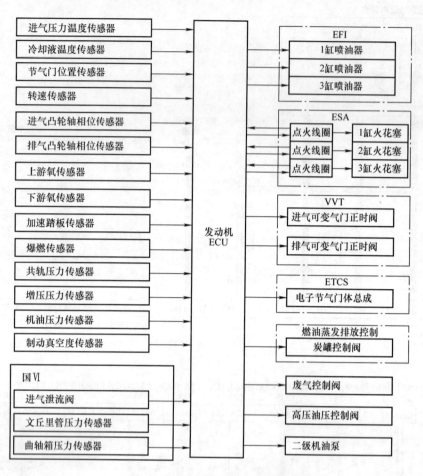

图 8-11 发动机电控系统框图

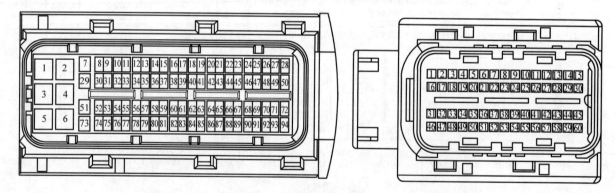

图 8-12 发动机 ECU 端子

表 8-10 发动机 ECU94 针端子定义

端子号	名称	线色	定义	状态
1	G. G. EL	B	ECM 搭铁线	—
2	G. G. EL	B	ECM 搭铁线	—
3	V. V. MRLY	R/L	主继电器非持续电源	起动开关 ON
4	G. G. EL	B	ECM 搭铁线	—
5	V. V. MRLY	R/L	主继电器非持续电源	起动开关 ON
6	V. V. MRLY	R/L	主继电器非持续电源	起动开关 ON

(续)

端子号	名称	线色	定义	状态
7	O. T. LSU	R	上游氧传感器搭铁	加热时
8	—	—	—	—
9	—	—	—	—
10	—	—	—	—
11	SNR GND	Gr/B	传感器搭铁	—
12	—	—	—	—
13	BV SNR	W/L	真空度传感器信号	发动机运行时
14	—	—	—	—
15	O. T. FAN	Y/R	冷却风扇信号	冷却液温度达到开启温度
16	I. S. DMTLH	Br/R	油箱负压信号	起动开关 ON
17	V. V. 5VV1	V/R	传感器 5V 电源	发动机运行时
18	—	—	—	—
19	BRAKE LIGHT SW	Y/V	制动灯	起动开关 ON
20	A/C REQUEST	Y/G	空调压力开关	开或关
21	SNR GND	Br/W	传感器搭铁 2	—
22	—	—	—	—
23	—	—	—	—
24	BREAK SW	Y/B	制动开关	制动时
25	L. S. DMTLP	Lg/B	油箱液面高度信号	起动开关 ON
26	—	—	—	—
27	—	—	—	—
28	—	—	—	—
29	O. S. LSF1	W	下游氧传感器搭铁	加热时
30	V. V. UBD	R/Y	ECM 持续电源	—
31	STR SIGNAL	P/L	起动信号	起动开关 START
32	—	—	—	—
33	G. R. LSF1	R/W	下游氧传感器加热负	加热时
34	—	—	—	—
35	—	—	—	—
36	I. A. TMOT2	G/W	发动机冷却液温度传感器	发动机运行时
37	I. A. ETTP	W	文丘里管压力传感器信号	发动机运行时
38	—	—	—	—
39	—	—	—	—
40	I. A. GPFT2	P/L	GPF 后端温度信号	发动机运行时
41	E. A. BVS	Y	真空度传感器信号	起动开关 ON
42	—	—	—	—
43	—	—	—	—
44	PT CAN – L	Y/B	PT CAN – L	起动开关 ON
45	PT CAN – H	C	PT CAN – H	起动开关 ON
46	A. T. TEN	B/Y	炭罐控制阀	发动机运行时
47	STARTER REQUEST SIGNAL	Br/Y	起动请求信号	起动开关 START

(续)

端子号	名称	线色	定义	状态
48	I. A. CHP	W/G	曲轴箱压力传感器信号	发动机运行时
49	LPFP RLY	W	油泵继电器	起动开关 ON
50	AC RLY	L/W	空调压缩机继电器	空调开关 ON
51	I. S. DMTLV	Gr	油箱真空度信号	起动开关 ON
52	I. A. APP2	Br/Y	电子加速踏板信号 2	起动开关 ON
53	—	—	—	—
54	—	—	—	—
55	—	—	—	—
56	—	—	—	—
57	WGCV	L	废气控制阀信号	起动开关 ON
58	—	—	—	—
59	V. V. 5V	V/W	增压压力传感器 5V 电源	发动机运行时
60	—	—	—	—
61	I. A. APP2	Gr/R	电子加速踏板信号 2	起动开关 ON
62	I. A. LSF1	P/G	下游氧传感器加热正	加热时
63	PRESSURE SNR	G/B	增压压力传感器信号	发动机运行时
64	—	—	—	—
65	LIN	V	LIN 信号	起动开关 ON
66	—	—	—	—
67	—	—	—	—
68	—	—	—	—
69	MAIN RLY	W/G	主继电器	所有
70	STARTER REEDBACK	P	起动机反馈信号	发动机起动时
71	SNR GND	Br	传感器搭铁	—
72	—	—	—	—
73	—	—	—	—
74	—	—	—	—
75	—	—	—	—
76	I. A. LSUVM1	L/R	上游氧传感器加热正	加热时
77	I. A. LSUUN1	Lg	上游氧传感器加热负	加热时
78	—	—	—	—
79	I. A. LSUIP1	P/B	上游氧传感器信号	发动机运行时
80	G. R. APP1	L/B	电子加速踏板信号 1	起动开关 ON
81	V. V. APP2	R/G	电子加速踏板信号 2	起动开关 ON
82	V. V. APP1	W/R	电子加速踏板信号 1	起动开关 ON
83	I. A. APP1	R/L	电子加速踏板信号 1	起动开关 ON
84	—	—	—	—
85	—	—	—	—
86	—	—	—	—
87	I. S. T15	G/Y	ECM 电源	起动开关 ON

第八章 吉利博瑞 GE 型 PHEV 汽车

（续）

端子号	名称	线色	定义	状态
88	—	—	—	—
89	HB CAN – L	Y	HB CAN – L	起动开关 ON
90	HB CAN – L	L	HB CAN – L	起动开关 ON
91	—	—	—	—
92	—	—	—	—
93	—	—	—	—
94	—	—	—	—

表 8-11 发动机 ECU60 针端子定义

端子号	名称	线色	定义	状态
1	O. T. TVP	G	节气门执行器	起动开关 ON
2	O. T. TVN	L	节气门执行器	起动开关 ON
3	FPCV –	B	高压油压控制阀 –	起动开关 ON
4	FPCV +	W	高压油压控制阀信号 +	起动开关 ON
5	O. T. CVVTE	G/Y	排气可变气门正时阀信号	发动机运行时
6	G. R. SEN5VE1	B	传感器 5V 电源	起动开关 ON
7	V. V. 5VHALL	G	转速传感器 5V 电源	发动机运行时
8	I. A. TVP	R/W	节气门位置传感器	起动开关 ON
9	—	—	—	—
10	KNOCK SNR +	W/R	爆燃传感器信号 –	发动机运行时
11	I. A. ITAS	W/G	进气温度传感器信号	起动开关 ON
12	I. A. MAP	G/R	进气压力传感器信号	起动开关 ON
13	I. S. EL	L/B	右近光灯	起动开关 ON
14	FRP SNR	G/W	共轨压力传感器信号	发动机运行时
15	—	—	—	—
16	O. S. OCV	V	二级机油泵	起动开关 ON
17	—	—	—	—
18	O. T. TEV	Y	炭罐控制阀信号	起动开关 ON
19	—	—	—	—
20	VCTC（INTAKE）	W	进气可变气门正时阀信号	发动机运行时
21	—	—	—	—
22	—	—	—	—
23	ENG SPEED SNR	Br/R	转速传感器信号	发动机运行时
24	I. A. TVP1	R/L	节气门位置传感器	起动开关 ON
25	KNOCK SNR	W/R	爆燃传感器信号 +	发动机运行时
26	SNR GND	B	传感器搭铁	发动机运行时
27	V. V. 5VE1	Y	相位传感器 5V 电源	发动机运行时
28	SNR GND	Gr/B	转速传感器搭铁	发动机运行时
29	G. R SEN5VE2	Gr	传感器搭铁	发动机运行时
30	—	—	—	—

（续）

端子号	名称	线色	定义	状态
31	O. P. BANK1_L	Br	喷油器1	发动机运行时
32	O. P. HDEV2_1	G/B	喷油器2	发动机运行时
33	O. P. HDEV1_1	Br/W	喷油器1	发动机运行时
34	O. P. BANK3_L	L/W	喷油器3	发动机运行时
35	—	—	—	—
36	I. T. GPFPD	G	GPF压差传感器信号	发动机运行时
37	O. P. ICC1	W/B	点火线圈1	发动机运行时
38	O. P. ICC2	Br	点火线圈2	发动机运行时
39	O. P. ICC3	V/W	点火线圈3	发动机运行时
40	—	—	—	—
41	I. A. TVP2	B/V	节气门位置传感器	起动开关ON
42	I. T. OIL_PT	W/B	机油压力温度传感器信号	发动机运行时
43	SNR GND	L/W	传感器搭铁	发动机运行时
44	V. V. 5VE1	Y/R	传感器5V电源	发动机运行时
45	—	—	—	—
46	O. P. BANK3_L	L	喷油器3	发动机运行时
47	—	—	—	—
48	O. P. HDEV2_L	G	喷油器2	发动机运行时
49	—	—	—	—
50	—	—	—	—
51	G. R. TVP	Br	节气门位置传感器	起动开关ON
52	V. V. 5VE2	G/R	机油压力温度传感器5V电源	发动机运行时
53	CPI SNR	B	进气相位信号	发动机运行时
54	CPE SNR	L	排气相位传感器信号	发动机运行时
55	—	—	—	—
56	I. A. GPFT1	Y/B	GPF温度信号	发动机运行时
57	TEMP SNR WATER	Y/B	发动机冷却液温度传感器	发动机运行时
58	—	—	—	—
59	—	—	—	—
60	—	—	—	—

三、7DCTH 变速器

1. 技术参数

技术参数见表8-12。

表8-12 技术参数

项目	参数	单位	项目	参数	单位
变速器质量	≤125	kg	5档速比	3.729	—
最大输入转矩	330	N·m	6档速比	2.956	—
变速器油品	shell spirax s5 DCT10	—	7档速比	2.492	—
变速器油加注量	4.5	L	电机速比	1.593	—
1档速比	16.401	—	R档速比	13.499	—
2档速比	9.650	—	主减速比1	4.647	—
3档速比	6.697	—	主减速比2	3.435	—
4档速比	4.863	—			

2. 总成介绍

混动变速器组成部件位置如图 8-13、图 8-14 所示。

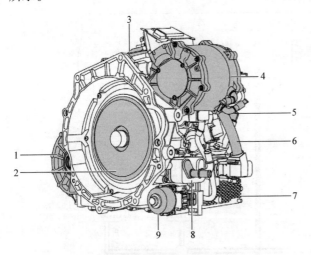

图 8-13 混动变速器组成部件（一）
1—离合器壳体 2—双离合器总成 3—电液控制器
4—驱动电机总成 5—换挡电机控制器 6—变速器线束
7—变速器控制单元（TCU） 8—油冷器 9—电子油泵

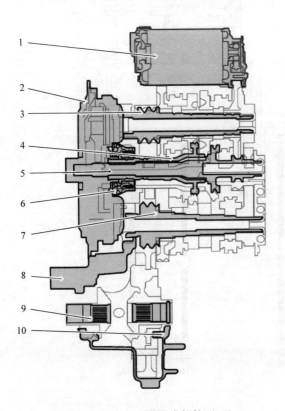

图 8-14 混动变速器组成部件（二）
1—电机总成 2—湿式双离合器（DWC） 3—输出1轴
4—输入2轴 5—输入1轴 6—离合器分离结构（CRS）
7—输出2轴 8—离合器壳体 9—差速器
10—变速器壳体

第三节 温度管理系统

一、电机冷却系统

1. 系统介绍

本车电机冷却系统由以下部件组成：电机控制系统、电动水泵、散热器、相关管路，相关部件位置见图 8-15。

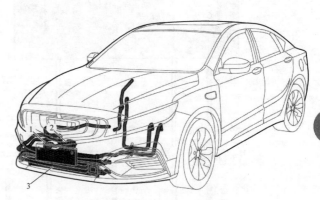

图 8-15 电机冷却系统部件位置
1—液气分离器 2—电动水泵 3—电机散热器

冷却系统的作用就是通过冷却液循环散热为电机控制系统进行冷却，并且通过热交换管理模块及整车管路，在适当的时候给高压电池加热。

电动水泵由低压电路驱动，为冷却液的循环提供压力。在电动水泵的驱动下，冷却液在管路中的流向如图 8-16 所示。

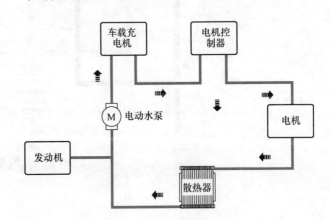

图 8-16 冷却液流向图

2. 系统电路

高压冷却系统电路如图 8-17 所示。

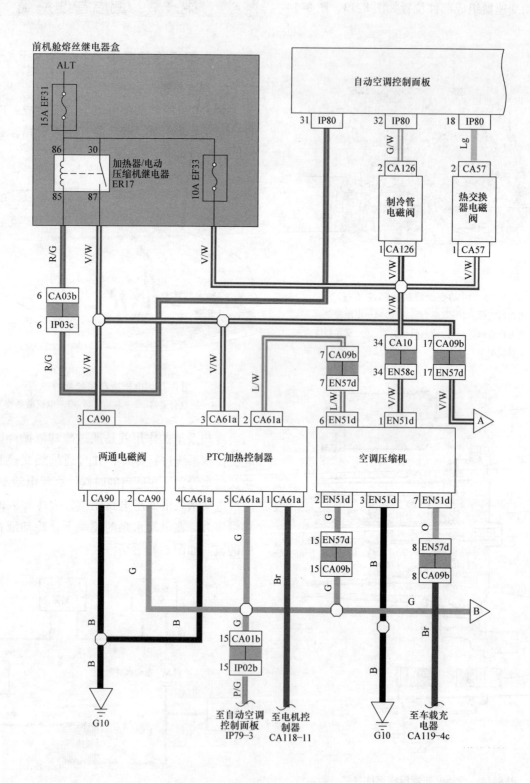

图 8-17 高压

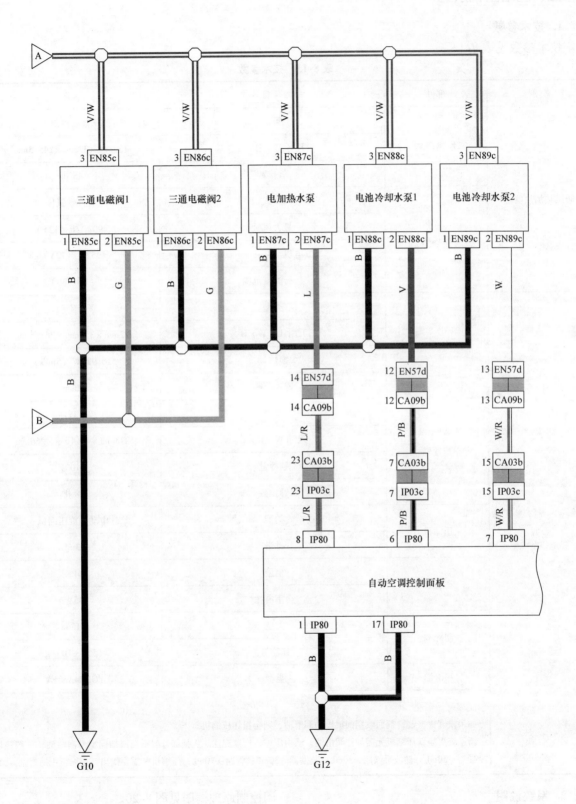

冷却系统电路

二、自动空调系统

1. 技术参数

技术参数见表 8-13。

表 8-13 技术参数

类别	部件	项目	说明
通风和加热器芯	加热器芯	类型	直流铝制
		尺寸 W×H×L	150mm×32mm×245.5mm
		管排数	45 排
	鼓风机	型式	直流铁氧体
		最大风量	490m³/h（12V）
		电机消耗功率	252W（12V）
		运行温度范围	-40~80℃
空调	冷凝器	类型	平行流动式
		尺寸 L×W×H	12mm×350mm×761.5mm
		换热量	16.92kW（5m/s）
		翅片节距	2mm
	蒸发器	类型	平行流
		尺寸 W×H×L	275mm×42.4mm×266mm
		制冷量	5100J
		管排数	38 排
	压缩机	类型	电动涡旋压缩机
		排量	33mL
	离合器	槽型	6PK
		功率消耗	45W
	制冷剂	类型	R134a
		加注量	(550±10) g
	润滑油	类型	POE MA68EV

注意
如果没有更换制冷剂回收期间放出的润滑油，则会损坏压缩机。
新系统更换新压缩机无需加注润滑油，已由压缩机厂家充注。更换部件时适当添加同型号润滑油，一般建议：冷凝器—30mL；储液干燥瓶—30mL；蒸发器—30mL；管路—30mL；压缩机—需要倒出新压缩机中适量油。

2. 系统说明

自动空调系统由下列部件组成：制冷系统、制热系统、空气分配系统、模式/温度控制系统。空调系统组成部件如图 8-18、图 8-19 所示，空调控制原理框图见图 8-20。

3. 端子定义

自动空调控制器端子如图 8-21 所示，端子定义见表 8-14。

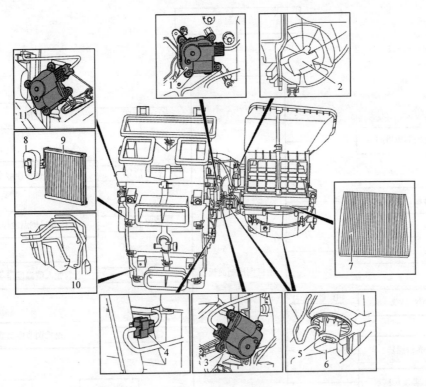

图 8-18 空调主机结构

1—模式调节作动器 2—内外循环作动器 3—前排乘员侧温度调节作动器 4—蒸发器温度传感器 5—鼓风机电机
6—鼓风机调速模块 7—空调滤芯 8—膨胀阀 9—蒸发器芯体 10—加热器芯体 11—驾驶人侧温度调节作动器

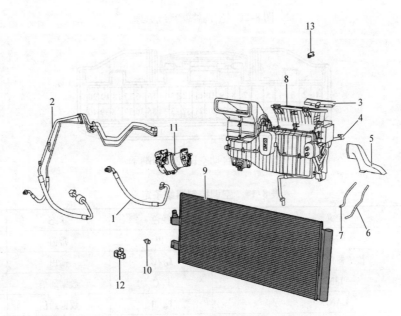

图 8-19 空调系统分解

1—压缩机排气软件管总成 2—高低压管总成 3—空调控制面板 4—室内温度传感器 5—左吹脚风道
6—暖风出水管 7—暖风进水管 8—空调主机总成 9—冷凝器总成 10—室外温度传感器
11—压缩机总成 12—室外温度传感器（AQS） 13—阳光传感器

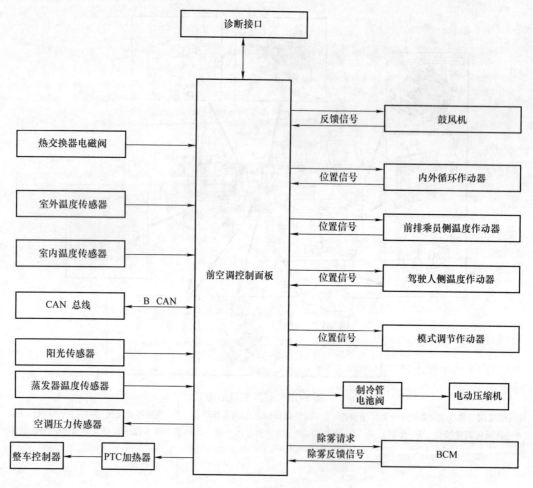

图 8-20 空调控制系统原理

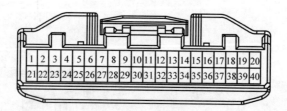

图 8-21 自动空调控制器端子

表 8-14 空调控制器端子定义

端子号	定义	线色	状态	类型
1	GND	B	常值	GND
2	传感器信号 −	Gr/G	输出	GND
3	LIN	P/G	数据通信	波形
4	CANL	Lg/R	数据通信	波形
5	CANH	W/L	数据通信	波形
6	AQS 信号 +	P/B	输入	电压
7	A/C 请求信号	Y/G	输出	电压
8	PM2.5 传感器供电	Gr/B	输出	电压
9	内外循环作动器（循环风）	Br/Y	输出	电压

(续)

端子号	定义	线色	状态	类型
10	内外循环作动器（新风）	Br/W	输出	电压
11	驾驶人侧温度调节作动器（制暖）	R/B	输出	电压
12	驾驶人侧温度调节作动器（制冷）	B/Y	输出	电压
13	模式调节作动器（吹脸）	Br/R	输出	电压
14	模式调节作动器（除霜）	Br/L	输出	电压
15	前排乘员侧温度调节作动器（制冷）	Gr/R	输出	电压
16	前排乘员侧温度调节作动器（制暖）	G/W	输出	电压
17	—	—	—	—
18	A/C ON/OFF	L/W	输出	电压
19	—	—	—	—
20	CANL	Lg/R	数据通信	波形
21	模式调节作动器供电	R	输出	电压
22	鼓风机反馈（+）	Y	输入	电压
23	鼓风机反馈（-）	Gr	输出	GND
24	调速模块控制	L	输入	GND
25	—	—	—	—
26	驾驶人侧温度调节作动器反馈	V/G	输入	电压
27	内外循环作动器反馈	G/R	输入	电压
28	BATT	V/W	蓄电池	电压
29	IGN2	R/W	IGN2 电压	电压
30	鼓风机（-）	L/Y	输出	GND
31	鼓风机（+）	P	输出	电压
32	模式调节作动器反馈	C	输入	电压
33	前排乘员侧温度调节作动器反馈	P/L	输入	电压
34	室外温度信号+	G/Y	输入	电压
35	蒸发器温度传感器+	R/L	输入	电压
36	室内温度信号+	W/B	输入	电压
37	—	—	—	—
38	前除霜指示灯	L/B	输出	电压
39	内循环指示灯	V/R	输出	电压
40	后除霜指示灯	W/L	输出	电压

自动空调控制面板连接器端子如图 8-22 所示，端子定义见表 8-15。

图 8-22 自动空调控制面板连接器端子

表 8-15 空调控制面板连接器端子定义

端子号	定义	线色	状态	类型
1	GND	B	常值	GND
2	—	—	—	—
3	—	—	—	—
4	—	—	—	—
5	—	—	—	—
6	电池水泵控制	P/B	输出	电压
7	电机水泵控制	W/R	输出	电压
8	电加热水泵控制	L/R	输出	电压

(续)

端子号	定义	线色	状态	类型
9	—	—	—	—
10	—	—	—	—
11	—	—	—	—
12	—	—	—	—
13	—	—	—	—
14	—	—	—	—
15	—	—	—	—
16	—	—	—	—
17	GND	B	常值	GND
18	热交换器电磁阀控制	G/W	输出	电压
19	—	—	—	—
20	—	—	—	—
21	—	—	—	—
22	—	—	—	—
23	—	—	—	—
24	—	—	—	—
25	—	—	—	—
26	—	—	—	—
27	—	—	—	—
28	—	—	—	—
29	—	—	—	—
30	—	—	—	—
31	BATT	R/G	蓄电池	电压
32	制冷管电磁阀控制	G/W	输出	电压

第四节 车辆控制系统

一、整车控制系统

1. 系统说明

整车控制器（VCU）是整个车辆混合动力系统（PHEV）的核心控制部件，它采集或接收加速踏板信号、制动踏板信号、其他动力系统部件信号和车身控制模块（BCM）信号，做出相应判断（例如，判断驾驶人意图识别）后，控制PHEV系统中各子部件控制器的动作（例如，变速器换档，电机转矩，发动机转矩等），驱动汽车动力输出。同时它还作为整车的能量管理中心，控制高压电池包的SOC平衡和12V低压系统的电源输出。

VCU控制器主要功能包括：驱动转矩控制、制动能量回收控制、整车的能量管理、CAN网络通信功能、混合动力系统的故障诊断和处理、车辆状态监视和故障应对等。

VCU控制器硬件主要包括微处理器、看门狗监控模块（计时器）、CAN通信模块、BDM调试模块、串口通信模块、电源及保护电路模块、各种输入输出IO控制以及保护电路、PWM控制接口电路等。

整车控制器（VCU）安装位置如图8-23所示，系统原理框图如图8-24所示。

图8-23 整车控制器（VCU）安装位置

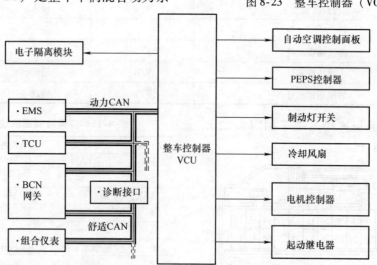

图8-24 整车控制器（VCU）系统原理框图

2. 端子定义

整车控制器端子如图 8-25 所示，定义见表 8-16、表 8-17。

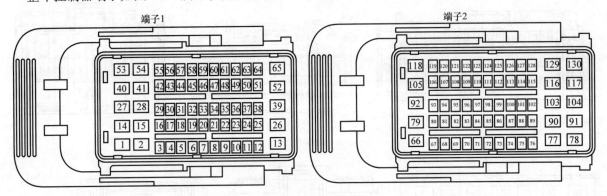

图 8-25 整车控制器端子

表 8-16 整车控制器端子 1 定义

端子号	线色	定义	端子号	线色	定义
1	黑	接地	22	黄/黑	PT CAN 低
2	黑	接地	23	淡蓝	PT CAN 高
3~6	—	—	24	棕/黄	PEPS 控制器信号
7	绿	HB CAN 低	25	—	—
8	黄	HB CAN 高	26	黑/白	接地
9~11	—	—	27~49	—	—
12	红/黄	蓄电池供电	50	蓝	IG 供电
13、14	—	—	51~53	—	—
15	紫	PSR 高边驱动信号	54	黑/白	接地
16~21	—	—	55、65	—	—

表 8-17 整车控制器端子 2 定义

端子号	线色	定义	端子号	线色	定义
66	棕	CS CAN 高	89	黄/红	冷却风扇控制
67、78	—	—	90~95	—	—
79	灰	CS CAN 低	96	紫/黄	制动开关信号 1
80~85	—	—	97~101	—	—
86	黄/黑	制动灯开关信号 2	102	红/黄	起动低边驱动信号
87、88	—	—	103~130	—	—

二、车身控制系统

1. 端子定义

车身控制器端子如图 8-26 所示，端子定义见表 8-18 ~ 表 8-23。

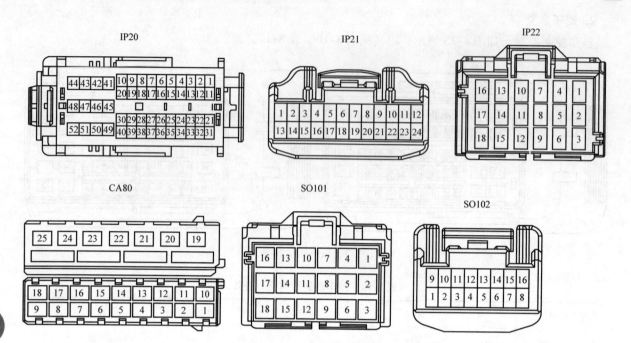

图 8-26　车身控制器端子

表 8-18　IP20 端子定义

端子号	线色	定义	有效电平
1	蓝/白	行李舱开关输入	低电平
2	绿/白	ACC 输入	低电平
3	灰/绿	IGN 输入	低电平
4	—	—	—
5	红/黄	碰撞信号输入	低电平
6	黄/黑	钥匙锁开关输入	低电平
7	粉	前洗涤开关输入	低电平
8	—	—	—
9	—	—	—
10	绿/黄	自适应巡航距离调节开关	+：0Ω -：430Ω 自由状态：1830Ω
11	—	—	—
12	绿	危险警告灯开关输入	低电平
13	蓝/黄	右旋向灯开关输入	低电平
14	—	—	—
15	—	—	—
16	—	—	—
17	粉/黑	位置灯开关输入	低电平
18	棕	左旋向灯开关输入	低电平
19	棕/白	近光灯开关输入	低电平
20	白/蓝	巡航开关控制开关	主开关：0Ω Cancel：180Ω Set/Cruise：400Ω Res/Acc：830Ω 自由状态：1830Ω

（续）

端子号	线色	定义	有效电平
21	粉/蓝	刮水器开关高速输入	低电平
22	蓝	后雾灯开关输入	低电平
23	红	自动灯光开关输入	低电平
24	红/黑	驾驶人侧门锁开关状态输入	低电平
25	淡绿	刮水器开关低速输入	低电平
26	红/绿	右前转向 LED 反馈	—
27	淡绿/黑	其他三门锁开关状态输入	低电平
28	黄	右后电动车窗升降开关输入	低电平
29	淡蓝	车窗开关禁用指示灯输入	低电平
30	绿/红	刮水器自动档灵敏度调节开关输出	高电平
31	—	—	—
32	白/绿	后除雾开关输入	低电平
33	—	—	—
34	白/黑	远光灯开关输入	低电平
35	灰	经济模式指示灯输出	高电平
36	红/白	左前转向 LED 反馈	—
37	—	—	—
38	棕/黄	左后电动车窗升降开关输入	低电平
39	紫/绿	后视镜折叠开关输入	低电平
40	灰/红	乘员电动车窗升降开关输入	低电平
41	白/黑	节点功能电源	高电平
42	黄	蓄电池正极输入	低电平
43	—	—	—
44	—	—	—
45	—	—	—
46	—	—	—
47	—	—	—
48	—	—	—
49	黑/白	接地	低电平
50	绿	ALT 电源	高电平
51	白/红	后视镜折叠输出	高电平
52	灰/蓝	后视镜展开输出	高电平

表 8-19　IP21 端子定义

端子号	线色	定义	有效电平
1	绿/红	左后视镜转向灯输出	高电平
2	白/蓝	右后视镜转向灯输出	高电平
3	—	—	—
4	—	—	—
5	粉	经济模式指示灯输出	高电平
6	—	—	—

(续)

端子号	线色	定义	有效电平
7	—	—	—
8	棕/白	乘员门控开关输入	低电平
9	—	—	—
10	—	—	—
11	灰/黑	组合开关地	低电平
12	—	—	—
13	白/红	玻璃升降锁止指示灯输出	高电平
14	白/绿	LIN 总线	低电平
15	绿/黄	LIN 总线	低电平
16	灰	蓄电池正极电源	高电平
17	粉/蓝	运动模式指示灯输出	高电平
18	紫/黄	制动踏板开关输入	低电平
19	红/绿	驾驶人门控开关输入	低电平
20	黄/绿	防盗指示灯输出	高电平
21	黄/红	中控门锁指示灯输出	高电平
22	—	—	—
23	棕	后部外侧转向 LED 反馈	—
24	绿/白	后部内侧转向 LED 反馈	—

表 8-20 IP22 端子定义

端子号	线色	定义	有效电平
1	蓝/黄	中控解锁输出	高电平
2	灰/绿	开关背光照明供电	高电平
3	棕/白	节电模式供电	高电平
4	蓝/黑	中控锁止输出	高电平
5	黑/白	接地	低电平
6	白/蓝	室内灯接地	低电平
7	棕红	蓄电池正极电源	高电平
8	黑	接地	低电平
9	绿	ALT 电源	高电平
10	红	蓄电池正极电源	高电平
11	—	—	—
12	红/白	蓄电池正极电源	高电平
13	—	—	—
14	—	—	—
15	黑/白	接地	低电平
16	黑/白	接地	低电平
17	—	—	—
18	蓝	蓄电池正极电源	高电平

表 8-21　CA80 端子定义

端子号	线色	定义	有效电平
1	淡绿/红	右前转向灯供电	高电平
2	绿/红	左前转向灯供电	高电平
3	蓝/黄	前刮水器停止位置输入	低电平
4	—	—	—
5	紫/白	远光灯继电器控制输出	高电平
6	—	—	—
7	灰/红	前舱盖控制开关输入	低电平
8	淡绿/红	CF CAN – H	—
9	白/蓝	CF CAN – L	—
10	红/黑	左前位置灯供电	高电平
11	绿	右前位置灯供电	高电平
12	—	—	—
13	绿/白	近光灯继电器控制输出	高电平
14	—	—	—
15	—	—	—
16	—	—	—
17	红/黄	起动继电器控制输出	高电平
18	柴	喇叭继电器输出	高电平
19	绿/黄	牌照灯供电	高电平
20	—	—	—
21	—	—	—
22	粉/黑	前刮水器速度控制输出	高电平
23	粉/蓝	前刮水器开关控制输出	高电平
24	—	—	—
25	蓝/白	前洗涤电机电源	高电平

表 8-22　SO101 端子定义

端子号	线色	定义	有效电平
1	—	—	—
2	—	—	—
3	灰	油箱盖解锁输出	高电平
4	—	—	—
5	红	制动灯电源	高电平
6	淡蓝	油箱盖上锁输出	高电平
7	—	—	—
8	红/黑	后视镜照地灯电源	高电平
9	白/蓝	后雾灯电源	高电平
10	蓝/黑	右后门上锁输出	高电平
11	绿	后位置灯电源	高电平
12	—	—	—
13	淡蓝	右后门解锁输出	高电平

（续）

端子号	线色	定义	有效电平
14	淡绿/黑	左后转向灯电源	高电平
15	紫/黄	照地灯电源	高电平
16	—	—	—
17	棕/黄	右后转向灯电源	高电平
18	灰	倒车灯电源	高电平

表 8-23　SO102 端子定义

端子号	线色	定义	有效电平
1	—	—	—
2	—	—	—
3	红/蓝	中控门锁开关输入	低电平
4	—	—	—
5	紫/红	行李舱门控输入	低电平
6	红/黑	左后门控输入	低电平
7	—	—	—
8	蓝/白	LIN 总线	低电平
9	蓝	刮水器自动档开关输入	低电平
10	—	—	—
11	—	—	—
12	—	—	—
13	—	—	—
14	绿/红	右后门控输入	—
15	粉/绿	高位制动灯电源	高电平
16	—	—	—

2. 数据流

数据流内容见表 8-24。

表 8-24　数据流内容

数据流名称	电源模式 "ON"	怠速	2.500r/min 时
ESP	配备	配备	配备
EPS	配备	配备	配备
ACC	配备	配备	配备
MMI	配备	配备	配备
PAS	配备	配备	配备
T-BOX	未配备	未配备	未配备
LDW	配备	配备	配备
DSCU	配备	配备	配备
左前轮胎胎压传感器标称压力值	230.664	230.664	230.664
右前轮胎胎压传感器标称压力值	230.664	230.664	230.664
右后轮胎胎压传感器标称压力值	230.664	230.664	230.664
左后轮胎胎压传感器标称压力值	230.664	230.664	230.664
左前轮胎胎压传感器标示符	1F3C720C	1F3C720C	1F3C720C
右前轮胎胎压传感器标示符	1F3C721B	1F3C721B	1F3C721B

第八章 吉利博瑞 GE 型 PHEV 汽车

(续)

数据流名称	电源模式"ON"	怠速	2.500r/min 时
右后轮胎胎压传感器标示符	1F4282F8	1F4282F8	1F4282F8
左后轮胎胎压传感器标示符	1E137895	1E137895	1E137895
左前轮传感器压力	452.115kPa	452.115kPa	452.115kPa
左前轮传感器温度	207℃	207℃	207℃
右前轮传感器压力	452.115kPa	452.115kPa	452.115kPa
右前轮传感器温度	207℃	207℃	207℃
右后轮传感器压力	452.115kPa	452.115kPa	452.115kPa
右后轮传感器温度	207℃	207℃	207℃
左后轮传感器压力	452.115kPa	452.115kPa	452.115kPa
左后轮传感器温度	207℃	207℃	207℃
弯道偏移开关	未激活	未激活	未激活
后电动遮阳板开关	未激活	未激活	未激活
后视镜折叠开关	未激活	未激活	未激活
巡航控制开关	无开关被激活	无开关被激活	无开关被激活
左转向开关	未激活	未激活	未激活
右转向开关	未激活	未激活	未激活
危险警告灯开关	未激活	未激活	未激活
位置等开关	未激活	未激活	未激活
近光灯开关	未激活	未激活	未激活
自动灯开关	未激活	未激活	未激活
左转向反馈	未激活	未激活	未激活
右转向反馈	未激活	未激活	未激活
制动踏板开关	未激活	未激活	未激活
前雾灯开关	未激活	未激活	未激活
后雾灯开关	未激活	未激活	未激活
远光灯开关	未激活	未激活	未激活
左前车门开关	关闭	关闭	关闭
右前车门开关	关闭	关闭	关闭
左后车门开关	关闭	关闭	关闭
右后车门开关	关闭	关闭	关闭
行李舱打开开关	关闭	关闭	关闭
前舱盖开关	关闭	关闭	关闭
中控锁锁止开关	未激活	未激活	未激活
中控锁解锁开关未激活	未激活	未激活	未激活
驾驶人车门机械锁开关	未激活	未激活	未激活
行李舱开启开关未激活	未激活	未激活	未激活
驾驶人车门锁止状态	解锁	解锁	解锁
除驾驶人外其他三个车门锁止状态	解锁	解锁	解锁
前洗涤开关	未激活	未激活	未激活
前刮水器自动开关	未激活	未激活	未激活

(续)

数据流名称	电源模式"ON"	急速	2 500r/min 时
前刮水器停止	激活	激活	激活
前刮水器高速	未激活	未激活	未激活
前刮水器低速	未激活	未激活	未激活
前刮水器自动灵敏度	灵敏度5档（最快）	灵敏度5档（最快）	灵敏度5档（最快）
点火开关状态（钥匙状态）	IGON	IGON	IGON
后除霜开关	未激活	未激活	未激活
点火开关解锁功能	配备	配备	配备
车速锁止功能	配备	配备	配备
日间行车灯功能	配备	配备	配备
远程关闭天窗功能	配备	配备	配备
轮胎尺寸	245/45R18	245/45R18	245/45R18
运动模式开关	未激活	未激活	未激活
经济模式开关	未激活	未激活	未激活

第九章 奇瑞新能源EQ型EV汽车

第一节 高压电源系统

一、高压电池系统

1. 系统说明

eQ1采用三元锂电池包,电池包里面集成了以下部件:电池单体、自动断开系统或BDU、电池管理系统。电池管理系统(BMS)包括:1个电池控制单元和4个电池检测单元。

高压电池包接口部件如图9-1所示。

2. 端子定义

高压电池管理系统端子如图9-2所示,端子定义见表9-1。

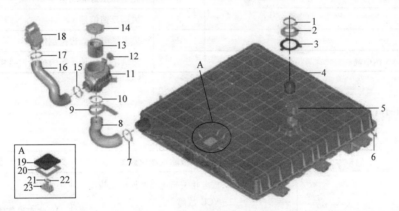

图9-1 高压电池包接口部件

1—蜗杆卡箍 2—风道密封圈 3—密封圈压板 4—电池组总成 5—MSD熔丝端 6—搭铁线 7—蜗杆卡箍 8—电池包出风管 9—出风道支架 10—蜗杆卡箍 11—风机蜗壳 12—风机继电器 13—离心风叶 14—风机电机 15—蜗杆卡箍 16—风机出风管 17—蜗杆卡箍 18—出风口 19—维修口盖板 20—维修口密封圈 21—慢充熔丝(20A) 22—加热PTC熔丝(20A) 23—2芯熔断器底座

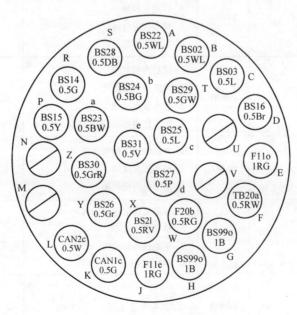

图9-2 高压电池管理系统端子

表 9-1 高压电池管理系统端子定义

端子号	定义	端子号	定义
A	交流充电桩充电导引电路 CC 信号	R	快充电 CAN 网络低
B	交流充电桩充电导引电路 CP 信号	S	热敏电阻 1（新国标预留接快充温度传感器）
C	直流充电桩充电导引电路 CC 信号	T	热敏电阻 1 地（新国标预留接快充温度传感器）
D	高压回路继电器闭合使能信号	U	内网 CAN 高
E	BMS 供电 12V 电源	V	内网 CAN 低
F	快充设备点火信号	W	整车点火信号
G	BMS 电源地	X	充电机点火信号
H	BMS 电源地	Y	风扇 PWM 控制
J	BMS 供电 12V 电源	Z	热敏电阻 2（新国标预留接快充温度传感器）
K	整车 CAN 高	a	充电指示灯驱动信号 1（红）
L	整车 CAN 低	b	充电指示灯驱动信号 2（绿）
M	—	c	风扇反馈信号
N	—	d	风扇继电器低边控制信号
P	快充电 CAN 网络高	e	热敏电阻 2 地（新国标预留接快充温度传感器）

3. 故障码

故障码内容见表 9-2。

表 9-2 故障码表

序号	故障码名称	故障码	故障可能原因	故障现象
1	整车放电环路互锁异常	P1B87	1. 放电相关高压插件松动或拔出 2. VCU 故障 3. MSD 故障 4. 电池包内部故障 5. 整车线束故障	1. 整车不能 Ready 2. 行车过程中断电
2	整车充电环路互锁异常	P1B88	1. 充电相关高压插件松动或拔出 2. 控制盒故障 3. 整车线束故障 4. 电池包内部故障	充电不能进行或异常
3	电池包风扇 1 异常	P0A81	1. 风扇内部故障 2. 风扇接触器故障 3. 整车线束问题 4. 电池包内部故障	电池维护灯点亮
4	BMS 供电电源高	P0A8E	1. 车载低压电池电压低 2. 整车线束故障 3. 电池包内部故障	充电时风扇不转
5	BMS 供电电源低	P0A8D	1. 车载低压电池电压高 2. 整车线束故障 3. 电池包内部故障 4. DC/DC 异常	充电不能进行或中止
6	高压熔丝断	P0A95	充/放电电流过大	1. 高压放电熔丝断：不能行车 2. 仪表上电压 <10V，慢充熔丝断：不能充电

第九章　奇瑞新能源 EQ 型 EV 汽车

（续）

序号	故障码名称	故障码	故障可能原因	故障现象
7	非充电状态电池单体低温故障	P1B8A	外部环境温度过低	1. 车辆不能 Ready 2. 车辆不能充电
8	非充电状态电池单体高温故障	P1B8B	1. 外部环境温度过高 2. 大电流引起电池过热	1. 车辆不能 Ready 2. 行车中断
9	正极接触器粘连故障	P0AA1	大电流使接触器粘连	车辆不能 Ready
10	负极接触器粘连故障	P0AA4	大电流使接触器粘连	车辆不能 Ready
11	电池包总压采样回路故障	P1B8E	振动/线未连接	电池维护灯亮
12	电池包总电压严重过低故障	P1B8F	1. 过放电 2. 电池包内部故障	1. 车辆不能 Ready 2. 车辆行驶断开
13	电池包总电压严重过高故障	P1B90	1. 过充电 2. 电池包内部故障	1. 故障报警 2. 禁止高压回路接触器闭合
14	电流采样异常	P0ABF	1. 电流传感器内部故障 2. 电流采样回路故障	限制充放电功率
15	车载充电状态电池单体低温故障	P1B92	外部环境温度过低	停止车载充电并开始给电池加热
16	充电状态电池单体高温故障	P1B93	外部环境温度过高	停止车载充电
17	电池包预充接触器控制线开路	P1B95	接触器控制线圈断线	1. 车辆不能 Ready 2. 车辆行驶断开
18	电池包预充接触器控制线短路到地	P1B97	接触器控制线圈对地短路	1. 车辆不能 Ready 2. 车辆行驶断开
19	SOC 过低故障	P0A7D	电量低	1. 车辆不能 ready 2. 仪表上电量只剩一格
20	电池单体电压严重过高故障	P1B00	1. 过充电 2. 电池包内部故障	1. 上报故障信息 2. 禁止对电池进行充/放电
21	电池单体电压严重过低故障	P1B01	1. 过放电 2. 电池包内部故障	1. 车辆不能 Ready 2. 车辆行驶断开 3. 不能充电
22	电池单体电压采集线断线	P1B02	单体电压采样线断线	1. 车辆不能 Ready 2. 车辆行驶断开 3. 不能充电
23	电池单体一致性偏大警告	P1B03	电池一致性变差	无
24	电池单体温升过快故障	P1B04	1. 电池内部短路或过电流 2. 电池包内部其他故障	1. 车辆不能 Ready 2. 车辆行驶断开 3. 不能充电
25	总线过电流故障	P1B05	1. 电池包内部高压短路或过电流 2. 电池包内部其他故障	限制充放电功率
26	主接触器异常断开损伤故障	P1B06	车辆长时间使用或误操作	1. 车辆不能 Ready 2. 车辆行驶断开
27	放电回路严重漏电	P1B07	电池包绝缘异常或者其他高压部件绝缘异常	1. 车辆不能 Ready 2. 车辆行驶断开
28	充电回路严重漏电	P1B08	绝缘异常或者其他高压部件绝缘异常	不能充电或充电停止
29	充电电流异常	P1B09	车载充电机故障电池包内部故障	仪表显示充电电流 >10A

(续)

序号	故障码名称	故障码	故障可能原因	故障现象
30	充电电压异常	P1B0A	车载充电机故障电池包内部故障	NA
31	电池包正极接触器控制线对地短路	P1B16	接触器控制线圈对地短路	1. 车辆不能 Ready 2. 车辆行驶断开
32	电池包正极接触器控制线开路	P1B17	接触器控制线圈断线	1. 车辆不能 Ready 2. 车辆行驶断开
33	电池包正极接触器控制开关过电流、过温保护	P1B18	接触器控制线圈对12V电源短路	1. 车辆不能 Ready 2. 车辆行驶断开
34	电池包负极接触器控制线短路到地	P1B19	接触器控制线圈对地短路	1. 车辆不能 Ready 2. 车辆行驶断开不能充电
35	电池包负极接触器控制线开路	P1B1A	接触器控制线圈断线	1. 车辆不能 Ready 2. 车辆行驶断开 3. 不能充电
36	电池包负极接触器控制开关过电流、过温保护	P1B1B	接触器控制线圈对地短路	1. 车辆不能 Ready 2. 车辆行驶断开 3. 不能充电
37	电池包快充接触器控制线短路到地	P1B1C	接触器控制线圈对地短路	不能快充
38	电池包快充接触器控制线开路	P1B1D	接触器控制线圈断线	不能快充
39	电池包快充接触器控制开关过电流、过温保护	P1B1E	接触器控制线圈对地短路	不能快充
40	电池包慢充接触器控制线短路到地	P1B1F	接触器控制线圈对地短路	不能慢充
41	电池包慢充接触器控制用线开路	P1B20	接触器控制线圈断线	不能慢充
42	电池包慢充接触器控制开关过电流、过温保护	P1B21	接触器控制线圈对地短路	不能慢充
43	电池包预充接触器控制开关过电流、过温保护	P1B22	接触器控制线圈对地短路	不能 Ready
44	电池包加热元件接触器控制线短路到地	P1B23	接触器控制线圈对地短路	不能慢充
45	电池包加热元件接触器控制线开路	P1B24	接触器控制线圈断线	不能慢充
46	电池包加热元件接触器控制开关过电流、过温保护	P1B25	接触器控制线圈对地短路	不能慢充
47	1号 BMU 故障	P1B3D	BMU 内部故障	不能 Ready/慢充/快充行车/慢充/快充中断
48	2号 BMU 故障	P1B3E	BMU 内部故障	不能 Ready/慢充/快充行车/慢充/快充中断
49	3号 BMU 故障	P1B3F	BMU 内部故障	不能 Ready/慢充/快充行车/慢充/快充中断
50	4号 BMU 故障	P1B40	BMU 内部故障	不能 Ready/慢充/快充行车/慢充/快充中断
51	5号 BMU 故障	P1B41	BMU 内部故障	不能 Ready/慢充/快充行车/慢充/快充中断

(续)

序号	故障码名称	故障码	故障可能原因	故障现象
52	电池包高压加热器故障	P1B4E	PTC故障	不能充电
53	充电机高压输出欠电压故障	P1B51		慢充异常或停止
54	充电机高压输出过电压故障	P1B52		慢充异常或停止
55	充电机高压输出回路短路故障	P1B53		慢充异常或停止
56	充电机交流电输入欠电压故障	P1B54		慢充异常或停止
57	充电机交流电输入过电压故障	P1B55		慢充异常或停止
58	充电机过温故障	P1B56		慢充异常或停止
59	充电机12V低压输出欠电压故障	P1B57		慢充异常或停止
60	充电机12V低压输出过电压故障	P1B58		慢充异常或停止
61	充电机输出电流故障	P1B59		慢充异常或停止
62	充电机未检测到电池包或电池电压过低故障	P1B5A	电池包故障充电机故障	慢充异常或停止
63	电池包正负极反接故障	P1B5B	电池包故障充电机故障	慢充异常或停止
64	正极接触器控制回路对电源短路	P1B5C	接触器控制线圈对12V电源短路	1. 不能Ready 2. 行车中断
65	主负接触器控制回路对电源短路	P1B5D	接触器控制线圈对地短路	1. 不能Ready 2. 行车中断
66	预充接触器控制回路对电源短路	P1B5E	接触器控制线圈对12V电源短路	1. 不能Ready 2. 行车中断
67	慢充接触器控制回路对电源短路	P1B60	接触器控制线圈对地短路	不能慢充充电或充电停止
68	快充接触器控制回路对电源短路	P1B62	接触器控制线圈对地短路	不能快充充电或充电停止
69	加热元件接触器控制回路对电源短路	P1B64	接触器控制线圈对地短路	不能慢充充电或充电停止
70	加热元件PTC接触器粘连故障	P1B65	大电流使接触器粘连	不能慢充充电或充电停止
71	温度采样线对地短路	P1B66	温度采样线对12V地短路	行车限制放电功率不能充电
72	温度采样线对电源短路	P1B67	温度采样线对12V电源短路	行车限制放电功率不能充电
73	电流采样线对电源短路	P1B68	1. 电流传感器内部故障 2. 电流采样回路故障	行车/充电限制放电功率
74	BMS CAN通信故障	U0073	1. CANH或CANL对电源短路整车线束问题 2. 整车CAN网络问题电池包内部问题	不能ready/慢充/快充或行车/慢充/快充中断
75	BMS与VCU通信异常	U0293	1. CAN总线线束断路 2. VCU故障 3. 电池包内部问题	不能ready或行车中断
76	BMS与CM通信异常	U0296	CAN总线线束断路	不能慢充或慢充停止
77	1号BMU与BMS通信异常	U1003	CAN总线线束断路	不能ready/慢充/快充或行车/慢充/快充中断

（续）

序号	故障码名称	故障码	故障可能原因	故障现象
78	2号BMU与BMS通信异常	U1004	CAN总线线束断路	不能ready/慢充/快充或行车/慢充/快充中断
79	3号BMU与BMS通信异常	U1005	CAN总线线束断路	不能ready/慢充/快充或行车/慢充/快充中断
80	4号BMU与BMS通信异常	U1006	CAN总线线束断路	不能ready/慢充/快充或行车/慢充/快充中断
81	5号BMU与BMS通信异常	U1007	CAN总线线束断路	不能ready/慢充/快充或行车/慢充/快充中断
82	BMS与快充设备通信异常	U1012	CAN总线线束断路	不能ready/慢充/快充或行车/慢充/快充中断
83	BMS与电流传感器通信故障	P1B6C	CAN总线线束断路	限制充放电功率
84	加热过程电池温差过大故障	P1B6F	至少一个PTC未工作	充电或充电停止
85	电池单次加热时间过长故障	P1B70	1. PTC故障 2. 充电机故障	充电或充电停止
86	加热器操作电压异常	P1B71	1. 充电机高压输出故障 2. 电池包内部故障	充电或充电停止
87	加热过程中电池超温故障	P1B72	至少一个PTC有故障	充电或充电停止
88	绝缘检测模块注入波形电压异常	P1B73	绝缘检测模块硬件故障	不能ready/慢充/快充或行车/慢充/快充中断
89	绝缘检测模块注入波形周期异常	P1B74	绝缘检测模块硬件故障	不能ready/慢充/快充或行车/慢充/快充中断
90	车载充电CP信号异常	P1B75	充电枪CP信号线断线	充电或充电停止
91	电池箱进风口温度采样线对电源短路	P1B76	温度采样线束对12V短路	仪表电池维护灯点亮
92	电池箱进风口温度采样线对地短路	P1B77	温度采样线束对地短路	仪表电池维护灯点亮
93	电池箱进风口温度采样线断路	P1B78	温度采样线束断路	仪表电池维护灯点亮
94	电池箱出风口温度采样线对电源短路	P1B79	温度采样线束对12V短路	仪表电池维护灯点亮
95	电池箱出风口温度采样线对地短路	P1B7A	温度采样线束对地短路	仪表电池维护灯点亮
96	电池箱出风口温度采样线断路	P1B7B	温度采样线束断路	仪表电池维护灯点亮
97	风扇故障	P1B9C		
98	充电机低温故障	P1B9E		记录故障
99	风扇及其回路故障	P1B85	1. 接触器线圈短路 2. 电路MOS管控制能力不足	仪表电池维护灯点亮
100	Link电压采样回路故障	P1B8D	采样回路异常	延时断开继电器
101	预充失败故障	P1B96	1. 预充电阻损坏 2. 预充回路断线	不能预充

二、高压充电系统

1. 系统说明

车载充电系统部件分布如图9-3所示。

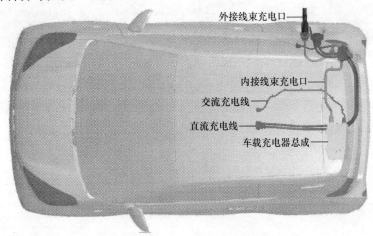

图9-3 车载充电系统部件分布

2. 技术参数

1）车载充电器技术参数见表9-3。

表9-3 技术参数

项目	参数
外形尺寸	高度110mm，宽度232mm，长度342mm，误差≤±2mm
重量	≤8.5kg
输入电压范围/V（AC）	176~264
输出电压范围/V（DC）	280~420
额定输出功率/kW	2.5（285~310V）；3.1（310~395V）；1.4（395V以上）
功率因数	>0.99
最高效率	≥93%
输出反接保护	电池反接不损坏充电机
输入过电压/欠电压保护	输入＜AC155V和＞AC285V停机保护
过热保护	允许环境温度50~65℃降功率运行，＞65℃过温保护。当温度降至安全温度（充电器内部温度95℃）后自动恢复充电
短路保护	输出短路时自动关闭充电机

2）充电接口技术参数见表9-4。

表9-4 技术参数

项目	参数
额定电压	250V，AC
额定电流	16A
工作温度	-40℃~70℃
存储温度	-40℃~90℃
塑件阻燃	UL 94V-0
机械寿命	10 000次
插拔力	＜100N
防护等级	● 充电枪、充电座插合 IP55 ● 充电枪、充电座各自配合防护盖 IP54
绝缘电阻	>20MΩ（500V，DC）
介电强度	AC2000V 50Hz 1min 无闪络、击穿
充电指示灯	BMS控制实现充电指示

3. 端子定义

1）车载充电器端子如图9-4所示，端子定义见表9-5。

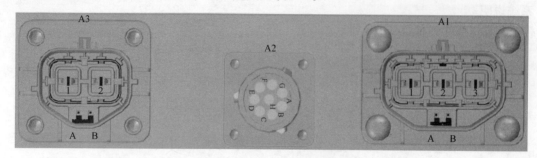

图9-4　车载充电器端子

表9-5　车载充电器端子定义

端子号	定义		端子号	定义	
A1 插件					
1	L	相线	2	N	零线
3	E	地线	A	CP 进	环路互锁进
B	CP 出	环路互锁出			
A2 插件					
A	CP1	环路互锁进	B	CM Supply	充电器电源
C	CAN_H	CAN_H	D	Power GND	功率地
E	CAN_L	CAN_L	F	Ignition Charger	充电点火信号
G	CP2	环路互锁出	H	—	备用
A3 插件					
1	正	高压输出正极	2	负	高压输出负极
A	CP 进	环路互锁进	B	CP 出	环路互锁出

2）快充连接端子如图9-5所示，端子定义见表9-6、表9-7。

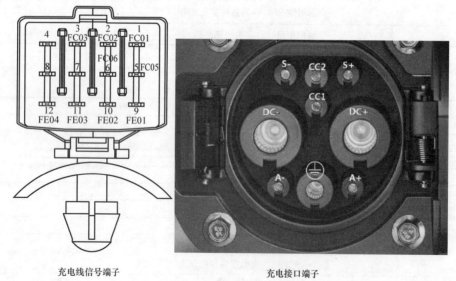

充电线信号端子　　　　　　　充电接口端子

图9-5　快充连接端子

第九章 奇瑞新能源 EQ 型 EV 汽车

表9-6 2针连接端子定义

端子号	定义	额定电流	端子号	定义	额定电流
1	A＋低压辅助电源正	1.5A	7	—	—
2	CANL/S －	—	8	—	—
3	CANH/S ＋	—	9	热敏电阻1	0.02A
4	—	—	10	热敏电阻1 地	0.02A
5	CC2 充电连接确认1	0.02A	11	热敏电阻2	0.02A
6	A－低压辅助电源负	1.5A	12	热敏电阻2 地	0.02A

表9-7 充电接口端子定义

端子号	额定电压/额定电流	定义
DC＋	750V/125A	直流电源正，连接直流电源正与电池正极
DC－	750V/125A	直流电源负，连接直流电源正与电池负极
—	—	保护接地（PE），连接供电设备地线和车辆电平台
S＋	0～30V/2A	充电通信CAN_H，连接非车载充电机与电动汽车的通信线
S－	0～30V/2A	充电通信CAN_L，连接非车载充电机与电动汽车的通信线
CC1	0～30V/2A	充电连接确认
CC2	0～30V/2A	充电连接确认
A＋	0～30V/2A	低压辅助电源正，连接非车载充电机为电动汽车提供的低压辅助电源
A－	0～30V/2A	低压辅助电源负，连接非车载充电机为电动汽车提供的低压辅助电源

4. 故障码

故障码内容见表9-8。

表9-8 故障码表

序号	故障码名称	故障码	故障直接原因	故障可能原因	故障现象	充电插座充电指示灯状态	是否更换充电机
1	充电机高压输出欠电压故障	P1B51	CM处于开机状态，且输出电压低于280V时，报输出欠电压故障	充电机故障，等3s重新上电看是否清除故障	慢充异常或停止	不亮	故障未清除，更换充电机
2	充电机高压输出过电压故障	P1B52	输出电压高于430V时确认3s或者输出电压高于450V时立即报输出过电压故障	充电机故障，需重新上电解锁	慢充异常或停止	不亮	故障未清除，更换充电机
3	充电机高压输出回路短路故障	P1B53	输出电压低于50V，且输出电流大于2A时，报输出短路故障	充电机故障，等20s重新上电看是否清除故障	慢充异常或停止	不亮	故障未清除，更换充电机
4	充电机交流电输入欠电压故障	P1B54	输入电压低于155V时报输入欠电压故障	充电机故障	慢充异常或停止	不亮	更换充电机
5	充电机交流电输入过电压故障	P1B55	输入电压高于285V时报输入过电压故障	充电机故障	慢充异常或停止	不亮	更换充电机
6	充电机过温故障	P1B56	模块PFC温度大于100℃时一级过温，大于105℃时二级过温，大于115℃时过温保护	充电机故障	慢充异常或停止	不亮	更换充电机
7	充电机12V低压输出欠电压故障	P1B57	12V开机且输出电压低于7.8V报12V输出欠电压故障	充电机故障	慢充异常或停止	不亮	更换充电机

(续)

序号	故障码名称	故障码	故障直接原因	故障可能原因	故障现象	充电插座充电指示灯状态	是否更换充电机
8	充电机12V低压输出过电压故障	P1B58	12V输出电压高于16V报12V输出过电压故障	充电机故障	慢充异常或停止	不亮	更换充电机
9	充电机输出电流故障	P1B59	采样到实际输出电流大于给定电流0.4A以上时报输出电流故障	充电机故障,等20s重新上电看是否清除故障	慢充异常或停止	不亮	故障未清除,更换充电机
10	充电机未检测到电池包或电池电压过低故障	P1B5A	充电机开机前检查到输出端电压小于225V时报电池未连接或电池电压过低	1. 电池包没有连接 2. 充电机故障	慢充异常或停止	不亮	确认电池包连接正常,故障未清除,更换充电机
11	充电机风扇故障	P1B9C	风扇损坏或者堵转	1. 充电机故障 2. 风扇故障	慢充异常或停止	不亮	更换风扇故障未清除,更换充电机
12	BMS与CM通信异常	U0296	BMS持续4s未接收到CM的CAN报文;5s内没有接收到系统下发的Can报文,MCU重新初始化Can模块,第二个5s仍然没有接收到BMS下发的报文,报Can通信故障	1. 充电机故障 2. BMS未发送Can报文	慢充异常或停止	不亮	检查BMS是否下发CAN报文,如果有,请更换充电机

三、DC/DC变换器

1. 总成介绍

DC/DC变换器主要功能是在行车过程中控制高压电池给低压12V蓄电池充电,以保证正常行车时低压用电设备能正常工作。总成的接口端子分布如图9-6所示。

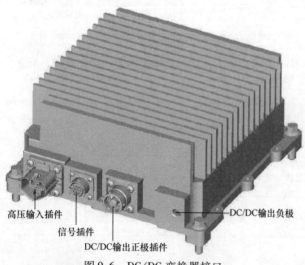

图9-6 DC/DC变换器接口

2. 端子定义

DC/DC变换器低压端子如图9-7所示,端子定义见表9-9。

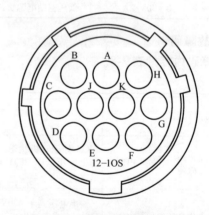

图9-7 DC/DC变换器低压端子

表9-9 端子定义

端子	功能	信号类型
A	DCDC_ENABLE	DCDC使能控制信号
B	EXTC_CAN_LO	CAN(低)信号
C	EXTC_CAN_HI	CAN(高)信号
D	EXTW_KL15_Signal	KL15电源信号
E	EXTGND_KL30	电源地信号
F	EXTGND_KL30	电源地信号
G	EXTW_KL30_SUPPLY	KL30电源信号
H	EXTW_KL30_SUPPLY	KL30电源信号
J	HVIL_DC1_IN	高压环路互锁(入)信号
K	HVIL_DC1_OUT	高压环路互锁(出)信号

3. 电路检测

DC/DC 信号线束插件各端子检测参考值见表 9-10。

表 9-10 端子检测表

端子	功能	万用表正极表笔	万用表负极表笔	万用表档位	测试条件	测试参考值	备注
A	DCDC_ENABLE	A	蓄电池负极	直流电压档	整车钥匙 ON 档	0V	使能信号
B	EXTC_CAN_LO	B	蓄电池负极	直流电压档	整车钥匙 ON 档	0.5~5V	
C	EXTC_CAN_HI	C	蓄电池负极	直流电压档	整车钥匙 ON 档	0.5~5V	
D	EXTW_KL15_Signal	D	蓄电池负极	直流电压档	整车钥匙 ON 档	9~16V	钥匙信号
E	EXTGND_KL30	E	蓄电池负极	直流电压档	整车钥匙 ON 档	0V	
F	EXTGND_KL30	F	蓄电池负极	直流电压档	整车钥匙 ON 档	0V	
G	EXTW_KL30_SUPPLY	G	蓄电池负极	直流电压档	整车钥匙 ON 档	9~16V	
H	EXTW_KL30_SUPPLY	H	蓄电池负极	直流电压档	整车钥匙 ON 档	9~16V	
J	HVIL_DC1_IN	J	蓄电池负极	直流电压档	整车钥匙 ON 档	9~16V	互锁输入信号
K	HVIL_DC1_OUT	K	蓄电池负极	直流电压档	整车钥匙 ON 档	0V	互锁输出信号

第二节 动力驱动系统

一、驱动电机系统

1. 系统说明

驱动电机为三相永磁同步电机，用于纯电动轿车的驱动，安装于后舱位置。此类电机具有结构简单、体积小、重量轻、效率高等特点。驱动电机接口分布如图 9-8 所示。

在控制器的控制下，电机能在宽广的速度范围内工作，以满足纯电动轿车的运行工况。

- 电机内置旋转变压器一个，用于检测转子的转速和位置，以实现对电机的矢量控制。
- 电机冷却方式为水冷结构。

注意：J72-2103010 驱动电机总成必须匹配 J72-2142010 电机控制器

电机控制器的主要功能有：

- 控制电机运行在电动模式或发电模式。
- 电机驱动系统的转矩控制。
- 具有过温、过流、过电压等保护功能。
- 具有 CAN 通信和诊断功能。

电机控制器接口分布如图 9-9 所示。

2. 端子定义

MCU 电机控制系统端子如图 9-10 所示，端子定义见表 9-11、表 9-12。

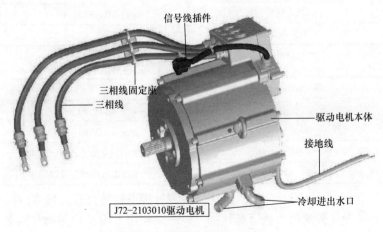

图 9-8 驱动电机接口分布

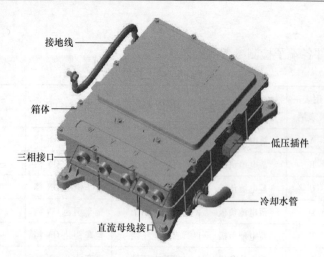

图 9-9 电机控制器接口分布

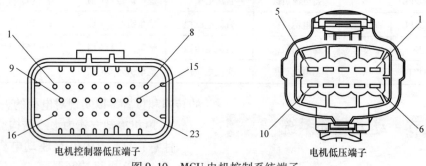

图 9-10 MCU 电机控制系统端子

表 9-11 MCU 电机控制系统端子定义

端子号	功能	信号类型	端子号	功能	信号类型
1	12V（KL30）	KL30 电源信号	10	VCU – EN	VCU 使能控制信号
2	12V（KL30）	KL30 电源信号	11	TEMP – 1	温度传感器信号
3	R1	旋变传感器信号	12	TEMP – 2	温度传感器信号
4	R2	旋变传感器信号	13	S2	旋变传感器信号
5	S1	旋变传感器信号	14	S4	旋变传感器信号
6	S3	旋变传感器信号	15	Screen – GND	屏蔽（地）信号
7	CAN – H	CAN（高）信号	16	12VGND – KL31	电源地信号
8	CANL	CAN（低）信号	17	12VGND – KL31	电源地信号
9	KL15	KL15 电源信号	18～23	预留	—

表 9-12 驱动电机连接端子定义

端子号	功能	端子号	功能
1	旋变 EXTP_R1	5	旋变 EXTP_S2
2	旋变 EXTP_R2	6	旋变 EXTP_S4
3	旋变 EXTP_S1	7	电机温度传感器 TEMP_1
4	旋变 EXTP_S3	8	电机温度传感器 TEMP_1

3. 电路检测

测量 MCU 端子，首先从控制器上拔下低压插件，检查线束端插件各针脚有无退针现象，如发现针脚退针请打开插件维修或更换该插件。

使用万用表检测插件各针脚信号，测试参考值见表 9-13。

表 9-13 针脚测试值

检测项目	测试针脚（万用表正极表笔）	相对针脚（万用表负极表笔）	万用表档位	测试条件	测试参考值
KL30 电源检测	1	16 或 17	直流电压档	整车钥匙 ON 档	9～16V
KL30 电源检测	2	16 或 17	直流电压档	整车钥匙 ON 档	9～16V
旋变传感器信号	3	4	电阻档	整车钥匙 OFF 档	20Ω
旋变传感器信号	4	3	电阻档	整车钥匙 OFF 档	20Ω
旋变传感器信号	5	6	电阻档	整车钥匙 OFF 档	46Ω
旋变传感器信号	6	5	电阻档	整车钥匙 OFF 档	46Ω
CAN 终端电阻检测	7	8	电阻档	整车钥匙 OFF 档	(120±5) Ω
CAN 终端电阻检测	8	7	电阻档	整车钥匙 OFF 档	(120±5) Ω
钥匙点火信号	9	16 或 17	直流电压档	整车钥匙点火	9～16V
VCU 使能信号检测	10	16 或 17	直流电压档	整车钥匙点火	9～16V
电机温度传感器检测	11	12	电阻档	整车钥匙 OFF 档	见电机温度传感器阻值表
电机温度传感器检测	12	11	电阻档	整车钥匙 OFF 档	见电机温度传感器阻值表
旋变传感器信号	13	14	电阻档	整车钥匙 OFF 档	50Ω
旋变传感器信号	14	13	电阻档	整车钥匙 OFF 档	50Ω
屏蔽（地）信号	15	16 或 17	电阻档	整车钥匙 OFF 档	0Ω
KL30 电源检测	16	1 或 2	直流电压档	整车钥匙 ON 档	(-9～-16) V
KL30 电源检测	17	1 或 2	直流电压档	整车钥匙 ON 档	(-9～-16) V

4. 故障码

故障码见表 9-14。

表 9-14 故障码表

序号	故障码	故障描述	序号	故障码	故障描述
1	U0293	电机系统 CAN 通信接收失败	13	P1A6E	MCU 系统安全故障
2	P1A63	电机位置传感器故障	14	P1A6F	MCU 模式故障
3	P1A64	相电流过电流故障	15	P1A70	直流母线欠电压故障
4	P1A65	MCU 逆变器故障	16	P0A43	电驱动系统限功率警告
5	P1A66	直流母线过电流故障	17	P0A62	MCU 系统一级故障
6	P1A67	直流母线过电压故障	18	P0A44	MCU 揭盖保护故障
7	P1A68	电机过温故障	19	P0A57	MCU 自检故障
8	P1A69	MCU 控制器过温故障	20	P0A61	MCU 传感器自检故障
9	P1A6A	电机超速故障	21	P0A55	MCU 硬件闭锁故障
10	P1A6B	MCU 内部传感器供电电压故障	22	P0A59	电机缺相故障
11	P1A6C	门驱动供电电压故障	23	P0A54	电机堵转故障
12	P1A6D	MCU 控制器供电电压故障			

二、减速器

1. 总成介绍

减速器与传动部件分解如图 9-11、图 9-12 所示。

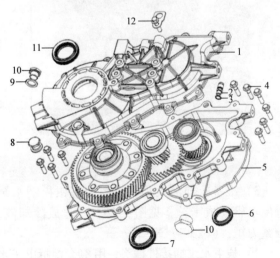

图 9-11 减速器部件分解
1—后壳体 2—通气阀 3—铝垫圈 4—合箱螺栓
5—前壳体 6—轴油封 7—差速器前油封 8—放油螺塞
9—平垫圈 10—注油螺塞 11—差速器后油封 12—吊钩

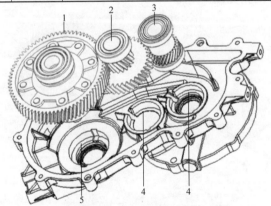

图 9-12 传动部件分解
1—差速器总成 2—二轴总成 3——轴总成
4—外径 62-调整垫片 5—差速器调整垫片

2. 技术参数

技术参数见表 9-15。

表 9-15 技术参数

序号	名称	参数
1	额定转矩	145N·m
2	一级传动比	2.08
3	二级传动比	3.789
4	一级中心距	79mm
5	二级中心距	110mm
6	润滑油牌号	75W-90GL-4
7	油量	0.8L

3. 故障排除

故障排除方法见表9-16。

表9-16　故障排除方法

故障情况	可能原因	排除方法
噪声过大或异常	一轴、二轴、差速器轴承损坏	更换轴承
	齿轮齿面磕碰、有毛刺或齿面发生点蚀或接触不良	修复或更换齿轮
	齿轮轴向位置和间隙不当	检查、调整
	油面太低，润滑不够充分	加油至规定位置
	总成内有异物	检查、排除
渗油	油封过量磨损或损坏	更换
	密封胶涂敷不均匀或密封垫损坏	更换密封垫、涂胶
	结合面磕碰未及时修平	检查、修复
	通气阀失效	更换通气阀
	差速器油封损坏	更换
轴承非正常损坏	润滑油含金属杂质	更换
	润滑不充分或润滑油不符合要求	更换
	使用不合格的轴承	更换

第三节　温度管理系统

一、高压冷却系统

1. 系统介绍

冷却系统部件结构如图9-13所示，冷却液循环回路见图9-14。

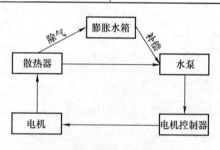

图9-14　冷却液循环回路

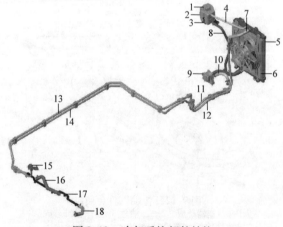

图9-13　冷却系统部件结构
1—膨胀水箱盖　2—膨胀水箱　3—膨胀水箱支架　4—散热器除气管
5—散热器总成　6—冷却风扇总成　7—散热器进水管
8—水泵进水管总成　9—电子水泵总成　10—水泵出水管
11—前机舱冷却管Ⅰ　12—前机舱冷却管Ⅱ　13—地板冷却管Ⅰ
14—地板冷却管Ⅱ　15—电机出水管　16—电机进水管
17—后机舱冷却管总成　18—电机控制器进水管

2. 部件拆装

1）拆前保险杠、前保险杠横梁。

2）电机和控制器温度低时拧开膨胀水箱盖，见图9-15，用举升机举起车辆，举升时注意安全

图9-15　打开膨胀水箱盖

3）准备冷却液收集桶，用卡箍钳松动水泵进出水管总成卡箍，见图9-16，并泄放冷却液。拧紧力矩：(25±4) N·m

4）拔下水泵插接件插头，用8#套筒拆电子水泵总成安装螺栓，见图9-17，取下电子水泵总成。

5）拆卸水管接头，拔下水管固定卡扣，见图9-18。

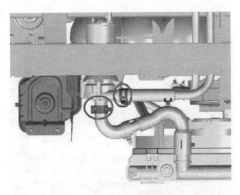

图 9-16　松开管路卡箍

图 9-17　拆下电动水泵螺栓

图 9-18　拆下水管固定卡扣

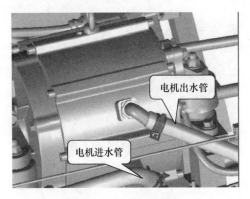

图 9-19　拆下出水管卡箍

图 9-20　拆下电机控制器进水管卡箍

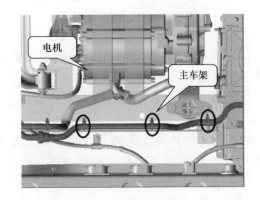

图 9-21　拔下冷却水管卡扣

图 9-22　拆除相关管路卡箍

6）拆电机出水管连接地板冷却排管总成端卡箍，见图 9-19，泄放电机冷却液。

7）拆下电机控制器进水管端连接地板冷却排管总成端卡箍，见图 9-20。

8）拔下后机舱冷却水管卡扣，见图 9-21。

9）落车拆下散热器除气管两端卡箍、散热器进水软管卡箍、膨胀水箱出水管，见图 9-22。

10）轻掰膨胀水箱卡扣取出膨胀水箱，用 6# 套筒拆膨胀水箱支架，取出支架，见图 9-23。拧紧力矩：(10±1) N·m

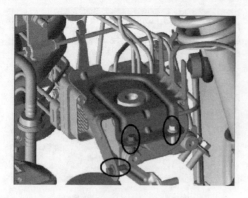

图 9-23 拆下膨胀水箱支架

11）用 6# 套筒拆电子风扇上安装螺栓，见图 9-24，拔掉风扇插接件，取出风扇。

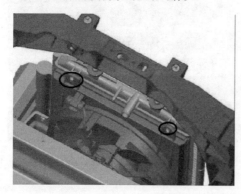

图 9-24 拆下电子风扇螺栓

12）拆下前保险杠总成、前保险杠下护板、前保横梁总成。

13）抽空调系统制冷剂后拆下冷凝器进出管路。

14）拆除散热器上支架上的两个安装螺栓，见图 9-25，取出散热器及冷凝器总成。拧紧力矩：(10±1) N·m

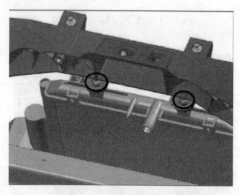

图 9-25 拆散热器支架螺栓

15）从散热器下横梁取出两个安装软垫，见图 9-26。

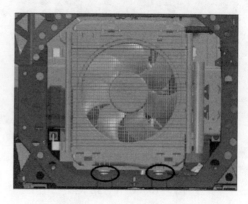

图 9-26 取下安装软垫

安装步骤与拆卸步骤相反。

二、电动空调系统

1. 系统说明

eQ1 空调系统为冷暖一体电动空调，该空调系统可以为驾驶室提供制冷、除湿、采暖、除霜、通风等功能，给驾驶室提供舒适的乘坐环境，是整车必不可缺的重要系统。空调系统部件分解如图 9-27、图 9-28 所示。

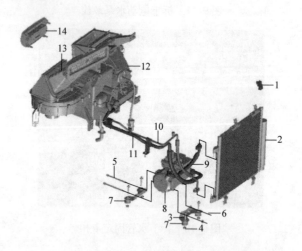

图 9-27 空调系统部件分解（一）
1—室外温度传感器总成 2—过冷式冷凝器总成
3—六角法兰面螺栓 M8×42 4—六角法兰面螺母 M8
5—六角法兰面螺栓 M8×110 6—六角法兰面螺母 M8
7—压缩机安装支架总成 8—电动空调压缩机总成
9—压缩机—冷凝器管路总成 10—冷凝器—蒸发器管路总成
11—蒸发器—压缩机管路总成 12—HVAC 总成
13—引风口总成 14—空调控制面板总成

1）制冷、除湿：首先空调由鼓风机引入外部（内部）空气，将其通过蒸发器降温，除湿，并送入驾驶室。

2）采暖、除霜：当 VCU 驱动 PTC 继电器，促使 PTC 工作，通过鼓风机将热量传递出去。

3）通风：通过调节 HVAC 分发器上的各个风门，使之按需要移动到各种位置，可引入内部或外部的空气通过不同的风道，实现各种模式。

表 9-17 空调控制面板端子定义

端子号	定义
1	面板电源
2	按键 AD 检测信号
3	背光（照明灯光）-
4	背光（照明灯光）+
5	空
6	风机起动继电器控制（低电平有效）
7	外部参考 5V
8	信号地
9	模式电机位置反馈
10	混风电机位置反馈
11	E/S 输出信号（脉冲高电平有效）
12	（13+/12-）转向制冷方向
13	（13-/12+）转向制热方向
14	（14+/30-）内循环
15	空
16	空
17	系统地
18	PTC 请求信号（高电平有效）
19	CAN H 通信
20	CAN L 通信
21	AC 请求信号（高电平有效）
22	按键地
23	后除霜工作信号（低电平有效）
24	后除霜输出信号（脉冲高电平有效）
25	风机控制信号
26	风机反馈信号
27	后雾灯输出信号（低电平有效）
28	（29+/28-）转向吹面方向
29	(29-/28+）转向除霜方向
30	（14-/30+）外循环
31	—
32	—

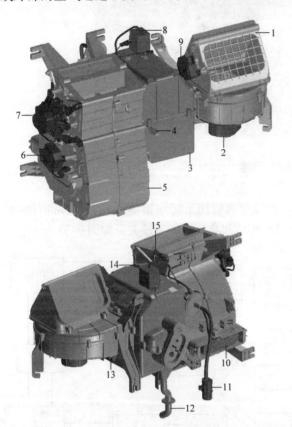

图 9-28 空调系统部件分解（二）

1—进风箱组件 2—鼓风机 3—蒸发器组件
4—蒸发器温度传感器 5—暖风组件 6—冷暖伺服电机
7—模式伺服电机 8—PTC 高压继电器 9—内外循环伺服电机
10—PTC 总成 11—PTC 高压插件 12—排水管
13—调速电阻 14—PTC 继电器信号插件 15—PTC 环路互锁插件

2. 端子定义

1）空调控制面板端子如图 9-29 所示，端子定义见表 9-17。

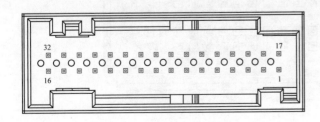

图 9-29 空调控制面板端子

2）电动空调压缩机端子如图 9-30 所示，端子定义见表 9-18。

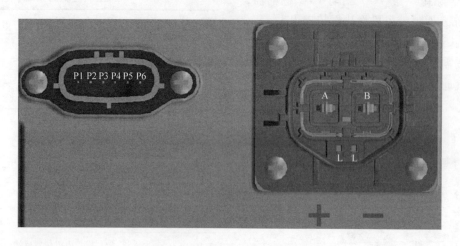

图 9-30 电动空调压缩机端子

表 9-18 电动空调压缩机端子定义

端子号	定义
A	主电源正极
B	主电源负极
L	互锁
L	互锁
P1	12V +
P2	互锁信号端子
P3	互锁信号端子
P4	12V -
P5	CAN – H
P6	CAN – L

第四节 车辆控制系统

一、整车控制系统

1. 系统介绍

整车控制器（VCU），电机控制器（MCU）和高压电池管理系统（BMS）等关键零部件间的 CAN 通信和高压线的连接关系如图 9-31 所示。

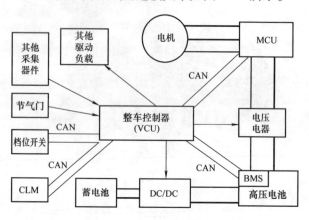

图 9-31 整车控制系统部件关系

2. 端子定义

整车控制器端子如图 9-32 所示，端子定义见表 9-19。

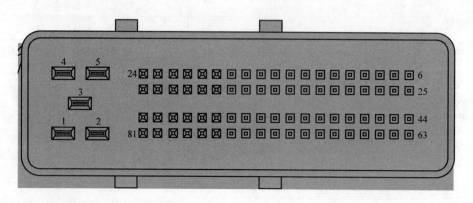

图 9-32 整车控制器端子

表9-19　整车控制器连接端子定义

端子号	功能	信号类型	端子号	功能	信号类型
1	KL30_supply	KL30 电源信号	39	Highside_Spare_1	高端驱动备用口 1
2	KL30_supply	KL30 电源信号	40	DI_Spare_5	数字输入备用口 5
3	Power_GND	电源地信号	41	Analog GND	模拟地
4	KL30_supply_GND	电源地信号	42	Analog GND	模拟地
5	KL30_supply_GND	电源地信号	43	Analog GND	模拟地
6	CAN BUS HIGH SIGNAL	CAN 高	44	DI_ECO_Switch	经济模式开关
7	CAN BUS LOW SIGNAL	CAN 低	45	DI_Spare_6	数字输入备用口 6
8	EXTAN_Temp_1	热敏电阻采集 1	46	AN_Spare_1	模拟备用口 1
9	EXTAN_Spare_1	外接模拟备用口 1	47	AN_Spare_2	模拟备用口 2
10	EXTAN_Spare_2	外接模拟备用口 2	48	Lowside_Spare_6	低端输出备用 6
11	DCDC_load_Current	DC/DC 负载电流	49	Lowside_Spare_7	低端输出备用 7
12	—	—	50	高端输出备用 2	数字
13	—	—	51	高端输出备用 3	数字
14	AN_Accelarator_1	加速踏板信号 1	52	PWM1	方波脉冲输出 1
15	AN_Accelarator_2	加速踏板信号 2	53	PWM2	方波脉冲输出 2
16	DCDC_enable	DC/DC 使能	54	PWM3	方波脉冲输出 3
17	DCDC_setpoint	DC/DC 输出电压调节	55	DI_Spare_6	数字输入备用口 6
18	CRANK	Ready 信号	56	DI_Spare_7	数字输入备用口 7
19	Air_condition	空调开启信号	57	Charger_wake	数字输入口
20	ACC	附件开关	58	DI_Spare_8	数字输入备用口 8
21	Ignition	点火开关	59	DI_Spare_9	数字输入备用口 9
22	AN 5V	模拟 5V 输出	60	Charge_Connector_ok	充电连接
23	AN 5V	模拟 5V 输出	61	ED_PWM1	方波脉冲输入 1
24	AN 5V	模拟 5V 输出	62	ED_PWM2	方波脉冲输入 2
25	DI_Spare_1	数字输入备用口 1	63	CAN_B_L	CAN 信号低
26	DI_Spare_2	数字输入备用口 2	64	CAN_B_H	CAN 信号高
27	DI_Spare_3	数字输入备用口 3	65	EXTAN_Temp2	热敏电阻采集 2
28	DI_Spare_4	数字输入备用口 4	66	AN_Spare3	模拟备用口 3
29	DCDC_OK	DCDC 自检信号	67	AN_Spare4	模拟备用口 4
30	Brake	制动信号	68	AN_Spare5	模拟备用口 5
31	Lowside_Spare_1	低端驱动备用口 1	69	AN_Spare6	模拟备用口 6
32	Lowside_Spare_2	低端驱动备用口 2	70	AN_Spare7	模拟备用口 7
33	Lowside_Spare_3	低端驱动备用口 3	71	AN_Spare8	模拟备用口 8
34	Lowside_Spare_4	低端驱动备用口 4	72	CAN_C_H	
35	Lowside_Spare_5	低端驱动备用口 5	73	CAN_C_L	
36	Reverse lamp driver	倒车灯驱动信号	74	DI_Spare_10	数字输入备用口 10
37	Inverter enable	电机使能信号	75	DI_Spare_11	数字输入备用口 11
38	Battery_contactor_ene	电池连接信号			

3. 故障码

故障码内容见表9-20。

表9-20 故障码表

序号	显示故障内容	故障中文说明	故障码
1	CAN_BUS_FAULT	CAN 总线通信失败	U0073
2	UNEXPECTED_INTERRUPT	VCU 软件意外中断故障	P1A51
3	GEARPOSITION_FAULT	档位故障	P1A53
4	PEDAL_POSITION_FAULT	加速踏板位置信号同步故障	P1A58
5	A_SENS_SUPPLY_FAULT	外部传感器供电电压故障	P1A59
6	VAC_SENS_OC_SC	制动真空压力传感器故障	P1A5A
7	DCDC_CHARGE_FAULT	DC/DC 充电故障	P1A5B
8	LV_BATT_VOLTAGE_FAULT	低压电池电压故障	P1A5C
9	BRAKE_SWITCH_FAULT	制动开关故障	P1A5D
10	VAC_SENS_IMPLAUSIBLE	真空度传感器信号不合理	P1A5E
11	VEHICLE_SPEED_IMPLAUSIBLE	车速信号错误	P1A5F
12	FMEM_FAILED	EEPROM 数据丢失	P1A60
13	APP_OVERRUN	VCU 控制器应用程序超限故障	P1A61
14	SW_WATCHDOG_OCCURED	软件狗"踢狗"故障	P1A62
15	MCU_CAN_RX_FAILED	电机系统 CAN 通信接收失败	U0293
16	MOTOR_POSTION_FAULT	电机位置传感器故障	P1A63
17	PAHSE_OVERCURRENT	相电流过电流故障	P1A64
18	INVERTER_FAULT	MCU 逆变器故障	P1A65
19	DCLINK_OVERCUR	直流母线过电流故障	P1A66
20	DCLINK_OVERVOLTAGE	直流母线过电压故障	P1A67
21	MOTOR_OVER_TEMP	电机过温故障	P1A68
22	INVERTER_OVER_TEMP	MCU 控制器过温故障	P1A69
23	MOTOR_OVERSPEED	电机超速故障	P1A6A
24	MCU_SENSOR_SUPPLY_FAULT	MCU 内部传感器供电电压故障	P1A6B
25	GATE_SUPPLY_FAULT	门驱动供电电压故障	P1A6C
26	MCU_LV_SUPPLY_FAULT	MCU 控制器供电电压故障	P1A6D
27	MCU_TORQUE_FAULT	MCU 转矩监控故障	P1A6E
28	MCU_MODE_ERROR	MCU 模式故障	P1A6F
29	DCLINK_UNDERVOLTAGE	直流母线欠电压故障	P1A70
30	GATE_DRIVER_DESAT_FAULT	门驱动饱和故障	P1A7E
31	BMS_HVINTERLOCK_FAULT	高压电池环路互锁故障	P1A81
32	BMS_ISOSUPER_FAULT	高压电池漏电故障	P1A82
33	BMS_CONTACT_FAULT	高压电池管理系统继电器失效	P1A83
34	VCU_POWER_MOSFET_SC	MOSFET 短路故障	P1A84
35	Cooling Pump Drive Fault	冷却泵驱动故障	P1A85
36	Brake EVAC Drive Fault	制动驱动故障	P1A86
37	BMS_BATTUNDERSOC_WARNING	高压电池包电量过低报警	P0A7D
38	BMS_BATTOVERTEMP_WARNING	高压电池包严重过温报警	P0A7E
39	BMS_CELLUNDERTEMP_WARNING	高压电池某单体温度严重过低报警	P0A9D
40	BMS_CELLOVERTEMP_WARNING	高压电池某单体温度严重过高报警	P0A9E

第九章 奇瑞新能源 EQ 型 EV 汽车

（续）

序号	显示故障内容	故障中文说明	故障码
41	BMS_CELLUNDERVOLT_WARNING	高压电池某单体电压严重过低报警	P0AA9
42	BMS_CELLOVERVOLT_WARNING	高压电池某单体电压严重过低报警	P0AAA
43	BMS_BATTOVERVOLT_WARNING	高压电池包电压严重过高报警	P0ABD
44	BMS_BATTUNDERVOLT_WARNING	高压电池包电压严重过低报警	P0ABC
45	BMS_BATTOVERCURRENT_WARNING	高压电池包严重过电流报警	P0AC2
46	BMS_BATTCOMPFLT_WARNING	电池系统集成故障	P1A79
47	COMPRESSOR_FAULT	压缩机故障	B2173
48	EVAPORATOR_TEMPERATURE_SENSOR_FAULT	蒸发器温度传感器故障	B2127
49	EXTERNAL_TEMPERATURE_SENSOR_FAULT	室外温度传感器故障	B2126
50	BMS_CAN_RX_FAILED	电池系统 CAN 通信接收失败	U0294
51	ABS_CAN_RX_FAILED	ABS 系统 CAN 通信接收失败故障	U0121
52	ABS_STATUS_CHECK_FAILED	ABS 状态监测失败故障	C1002
53	CLM_CAN_RX_FAILED	CLM 系统 CAN 通信接收失	U0164
54	REVERSELAMP_DRIVE_FAULT	倒车灯驱动故障	P0A27
55	LOWCOOLINGFAN_DRIVE_FAULT	低速风扇驱动故障	P0A28
56	INVERTER_DRIVE_OC_SC	INVERTER 驱动故障	P0A30
57	CONTACTOR_DRIVE_OC_SC	CONTACTOR 驱动故障	P0A32
58	PEDAL1_LOW_FAULT	加速踏板位置信号 1 电压过低	P0A37
59	PEDAL1_HIGH_FAULT	加速踏板位置信号 1 电压过高	P0A38
60	PEDAL2_LOW_FAULT	加速踏板位置信号 2 电压过低	P0A39
61	PEDAL2_HIGH_FAULT	加速踏板位置信号 2 电压过高	P0A40
62	BMS_SERIOUS_FAULT	BMS 严重故障	P0A41
63	BMS_POWERLIMIT_WARNING	BMS 限功率报警	P0A42
64	MCU_POWERLIMIT_WARNING	MCU 限功率报警	P0A43
65	MCU_HVIL_FAULT	MCU 环路互锁	P0A44
66	ATT_HVIL_FAULT	高压附件环路互锁	P0A45
67	CRASH_IMPLAUSIBLE	碰撞开关不合理	P0A46
68	HIGHCOOLINGFAN_DRIVE_FAULT	高速风扇驱动故障	P0A47
69	COMPRESSOR_DRIVE_FAULT	压缩机驱动故障	P0A48
70	PTCRELAY_DRIVE_FAULT	PTC 继电器驱动故障	P0A49
71	DCDC_DRIVE_FAULT	DC/DC 驱动故障	P0A50
72	T_MODUL_FAULT	T-BOX 功能故障	P0A51
73	L1_MOTOR_TQ_CHECK_ERROR	电机转矩校验失败	P0A52
74	L1_MOTOR_MODE_CHECK_ERROR	电机模式校验失败	P0A53
75	MOTOR_BLOCK_WARNING	电机堵转警告	P2A44
76	MCU_HARDWARELOCK_FAULT	MCU 硬件电路互锁故障	P2A45
77	MCU_COOLSYSTEM_FAULT	MCU 冷却系统故障	P2A46
78	MCU_SELFCHECK_FAULT	MCU 自检故障	P2A47
79	MCU_RDCALIGNMENT_FAULT	电机位置角度故障	P2A48
80	MOTORLACKPHASE_FAULT	电机缺相故障	P2A49

(续)

序号	显示故障内容	故障中文说明	故障码
81	MCU_LVBATTCHECK_FAULT	MCU 低压电源输入故障	P2A50
82	MCU_SENSORCHECK_FAULT	MCU 传感器自检故障	P2A51
83	MCU_SERIOUS_FAULT	MCU 严重故障	P2A52
84	CLM_LOWCOMPRESSURE_FAULT	压缩机排气压力过小	P2A53
85	MAINCONTRELAY_DRIVE_FAULT	主继电器驱动故障	P2A54
86	DCDC_IP_OVER_CURRENT	DC/DC 输入过电流	P1A71
87	DCDC_IP_UNDER_VOLTAGE	DC/DC 输入欠电压	P1A72
88	DCDC_IP_OVER_VOLTAGE	DC/DC 输入过电压	P1A73
89	DCDC_OP_OVER_CURRENT	DC/DC 输出过电流	P1A74
90	DCDC_MD_OVER_TEMP	DC/DC 模块过温	P1A75
91	DCDC_OP_UNDER_VOLTAGE	DC/DC 输出欠电压	P1A76
92	DCDC_OP_OVER_VOLTAGE	DC/DC 输出过电压	P1A77
93	DCDC_CAN_RX_FAILED	DC/DC CAN 信号接收失败	U0295

二、车身控制系统

1. 系统介绍

车身控制模块（BCM）具有以下控制功能：电动车窗控制（豪华型有玻璃防夹功能）、日间行车灯、一键起动（豪华型）中控锁、行李舱门开启功能——碰撞开锁；车辆安全与防盗电喇叭、诊断功能。

舒适型配用的 BCM 型号为 J72-3600030；租赁与豪华型配用的 BCM 型号为 J72-3600030AB。

2. 端子定义

1) J72-3600030 车身控制模块（BCM）端子如图 9-33 所示，端子定义见表 9-21、表 9-22。

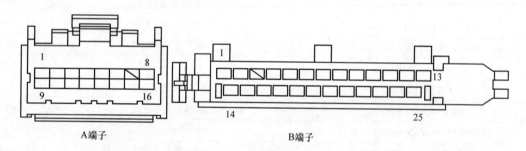

图 9-33 BCM 端子视图

表 9-21 端子 A 定义

端子号	定义	端子号	定义
A1	左前车窗上升开关	A9	左前车窗下降开关
A2	右前车窗下降开关	A10	转速信号
A3	右前车窗上升开关	A11	行李舱门接触开关
A4	喇叭开关	A12	气囊碰撞信号
A5	—	A13	防盗指示灯
A6	行李舱门开启开关	A14	驾驶人侧门接触开关
A7	副驾侧门接触开关	A15	K-LINE
A8	解锁开关	A16	遥控接收天线

表 9-22　端子 B 定义

端子号	功能定义	端子号	功能定义
B1	左前玻璃上升输出	B14	左前玻璃下降输出
B2	起动信号	B15	右前玻璃上升输出
B3	前照灯开关信号	B16	右前玻璃上升输出
B4	闭锁开关	B17	高低音喇叭
B5	电源（BAT）	B18	—
B6	电源（BAT）	B19	电源（BAT）
B7	限制运行输出	B20	点火开关信号
B8	GND（接地）	B21	GND（接地）
B9	GND（接地）	B22	行李舱门开启输出
B10	日间行车灯	B23	
B11	闭锁输出	B24	转向灯电源
B12	开锁输出	B25	左转向输出
B13	右转向输出		

2）J72-3600030AB 车身控制模块（BCM）端子如图 9-34 所示，端子定义见表 9-23～表 9-27。

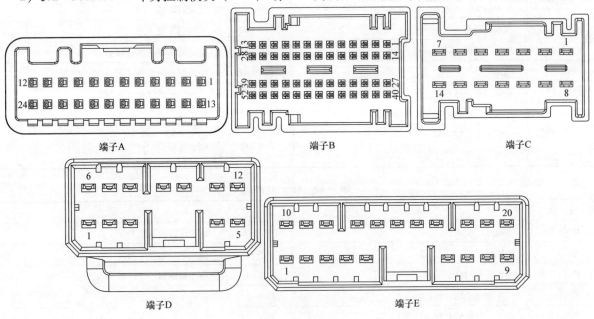

图 9-34　BCM 端子

表 9-23　端子 A 定义

端子号	定义	端子号	定义
PIN-1	GND	PIN-13	RF 天线
PIN-2	顶灯输出（LSD）	PIN-14	安全指示灯输出（HSD）
PIN-3	IMMO 天线 +	PIN-15	限制运行输出（预留）
PIN-4	IMMO 天线 −	PIN-16	ACC 输入（高电平触发）
PIN-5	IGN1 输入（高电平触发）	PIN-17	
PIN-6	KEY 输入（预留）	PIN-18	远程开闭锁触发信号（预留）
PIN-7	START 信号	PIN-19	超车开关输入（预留）
PIN-8	车速信号（预留）	PIN-20	小灯开关输入（低电平触发）
PIN-9	前雾灯开关（预留）	PIN-21	洗涤开关输入（低电平触发）
PIN-10	刮水器低速	PIN-22	近光开关输入（低电平触发）
PIN-11	左转向灯输入（低电平触发）	PIN-23	远光开关输入（低电平触发）
PIN-12	右转向灯输入（低电平触发）	PIN-24	N 档信号（低电平触发）

表 9-24 端子 B 定义

端子号	定义	端子号	定义
PIN – 1	SSB 按键开关 1 输入	PIN – 29 ~ 31	—
PIN – 2	SSB 地	PIN – 32	洗涤输出
PIN – 3 ~ 6	—	PIN – 33	—
PIN – 7	刮水器低速输出	PIN – 34	右前门车窗上升
PIN – 8	左前门车窗上升	PIN – 35	左后门车窗上升（预留）
PIN – 9	刮水器间歇	PIN – 36	警报开关
PIN – 10	右后门车窗上升（预留）	PIN – 37	行李舱门开关输入
PIN – 11	开锁信号	PIN – 38	左前门开关输入
PIN – 12	后雾灯开关	PIN – 39	制动信号输入
PIN – 13	碰撞信号	PIN – 40	SSB 绿色 LED 输出
PIN – 14	SSB 按键开关 2 输入	PIN – 41	CAN – L
PIN – 15	SSB 背光 LED 输出	PIN – 42 ~ 44	—
PIN – 16 ~ 20	—	PIN – 45	刮水器高速输出
PIN – 21	左前门车窗下降	PIN – 46	近光灯输出
PIN – 22	刮水器高速	PIN – 47	右前门车窗下降
PIN – 23	右后门车窗下降（预留）	PIN – 48	左后门车窗下降（预留）
PIN – 24	闭锁信号	PIN – 49	左后门开关信号（预留）
PIN – 25	右前门开关输入	PIN – 50	右后门开关信号（预留）
PIN – 26	行李舱门开启信号输入	PIN – 51	喇叭输入
PIN – 27	SSB 琥珀色 LED 输出	PIN – 52	刮水器回位
PIN – 28	CAN – H		

表 9-25 端子 C 定义

端子号	定义	端子号	定义
PIN – 1	电源	PIN – 8	前左车窗电源上升
PIN – 2	中控锁电源	PIN – 9	前左车窗电源下降
PIN – 3	前车窗电源地	PIN – 10	前车窗电源
PIN – 4	后车窗电源地（预留）	PIN – 11	前右车窗电源上升
PIN – 5	右后车窗电源上升（预留）	PIN – 12	前右车窗电源下降
PIN – 6	右后车窗电源下降（预留）	PIN – 13	左后车窗电源上升（预留）
PIN – 7	后车窗电源（预留）	PIN – 14	左后车窗电源下降（预留）

表 9-26 端子 D 定义

端子号	定义	端子号	定义
PIN – 1	左转向灯	PIN – 7	POWER – HSD
PIN – 2	车门闭锁	PIN – 8	电池节能
PIN – 3	车门解锁	PIN – 9	防盗喇叭（预留）
PIN – 4	行李舱门锁释放	PIN – 10	—
PIN – 5	电喇叭	PIN – 11	车锁地
PIN – 6	右转向灯	PIN – 12	电源地

表 9-27　端子 E 定义

端子号	定义	端子号	定义
PIN – 1	POWER – HSD	PIN – 8	日间行车灯（预留）
PIN – 2	前雾灯	PIN – 9	倒车灯（增加）
PIN – 3	后雾灯	PIN – 10	PDU 电源
PIN – 4	前小灯	PIN – 11	ACC 继电器输出
PIN – 5	后小灯	PIN – 12	IGN1 继电器输出
PIN – 6	远光灯输出	PIN – 13 ~ 20	—
PIN – 7	背光输出		

第十章 江淮新能源iEV系列EV汽车

第一节 高压电源系统

一、高压电池系统

1. 系统说明

以 iEV6E 车型为例，高压电池总成部件如图10-1 所示。高压电池总成安装在车体下部，高压电池总成包括左 24 串电池模块，右 24 串电池模块及后 60 串电池模块、电池控制器（LBC）、电池切断单元（BDU）、维修开关、风扇蒸发器总成、防火罩等部件。

60 串电池模块由 5 个 4 并 12 串方电池模块组成、左 24 串电池模块及右 24 串电池模块均由

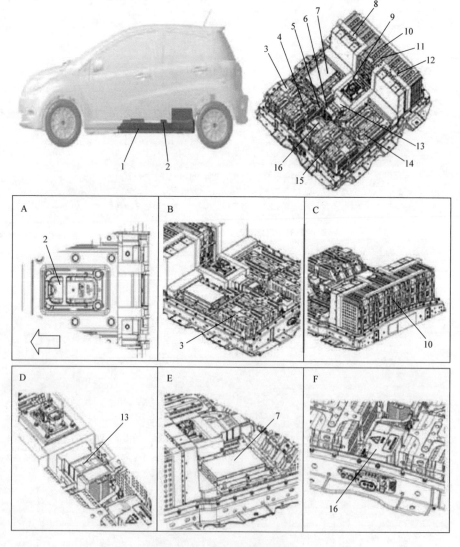

图 10-1 高压电池总成部件
A—后座椅腿部空间中部 B—高压电池总成左前位置 C—高压电池总成后部位置 D—高压电池总成中间位置
E—高压电池总成右前位置 F—高压电池总成前部位置
1—高压电池总成 2—维修开关 3—左 24 串电池模块 4、5、6、8、9、11、12、14—温度传感器
7—电池控制器 10—60 串电池模块 13—风扇蒸发器总成 15—右 24 串电池模块 16—电池切断单元

2个4并12串长电池模块组成。

电池控制器安装于高压电池总成内部。电池控制器是电池管理系统核心部件,监测并上报电池单体电压、电流、温度及整车高压绝缘等信息至VCU,VCU根据以上信息控制高压电池总成充放电。

BDU安装在高压电池总成前端中部,包括主接触器,预充接触器、加热接触器、加热器熔丝、电流传感器和预充电阻等。主接触器控制高压电池总成到整车的高压电路通断;预充接触器防止高压回路在钥匙起动瞬间出现大电流;加热接触器控制风扇蒸发器总成加热器通断;电流传感器测量高压电路电流,并计算充放电容量,由VCU估算SOC、SOH。

当系统发生故障,VCU根据故障等级断开高压主接触器,保护整车电气安全。BDU安装在高压电池总成正负极输出端,通过铜排及高压电池总成高压输出口连接,主接触器闭合。放电时,高压电池总成将电能供给整车各高压部件;能量回收或者充电时,由外部单元提供电能给高压电池总成。

2. 端子定义

iEV6E电池控制器低压端子如图10-2所示,端子定义见表10-1。

3. 故障码

当VCU检测到高压电池总成出现故障时,通过控制高压电池总成的输入与输出保护电池,不同的故障类别及失效模式,处理方式也不相同。iEV6e车型高压电池系统故障码及安全失效清单如表10-2所示。安全失效模式分为以下四种模式:

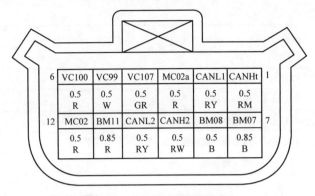

图10-2 电池控制器低压端子

表10-1 低压端子定义

端子号	线色	定义
1	RW	CANHt 整车 CAN 高
2	RY	CANLt 整车 CAN 低
3	R	MC02a M/C 电源
4	GR	VC107 B + 继电器控制
5	W	VC99 B – 继电器控制
6	R	VC100 预充继电器控制
7	B	BM07 风扇电源地
8	B	BM08 LBC 电源地
9	RW	CANH2 内部 CAN 高
10	RY	CANL2 内部 CAN 低
11	R	BM11 风扇电源正
12	R	MC02 LBC 电源正

模式A:禁止直流充电。
模式B:禁止交流充电。
模式C:禁止行驶。
模式D:切断高压。

表10-2 故障码及安全失效清单

故障码（DTC）	失效列表	安全失效模式 A	B	C	D	其他处理方式
P31BD	EEPROM故障	√		√		
P31B2	严重绝缘故障	√	√	√		跛行
P31AE	电池单体电压过高	√	√			禁止能量回收
P31AD	电池单体电压过低				√	
P31AB	高压电池温度过低					
P31AA	高压电池温度过高					跛行模式
P31A9	高压电池放电过电流		√		√	
P31A8	高压电池充电过电流					禁止能量回收
P31A7	高压电池总压过低				√	

(续)

故障码 (DTC)	失效列表	安全失效模式				其他处理方式
		A	B	C	D	
P31A6	高压电池总压过高	√	√			禁止能量回收
P31A3	电池单体电压严重过低	√	√	√	√	
P317A	充电电压异常故障	√				
P3179	热失稳二级故障	√	√	√	√	
P3178	热失稳故障	√	√	√		
P3177	12V 供电过高					
P3176	12V 供电过低		√			跛行
P3170	总压模块故障					
P316E	高压互锁故障		√		√	
P3160	高压电池温度不均衡					
P315D	绝缘故障					
P3151	均衡回路故障					
P3150	绝缘检测回路开路故障					
P3147	电池静态压差过大					
P3146	电池动态压差过大					
P3144	风扇电流过大					关闭风扇、关闭电磁阀、关闭 PTC
P3141	加热器指令错误					关闭 PTC
P3140	加热器温度过高					
P313F	PTC 误关闭					关闭风扇
P313E	PTC 误开启					
P313D	风扇误关闭					关闭风扇、关闭电磁阀、关闭 PTC
P313C	风扇误开启					关闭风扇
P313A	Flash 故障					
P3137	单体电压与总压不匹配					
P3135	温度采集失真					
P3134	单体采样线松动					
P3133	单体电压检测故障 – AD 变换故障		√			
P3132	单体电压检测故障 – IIC 通信故障		√			
P3130	总压检测短接 VCC					
P312C	温度传感器短接 GND					
P312B	温度传感器短接 VCC					
P312A	电流传感器双通道不相符					
P3129	电流传感器信号短接 GND					
P3128	电流传感器信号短接 VCC					
P3127	CAN 通信 Timeout 故障					
P3126	CAN 通信 Check Sum 故障					
P3125	CAN 通信 Rolling Counter 故障					
P3124	CAN 通信 BUSOFF 故障					
P3121	电池温度跳变					
P310A	均衡关闭标志					

二、高压充电系统

1. 端子定义

iEV6E 车型直流充电接口如图 10-3 所示,端子定义见表 10-3;车载充电机低压端子如图 10-4 所示,端子定义见表 10-4。

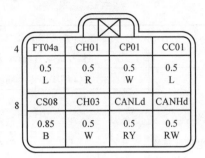

图 10-4 车载充电机低压端子

表 10-4 充电机低压端子定义

端子号	线色	信号名称
1	L	CC01 充电连接信号输入
2	W	CP01 充电功率信号输入
3	R	CH01 充电机电源
4	L	FT04a 充电连接信号输出
5	RW	CANHd 整车 CAN 高
6	RY	CANLd 整车 CAN 低
7	W	CH03 充电唤醒信号
8	B	CS08 GND

图 10-3 直流充电接口

表 10-3 直流充电接口端子定义

端子号	线色	信号名称
1	RW	CANH-2 CAN 通信高
2	RY	CANL-2 CAN 通信低
3	L	VC51 温度传感器
4	R	FT06 快充唤醒信号(12V 正)
5	B	FT05 快充电源负
6	W	FT04 充电连接状态信号

2. 电路检测

充电系统低压端子如图 10-5 所示,端子检测数据见表 10-5。

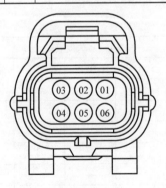
交流充电插座低压接插件

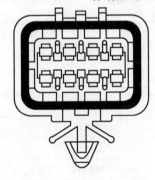
车载充电机低压接插件

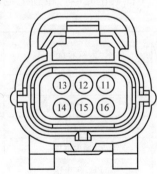
直流充电插座低压接插件

图 10-5 充电系统低压端子

表 10-5 端子检测数据

插件名称	端子号	信号名称	输入/输出	条件	数值
交流充电插座低压接插件	3	CC	输出	车辆与充电插头连接,正常充电过程中	充电桩 1.8~2.2V 家用充电 2.8~3.2V
	4	CP	输出	车辆与充电插头连接,正常充电	—
	5	12V+	输入	车门上锁	12V
	6	12V-	输入	车门上锁	12V-

（续）

插件名称	端子号	功能描述		条件	数值
		信号名称	输入/输出		
车载充电机低压接插件	1	CCOUT	输出	检测到 CC 电阻	1.5kΩ/680Ω/220Ω
	2	12V 常电	输入	常电输入	12V
	3	CP	输入	CP 连接正常时	—
	4	CC	输入	CC 连接正常时	1.5kΩ/680Ω/220Ω
	5	GND	输出	充电机工作时	12V -
	6	12V -	输出	充电机工作时	12V +
	7	CANL	输入/输出	充电机工作时	—
	8	CANH	输入/输出	充电机工作时	—
直流充电插座低压接插件	1	S +	输入/输出	直流充电时	—
	2	S -	输入/输出	直流充电过程中	—
	3	NC	—	—	—
	4	CC2	输入	车辆充电连接检测	2.3~2.7V
	5	A +	输出	直流充电过程中	12V +
	6	A -	输出	直流充电过程中	12V -

3. 故障码

当车载充电机有故障时，可以参考安全失效清单处理，不同的故障类别及失效模式，处理方式也不相同。失效模式分为四种模式：

模式 A：禁止充电，故障可自动清除。

模式 B：禁止充电，重新上电故障自动清除。

模式 C：禁止充电，故障无法清除，需更换车载充电机。

模式 D：车载充电机按照额定功率或降功率输出，上报故障码（DTC）。

车载充电系统故障码（DTC）及安全失效清单如表 10-6 所示。

表 10-6 故障码（DTC）及安全失效清单

DTC	失效列表	失效原因	失效模式			
			A	B	C	D
P3301	AC 过电压	220V 交流电欠电压	×			
P3302	AC 欠电压	220V 交流电过电压	×			
P3303	电池过电压	电池电压过高			×	
P3304	电池欠电压	电池电压过低	×			
P3305	PFC 欠电压	充电机内部 PFC 电压过低			×	
P3306	PFC 过电压	充电机内部 PFC 电压过高			×	
P3307	过温	充电机温度过高	×			
P3308	输出过电流	充电机输出电流过高			×	
P3309	温感故障	充电机温感损坏				×
P330a	接收不到 VCU 报文	通信异常	×			
P330b	电流指令异常	VCU 电流指令不正常				×
P330c	电压指令异常	VCU 电压指令不正常				×
P330d	CC 回路电阻异常	CC 回路检测不到电阻或电阻值异常	×			
P330e	CP 回路占空比异常	CP 回路占空比不在正常范围内	×			
P330f	高压互锁故障	高压互锁回路故障	×			

三、高压配电系统

1. 高压分布

iEV6E 车型高压系统部件安装位置见图 10-6，前舱部件分布如图 10-7 所示。

iEV6S 车型高压系统部件安装位置见图 10-8，前舱部件分布如图 10-9 所示。

iEV7 车型高压系统部件安装位置见图 10-10，前舱部件分布如图 10-11 所示。

2. 总成介绍

高压接线盒功能包括高压电池总成电能分配，电加热器与直流充电回路通断控制，空调系统、直流充电、交流充电、电机控制器回路过载保护。高压接线盒有 6 个高压线缆接口，通过 4 个安装点固定在车载充电机上，见图 10-12。

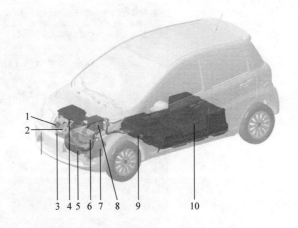

图 10-6　iEV6E 车型高压系统部件安装位置
1—快充插座　2—慢充插座　3—压缩机　4—电机控制器
5—驱动电机　6—DC/DC 变换器　7—车载充电机
8—高压接线盒　9—高压主线缆　10—高压电池

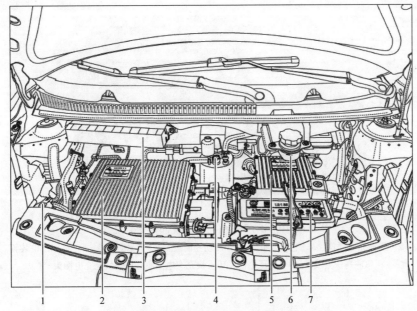

图 10-7　iEV6E 车型前舱部件分布
1—洗涤液罐　2—驱动电机控制器　3—室外继电器盒　4—真空罐　5—高压接线盒　6—真空助力器　7—12V 铅酸蓄电池

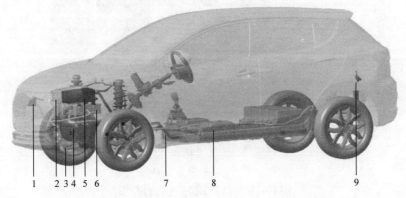

图 10-8　iEV6S 车型高压系统部件安装位置
1—慢充充电插座　2—电机控制器　3—电动压缩机　4—电机　5—高压接线盒　6—充电机　7—高压主线缆　8—高压电池　9—快充充电插座

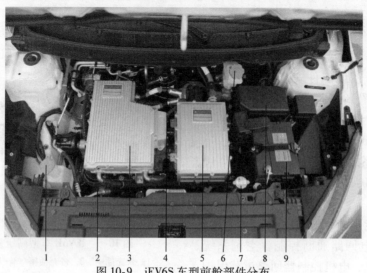

图 10-9　iEV6S 车型前舱部件分布

1—洗涤液加注口　2—电动压缩机　3—电机控制器　4—真空罐　5—高压接线盒　6—制动液加注口　7—冷却液加注口　8—熔丝盒　9—12V 铅酸蓄电池

图 10-10　iEV7 车型高压系统部件安装位置

1—慢充充电插头　2—慢充充电插座　3—电动压缩机　4—驱动控制装置　5—驱动电机　6—高压配电装置　7—车载充电机　8—高压主线缆　9—高压电池　10—快充充电插座　11—快充充电插头

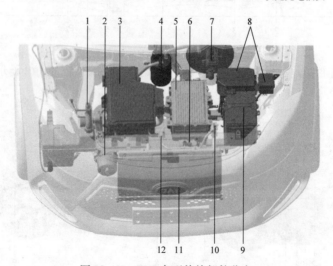

图 10-11　iEV7 车型前舱部件分布

1—洗涤液加注口　2—空调压缩机　3—电机控制器　4—真空罐　5—高压接线盒　6—充电机　7—制动液加注口　8—熔丝盒　9—12V 铅酸蓄电池　10—冷却液加注口　11—慢充充电口　12—驱动电机

第十章　江淮新能源 iEV 系列 EV 汽车

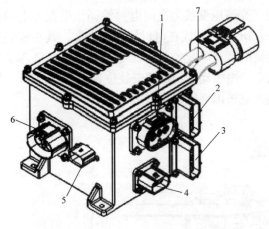

图 10-12　高压接线盒

表 10-7　熔丝规格

序号	回路名称	熔丝规格
1	电机控制器回路	150A，450V
2	空调回路	30A，450V
3	交流充电回路	20A，450V
4	直流充电回路	80A，450V
5	DC/DC 回路	20A，450V

序号	零部件	功能
1	主线缆接插件	连接至高压主线缆
2	高压配电电缆插件	连接至高压配电电缆，给空调系统输送电能，并为车载充电机输出电能
3	PTC 高压电缆插件	连接至空调电加热器
4	DC/DC 高压电缆插件	连接至 DC/DC
5	低压接插件	实现高压互锁及高压接线盒内部继电器控制
6	快充接插件	连接至直流充电插座总成
7	PCU 母线插件	连接至电机控制器

3. 内部结构

高压接线盒内熔丝与继电器分布如图 10-13、图 10-14 所示，熔丝与继电器规格见表 10-7、表 10-8。

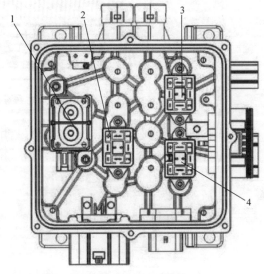

图 10-14　继电器分布

1—直流充电继电器　2—PTC2 继电器
3—交流充电继电器　4—PTC1 继电器

表 10-8　继电器规格

序号	回路名称	继电器规格
1	电加热器回路 1	10A，450V
2	电加热器回路 2	10A，450V
3	直流充电回路	100A，450V
4	交流充电回路	10A，450V

第二节　动力驱动系统

一、电机驱动系统

1. 技术参数

以 iEVA50 车型为例，驱动电机参数见表 10-9。

表 10-9　驱动电机参数

项目	参数
峰值转矩	270N·m
峰值功率	85kW
最高工作转速	9000r/min
冷却形式	液冷

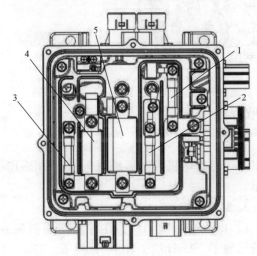

图 10-13　熔丝分布

1—DC/DC 熔丝　2—空调熔丝　3—交流充电熔丝
4—直流充电熔丝　5—电机控制器熔丝

2. 总成介绍

驱动电机是一台紧凑、重量轻、高功率输出、高效率的永磁同步电机（PMSM）。电机控制器是一个既能将高压电池中的直流电变换为交流电以驱动电机，同时具备将车轮旋转的动能转换为电能（交流电变换为直流电）给高压电池充电的设备。DC/DC集成在电机控制器内部，其功能是将电池的高压电变换为低压电，提供整车低压系统供电。电驱动系统部件安装位置如图10-15所示，驱动电机内部结构见图10-16。

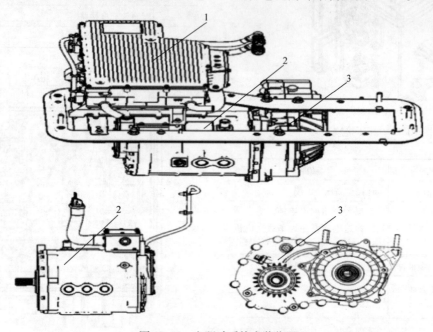

图10-15 电驱动系统安装位置
1—电机控制器 2—电机 3—减速器

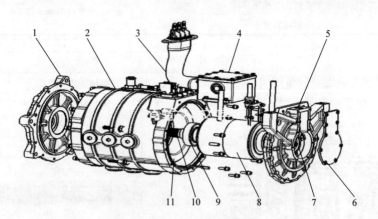

图10-16 驱动电机内部结构
1—前端盖 2—壳体 3—三相线 4—接线盒 5—后端盖 6—旋变端盖 7—旋变 8—转子 9—轴承 10—轴 11—定子

电机转矩请求信号由VCU通过整车CAN发送过来，电机控制器控制电机输出动力。电机控制器将电池的直流电变换为交流电，并同时采集电机位置信号和三相电流检测信号，精确地驱动电机。在减速阶段，电机作为发电机应用，它可以完成由车轮旋转的动能到电能的转换，给电池充电。

如果发生故障，系统将进入到安全失效模式（fail-safe）。电机控制系统原理框图如图10-17所示。

3. 端子定义

以iEVA50车型为例，在控制器前侧配置2个低压端子，23针端子和14针端子，23针端子主要完成PCU与整车之间的通信及控制，可以实现CAN通信控制和模拟量控制两种方式。14针端子中有6针主要完成PCU与电机之间的通信，

PCU 可以根据此接线端与电机的旋变连接,实现电机位置及转速的测量和计算,从而实现对电机的精确控制。2 针用于检测电机实时温度,防止电机在过温下工作,造成电机损坏。4 针与 PCU 主控芯片连接,用于软件的改写、烧录,操作方便。23 针端子及 14 针端子外形图如图 10-18 所示,端子定义见表 10-10、表 10-11。

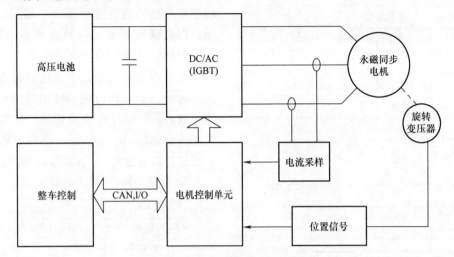

图 10-17 电机控制系统原理框图

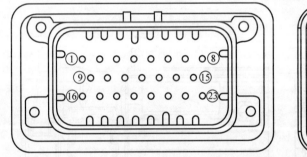 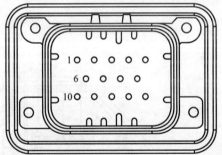

图 10-18 驱动电机控制器与电机低压端子

表 10-10 23 针低压端子定义 （续）

端子号	定义		端子号	定义	
	信号名称	输入/输出		信号名称	输入/输出
1	12V	12V 电源	—	13	DC/DC_RT2	DC/DC 热敏电阻	输出
2	12V	12V 电源	—	14	—	—	—
3	—	—	—	15	—	—	—
4	—	—	—	16	GND_12V	12V 电源地	—
5	—	—	—	17	GND_12V	12V 电源地	—
6	—	—	—	18	—	—	—
7	—	—	—	19	—	—	—
8	—	—	—	20	—	—	—
9	—	—	—	21	CANL	PCU CANL	输入/输出
10	DC/DC_EN	DC/DC 使能信号	输入	22	CANH	PCU CANH	输入/输出
11	DC/DC_FB	DC/DC 故障信号	输出	23	DANshield	CAN 屏蔽地	—
12	DC/DC_RT1	DC/DC 热敏电阻	输出				

表 10-11　14 针低压端子定义

端子号	定义	
	信号名称	输入/输出
1	S4	旋变信号	输入
2	NTC_GND	电机温度	—
3	S2	旋变信号	输入
4	NTC	电机温度	—
5	S1	旋变信号	输入
6	232IN	烧写口	输入
7	S3	旋变信号	输入
8	232OUT	烧写口	输出
9	—	—	—
10	BOOTEN	烧写口	—
11	—	—	—
12	CAN_GND	烧写口	—
13	R1	旋变信号	输出
14	R2	旋变信号	输出

二、减速器

1. 系统说明

减速器介于驱动电机和驱动半轴之间，负责将驱动电机的动力传给驱动半轴，在此起减速作用，以及满足汽车转弯及在不平路面上行驶时，左右驱动轮以不同的转速旋转。

减速器为中间轴式单速比减速器，主要由输入轴齿轮、中间轴齿轮、输出轴齿轮、左右壳体等组成。其他部件有加油螺塞、放油螺塞以及通气塞等，如图 10-19 所示。驱动电机的动力输出轴通过花键直接与减速器输入轴齿轮连接。

2. 油液更换

（1）油量的检测

① 拆下加油螺塞（图 10-20），通过加油螺塞安装孔检查油是否注满。

② 安装加油螺塞前应涂上螺纹密封胶，并按要求力矩拧紧螺栓（拧紧力矩 30~40N·m）。

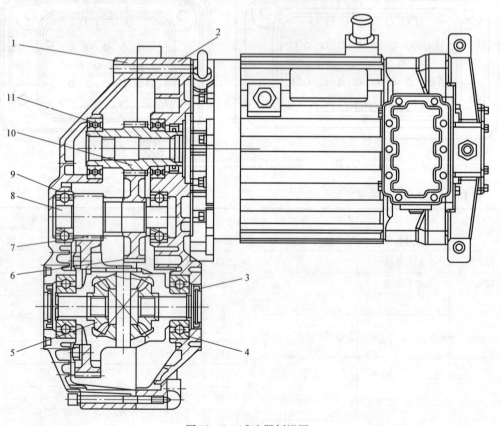

图 10-19　减速器剖视图

1—左壳体　2—右壳体　3—差速器油封　4—差速器轴承　5—差速器　6—中间轴被动齿轮　7—中间轴齿轮　8—中间轴　9—中间轴轴承　10—输出轴齿轮　11—输入轴轴承

第十章 江淮新能源 iEV 系列 EV 汽车

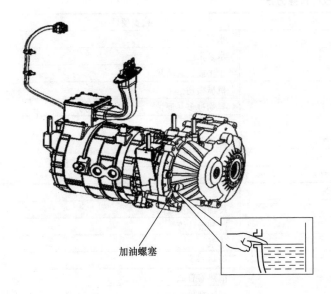

图 10-20 加油螺塞位置

（2）加油

拆下加油螺塞，加入新的专用润滑油直到油面靠近进油口到达指定的高度，油量约（1.7 ± 0.3）L。

（3）放油

① 拆下加油螺塞。

② 拆下放油螺塞，排出专用润滑油。

③ 安装加油螺塞和放油螺塞前应涂上螺纹密封胶，按规定力矩拧紧（加油螺塞拧紧力矩 30 ~ 40N·m，放油螺塞拧紧力矩 35 ~ 45N·m）。

第三节 温度管理系统

一、高压冷却系统

1. 系统说明

以 iEV6E 车型为例，风扇 - 蒸发器总成安装于高压电池总成内部，风扇 - 蒸发器总成主要包括蒸发器、加热器及 1 个风扇。风扇 - 蒸发器总成作用是冷却和加热高压电池总成，VCU 依据 LBC 上报的温度信息，控制冷却功能和加热功能的启动或关闭。

高压电池总成内部共有 8 个温度传感器，其中：5 个电池单体温度传感器通过螺栓固定在电池单体表面；1 个空气温度传感器固定在电池切断单元（BDU）上壳体固定槽内部；1 个蒸发器温度传感器固定在蒸发器制冷剂管表面；1 个加热器温度传感器固定在加热器内部。

以 iEV5 车型为例，高压冷却系统部件分布如图 10-21 所示。

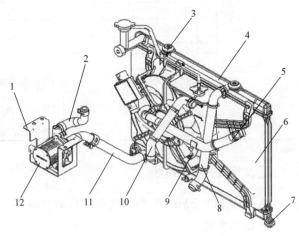

图 10-21 高压冷却系统部件分布

1—水泵支架 2—充电机进水管 3—散热器上悬置
4—散热器总成 5—PCU 进水管 6—散热器风扇总成
7—散热器下悬置 8—散热器进水管 9—PCU 进水管支架
10—PCU 出水管 11—散热器出水管 12—水泵

冷却液循环回路如图 10-22 所示。

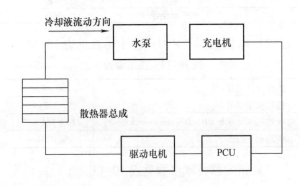

图 10-22 冷却液循环回路

2. 故障排除

冷却液过热故障排除方法见表 10-12。

表 10-12 故障排除方法

症状			检查项目
冷却系统的零部件故障	散热不良	水泵故障	水泵
			水泵供电
			尘土或纸屑堵塞
		散热翅片损坏	机械损伤
			异物过多（腐蚀、污物、沙土等）
		散热器管带堵塞	散热器风扇总成
	空气流量不足	冷却风扇不工作	
		风扇转动阻力大	
		风扇叶片损坏	
	集风罩损坏		冷却液黏度过高
	冷却液型号不正确		冷却液软管
	冷却液质量差		水泵
	冷却液不足	冷却液泄漏	散热器盖
			散热器总成
			膨胀水箱
其他	空气流通不畅	保险杠通风口堵塞	
		冷凝器堵塞	

二、自动空调系统

以下内容以 iEV6E 车型为例介绍自动空调系统。

1. 技术参数

1）一体式电动压缩机技术参数见表10-13。

表 10-13 技术参数

序号	技术指标	单位	参数值
1	工作电压范围	V	200~400
2	额定/最高转速	r/min	3420/4000
3	额定功率	kW	1.5
4	峰值功率	kW	2.2
5	额定电流	A	4.5
6	最大工作电流	A	7
7	绝缘阻值	/	1000V（DC），50MΩ，25℃（无制冷剂） 1000V（DC），≥20MΩ，25℃（充400g制冷剂）
8	噪声	dB	≤68
9	对整车地绝缘电阻	MΩ	≥100

2）电加热器（PTC）技术参数见表10-14。

表 10-14 技术参数

工作电压范围/V	200~400
输出功率/kW	2.5
有效芯体尺寸 $W \times H \times D$/(mm×mm×mm)	220×134×27
前部面积/m²	0.0294

3）蒸发器技术参数见表10-15。

表 10-15 技术参数

有效芯体尺寸 $W \times H \times D$（mm×mm×mm）	198×244×36
翅片间距/mm	1.7
换热能力	3400W
前部面积/m²	0.0488

4）冷凝器技术参数见表10-16。

表 10-16 技术参数

有效芯体尺寸 $W \times H \times D$/(mm×mm×mm)	320×423×16
翅片间距/mm	1.7
换热能力	9100W
前部面积/m²	0.135

5）制冷剂技术参数见表10-17。

表 10-17 技术参数

名称	HFC-134a
使用量/g	400±20

2. 端子定义

空调控制面板端子如图10-23所示，端子定义见表10-18。

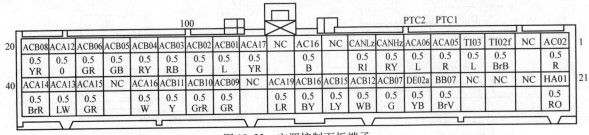

图 10-23 空调控制面板端子

表 10-18 空调控制面板端子定义

端子号	线色	信号名称
1	R	AC02 IGN2
3	Br/B	TI02f 背光正极
4	L	TI03 背光负极
5	R	ACA05 PTC 开启一路
6	L	ACA06 PTC 开启二路
7	RW	CAN 高
8	RY	CAN 低
10	B	AC1G 整车功率地线
12	YR	ACA17 通风扇
13	L	ACB01 温度电机正
14	G	ACB02 温度电机负
15	RB	ACB03 模式电机正
16	RW	ACB04 模式电机负
17	GB	ACB05 新回风电机正
18	GR	ACB06 新回风电机负
19	O	ACA12 蒸发器温度传感器正
20	YR	ACB08 传感器及电机参考地
21	R0	HA01 BATT +
25	Br/V	BB07 后除霜请求
26	WB	DE02a 后除霜反馈
27	G	ACB07 PTC 温度开关正
28	WB	ACB12 PTC 温度开关负
29	LW	ACB15 PTC 温度传感器正
30	BW	ACB16 PTC 温度传感器负
31	LR	ACA19 室外温度传感器正
33	GR	ACB09 5V 参考电压
34	Gr/R	ACB10 温度电机位置
35	Y	ACB11 模式电机位置
36	W	ACA16 GND
38	GR	ACA15 室内温度传感器正
39	LW	ACA13 鼓风机开启信号
40	Br/R	ACA14 风速调节（无级调速）

压缩机控制器端子如图 10-24 所示，端子定义见表 10-19。

CANHe	AC1G	CM01
0.5 Y	0.5 B	0.5 G
CM02	AC02	CANLe
0.5 O	0.85 R	0.5 G

图 10-24 压缩机控制器端子

表 10-19 压缩机控制器端子定义

端子号	线色	信号名称
1	G	CM01 电磁阀 1 继电器 12 电源正
2	B	AC1G 12V 电源负
3	Y	CANHe CAN 高
4	G	CANLe CAN 低
5	R	AC02 压缩机控制器 ON 电
6	O	CM02 电磁阀 2 继电器 12 电源正

第四节 整车控制系统

1. 系统说明

整车控制器（VCU）通过各种传感器及各控制器反馈的信息，判断当前车辆所处运行状态，合理控制整车行为。整车控制系统原理见图 10-25。

高压电池是整车的能量储存单元，并以直流电的形式直接为高压系统供电，同时通过 DC/DC 变换为 13～15V 的电压为低压系统供电。VCU 接收各部件信息，综合判断整车状态，实现多系统的协调控制。整车控制系统输入与输出信号见表 10-20。

表 10-20 输入与输出信号

输出信号/控制器	信号名	输入部件	信号类型
上电开关	ON/START/OFF 信号		电压
车载充电机	交流充电唤醒信号		电压
直流充电桩	直流充电唤醒信号	VCU	电压
	远程唤醒		CAN 和电压
远程智能终端	远程空调		CAN 和电压
	远程充电		CAN 和电压
	DC/DC 使能	DC/DC	电压
	高压继电器命令	LBC	CAN
VCU	电机相关命令	PCU	CAN
	起动/关闭	风扇	电压
	起动/关闭	水泵	电压

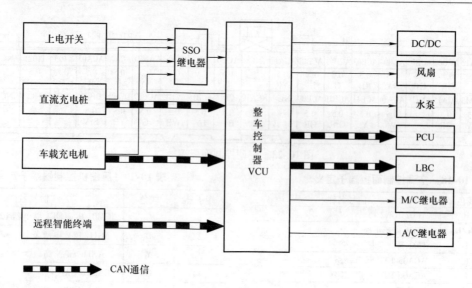

图 10-25　整车控制系统原理框图

2. 端子定义

iEV6E 升级版车型整车控制器端子如图 10-26 所示，端子定义见表 10-21。

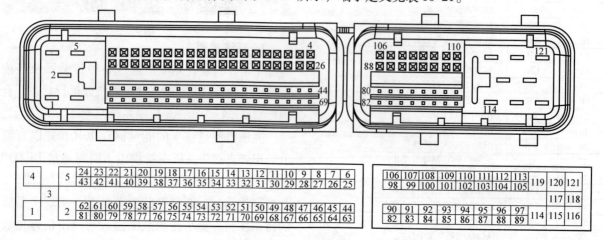

图 10-26　整车控制器端子

表 10-21　整车控制器端子定义

端子号		描述		条件	测量值（近似值）
+	-	信号名称	I/O		
1	—	VCU 地	—	—	
8	GND	MC 继电器低边驱动	输出	钥匙置于"LOCK"档或拔出	12V 蓄电池电压（13~4V）
				钥匙置于"ON"档	0V（近似值）
9	—	VCU 地	—	—	
10	GND	蓄电池电源供给	输入	钥匙置于"ON"档	12V 蓄电池电压（13~14V）
12	GND	充电功率检查	输入	车辆进行慢充充电	PWM 信号 幅值：+12V，频率：1kHz 占空比：1%~100%
13	GND	充电连接状态	输入	车辆通过充电插头连接至慢充充电桩	1.953~2.096V
				车辆通过充电插头连接至家用电源	2.928~3.072V
				整车通过充电插头连接至直流充电桩	2.425~2.575V

(续)

端子号		描述		条件	测量值（近似值）
+	-	信号名称	I/O		
14	GND	档位电压信号1	输入	·钥匙置于"ON"档·变速杆挂至"D"位	1.3~1.9V
				·钥匙置于"ON"档·变速杆挂至"R"位	2.9~3.4V
				·钥匙置于"ON"档·变速杆挂至"N"位	2.9~3.4V
15	72	加速踏板开度2	输入	·钥匙置于"ON"档·未踩踏加速踏板	0.375V（近似值）
				·钥匙置于"ON"档·完全踩下加速踏板	2.225V（近似值）
17	75	制动踏板开度2	输入	·钥匙置于"ON"档·未踩踏制动踏板	0.375V（近似值）
				·钥匙置于"ON"档·完全踩下制动踏板	1.92V（近似值）
21	GND	远程唤醒	输入	TBOX发出远程唤醒请求	12V蓄电池电压（13~14V）
				TBOX不发远程唤醒请求	0V
22	GND	立即充电取消请求	输入	立即充电取消开关按下	0V
				立即充电取消开关释放	5.16V（近似值）
23	GND	制动灯开启	输入	·钥匙置于"ON"档·驾驶人未踩踏制动踏板	0V
				·钥匙置于"ON"档·驾驶人踩踏制动踏板	12V蓄电池电压（13~14V）
24	GND	慢充唤醒	输入	车辆通过充电插头连接至慢充充电桩或家用电源	12V蓄电池电压（13~14V）
				车辆未连接至慢充充电桩或家用电源	0V
27	GND	倒车灯继电器驱动	输出	·钥匙置于"ON"档·变速杆挂至"R"位	0V
				·钥匙置于"ON"档 ·变速杆没有挂至"R"位 ·变速杆没有挂至"R"位	12V蓄电池电压（13~14V）
29	GND	蓄电池电源供给	输入	钥匙置于"ON"档	12V蓄电池电压（13~14V）
33	GND	档位电压信号2	输入	·钥匙置于"ON"档·变速杆挂至"D"位	2.9~3.4V
				·钥匙置于"ON"档·变速杆挂至"R"位	2.9~3.4V
				·钥匙置于"ON"档·变速杆挂至"N"位	1.3~1.9V
34	72	加速踏板开度1	输入	·钥匙置于"ON"档·未踩踏加速踏板	0.75V（近似值）
				·钥匙置于"ON"档·完全踩下加速踏板	4.45V（近似值）
36	75	制动踏板开度1	输入	·钥匙置于"ON"档·未踩下制动踏板	0.75V（近似值）
				·钥匙置于"ON"档·完全踩下制动踏板	3.84V（近似值）
39	GND	高压互锁	输入	·钥匙置于"ON"档·高压线束连接正常	12V蓄电池电压（13~14V）
				·钥匙置于"ON"档·高压线束连接不正常	0V
40	GND	S模式开关	输入	·钥匙置于"ON"档·ECO模式开关按下	12V蓄电池电压（13~14V）
				·钥匙置于"ON"档·ECO模式开关释放	0V
41	GND	LBC故障	输入	·钥匙置于"ON"档·LBC发生故障	0V
				·钥匙置于"ON"档·LBC未发生故障	3.18V（近似值）
43	GND	钥匙"ON"档	输入	钥匙置于"ON"档	12V蓄电池电压（13~14V）
47	—	VCU地	—	—	—
48	GND	蓄电池电源供给	输入	钥匙置于"ON"档	12V蓄电池电压（13~14V）
52	GND	档位电压信号3	输入	·钥匙置于"ON"档·变速杆挂至"D"位	1.3~1.9V
				·钥匙置于"ON"档·变速杆挂至"R"位	1.3~1.9V
				·钥匙置于"ON"档·变速杆挂至"N"位	1.3~1.9V

（续）

端子号		描述		条件	测量值（近似值）
+	-	信号名称	I/O		
53	—	加速踏板开度2回路	—	—	—
54	GND	钥匙"START"档	输入	钥匙旋至"START"档	12V蓄电池电压（13~14V）
55	GND	冷却风扇控制	输出	车辆处于行驶状态	脉冲信号 占空比：55%~100%
				·车辆处于充电状态·空调开启	占空比：65%~100%
65	GND	行人警告	输入	—	—
66	—	VCU地	—	—	—
67	GND	蓄电池电源供给	输入	钥匙置于"ON"档	12V蓄电池电压（13~14V）
71	GND	档位电压信号4	输入	·钥匙置于"ON"档·变速杆挂至"D"位	2.9~3.4V
				·钥匙置于"ON"档·变速杆挂至"R"位	1.3~1.9V
				·钥匙置于"ON"档·变速杆挂至"N"位	2.9~3.4V
72	—	加速踏板开度1回路	—		
73	—	冷却液温度传感器信号回路	—		
75	—	制动踏板开度1回路	—		
76	GND	安全气囊	输入	·钥匙置于"ON"档·碰撞输出信号有效	0V
				·钥匙置于"ON"档·碰撞输出信号无效	6.8（近似值）
77	GND	制动开关	输入	·钥匙置于"ON"档·驾驶人未踩踏制动踏板	12V蓄电池电压（13~14V）
				·钥匙置于"ON"档·驾驶人踩踏制动踏板	0V
79	GND	驻车制动	输入	·钥匙置于"ON"档，驻车制动拉起	0V
				·钥匙置于"ON"档，驻车制动未拉起	1.83V（近似值）
81	GND	直流充电唤醒	输入	车辆通过充电插头连接至直流充电充电桩	12V蓄电池电压（13~14V）
				车辆未连接至直流充电充电桩	0V
83	GND	自保持SSO控制信号	输出	钥匙置于"ON"档	0V
				钥匙置于"LOCK"档或拔出后的1s（近似值）时间内	12V蓄电池电压（13~14V）
85	—	制动踏板开度2回路	—	—	—
86	GND	充电指示灯1（黄色）	输出	·车辆通过充电插头连接 ·至快/慢充充电桩或家用电源	4.8V（近似值，持续）
				立即充电取消开关按下	4.8V（近似值，跳变）
				其他工况	0V
91	GND	直流充电继电器控制	输出	·钥匙置于"LOCK"档或拔出 ·车辆通过充电插头连接至直流充电充电桩，刷卡确认车辆进入直流充电过程	12V蓄电池电压（13~14V）
				其他工况	0V
92	GND	DC/DC使能	输出	钥匙置于"ON"档	12V蓄电池电压（13~14V）

第十章　江淮新能源 iEV 系列 EV 汽车

（续）

端子号		描述		条件	测量值（近似值）
+	−	信号名称	I/O		
96	1	制动踏板传感器 1 供电	输出	钥匙置于"ON"档	5V ± 0.1V
98	1	制动踏板传感器 2 供电	输出	钥匙置于"ON"档	5V ± 0.1V
99	GND	总负继电器控制（12V）	输出	钥匙置于"ON"档	12V 蓄电池电压（13～14V）
100	GND	预充继电器控制（12V）	输出	钥匙置于"ON"档	12V 蓄电池电压（13～14V）
101	GND	AC 继电器控制	输出	·空调开启请求有效	0V
				·空调开启请求无效	12V 蓄电池电压（13～14V）
104	1	加速踏板传感器 2 供电	输出	钥匙置于"ON"档	5V ± 0.1V
106	GND	充电指示灯 2（绿色）	输出	直流充电或慢充过程中	4.8V（近似值，持续）
				直流充电或慢充完成	4.8V（近似值，跳变）
				其他工况	0V
107	GND	总正继电器控制（12V）	输出	钥匙置于"ON"档	12V 蓄电池电压（13～14V）
112	1	加速踏板传感器 1 供电	输出	钥匙置于"ON"档	5V ± 0.1V
115	1	直流充 CAN−2H	输入/输出	VCU 上电	查看是否有 CAN 报文
116	1	直流充 CAN−2L			
120	1	整车 CAN−1H			
121	1	整车 CAN−1L			

第十一章 江铃新能源E200型EV汽车

第一节 高压电源系统

一、高压电池系统

1. 技术参数

高压电池包技术参数见表11-1。

表11-1 高压电池包技术参数

项目	规格（基本型）	规格（舒适型）
电压范围	120~160V	108~149.4V
额定能量	17.228kW·h（可利用率≥90%）	17.316kW·h（可利用率≥90%）
额定容量	78A·h（可利用率≥90%）	78A·h（可利用率≥90%）
工作温度范围	放电 -20℃~60℃，充电 0~50℃	放电 -20℃~60℃，充电 0~50℃
推荐工作相对湿度	0%~95%RH	0%~95%RH
推荐储存温度范围	(20±5)℃	(20±5)℃
最大持续充电电流	≤59A	≤80A
最大脉冲充电电流	≤118A	≤130A
最大持续放电电流	≤180A	≤170A
最大脉冲放电电流	≤280A	≤320A
荷电保持能力	≥90%	≥90%
绝缘电阻测试值	≥50MΩ（不含BMS系统）	≥50MΩ（不含BMS系统）
IP防护等级	IP67	IP67
总重量	≤167kg	≤180kg
冷却方式	自然冷却	自然冷却
低压供电	DC12V	DC12V
通信方式	CAN通信	CAN通信
系统循环寿命	1000次	1000次
系统能力密度	103W·h/kg	96W·h/kg
系统最大放电倍率（C）	3C	3C

2. 总成分解

高压电池包部件分解如图11-1所示。

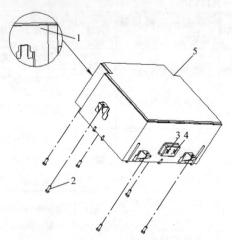

图11-1 高压电池包部件分解
1—通信接口 2—电池包安装螺栓 3—电源正极线接口
4—电源负极线接口 5—电池包整体

二、车载充电系统

1. 技术参数

车载充电器技术参数见表11-2。

表11-2 车载充电器技术参数

项目	规格（基本型）	规格（舒适型）
型号	TCCH-H168-15	TCCH-H152-15
型式	自然风冷	自然风冷
输入电压范围	85~280V（AC）	85~280V（AC）
最大电压频率范围	40~70Hz	40~70Hz
最大输出电压	168V（DC）	152V（DC）
额定	2kW	2kW
工作温度	-40℃~85℃	-40℃~85℃
绝缘电阻	大于20MΩ	大于20MΩ
防护等级	IP67	IP67

2. 总成分解

车载充电机部件分解如图11-2所示。

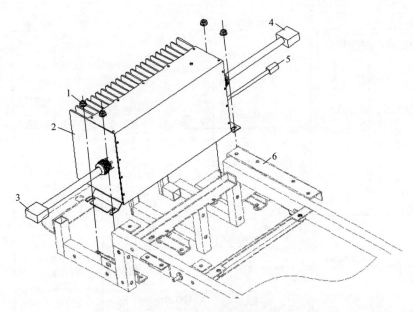

图 11-2 车载充电机部件分解
1—充电机安装螺母 2—充电机本体 3—交流电源输入插接件
4—充电输入源插接件 5—充电控制插接件 6—前舱大支架总成

3. 端子定义

端子定义见表 11-3。

表 11-3 端子定义

端子号	插接件示意图	型号	定义
3	L PE N	护套：DJ7031-4.8-11 端子：DJ614-4.8-0.8 固定夹：DWJ-Hu33	L：相线 PE：接地 N：零线
4	OUT- OUT+	护套：DJ70219Y-7.8-21 端子：DJ621-K7.8D 密封圈：71650400	OUT-：输出地线 OUT+：输出电源
5	ICANH AC01 0.5 0.5 O YG ICANL AC02 0.5 0.5 U YW	护套：174264-2（AMP） 端子：171631-1（AMP） 防水栓：368280-1（AMP） 防水堵：172748-1（AMP）	ICANH：CAN 高 ICANL：CAN 低 AC01：12V 输出正 AC02：12V 输出负

4. 系统电路

高压电池充电电路如图 11-3 所示。

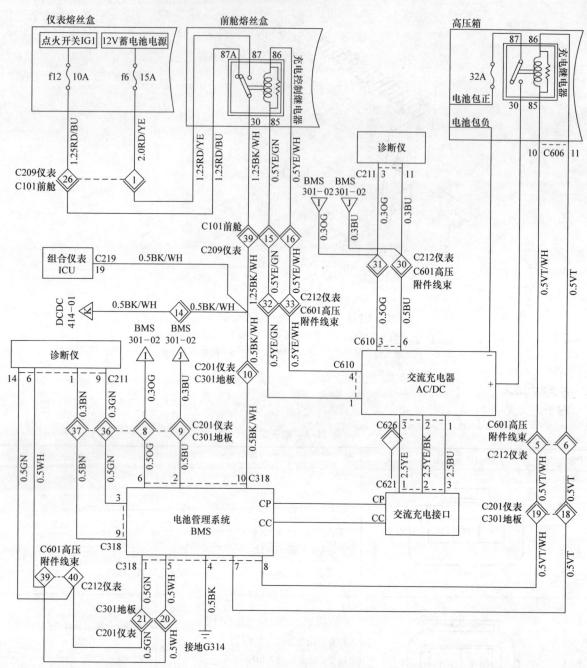

图 11-3 高压电池充电电路

三、电源转换系统

1. 技术参数

DC/DC 变换器技术参数见表 11-4。

表 11-4 DC/DC 变换器技术参数

项目	规格
型号	ZH9630Li
型式	自然风冷
输入电压范围	112.5～195V
额定电压	144V
输出电压范围	13.3～14.0V
额定/峰值功率	600W/700W
工作环境温度	-30℃～55℃
防护等级	IP66

（续）

2. 总成分解

DC/DC 变换器部件分解如图 11-4 所示。

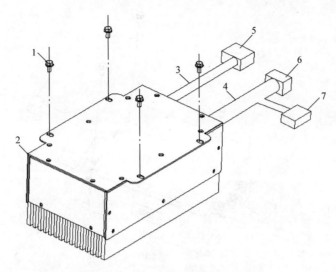

图 11-4 DC/DC 变换器部件分解
1—DC/DC 安装螺栓 2—DC/DC 本体 3—DC/DC 输入线 4—DC/DC 输出线
5—DC/DC 输入接插件 6—DC/DC 输出接插件 7—DC/DC 控制接插件

3. 端子定义

端子定义见表 11-5。

表 11-5 端子定义

端子号	插接件示意图	型号	定义
5	DC/DC− DC/DC+	DJ70219Y−7.8−11 DJ611−K7.8D SXK−M10−7	DC/DC−：高压负 DC/DC+：高压正
6	G03 6.0 B / DC01 6.0 N	DJ70219Y−7.8−21 DJ621−K7.8D DWJ−Hu33/28	G03：输出地线 DC01：输出电源
7	G02 G01 RL01a EU20	DJ7041Y−1.8−21	G02：使能地线 G01：故障指示负 RL01a：使能电源 EU20：故障指示正

四、高压分配系统

1. 技术参数

高压配电箱技术参数见表 11-6。

表 11-6 技术参数

项目	规格
型号	HZT−190
材料型式	钢板+磨砂喷漆
耐压	大于 1000V
工作环境温度	−40℃~80℃
防护等级	IP56

2. 总成分解

高压配电箱总成部件如图 11-5、图 11-6 所示。

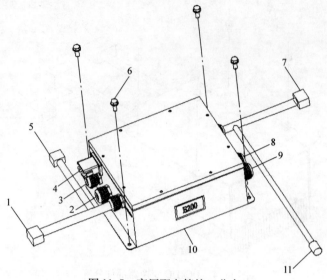

图 11-5　高压配电箱接口分布

1—PTC 接插件　2—动力线正极接口 PG 头　3—动力线负极接口 PG 头　4—通信接口　5—车载充电器输出接插件　6—高压分线总成安装螺栓　7—DC/DC 电源插件　8—母线正极接口 PG 头　9—母线负极接口 PG 头　10—高压分线总成本体　11—压缩机电源插件

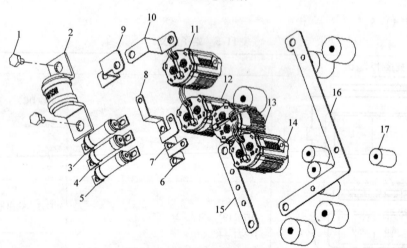

图 11-6　高压配电箱内部分解

1—电机控制器熔丝安装螺栓（2 个）　2—电机控制器熔丝　3—预充熔丝　4—PTC 熔丝　5—充电熔丝　6—充电接触器铜片连接　7—PTC 接触器铜片连接　8—预充接触器铜片连接　9—电机控制器接触器正极铜片连接　10—电机控制器接触器负极铜片连接　11—电机接触器　12—预充接触器　13—PTC 接触器　14—预充接触器　15—电源正极铜片连接　16—电源负极铜片连接　17—接线柱（9 个）

3. 端子定义

（1）高压端子定义

高压端子定义见表 11-7。

表 11-7　高压端子定义

端子号	插接件示意图	型号	定义
11	（AC− AC+）	TR06122SNHEC03	AC−：高压负 AC+：高压正

(续)

端子号	插接件示意图	型号	定义
7	DC/DC+ DC/DC−	DJ70219Y−7.8−21 DJ621−K7.8D	DC/DC+：输出地线 DC/DC−：输出电源
1	OUT+ OUT−	DJ70219Y−7.8−11 DJ611−K7.8D DWJ−B44	OUT+：充电输入正 OUT−：充电输入负
5	PTC+ PTC−	DJ70219Y−7.8−11 DJ611−K7.8D DWJ−44	PTC+：PTC电源正 PTC−：PTC电源负

(2) 低压端子定义

高压配电箱低压端子如图11-7所示，低压端子定义见表11-8。

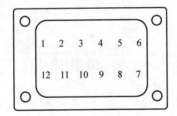

图11-7 低压端子

表11-8 低压端子定义

端子号	定义
1	电机继电器正极控制
2	电机继电器负极控制
3	预充电
4	N
5	N
6	N
7	START
8	地线
9	IG1
10	充电机接触器正极控制
11	充电机接触器负极控制
12	PTC保护开关

第二节 动力驱动系统

一、驱动电机

1. 技术参数

驱动电机技术参数见表11-9。

表11-9 驱动电机技术参数

项目	规格
型号	YS190XB32（JXMI15A4）
额定功率/kW	15
最大功率/kW	30
额定转距/N·m	43
最大转距/N·m	130
额定转速/(r/min)	3000
最大转速/(r/min)	7000
绝缘等级	H
冷却方式	自然风冷
防护等级	IP66
最大外形尺寸（外径/长度）	$\phi 230mm \times 314mm$
质量/kg	45

2. 驱动电机分解

驱动电机部件分解如图11-8所示。

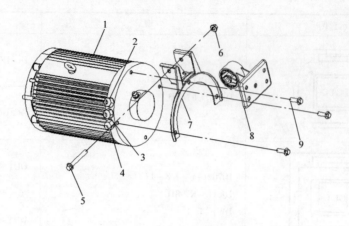

图 11-8 驱动电机部件分解
1—电机本体 2—U 相线 3—V 相线 4—W 相线 5—悬置安装螺栓
6—悬置安装螺母 7—电机安装支架 8—电机悬置 9—电机安装支架螺栓

二、电机控制器

1. 技术参数

电机控制器技术参数见表 11-10。

表 11-10 电机控制器技术参数

项目	规格
型号	KYS14X030F15A（JXCI7012A15）
额定输入电压（电池电压）/V	144（120～167）
辅助电压（常电）/V	12
最大输出电流/A	300
额定容量/kVA	25
最大容量/kVA	45
防护等级	IP66
冷却方式	风冷
机箱	PC40 风冷
外形尺寸（长/宽/高）/（mm×mm×mm）	270×241×172
质量/kg	9.5
保护功能	欠电压/过电压/过温/超速/过电流

2. 总成部件分解

电机控制器总成部件分解如图 11-9 所示。

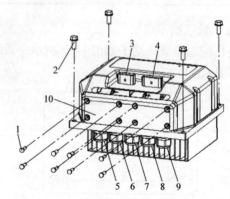

图 11-9 电机控制器总成部件分解
1—接线盖板安装螺栓 2—电机控制器安装螺栓 3—电机插件接口
4—控制器插件接口 5—U 相线接口 6—母线（-）接口
7—V 相线接口 8—母线（+）接口 9—W 相线接口
10—接线盖板

3. 端子定义

驱动电机与电机控制器低压端子如图 11-10 所示，端子定义见表 11-11、表 11-12。

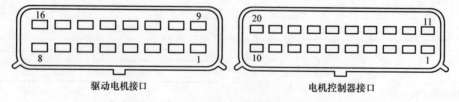

图 11-10 驱动电机与电机控制器低压端子

表 11-11　16 针驱动电机低压端子定义

端子号	定义
J1-1	电机温度输入 2
J1-2	5V 输出
J1-3	空脚
J1-4	空脚
J1-5	空脚
J1-6	空脚
J1-7	空脚
J1-8	空脚
J1-9	电机输入温度 1
J1-10	5V 输出
J1-11	旋变电机励磁电压负输出
J1-12	旋变电机励磁电压正输出
J1-13	旋变电机 SIN 正输入
J1-14	旋变电机 SIN 负输入
J1-15	旋变电机 COS 负输入
J1-16	旋变电机 COS 正输入

表 11-12　20 针驱动电机控制器低压端子定义

端子号	定义
J2-1	外部 12V 地
J2-2	节气门输入 2
J2-3	保留 KB5
J2-4	START 档开关
J2-5	串口通信 RX
J2-6	串口通信 TX
J2-7	5V 地
J2-8	5V
J2-9	空脚
J2-10	高压正
J2-11	外部 12V
J2-12	制动 KB3
J2-13	倒档 KB2
J2-14	前进档 KB1
J2-15	CAN 总线高
J2-16	CAN 总线低
J2-17	电机转速脉冲输出
J2-18	节气门输入
J2-19	KB7
J2-20	继电器输出

4. 电驱动系统电路

电驱动系统电路如图 11-11 所示。

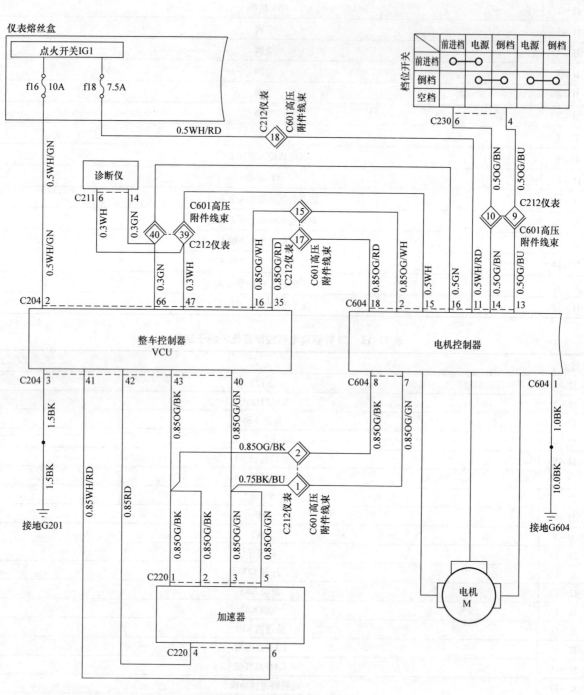

图 11-11 电机

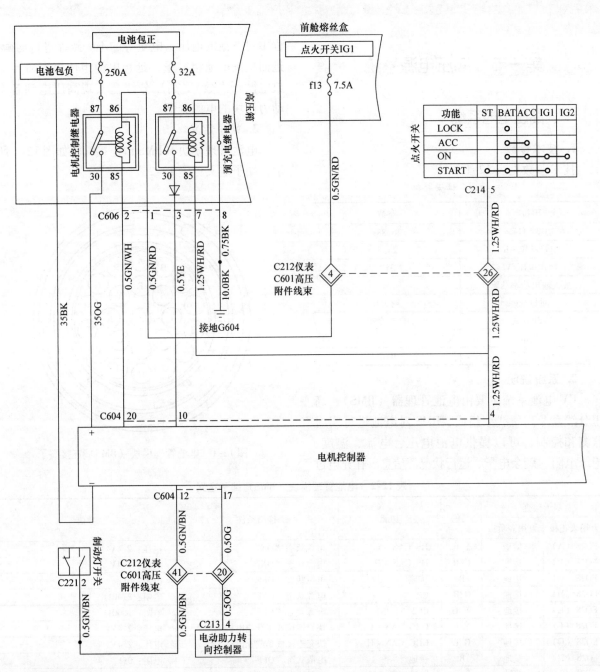

控制器电路

第十二章 众泰E200型EV汽车

第一节 高压电源系统

一、高压电池系统

1. 技术参数

技术参数见表12-1。

表12-1 技术参数

项目	参数
类型/型号	36p88s
电量/kW·h	24.5
额定电压/V	317
最大输出功率/kW	74
质量/kg	约250
冷却方式	自然冷却
工作温度范围/℃	放电 −20~55℃；充电 0~55℃
防护等级	IP67

2. 系统说明

EV电池系统主要由电池管理器（BMS）、高压分线盒及高压线束组成，BMS对电池进行实时监测和控制，可以提供电池电压、电流、温度、绝缘电阻、剩余电量、运行状况等信息。在充电过程中对电池的电压、电量等的不一致性进行均衡，进而提高电池组容量，延长电池组使用寿命（充放电循环次数）。高压分线盒实现高压电到各个动力模块的电源分配。

3. 端子定义

电池管理模块（BMS）连接端子如图12-1所示，端子定义见表12-2。

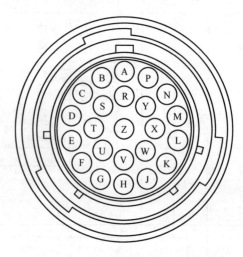

图12-1 电池管理模块（BMS）连接端子

表12-2 电池管理模块（BMS）端子定义

端子检查		颜色	功能	检测条件	数值
万用表正极	万用表负极				
FO28（A）	接地	Y/R	HS_CAN−L	电源状态"ON"	电压：2.4V
FO28（B）	接地	G/R	HS_CAN−H	电源状态"ON"	电压：2.4V
FO28（C）	接地	B	接地	电源状态"OFF"	电阻：0Ω
FO28（D）	接地	G/R	CP	电源状态"OFF"	电阻：2740Ω
FO28（E）	接地	W/G	CC2	电源状态"OFF"	电阻：1000Ω
FO28（F）	接地	Y/L	CHG_CAN−L	快充连接或车载充电机工作	电压：2.4V
FO28（G）	接地	G/L	CHG_CAN−H	快充连接或车载充电机工作	电压：2.4V
FO28（H）	接地	B	接地	电源状态"OFF"	电阻：0Ω
FO28（J）	接地	L/P	BMS内部CAN−L	电源状态"ON"	电压：2.4V
FO28（K）	接地	R/P	BMS内部CAN−H	电源状态"ON"	电压：2.4V
FO28（L）	接地	B	接地	电源状态"OFF"	电阻：0Ω
FO28（P）	接地	Y/W	ON电源	电源状态"ON"	电压：蓄电池电压
FO28（S）	接地	L/W	充电开关	快充连接或车载充电机工作	电压：12~13.8V
FO28（T）	接地	W	CC	电源状态"OFF"	电阻：680Ω
FO28（Y）	接地	B	接地	电源状态"OFF"	电阻：0Ω
FO28（Z）	接地	Y/L	蓄电池电源	电源状态"OFF"	电压：蓄电池电压

二、车载充电系统

1. 系统说明

EV 充电系统包括车辆直流快充系统与交流慢充系统。直流快充系统主要由快速直流充电插座、BMS 组成;交流慢充系统主要由充电机、交流充电枪、交流充电插座、BMS 等组成。

充电机固定安装在电动汽车上,通过充电插头与交流电网相连接,将 220V 交流电转换为直流电给高压电池充电,同时监视充电状态并根据充电状态调整充电功率,实现电动汽车充电的智能化控制。

交流充电枪将电网 220V 交流电传输给充电机。

交流充电插座固定安装在电动汽车上,并通过电缆与充电机连接,充电时与交流充电枪插头耦合。

快速直流充电插座固定安装在电动汽车上,并通过电缆与高压分线盒连接,充电时与充电插头耦合。

BMS 监视充电状态,与充电机及直流充电桩通信,实现电动汽车充电的智能化控制。

直流快充工作原理如图 12-2 所示。

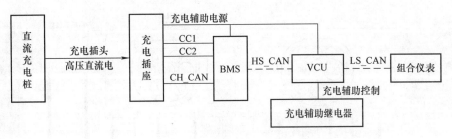

图 12-2 直流快充工作原理

高压电池电量低,连接直流充电插头与直流充电插座,CC1 信号有效,直流充电桩内部控制装置自检完成后,输出辅助供电 12V(DC)。充电桩内部控制装置采集 CC1 点电压,判定充电插头是否连好。

BMS 得电激活,CC2 信号有效且 BMS 检测到车辆"处于需充电状态"时,闭合充电接触器和主负接触器 BMS 完成充电流程。BMS 采集 CC2 点电压信号,判定充电插头是否连好。

整车控制器得电激活,整车控制器从 CAN 线上接收到 CC2 连接信号后,闭合充电辅助电源继电器,提供充电过程中低压电路的电能,并在蓄电池电量低时,给蓄电池充电。

充电过程中,直流充电桩和 BMS 通过 CH_CAN 线通信,监视控制整个充电过程。

充电过程中,整车控制器和 BMS 通过 HS_CAN 线通信,接受充电状态信息,通过 LS_CAN 将充电状态信息传递给组合仪表,控制充电指示灯、充电连接指示灯工作,并显示充电信息。

交流慢充工作原理框图如图 12-3 所示。

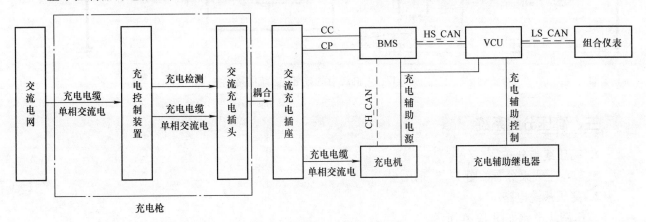

图 12-3 交流慢充工作原理框图

高压电池电量低，用交流充电枪连接电源与交流充电插座，CC 信号有效，唤醒 BMS，BMS 闭合充电接触器和主负接触器。BMS 采集 CC 点电阻，判定充电电缆的额定容量及充电插头是否连好。

CP 信号有效，交流充电枪中供电控制装置闭合内部接触器，输出 220VAC 电压给充电机。交流充电枪中供电控制装置，采集 CP 点电压信号判定充电插头是否连好。

充电机得电工作，自检正常后输出辅助供电 12V（DC）。

整车控制器得电激活，整车控制器从 CAN 线上接收到 CC 连接信号，后闭合充电辅助电源继电器，提供充电过程中低压电路的电能，并在蓄电池电量低时，给蓄电池充电。

充电过程中，充电机和 BMS 通过 CH_CAN 线通信，监视控制整个充电过程。

充电过程中，整车控制器和 BMS 通过 HS_CAN 线通信，接收充电状态信息，通过 LS_CAN 将充电状态信息传递给组合仪表，控制充电指示灯、充电连接指示灯工作，并显示充电信息。

2. 系统电路

高压电池与充电系统电路如图 12-4 所示。

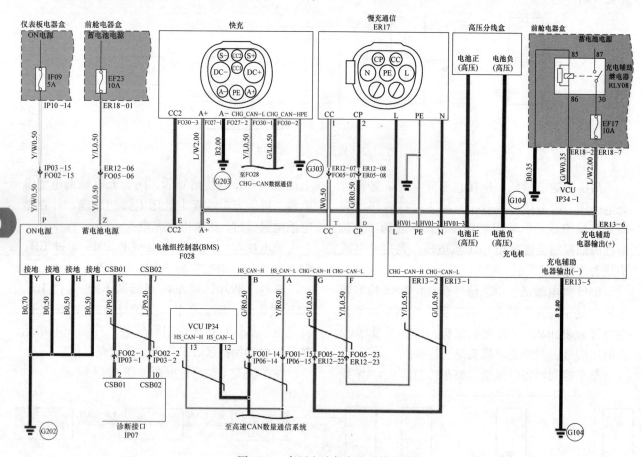

图 12-4 高压电池与充电系统电路

三、高压分配系统

1. 高压线束分布

整车高压线束分布如图 12-5 所示。

2. 高压系统电路

高压系统电路如图 12-6 所示。

第十二章　众泰 E200 型 EV 汽车

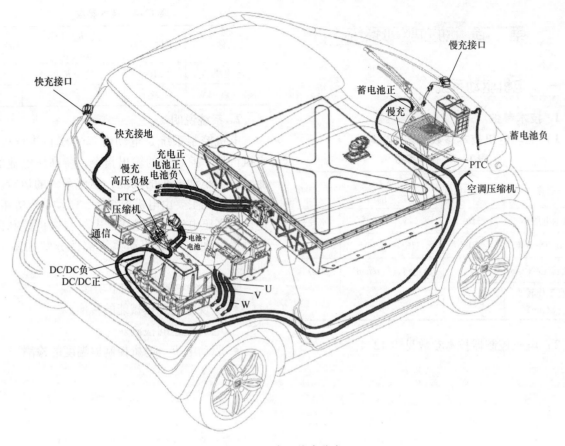

图 12-5　高压线束分布

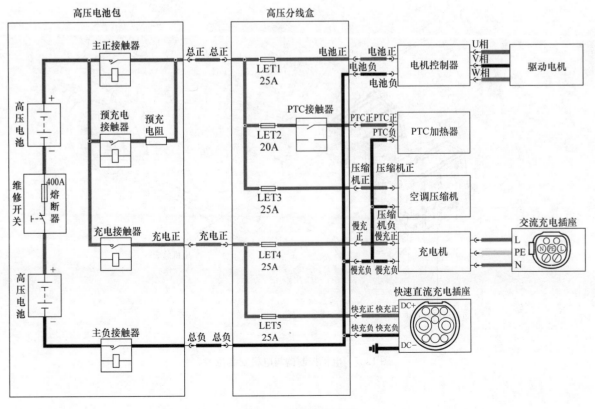

图 12-6　高压系统电路

第二节 动力驱动系统

一、电机驱动系统

1. 技术参数

1）驱动电机技术参数见表12-3。

表12-3 技术参数

名称	永磁同步电机	全功能工作电压范围/V	280~380
电池电压/V	310	冷却方式	水冷
峰值功率/kW	60	额定功率/kW	28
持续转矩/N·m	90	额定转速/(r/min)	3000
最高工作转速/(r/min)	8000		

2）电机控制器技术参数见表12-4。

表12-4 技术参数

名称	电机控制器	全功能工作电压范围/V	280~380
电池电压/V	310	冷却方式	水冷
额定功率/kW	28		

2. 系统说明

电机控制系统是电动汽车的核心执行机构，它执行整车控制器的输出指令，将高压电池的电能转化为驱动电机的动能，驱使车辆的运行。电机控制系统主要由电机控制器、驱动电机等组成，还包括高压电线、信号线。电机与电机控制器安装位置见图12-7。驱动系统部件分解如图12-8所示。

驱动系统主要实现如下功能：
- 实现电能到机械能的转换。
- 电机转速的检测。
- 驱动电机、电机控制器温度的检测。

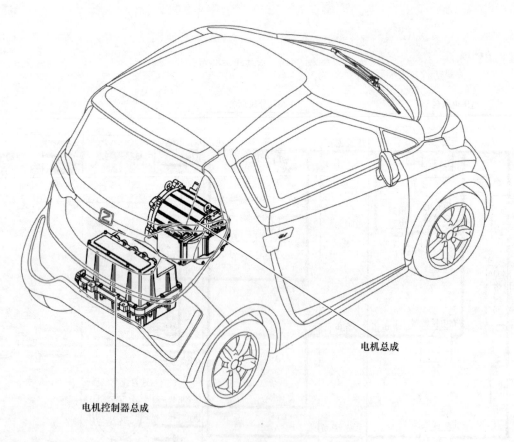

图12-7 电机控制器与电机安装位置

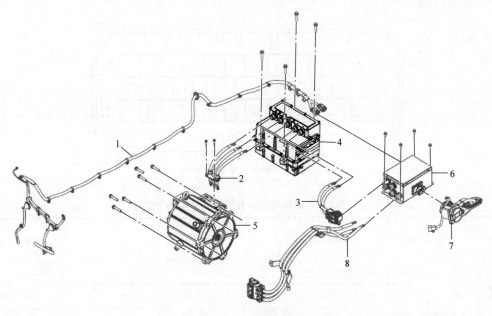

图 12-8　驱动系统部件

1—高压地板线束总成　2—电机控制器-电机线束总成　3—高压分线盒-电机控制器线束总成　4—电机控制器总成
5—电机总成　6—高压分线盒总成　7—直流充电线束总成　8—高压电池-高压分线盒线束总成

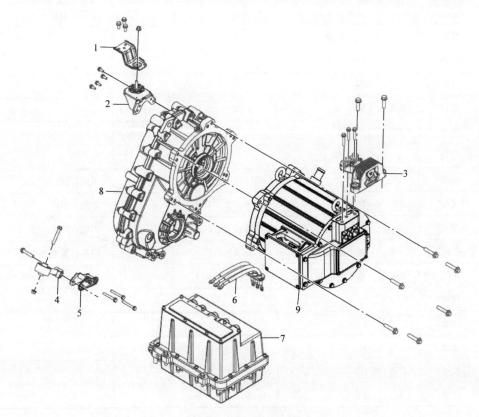

图 12-9　电机总成分解

1—左悬置支架总成　2—左悬置软垫总成　3—右悬置软垫总成　4—后悬置软垫总成　5—后悬置支架总成
6—高压分线盒-电机控制器线束总成　7—电机控制器总成　8—变速器总成　9—电机总成

3. 端子定义与检测数据

驱动电机控制器端子如图 12-10 所示，端子定义与检测数据见表 12-5。

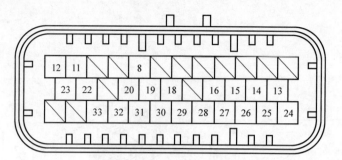

图 12-10 驱动电机控制器端子

表 12-5 驱动电机控制器端子定义与检测数据

端子检查		颜色	功能	检测条件	数值
万用表正极	万用表负极				
IP34（8）	接地	R/W	高压互锁+	—	—
IP34（11）	接地	G/R	HS_CAN-H	—	—
IP34（12）	接地	Y/R	HS_CAN-L	—	—
IP34（13）	接地	L/R	ON 电源	电源状态"ON"	电压：蓄电池电压
IP34（14）	接地	L/R	ON 电源	电源状态"ON"	电压：蓄电池电压
IP34（15）	接地	B	接地	始终	电阻：0Ω
IP34（16）	接地	R/L	高压互锁-	—	—
IP34（18）	接地	Y/L	S3	—	—
IP34（19）	接地	Y/G	S4	—	—
IP34（20）	接地	Y/B	S2	—	—
IP34（22）	接地	R	内部 CAN	—	—
IP34（23）	接地	L	内部 CAN	—	—
IP34（24）	接地	B	接地	电源状态"OFF"	电阻：0Ω
IP34（25）	接地	B	接地	电源状态"OFF"	电阻：0Ω
IP34（26）	接地	B	接地	电源状态"OFF"	电阻：0Ω
IP34（27）	接地	G/W	蓄电池电源	电源状态"OFF"	电压：蓄电池电压
IP34（28）	接地	G/W	蓄电池电源	电源状态"OFF"	电压：蓄电池电压
IP34（29）	接地	Y/O	S1	—	—
IP34（30）	接地	L/R	PT+	—	—
IP34（31）	接地	Y/W	R1	—	—
IP34（32）	接地	Y/R	R2	—	—
IP34（33）	接地	L	PT-	—	—

4. 控制系统电路

驱动电机控制系统电路如图 12-11 所示。

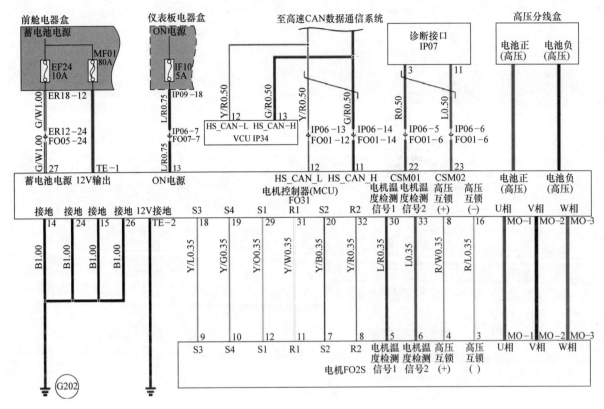

图 12-11 驱动电机控制系统电路

二、变速器

1. 技术参数

技术参数见表 12-6。

表 12-6 技术参数

项目	参数
外形尺寸(长×宽×高)/(mm×mm×mm)	450×300×200
总质量	不含油 23kg
变速器型式	机械式
最大输入转矩	150N·m
最高输入转速	峰值转速 8000r/min
传动比	6.2:1
齿数比	18:22
注油量	0.9~1.1L

2. 总成介绍

该变速器采用两级齿轮传动，主要由传动部分、差速器部分、变速器壳体等组成，两级齿轮均采用斜齿轮传动。总成安装位置见图 12-12。部件分解如图 12-13 所示。

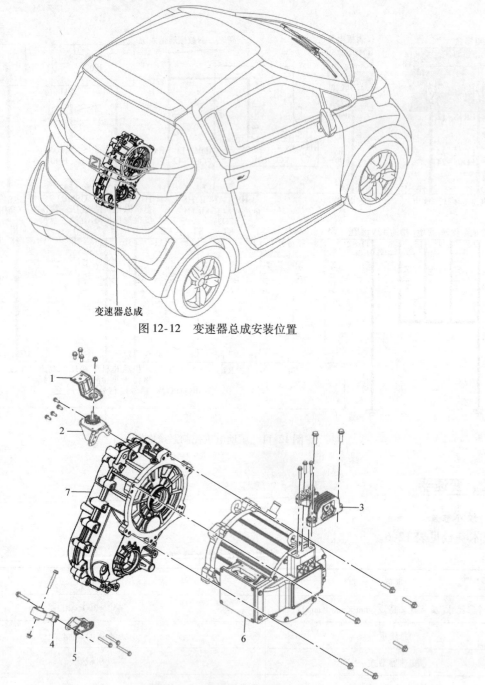

图 12-12 变速器总成安装位置

图 12-13 变速器部件分解
1—左悬置支架总成 2—左悬置软垫总成 3—右悬置软垫总成
4—后悬置软垫总成 5—后悬置支架总成 6—电机总成 7—变速器总成

第三节 温度管理系统

一、高压冷却系统

1. 系统介绍

冷却系统部件安装位置如图 12-15 所示,部件分解见图 12-16。

(1) 水泵控制

电源状态 ON,整车控制器开启水泵;电源状态非 ON,整车控制器关闭水泵。冷却液循环回路见图 12-14。

(2) 电子风扇控制

1) 整车控制器检测到电机温度大于风扇开启标定值,或电机控制器温度大于风扇开启标定值或空调开启时,开启电子风扇。

2)整车控制器检测到电机温度小于风扇开启标定值,且电机控制器温度小于风扇开启标定值,且空调关闭时,延时1min后关闭电子风扇。

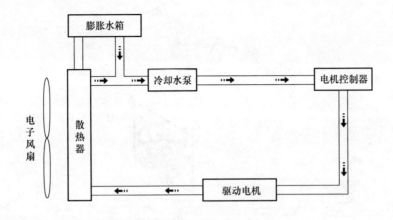

图 12-14 冷却液循环回路

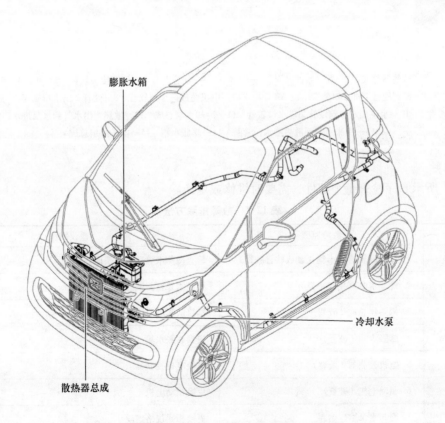

图 12-15 冷却系统部件安装位置

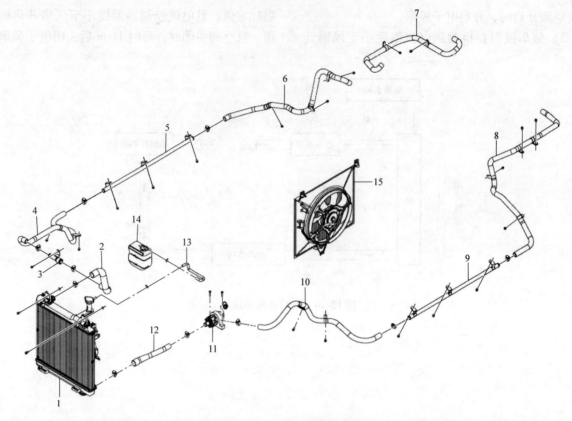

图 12-16 冷却系统部件分解

1—散热器总成　2—散热器进水管　3—转接头　4—硬管1出水口到转接头软管　5—硬管1
6—电机总成出水口到硬管1进水口软管　7—MCU出水口到电机总成进水口软管　8—硬管2出水口到MCU进水口软管
9—硬管2　10—水泵出水口到硬管2进水口软管　11—冷却水泵总成　12—散热器出水管到水泵进水口软管
13—膨胀水箱到散热器水箱管路　14—膨胀水箱　15—电子风扇总成

2. 故障排除

按表12-7所示顺序检查每个部件，需要时维修或更换。

表 12-7　故障排除方法

现象	故障原因	建议措施
冷却液泄漏	1. 冷却液软管（卡箍松动或软管破裂）	检查冷却液管路，更换损坏部件
	2. 冷却水泵（密封不良）	更换水泵密封圈
	3. 散热器总成（破裂）	检修散热器总成，必要时更换
	4. 膨胀水箱（破裂）	更换膨胀水箱
	5. 电机控制器（破裂）	更换电机控制器
	6. 驱动电机（破裂）	更换驱动电机
冷却水泵不工作	1. 冷却水泵熔丝熔断	更换相同规格熔丝
	2. 冷却水泵继电器损坏	更换冷却水泵继电器
	3. 冷却水泵线束连接故障	检修冷却水泵线束
	4. 冷却水泵故障	更换冷却水泵
	5. 整车控制器故障	更换整车控制器

(续)

现象	故障原因	建议措施
电子风扇不工作	1. 电子风扇熔丝熔断	更换相同规格熔丝
	2. 电子风扇继电器损坏	更换电子风扇继电器
	3. 电子风扇线束连接故障	检修电子风扇线束
	4. 电子风扇故障	更换电子风扇
	5. 整车控制器故障	更换整车控制器

二、电动空调系统

1. 系统说明

空调系统由下列四大部分构成：制冷循环系统；加热系统；空气分配系统；电气控制系统。

空调压缩机是空调系统的核心部件，将低温低压气态制冷剂转化为高温高压气态制冷剂。电机驱动压缩机往复运转压缩制冷剂，为制冷剂循环提供持续的动力来源，其性能的好坏直接影响着空调的制冷能力。

本车采用电动涡旋式压缩机，安装于前舱左侧。电动压缩机总成由涡旋式压缩机、电机和电机控制器三部分构成。

涡旋式压缩机将室内蒸发器送来的低温低压气态制冷剂压缩为高温高压气态制冷剂，并送至室外冷凝器。电机与涡旋式压缩机连接，驱动后者正常工作，电机电源由整车高压电池组供给。电机控制器作用为控制电机运转和停止。空调系统主要部件安装位置见图12-17。

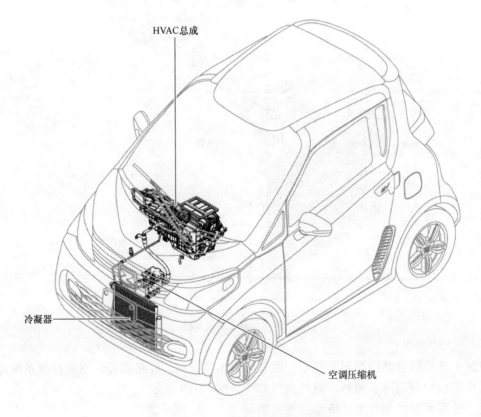

图12-17　空调系统主要部件安装位置

空调制冷循环系统是由压缩机、冷凝器、膨胀阀和蒸发器四大部件组成，见图12-18，通过高、低压金属管道依次相互连接成密封循环系统，相关辅助部件如冷却风扇、鼓风机、储液罐、通风管道和风门执行机构配合工作。

空调制冷工作时，压缩机吸入并压缩低温低压制冷剂蒸气为高温高压气态制冷剂后送至冷凝器，室外空气在冷却风扇的作用下冷却冷凝器，释放制冷剂的热量，使高温高压气态制冷剂凝结为中温中压液态制冷剂，由冷凝器输出管道送至膨胀阀，经膨胀阀的节流降压作用后，低温低压液态制冷剂进入室内蒸发器吸热降温，鼓风机风扇将室内空气吹向蒸发器，被冷却后的冷空气通过风道送至车内各个出风口，经蒸发器吸热汽化后的低温低压气态制冷剂又返回至压缩机内，然后压缩机再将气态制冷剂送至冷凝器，这样往复不断地进行制冷剂的液化和汽化过程，最终使车内空气温度降低。

空调系统具有制冷、制热、通风换气和除霜功能。

空调控制系统主要由空调控制器、多媒体控制器、空调压缩机、鼓风机、调速模块和各类传感器及开关等组成。通过操作 MP5 上的空调按键，控制压缩机、鼓风机和各个风门位置正常运行与停止。

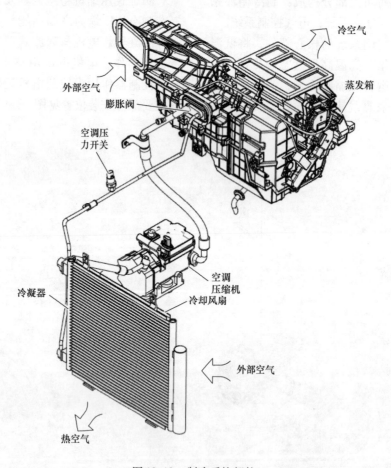

图 12-18　制冷系统部件

空调控制系统是以空调控制器为核心，通过空调面板操作完成空调制冷、制热、通风换气和除霜等功能。外围元器件如开关、传感器等采集空调工作信号送至空调控制器，空调控制器控制空调压缩机的运转与停止、鼓风机的转速大小、出风模式、后除霜等。空调控制系统原理框图如图 12-19 所示。

2. 端子定义

空调控制器端子如图 12-20 所示，端子定义见表 12-8～表 12-10。

第十二章 众泰 E200 型 EV 汽车

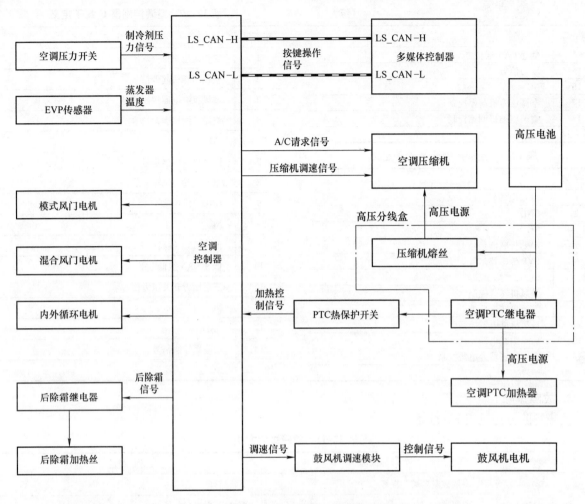

图 12-19 空调控制系统原理框图

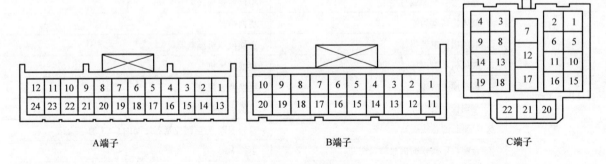

图 12-20 空调控制器端子

表 12-8 空调控制器 A 端子定义 （续）

端子号	定义	端子号	定义
1	内外循环风门电机内循环控制	7	模式风门电机电位器信号 2
2	内外循环风门电机外循环控制	8	混合风门电机左右吹风控制
3	模式风门电机除霜控制	9	混合风门电机上下吹风控制
4	模式风门电机吹面控制	10	混合风门电机位置信号
5	模式风门电机电位器信号 1	11、12	NC
6	模式风门电机模式调节控制	13	低速 CAN 线高电平

(续)

端子号	定义
14	低速 CAN 线低电平
15	压力信号
16	NC
17	空调压缩机起停控制
18	空调压缩机调速控制
19~24	NC

表 12-9　空调控制器 B 端子定义

端子号	定义
1	ACC 电源
2	GND
3、4	NC
5	EVP 传感器信号 1
6	EVP 传感器信号 2
7、8	NC
9	鼓风机转速控制
10	鼓风机转速反馈
11	鼓风机继电器控制
12	后除霜继电器控制
13	温度传感器继电器控制
14~20	NC

表 12-10　空调控制器 C 端子定义

端子号	定义
1	空调高压信号
2	空调压缩机起停信号
3	鼓风机继电器控制信号
4	空调压缩机调速信号
5、6	NC
7	鼓风机继电器信号
8	ACC 电源
9	GND
10~12	NC
13	低速 CAN 线高电平
14	低速 CAN 线低电平
15	三态压力开关压力信号
16	NC
17	GND
18	后除霜控制信号
19~22	NC

3. 故障排除

故障排除方法见表 12-11。

表 12-11　故障排除方法

故障现象	故障原因	建议措施
空调系统完全不工作	1. 空调控制器熔丝损坏	更换熔丝
	2. 空调控制器故障	更换空调控制器
	3. CAN 通信总线故障	检修 CAN 通信系统
	4. 连接导线开路或短路	检修或更换线束
鼓风机不工作	1. 鼓风机熔丝熔断	更换熔丝
	2. 鼓风机继电器损坏	更换鼓风机继电器
	3. 鼓风机本身损坏	更换鼓风机
	4. 调速模块故障	更换调速模块
	5. 空调控制器故障	更换空调控制器
	6. CAN 通信总线故障	检修 MP5 与空调控制器之间的 CAN 通信线路
	7. 音响娱乐操作面板故障	更换 MP5
	8. 连接导线开路或短路	检修或更换线束
鼓风机转速过小或过大	1. 鼓风机本身损坏	更换鼓风机
	2. 调速模块故障	更换调速模块
	3. 空调控制器故障	更换空调控制器
	4. 连接导线开路或短路	检修或更换线束
鼓风机电机运转时有异响	1. 鼓风机电机内有异物	清除电机异物
	2. 鼓风机电机破损	更换鼓风机
	3. 鼓风机电机运转不良	检修或更换鼓风机电机

第十二章 众泰E200型EV汽车

（续）

故障现象	故障原因	建议措施
腿部无风吹出	1. 出风管道堵塞或破裂	清理或更换出风管道
	2. 模式风门电机故障	更换模式风门电机
压缩机不工作或间断运行	1. 熔丝熔断	更换压缩机熔丝
	2. EVP传感器损坏	更换蒸发器温度传感器
	3. 空调压力开关故障	更换空调压力开关
	4. 分线盒故障	更换分线盒
	5. 压缩机损坏	更换压缩机
	6. CAN控制系统故障	检修MP5与空调控制器之间的CAN通信线路
	7. 空调模块故障	更换空调控制器
	8. 音响娱乐操作面板故障	更换MP5
	9. 制冷剂不足或严重泄漏	检修制冷循环管路，并测量
	10. 连接导线开路或短路	检修或更换线束
不制冷，无冷风吹出	1. 压缩机损坏	更换压缩机
	2. 鼓风机电路故障	检修鼓风机电路
	3. 空调压力开关损坏	更换空调压力开关
	4. 模式风门电机损坏	更换模式风门电机
	5. 室内蒸发器翅片表面结霜过多	一段时间后重新起动空调
	6. 室外冷凝器积尘过多或有异物，不利于正常散热	清除异物
	7. 制冷剂加注过多或过少、发生泄漏	检修空调系统制冷剂管路压力
	8. 通风管道严重堵塞或龟裂	更换通风管道
	9. 冷却风扇故障或损坏	更换冷却风扇
	10. 空调模块故障	更换空调控制器
制冷循环系统高压管路压力过高	1. 制冷剂密封管道混入空气	收集制冷剂，排空制冷系统，然后重新按照指定量进行制冷剂加注
	2. 制冷剂加注量过多	收集所有制冷剂，再次排空制冷系统，然后重新注入规定量的制冷剂
	3. 冷凝器翅片变形或表面过脏	清洁和维修冷凝器翅片，维修或更换故障部件
	4. 冷却风扇转速过低	
	5. 制冷剂金属管道有变形或损坏	
	6. 膨胀阀故障	维修或更换膨胀阀
制冷循环系统高压管路压力过低	1. 制冷剂过少或泄漏	泄漏检测，收集制冷剂，排空制冷剂循环，然后重新按照指定量的制冷剂进行加注
	2. 压缩机阀体损坏或断裂	更换压缩机
	3. 压缩机密封圈失效	
	4. 膨胀阀微堵	清除异物或更换膨胀阀
	5. 冷凝器（滤网堵塞）	更换冷凝器
制冷循环系统低压管路压力过低	1. 制冷剂循环系统由于存在水结冰	收集所有制冷剂，排空制冷系统，然后重新按照指定量进行制冷剂加注
	2. 储液罐内的干燥剂失效	
	3. 蒸发器结霜，制冷剂金属管道低压部分有变形或堵塞现象	
	4. EVP传感器失效	更换EVP传感器

(续)

故障现象	故障原因	建议措施
当空调打开时，压缩机发出不正常的噪声	1. 组件内部因为异物磨损，损坏或堵塞	检查压缩机专用润滑油
	2. 压缩机安装螺栓松动	检查螺栓是否拧紧
制冷系统管道发出不正常噪声	卡子和支架安装不合适	检查制冷系统管道安装是否牢固
在空调打开时从膨胀阀发出不正常噪声	1. 制冷剂泄漏 2. 内部组件磨损，损坏或异物堵塞	检查泄漏，收集制冷剂，排空制冷剂，然后重新按照指定量进行制冷剂加注
空调无暖风，或暖风效果差	1. PTC 熔丝熔断	更换熔丝
	2. PTC 继电器故障	更换 PTC 继电器
	3. PTC 加热器损坏或通风管道破裂	更换 PTC 加热器
	4. 空调控制器故障	更换空调控制器
	5. CAN 通信线故障	检修 MP5 与空调控制器之间的 CAN 通信线路
	6. 空调操作面板按键故障	更换 MP5
	7. 连接导线开路或短路	检修或更换线束
后除霜器无法除霜或除霜效果差	1. 后除霜熔丝熔断	更换熔丝
	2. 后除霜继电器故障	更换后除霜继电器
	3. 后除霜加热器损坏	更换后风窗玻璃
	4. 空调控制器故障	更换空调控制器
	6. 空调操作面板按键故障	更换 MP5
	7. 连接导线开路或短路	检修或更换线束

第四节 车辆控制系统

一、整车控制系统

1. 系统说明

整车控制系统主要由整车控制器（VCU）、电子加速踏板总成、档位旋钮开关、制动踏板总成、ECO 开关、定速巡航开关等组成，主要部件安装位置见图 12-21。它主要实现如下功能：档位管理功能；转矩解析，实现整车驱动；定速巡航功能；ECO 模式；制动优先功能；制动能量反馈；碰撞断电保护；低压充电辅助；网络管理和监控、系统保护的功能；对其他附件如冷却水泵、电子风扇、真空泵进行控制和管理的功能。

整车控制器（VCU），是整个汽车的核心控制部件。其负责整车能量管理、驾驶人模型、整车故障处理及记录、制动能量回馈、协调空调控制功能、风扇控制功能、EVP 逻辑判断控制、ECO 节能模式逻辑判断、充电逻辑及控制等。

电子加速踏板总成由电子加速踏板及电子加速踏板传感器组成。电子加速踏板传感器将驾驶人踩踏电子加速踏板深度转化为电信号传递给整车控制器，控制车辆加减速。

制动踏板总成由制动踏板、制动开关组成。将驾驶人制动操作转化为电信号传递给整车控制器。

2. 端子定义

整车控制器端子如图 12-22 所示，端子定义见表 12-12。

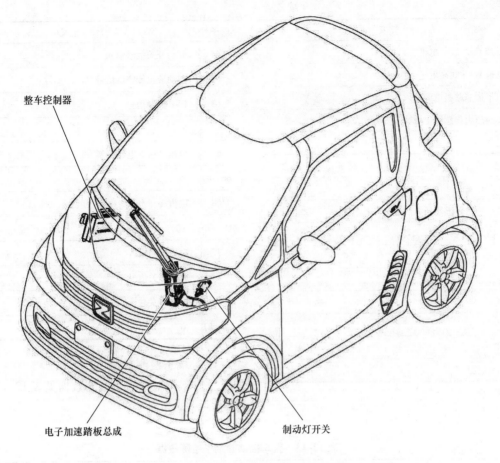

图 12-21 整车控制系统部件安装位置

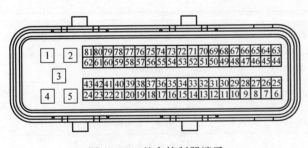

图 12-22 整车控制器端子

表 12-12 整车控制器端子定义

端子号	定义
1	充电辅助继电器控制
2	GND
3	GND
4	蓄电池电源
5	蓄电池电源
6~11	NC
12	高速 CAN 线低电平
13	高速 CAN 线高电平

（续）

端子号	定义
14	GND
15	NC
16	制动踏板传感器（-）
17	电子加速踏板传感器（-）
18	真空压力传感器（-）
19	R 档开关信号
20	NC
21	P 档开关信号
22	制动踏板信号输入
23	电子加速踏板信号输入 1
24	电子加速踏板信号输入 2
25~28	NC
29	GND
30	GND
31	VCU 内部 CAN 线 CSV 信号 1
32	VCU 内部 CAN 线 CSV 信号 2

(续)

端子号	定义
33	低速 CAN 线低电平
34	低速 CAN 线高电平
35	电子加速踏板电源输入
36	真空压力传感器电源输入
37	制动踏板电源输入
38	NC
39	D 档开关信号
40	真空压力传感器压力信号输入
41	N 档开关信号
42~49	NC
50	定速巡航开关输入
51~56	NC
57	ACC 电源
58	NC
59	IGN 电源
60	NC

(续)

端子号	定义
61	制动开关信号输入
62	制动液位传感器信号
63	EVP 控制信号
64	NC
65	风扇高速继电器控制
66、67	NC
68	电机冷却水泵继电器控制
69~76	NC
77	碰撞信号输入
78	充电开关信号
79	ECO 开关输入
80、81	NC

3. 端子检测数据

整车控制器端子检测数据见表 12-13。

表 12-13 整车控制器端子检测数据

端子检查		颜色	功能	检测条件	数值
万用表正极	万用表负极				
IP34（1）	接地	G/W	充电辅助继电器控制	充电过程中	电压：12V
IP34（2）	接地	B	接地	电源状态"OFF"	电阻：0Ω
IP34（3）	接地	B	接地	电源状态"OFF"	电阻：0Ω
IP34（4）	接地	P	电源	电源状态"OFF"	电压：蓄电池电压
IP34（5）	接地	P	电源	电源状态"OFF"	电压：蓄电池电压
IP34（12）	接地	Y/R	HS_CAN - L	—	—
IP34（13）	接地	G/R	HS_CAN - H	—	—
IP34（14）	接地	B	接地	电源状态"OFF"	电阻：0Ω
IP34（16）	接地	Y/B	5V -	电源状态"OFF"	电阻：0Ω
IP34（17）	接地	L/B	5V -	电源状态"OFF"	电阻：0Ω
IP34（18）	接地	Gr/B	5V -	电源状态"OFF"	电阻：0Ω
IP34（19）	接地	W/Y	R 档信号	R 档位置	电压：小于 1V
IP34（21）	接地	W/B	P 档信号	P 档位置	电压：小于 1V

(续)

端子检查		颜色	功能	检测条件	数值
万用表正极	万用表负极				
IP34（22）	接地	Y/W	制动踏板信号	电源状态"ON"，踩下制动踏板	电压：0.6~3V
IP34（23）	接地	L/O	电子加速踏板信号1	电源状态"ON"，踩下电子加速踏板	电压：0.9~4.3V
IP34（24）	接地	L/Y	电子加速踏板信号2	电源状态"ON"，踩下电子加速踏板	电压：0.45~2.15V
IP34（29）	接地	B	接地	电源状态"OFF"	电阻：0Ω
IP34（30）	接地	B	接地	电源状态"OFF"	电阻：0Ω
IP34（31）	接地	L/Y	VCU 内部 CAN-L	—	—
IP34（32）	接地	R/Y	VCU 内部 CAN-H	—	—
IP34（33）	接地	Y	LS_CAN-L	—	—
IP34（34）	接地	G	LS_CAN-H	—	—
IP34（35）	接地	L/R	5V+	电源状态"ON"	电压：5V
IP34（36）	接地	Gr/R	5V+	电源状态"ON"	电压：5V
IP34（37）	接地	L/W	5V+	电源状态"ON"	电压：5V
IP34（39）	接地	W/R	D 档信号	D 档位置	电压：小于1V
IP34（40）	接地	Gr/Y	真空压力信号	电源状态"ON"	电压：0~5V
IP34（41）	接地	W/Br	N 档信号	N 档位置	电压：小于1V
IP34（50）	接地	Gr	定速巡航开关信号	—	—
IP34（57）	接地	B/Y	ACC 信号	电源状态"ACC"	电压：蓄电池电压
IP34（59）	接地	L/G	ON 信号	电源状态"ON"	电压：蓄电池电压
IP34（61）	接地	P	制动信号	踩下制动踏板	电压：小于1V
IP34（63）	接地	Y/G	EVP 控制信号	—	—
IP34（65）	接地	B/L	电子风扇控制	—	—
IP34（68）	接地	R	冷却水泵控制	—	—
IP34（77）	接地	G/B	碰撞信号	—	—
IP34（78）	接地	L/W	充电开关信号		电压：12V
IP34（79）	接地	Gr/W	ECO 开关信号	按下 ECO 开关	电压：小于1V

4. 系统电路

整车控制系统电路如图 12-23 所示。

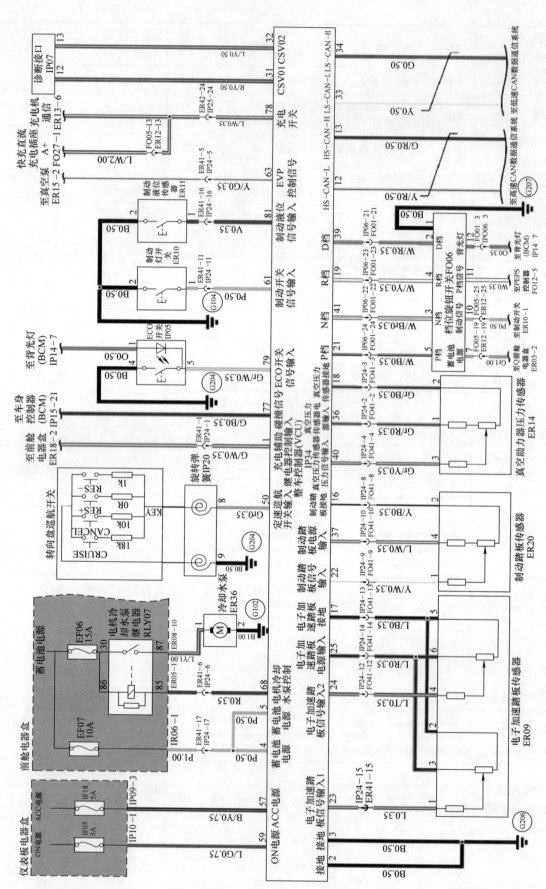

图 12-23 整车控制系统电路

二、车身控制系统

1. 系统说明

车身控制系统由车身控制模块（BCM）、智能钥匙、中控锁开关、刮水器开关、后背门开关、门锁电机、组合灯光开关、刮水器电机、洗涤电机、危险报警开关、防盗指示灯、左转向灯、右转向灯、室内灯、门灯、位置灯、雾灯、前照灯、电动车窗开关、电动车窗电机、制动灯、日间行车灯、倒车灯、喇叭等部件组成。

车身控制系统的主要功能有：倒车灯；车窗控制；小灯、背光灯、牌照灯控制；前照灯控制；跟随回家灯光控制；寻车灯光控制；远光灯、超车灯控制；转向灯、危险警告灯控制；雾灯控制；室内灯控制；室内灯电池节能控制；制动灯控制；门未开提示；喇叭控制；中控门锁及后背门控制；车辆防盗报警控制；前刮水器、前洗涤控制；制动液位报警控制。

2. 端子定义

车身控制模块（BCM）端子如图12-24所示，端子定义见表12-14~表12-18。

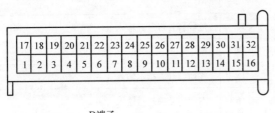
D端子

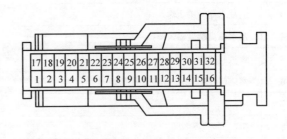
E端子

图12-24　车身控制模块端子

表12-14　端子A定义

端子号	定义
1	顶灯输出（-）
2	NC
3	GND
4	门灯输出（-）
5	后背门解锁输出（-）
6	NC
7	左前门开电机输出（+）
8	左前门开电机复位输出（+）
9	右前车窗下降输出（+）
10	右前车窗上升输出（+）
11	左前车窗下降输出（+）
12	左前车窗上升输出（+）

表12-15　端子B定义

端子号	定义
1	车门闭锁输出（+）
2	车门解锁输出（+）
3	高低音喇叭输出（+）
4	前刮水器低速输出（+）

（续）

端子号	定义
5	前刮水器高速输出（+）
6	门锁电机/喇叭电源输入（+）
7	NC
8	右侧车窗/中控锁电源输出（+）
9	右前门开电机复位输出（+）
10	右前门开电机输出（+）
11	GND
12	GND

表12-16　端子C定义

端子号	定义
1	右转向灯输出（+）
2	左转向灯输出（+）
3	小灯输出（+）
4	制动灯输出（+）
5	前洗涤电机输出（+）
6	转向灯/后雾灯/小灯/背光灯/制动灯电源输入（+）
7	背光灯输出（+）
8	后雾灯电源输出（+）

(续)

端子号	定义
9	左侧车窗/洗涤电源输入（+）
10	电池节能电源输入（+）
11	倒车灯电源输出（+）
12	电池节能电源输出（+）

表 12-17 端子 D 定义

端子号	定义
1	NC
2	前刮水器开关1输入（-）
3	前刮水器开关2输入（-）
4	刮水器灵敏度输入模拟
5	喇叭开关输入（-）
6	左前门开锁/闭锁开关输入模拟
7	NC
8	NC
9	右前窗开关输入模拟
10	NC
11	NC
12	左前门右前窗开关输入模拟
13	左前门左前窗开关输入模拟
14	远光灯控制输出（-）
15	近光灯控制输出（-）
16	前雾灯控制输出（-）
17	安全指示灯输出（-）
18	NC
19	低速 CAN 线高电平
20	低速 CAN 线低电平
21	NC
22	NC
23	NC
24	行车灯控制输出（-）
25~32	NC

表 12-18 端子 E 定义

端子号	定义
1	ACC 电源输入（+）
2	NC

(续)

端子号	定义
3	ON 电源输入（+）
4	行李舱开锁输入（-）
5	小灯开关/近光灯开关输入模拟
6	NC
7	远光灯开关/闪光开关输入模拟
8	NC
9	前雾灯开关输入（-）
10	后雾灯开关输入（-）
11	转向灯开关输入（-）
12	NC
13	危险警告灯开关输入（-）
14	NC
15	左前门开关指示输入（-）
16	右前门开关指示输入（-）
17	左前门门开关输入（-）
18	右前门门开关输入（-）
19	NC
20	行李舱门开输入（-）
21	碰撞信号输入（-）
22	NC
23	右门棘爪开启输入（-）
24	前刮水器停止位开关输入（-）
25	NC
26	前洗涤开关输入（-）
27~28	NC
29	GND
30	左门棘爪开启输入（-）
31~32	NC

3. 电路检测

根据检测条件所示的操作，从线束接插件后部检查车身控制模块端子电压或电阻，由此可判断此线路是否正常工作。车身控制模块端子分布如图12-25所示，端子检测数值见表12-19。

第十二章 众泰 E200 型 EV 汽车

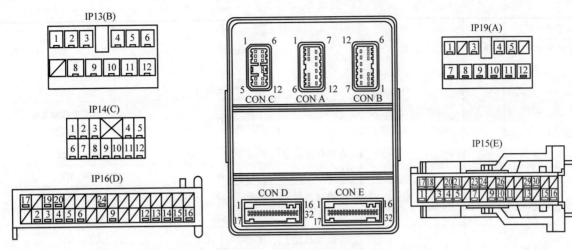

图 12-25 车身控制模块端子分布

表 12-19 车身控制模块端子检测数值

端子 数字万用表正极	数字万用表负极	颜色	功能	检测条件		数值
IP13（1）	接地	R/G	车门闭锁	电源状态置于"ON"	开锁	电压：低于 1V
					闭锁	电压：12V
IP13（2）	接地	R/L	车门开锁	电源状态置于"ON"	开锁	电压：12V
					闭锁	电压：低于 1V
IP13（3）	接地	Br/R	高低音喇叭	电源状态置于"ON"	喇叭未接通	电压：低于 1V
					喇叭接通	电压：12V
IP13（4）	接地	Y/L	前刮水器低速	电源状态置于"ON"	刮水器"LOW"档	电压：低于 1V
					刮水器不在"LOW"档	电压：12V
IP13（5）	接地	Y/R	前刮水器高速	电源状态置于"OFF"	刮水器"HI"档	电压：低于 1V
					刮水器不在"HI"档	电压：12V
IP13（6）	接地	R/G	门锁电机/喇叭电源	电源状态置于"ON"		电压：12V
IP13（8）	接地	R/B	右侧车窗电源+/中控锁	电源状态置于"ON"		电压：12V
IP13（9）	接地	R/W	右前门开电机复位	电源状态置于"ON"	门开电机复位	电压：12V
					门开电机未复位	电压：低于 1V
IP13（10）	接地	R/Y	右前门开电机输出	电源状态置于"ON"	门开电机开启	电压：12V
					门开电机未开启	电压：0V
IP13（11）	接地	B	接地	电源状态置于"OFF"		电阻：0Ω
IP13（12）	接地	B	接地	电源状态置于"OFF"		电阻：0Ω
IP14（1）	接地	L/R	右转向灯	电源状态置于"ON"	右转向灯未打开	电压：低于 1V
					右转向灯打开	电压：脉冲电压（0V 或 12V）

311

(续)

端子		颜色	功能	检测条件		数值
数字万用表正极	数字万用表负极					
IP14（2）	接地	L/Y	左转向灯	电源状态置于"ON"	左转向灯未打开	电压：低于1V
					左转向灯打开	电压：脉冲电压（0V 或 12V）
IP14（3）	接地	G/W	小灯	电源状态置于"ON"	小灯打开	电压：12V
					小灯未打开	电压：0V
IP14（4）	接地	R/Y	制动灯	电源状态置于"ON"	制动灯打开	电压：12V
					制动灯未打开	电压：0V
IP14（5）	接地	R	前洗涤电机	电源状态置于"ON"	洗涤开关未打开	电压：0V
					洗涤开关打开	电压：12V
IP14（6）	接地	R/Gr	转向灯/后雾灯/小灯/背光灯/制动灯电源	电源状态置于"ON"		电压：12V
IP14（7）	接地	O	背光灯	电源状态置于"ON"	背光灯未打开	电压：0V
					背光灯打开	电压：12V
IP14（8）	接地	R/L	后雾灯电源	电源状态置于"ON"		电压：12V
IP14（9）	接地	R/Br	左侧车窗/洗涤电源	电源状态置于"ON"		电压：12V
IP14（10）	接地	Y/W	电池节能电源输入	电源状态置于"ON"		电压：0V
IP14（11）	接地	R/W	倒车灯电源	电源状态置于"ON"		电压：12V
IP14（12）	接地	O/L	电池节能电源输出	电源状态置于"ON"		电压：12V
IP15（1）	接地	R	ACC电源	电源状态置于"ACC"		电压：12V
IP15（3）	接地	R/Y	ON电源	电源状态置于"ON"		电压：12V
IP15（4）	接地	Y/W	行李舱开锁	电源状态置于"ON"	开锁	电压：12V
					闭锁	电压：低于1V
IP15（5）	接地	R/Y	小灯开关 & 近光灯开关	电源状态置于"ON"	灯光关闭	电压：低于1V
					打开小灯	电压：0~5V
					打开近光灯	电压：0~5V
IP15（7）	接地	R/B	远光灯开关 & 闪光开关	电源状态置于"ON"	灯光关闭	电压：低于1V
					打开远光灯	电压：0~5V
					打开闪光灯	电压：0~5V
IP15（9）	接地	L	前雾灯开关	电源状态置于"ON"	前雾灯未启	电压：5V
					前雾灯开启	电压：低于1V
IP15（10）	接地	P/L	后雾灯开关	电源状态置于"ON"	后雾灯未启	电压：5V
					后雾灯开启	电压：低于1V
IP15（11）	接地	W/V	转向灯开关	电源状态置于"ON"	灯光关闭	电压：5V
					打开左转向灯	电压：0~5V
					打开右转向灯	电压：0~5V
IP15（13）	接地	Lg	危险警告灯开关	电源状态置于"OFF"	危险警告灯开关未接通	电压：12V
					危险警告灯开关接通	电压：低于1V

第十二章 众泰 E200 型 EV 汽车

（续）

端子 数字万用表正极	数字万用表负极	颜色	功能	检测条件		数值
IP15（15）	接地	W/Y	左前门开关指示	电源状态置于"ON"	左前门未开指示	电压：12V
					左前门开指示	电压：低于1V
IP15（16）	接地	W	右前门开关指示	电源状态置于"ON"	右前门未开指示	电压：12V
					右前门开指示	电压：低于1V
IP15（17）	接地	Gr/R	左前门开信号	电源状态置于"ON"	左前门未开启	电压：12V
					左前门开启	电压：低于1V
IP15（18）	接地	Gr/W	右前门开信号	电源状态置于"ON"	右前门开启	电压：低于1V
					右前门未开启	电压：12V
IP15（20）	接地	V/Y	行李舱门开	电源状态置于"ON"	行李舱门开	电压：低于1V
					行李舱门未开	电压：12V
IP15（21）	接地	G/B	碰撞信号	—	—	—
IP15（23）	接地	V	制动液位报警信号	电源状态置于"ON"	制动液位过低	电压：低于1V
					制动液位正常	电压：12V
IP15（24）	接地	Y/W	前刮水器停止位开关	电源状态置于"ON"	前刮水器在初始位置	电压：约5V
					前刮水器未在初始位置	电压：低于1V
IP15（26）	接地	P/Y	前洗涤开关	电源状态置于"ON"	前洗涤未打开	电压：5V
					前洗涤打开	电压：低于1V
IP15（29）	接地	B	接地	电源状态置于"OFF"		电阻：0Ω
IP16（2）	接地	L/R	前刮水器开关1	电源状态置于"ON"	"MIST"档	电压：5V
					"OFF"档	电压：5V
					"INT"档	电压：低于1V
					"LO"档	电压：5V
					"HI"档	电压：低于1V
IP16（3）	接地	G/W	前刮水器开关2	电源状态置于"ON"	"MIST"档	电压：5V
					"OFF"档	电压：5V
					"INT"档	电压：低于1V
					"LO"档	电压：5V
					"HI"档	电压：低于1V
IP16（4）	接地	L/G	刮水器灵敏度开关	电源状态置于"ON"		电压：0~5V
IP16（5）	接地	B/R	喇叭开关	电源状态置于"ON"	喇叭开关未接通	电压：12V
					喇叭开关接通	电压：低于1V
IP16（6）	接地	Gr/R	左前门开锁&闭锁开关	电源状态置于"ON"	开关均未接通	电压：12V
					开锁/闭锁	电压：低于1V
IP16（9）	接地	Br/Y	右前门车窗玻璃升降开关	电源状态置于"ON"	不操作	电压：5V
					UP档	电压：0~5V
					DOWN档	电压：低于1V

(续)

端子		颜色	功能	检测条件		数值
数字万用表正极	数字万用表负极					
IP16（12）	接地	Br/W	左前车门控制右前车窗玻璃升降开关	电源状态置于"ON"	不操作	电压：5V
					UP档	电压：0~5V
					DOWN档	电压：低于1V
IP16（13）	接地	Br	左前车门控制左前车窗玻璃升降开关	电源状态置于"ON"	不操作	电压：5V
					UP档	电压：0~5V
					DOWN档	电压：低于1V
IP16（14）	接地	L/B	远光灯控制	电源状态置于"ON"	远光灯未打开	电压：12V
					远光灯打开	电压：低于1V
IP16（15）	接地	Y/R	近光灯控制	电源状态置于"ON"	近光灯未打开	电压：12V
					近光灯打开	电压：低于1V
IP16（16）	接地	W/R	前雾灯控制	电源状态置于"ON"	前雾灯未打开	电压：12V
					前雾灯打开	电压：低于1V
IP16（19）	接地	G	LS_CAN-H	电源状态置于"ON"		电压：2.5~5V
IP16（20）	接地	Y	LS_CAN-L	电源状态置于"ON"		电压：0~2.5V
IP16（24）	接地	Br	行车灯控制	电源状态置于"ON"	行车灯打开	电压：12V
					行车灯未打开	电压：0V
IP19（1）	接地	W/R	室内顶灯	电源状态置于"ON"	顶灯未开启	电压：12V
					顶灯开启	电压：低于5V
IP19（3）	接地	B	接地	电源状态置于"OFF"		电阻：0Ω
IP19（4）	接地	O/W	门灯	电源状态置于"ON"	门灯未打开	电压：0V
					门灯打开	电压：12V
IP19（5）	接地	Y/W	后背门解锁控制	电源状态置于"ON"	控制开启	电压：低于1V
					控制断开	电压：5V
IP19（7）	接地	Y/L	左前门开电机	电源状态置于"ON"	门开电机接通	电压：12V
					门开电机未接通	电压：0V
IP19（8）	接地	Y/G	左前门开电机复位	电源状态置于"ON"	门开电机复位接通	电压：12V
					门开电机复位未接通	电压：0V
IP19（9）	接地	W/G	右前门车窗玻璃下降	电源状态置于"ON"	右前门车窗玻璃上升	电压：低于1V
					右前门车窗玻璃下降	电压：约12V
IP19（10）	接地	G/Y	右前门车窗玻璃上升	电源状态置于"ON"	右前门车窗玻璃上升	电压：12V
					右前门车窗玻璃下降	电压：低于1V
IP19（11）	接地	G/W	左前门车窗玻璃下降	电源状态置于"ON"	左前门车窗玻璃上升	电压：低于1V
					左前门车窗玻璃下降	电压：约12V
IP19（12）	接地	W	左前门车窗玻璃上升	电源状态置于"ON"	左前门车窗玻璃上升	电压：12V
					左前门车窗玻璃下降	电压：低于1V

4. 系统电路

车身控制系统电路如图12-26所示。

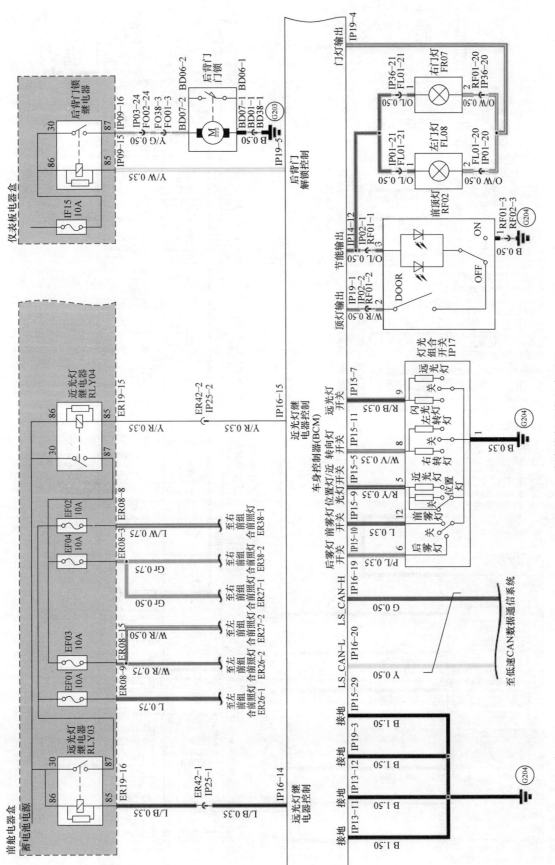

图 12-26 车身控制系统电路（1）

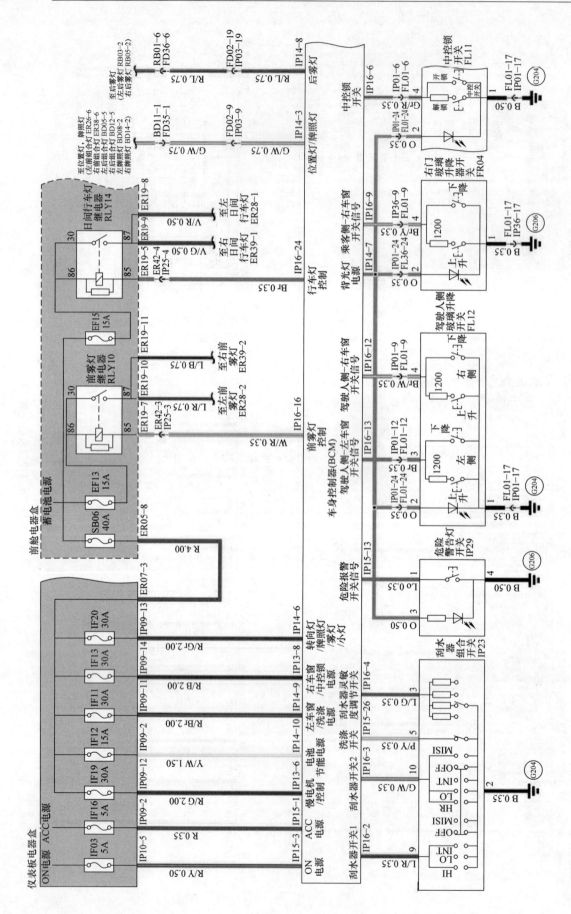

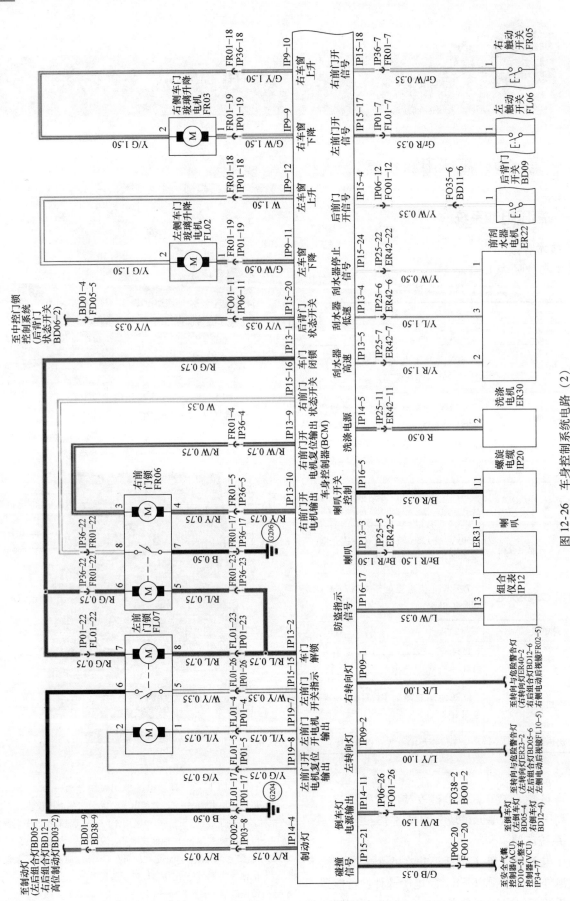

图 12-26 车身控制系统电路（2）

第十三章 宝马i3型EV汽车

第一节 高压电源系统

一、高压电池系统

1. 技术参数

技术参数见表13-1。

表13-1 技术参数

项目	参数
类型	锂离子电池
电压	360V（额定电压），最小259V，最大396V（电压范围）
电池	96个电池串联（每个电池均为3.75V和60A·h）
最大可存储能量	21.6kW·h
最大可用能量	18.8kW·h
最大功率（放电）	147kW（短时），至少40kW（持续）
最大功率（直流电充电）	50kW或125A直流电（快速充电至80% SoC）用时0.4h
最大功率（交流电充电）	7.4kW（快速充电至80% SoC）用时2.8h
总重量	约233kg
尺寸	1584mm×892mm×171mm（容积2131mm³，包括壳体）
冷却系统	欧规使用制冷剂R1234yf，ROW使用R134a
加热装置	电气，最大1000W（选装配置）

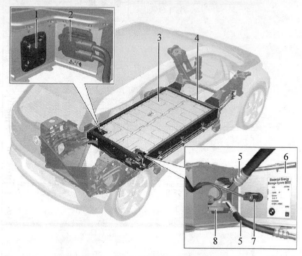

图13-1 宝马i3高压电池安装位置
1—排气口 2—高电压接口 3—高压电池单元
4—框架（Drive模块） 5—制冷剂管路 6—提示牌
7—低电压接口 8—膨胀和截止组合阀

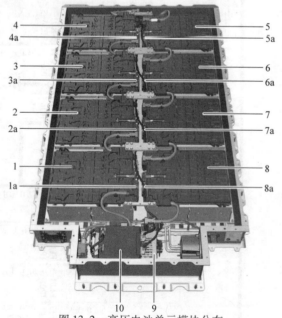

图13-2 高压电池单元模块分布
1—电池模块1 1a—电池监控电子装置1 2—电池模块2
2a—电池监控电子装置2 3—电池模块3 3a—电池监控电子装置3
4—电池模块4 4a—电池监控电子装置4 5—电池模块5
5a—电池监控电子装置5 6—电池模块6 6a—电池监控电子装置6
7—电池模块7 7a—电池监控电子装置7 8—电池模块8
8a—电池监控电子装置8 9—安全盒 10—蓄能器管理电子装置

2. 系统介绍

宝马i3电动汽车高压电池安装位置如图13-1所示，高压电池组单元模块分布见图13-2。

3. 系统电路

高压电池单元除了包括汇集在八个电池模块内的电池外，还包括以下电气/电子部件：蓄能器管理电子装置（SME控制单元）；八个电池监控电子装置（电池监控电路 CSC）；带接触器、传感器和过电流熔丝的安全盒；电气加热装置控制装置（选装）。高压电池内部电气组件连接电路如图 13-3 所示。

除电气组件外，高压电池单元还包括制冷剂管路、冷却通道，以及电池模块的机械固定元件。

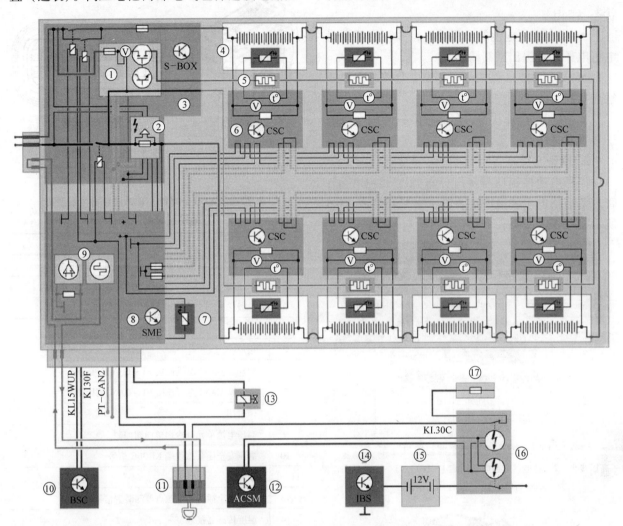

图 13-3 高压电池单元内部电路

1—电气加热装置控制装置 2—用于测量高压电池单元负极导线内电流强度的传感器 3—安全盒 4—电池模块 5—电气加热装置
6—电池监控电子装置（电池监控电路 CSC） 7—制冷剂管路温度传感器 8—蓄能器管理电子装置 9—高电压触点监控电路控制装置
10—车身域控制器 11—高电压安全插头（售后服务中断开连接） 12—用于触发安全型蓄电池接线柱的 ACSM 控制电路
13—冷却液管路截止阀 14—智能型蓄电池传感器 15—蓄电池 16—安全型蓄电池接线柱 17—前部配电盒

二、电池管理系统

1. 系统说明

针对高压电池使用寿命的要求比较严格（车辆使用寿命）。为了满足这些要求，不能随意使用高压电池。必须在严格规定的范围内使用高压电池，从而确保它的使用寿命和功率最大化。

相关边界条件如下：

- 在最佳温度范围内运行电池（通过加热/冷却，以及根据需要限制电流强度）。
- 根据需要均衡所有电池的充电状态。
- 在特定范围内用完可存储的高压电池能量。

为了遵守这些边界条件，在高压电池单元内带有一个 SME 控制单元，即蓄能器管理电子装置。

SME 控制单元需要执行以下任务：

- 由电机电子装置（EME）根据要求控制高电压系统的启动和关闭。
- 分析有关所有电池的电压和温度以及高电

压电路内电流强度的测量信号。
- 控制高压电池单元冷却系统。
- 确定高压电池的充电状态（SoC）和老化状态（SoH）。
- 确定高压电池的可用功率，并根据需要对电机电子装置提出限制请求。
- 安全功能（例如电压和温度监控、高电压触点监控，绝缘监控）。
- 识别出故障状态，存储故障码并向电机电子装置发送故障状态。

2. 端子定义

高压电池控制器与接口分布如图13-4所示，管理蓄能器电子装置连接端子如图13-5、图13-6所示，端子定义见表13-1、表13-2。

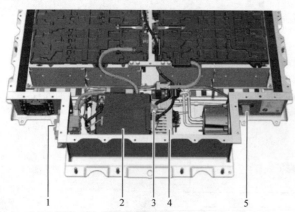

图 13-4　高压电池控制器与接口分布
1—高压接头　2—蓄能器管理电子装置（SME）　3—18针插头连接
4—熔丝盒　5—12针插头连接

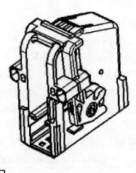

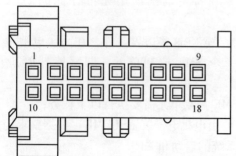

图 13-5　A191*01B-18针黑色蓄能器管理电子装置部件插头

A191*01B-18针黑色蓄能器管理电子装置端子定义见表13-2。

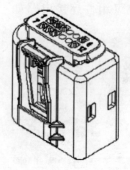 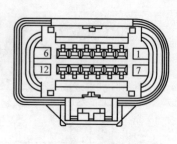

图 13-6　A191*1B-12针黑色高压电池单元部件插头

表 13-2　A191*01B-18针黑色蓄能器管理电子装置端子定义

端子号	定义
1	Life 模块配电器熔丝 F116，总线端 KL. 30F 电源
2	未占用
3	总线端 KL. 15 插接器唤醒信号
4	未占用
5	接地
6	驱动系 CAN2 总线连接 PT-CAN 总线信号
7	驱动系 CAN2 总线连接 PT-CAN 总线信号
8	未占用
9	高压电池单元制冷剂单向阀控制
10	高压安全插头总线端 KL. 30C 信号
11、12	未占用
13	高压安全插头高压触点监测装置信号
14	温度传感器接地
15	温度传感器控制
16	电机电子装置高压触点监测装置信号
17	未占用
18	高压电池单元制冷剂单向阀控制

A191*1B-12针黑色高压电池单元端子定义见表13-3。

表 13-3　A191*1B-12针黑色高压电池单元端子定义

端子号	定义
1	高压安全插头总线端 KL. 30C 信号
2	接地
3	高压电池单元制冷剂单向阀控制
4	驱动系 CAN2 总线连接 PT-CAN 总线信号
5	未占用

(续)

端子号	定义
6	带快速充电功能，便捷充电系统高压触点监测装置信号
7	Life 模块配电器熔丝 F116，总线端 Kl. 30F 电源
8	高压电池单元制冷剂单向阀控制
9	总线端 Kl. 15 插接器唤醒信号

(续)

端子号	定义
10	驱动系 CAN2 总线连接 PT－CAN 总线信号
11	未占用
12	高压安全插头高压触点监测装置信号

3. 系统电路

蓄能器管理电子装置电路如图 13-7 所示。

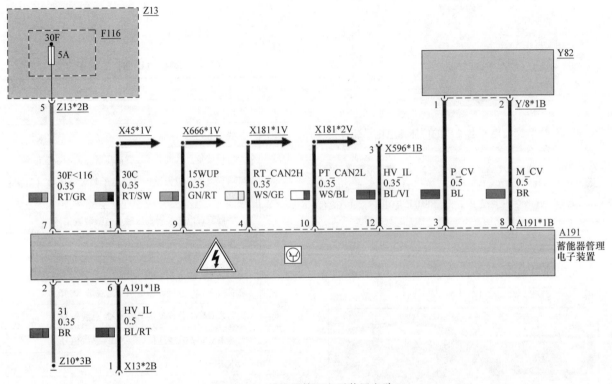

图 13-7　蓄能器管理电子装置电路

三、车载充电系统

1. 系统说明

进行 7.4 交流电充电时，便捷充电电子装置（KLE）的主要任务是将交流电压变换为直流电压。通过 KLE 内由两个模块构成的整流器电路执行该任务。供电电子装置模块由一个独立控制单元进行控制，该控制单元与整个单元名称相同，即便捷充电电子装置（KLE）。该装置安装位置见图 13-8。

便捷充电电子装置由 Meta System 公司制造。便捷充电电子装置上的接口可分为四个类别：

- 低电压接口。
- 高电压接口。
- 电位补偿导线接口。
- 冷却液管路接口。

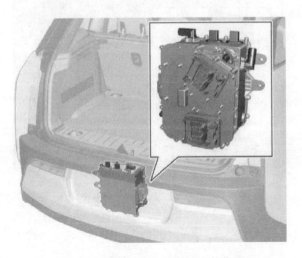

图 13-8　便捷充电电子装置安装位置

图 13-9 概括展示了便捷充电电子装置的所有接口。

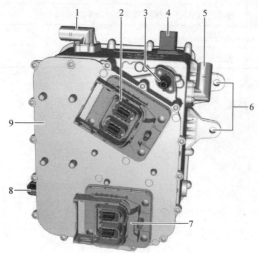

图 13-9　7.4kW 交流电充电型号的便捷充电电子装置接口
1—自充电接口的高电压导线（交流电）
2—至电机电子装置的高电压导线（直流电）　3—冷却液管路（供给）
4—低电压导线　5—从 KLE 至 EME 的高电压导线（交流电）
6—KLE 固定装置（电位补偿触点）　7—自 REME 的高电压导线（直流电）
8—冷却液管路（回流）　9—便捷充电电子装置

2. 端子定义

充电系统连接端子分布如图 13-10 所示，各高低压端子定义见表 13-4 ~ 表 13-11。

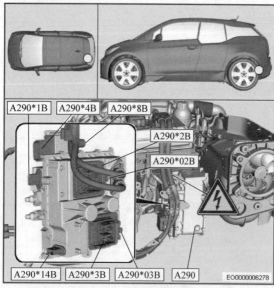

图 13-10　充电系统连接端子分布
A290＊1B—12 针黑色部件插头
A290＊02B—2 针黑色高压触点监测装置插头
A290＊2B—2 针橘黄色高压接头
A290＊03B—2 针黑色高压触点监测装置插头
A290＊3B—2 针橘黄色高压接头带增程设备
A290＊4B—7 针橘黄色高压接头　A290＊8B—5 针橘黄色高压接头
A290＊14B—12 针黑色部件插头

A290＊1B 插头如图 13-11 所示。

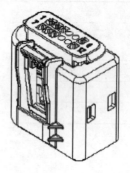 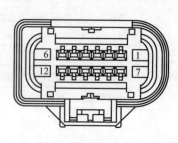

图 13-11　A290＊1B 插头

表 13-4　A290＊1B 插头的端子定义

端子号	定义
1	未占用
2	总线端 Kl. 30C 信号
3	无增程设备，电机电子装置高压触点监测装置信号
3	带增程设备，增程设备电机电子装置高压触点监测装置信号
4	存储器管理电子装置高压触点监测装置信号
5	便捷充电系统充电接口模块充电信号
6	Life 模块配电器熔丝 F123 总线端 Kl. 30B 电源
7	总线端 Kl. 15 连接器唤醒信号总线端 Kl. 15
8	驱动系 CAN2 总线连接 PT – CAN 总线信号
9	驱动系 CAN2 总线连接 PT – CAN 总线信号
10、11	未占用
12	接地

表 13-5　A290＊02B 插头的端子定义

端子号	定义
1	便捷充电系统高压触点监测装置信号
2	便捷充电系统高压触点监测装置信号

表 13-6　A290＊2B 插头的端子定义

端子号	定义
1	高压充电接口 DC 充电高压正极
2	高压充电接口 DC 充电高压负极

表 13-7　A290＊03B 插头的端子定义

端子号	定义
1	便捷充电系统高压触点监测装置信号
2	便捷充电系统高压触点监测装置信号

第十三章 宝马 i3 型 EV 汽车

表 13-8 A290*3B 插头的端子定义

端子号	定义
1	增程设备电机电子装置高压正极
2	增程设备电机电子装置高压正极

表 13-9 A290*4B 插头的端子定义

端子号	定义
1	高压充电接口零线
2	高压充电接口外导体
3	高压充电接口外导体
4	高压充电接口外导体
5	屏蔽
6	便捷充电系统高压触点监测装置信号
7	便捷充电系统高压触点监测装置信号

表 13-10 A290*8B 插头的端子定义

端子号	定义
1	电机电子装置外导体
2	电机电子装置零线
3	便捷充电系统高压触点监测装置信号
4	便捷充电系统高压触点监测装置信号
5	屏蔽

表 13-11 A290*14B 插头的端子定义

端子号	定义
1	充电接口模块控制接触器
2	充电接口模块控制接触器
3	充电接口模块信号
4、5	未占用
6	充电接口模块控制接触器
7	充电接口模块控制接触器
8	便捷充电系统高压触点监测装置信号
9	便捷充电系统高压触点监测装置信号
10	未占用
11	Life 模块配电器熔丝 F123 总线端 Kl. 30B 电源
12	接地

3. 系统电路

宝马 i3 便捷充电系统电路如图 13-12 所示。

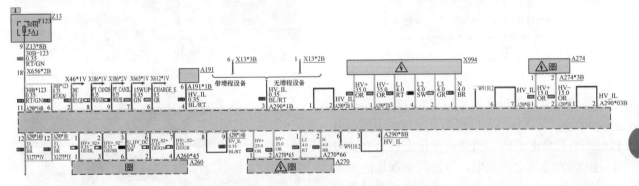

图 13-12 便捷充电系统电路

第二节 动力驱动系统

一、电机驱动系统

1. 技术参数

技术参数见表 13-12。

表 13-12 技术参数

项目	参数
类型	同步电机
额定电压	360V
额定电流	400A 均方根值
最大峰值功率	125/170bhp[①] 最长持续时间为 30s
最大持续功率	约 75bhp 持续
最大转矩	250N·m（0～5000r/min 转速范围内）
最大转速	约 11400r/min
重量	约 49kg

① 1bhp = 746W。

2. 总成介绍

i3 所用的驱动电机是永磁同步电机。转子位于内部且装备了永久磁铁。定子以环形方式布置在转子外围，由安装在转子凹槽内的三相绕组构成。如果在定子绕组上施加三相交流电压，所产生的旋转磁场（在电机运行模式下）就会"带动"转子内的永久磁铁转动。

图 13-13 只展示了定子不带绕组的部分。转子由一个重量经过优化且位于内部部件内的托架、一个挡板套件和布置在两个位置的永久磁铁组成，因此可提高电机产生的转矩。转子热压在驱动轴上。

电机电子装置（EME）的任务是将高压电池的直流电压（最高约 DC 400V）变换为用于控制

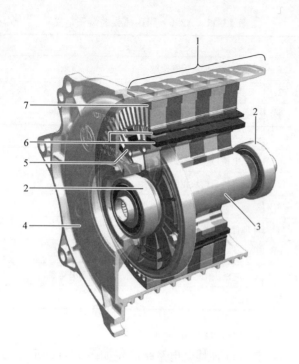

图 13-13 电机内部结构
1—冷却通道 2—深沟球轴承 3—驱动轴
4—内部壳体 5—转子内的挡板套件
6—转子内的永久磁铁 7—定子挡板套件

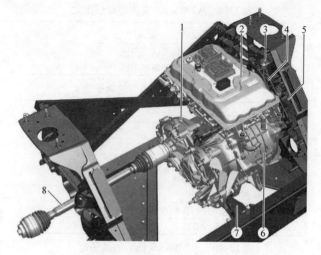

图 13-14 电机电子装置安装位置
1—变速器 2—电子机电子装置 3—支撑臂轴承
4—支撑臂 5—后桥模块 6—电机
7—稳定杆连杆 8—半轴

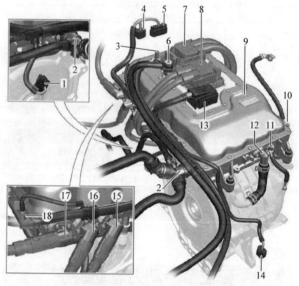

图 13-15 电机电子装置接口
1—驻车锁模块内的电机供电和连自/连至驻车锁模块的信号导线
2—冷却液管路（供给，电机电子装置）
3—DC/DC 变换器 -12V 输出端
4—低电压插头 5—低电压插头 6—DC/DC 变换器 +12V 输出端
7—至高压电池的高电压导线（DC）
8—至增程器 EME 的高电压导线（DC）
9—电机电子装置壳体 10—电位补偿导线接口
11—电位补偿导线接口
12—冷却液管路（回流，电机电子装置，至电机）
13—EME 低电压插头（信号插头） 14—EKK 低电压插头
15—至电动制冷剂压缩机的高电压导线
16—至电气加热装置的高电压导线
17—用于交流电充电的高电压导线 18—接地接口

电机（作为驱动电机）的三相交流电压（最高约 AC 360V）。反之，当电机作为发电机使用时，电机电子装置将电机的三相交流电压变换为直流电压，从而为高压电池充电。该过程在制动能量回收利用期间进行。对于这两种运行方式来说都需使用双向 DC/AC 变换器，该变换器可作为逆变器和直流整流器工作。

通过同样集成在电机电子装置内的 DC/DC 变换器来确保为 12V 车载网络供电。此外，电机电子装置还有一个控制单元，该控制单元与电机电子装置名称相同，缩写为"EME"。

i3 的整个电机电子装置位于一个铝合金壳体内。在该壳体内装有控制单元、用于将交流电压变换为直流电压从而为高压电池充电、将高压电池直流电压变换为三相交流电压的双向 AC/DC 变换器，以及用于为 12V 车载网络供电的 DC/DC 变换器。

电机电子装置位于电机上方，见图 13-14。
电机电子装置接口分布如图 13-15 所示。

3. 系统电路

电机控制系统电路如图13-16所示。

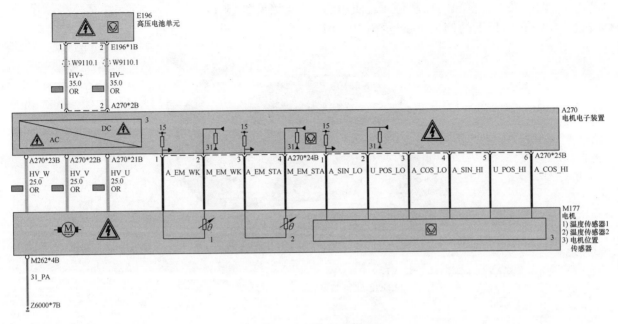

图13-16 电机控制系统电路

二、变速器

1. 总成介绍

变速器总传动比为9.7∶1，因此变速器输入端的转速是变速器输出端的9.7倍。该传动比通过两个圆柱齿轮对来实现，如图13-17所示。因此，在变速器内输入轴旁还有一个中间轴。变速器输出端处的圆柱齿轮与差速器壳体固定连接在一起，并驱动差速器。差速器将转矩分配给两个输出端，并在两个输出端之间进行转速补偿。

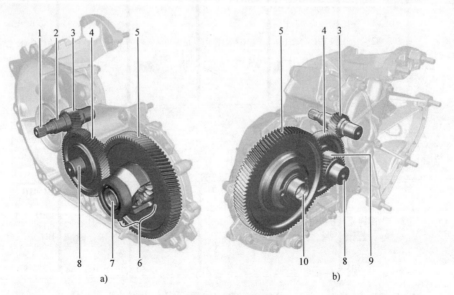

图13-17 变速器结构
a）左后视图　b）右后视图

1—啮合轴用于连接电机驱动轴　2—变速器输入轴　3—输入轴上的圆柱齿轮1　4—中间轴上的圆柱齿轮2
5—变速器输出端处的圆柱齿轮4　6—差速器　7—左侧半轴接口　8—中间轴　9—中间轴上的圆柱齿轮3　10—右侧半轴接口

2. 系统电路

选档按钮（GWS）用于选择档位。选档按钮（GWS）被设计成一个单独的控制单元。使用选档按钮（GWS）时以下的档位可供选择：P：用于驻车；R：用于倒档；N：用于空档；D：用于前进档。选档按钮部件如图 13-18 所示，其控制电路见图 13-19。

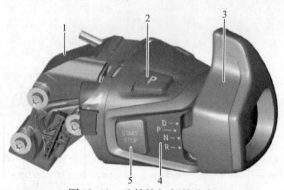

图 13-18　选档按钮部件分布

1—选档按钮（GWS）　2—驻车按钮　3—可旋转的变速杆　4—带换档图的功能指示灯　5—起动/停止按钮

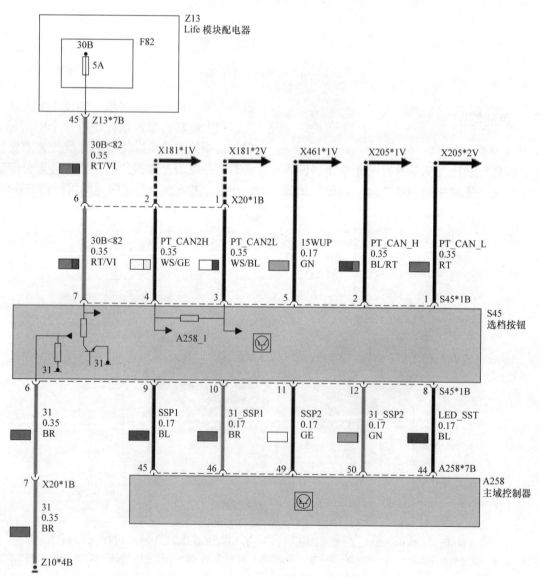

图 13-19　选档按钮电路

第三节 温度管理系统

一、高压部件温度控制

1. 高压电池冷却

高压电池单元的整个冷却系统如图13-20所示。

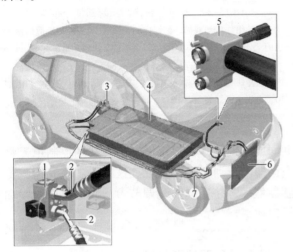

图13-20 高压电池单元冷却系统
1—膨胀和截止组合阀 2—用于冷却高压电池单元的制冷剂管路
3—电动制冷剂压缩机 4—高压电池单元
5—用于车内冷却的膨胀阀
6—制冷剂循环回路内的冷凝器 7—制冷剂管路

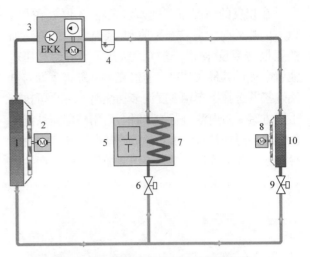

图13-21 高压电池冷却系统循环回路
1—冷凝器 2—电子风扇 3—电动制冷剂压缩机
4—干燥器瓶 5—高压电池单元 6—膨胀和截止组合阀
7—热交换器 8—车内鼓风机 9—车内膨胀阀
10—车内蒸发器

高压电池单元直接通过制冷剂进行冷却。因此，空调系统的制冷剂循环回路由两个并联支路构成：一个用于车内冷却；一个用于高压电池单元冷却。两个支路各有一个膨胀和截止组合阀，用于相互独立地控制冷却功能。蓄能器管理电子装置（SME）可通过施加电压，控制并打开膨胀和截止组合阀。这样可使制冷剂流入高压电池单元内，在此膨胀、蒸发和冷却。车内冷却同样根据需要来进行。蒸发器前的膨胀和截止组合阀同样可以电气方式进行控制，但由数字式发动机电气电子系统（EDME）进行控制。

进行冷却时，电池将热量传至制冷剂。电池通过这种方式得以冷却，制冷剂蒸发。随后电动制冷剂压缩机将制冷剂压缩至较高压力水平。之后通过冷凝器将热量排放到环境空气中，并以此方式使制冷剂重新变为液态。这样可通过降低膨胀阀内的压力水平使制冷剂能够重新吸收热量，如图13-21所示。通过这种方式可在较高车外温度和较

高驱动功率（约1000W）下产生冷却功率。

为了通过制冷剂进行电池冷却，在电池模块下方带有铝合金平管构成的热交换器。它与内部制冷剂管路连接在一起，进行冷却时有制冷剂流过，如图13-22所示。

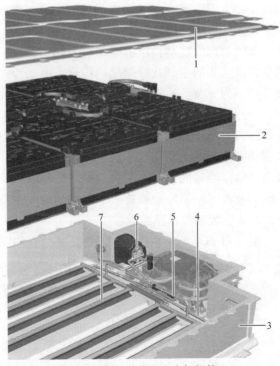

图13-22 高压电池冷却部件
1—高压电池盖板 2—电池模块 3—高压电池壳体
4—制冷剂回流管路 5—制冷剂供给管路
6—膨胀和截止阀连接法兰 7—热交换器

在相反的情况下，例如多日将 i3 停放在 0℃ 以下的户外时，应在行驶前和/或充电前使电池加热至最佳温度水平。这样，从开始行驶时高压电池就会提供其最大功率。通过充电电缆将车辆与电网连接并选择了车辆温度调节功能时，客户可执行上述方案。对电池进行加热时会启用高电压系统并使电流经过加热丝。加热丝沿冷却通道布置。由于冷却通道与电池模块接触，因此加热线圈内产生的热量会传至电池模块，如图 13-23 所示。

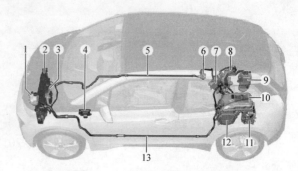

图 13-24　驱动组件冷却系统部件分布

1—驱动组件冷却液循环回路内的补液罐　2—冷却液散热器　3—用于冷却液散热器的电子风扇　4—数字式发动机电气电子系统　5—供给管路　6—电动冷却液泵（80W）　7—增程电机　8—内燃机冷却液循环回路内的补液罐　9—增程电机电子装置（REME）　10—电机电子装置（EME）　11—便捷充电电子装置（KLE）　12—电机　13—回流管路

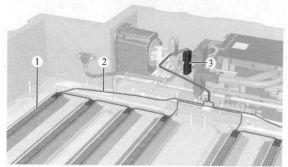

图 13-23　高压电池加热组件

1—加热线圈　2—接口　3—高电压加热装置插头

2. 驱动部件冷却

由于效率较高，增程电机和供电电子装置释放出的热量远远低于内燃机。但为了确保在所有温度条件下正常运行，在 i3 上通过一个冷却系统对驱动组件进行冷却。

车辆前部的冷却模块由冷却液散热器、电子风扇以及选装的主动式冷却风门构成。电动冷却液泵功率为 80W。冷却液泵由 EDME 控制单元控制。为此，冷却液泵和 EDME 控制单元通过一根直接导线相互连接。EDME 可通过 PWM 信号以可变功率控制电动冷却液泵，通过总线端为冷却液泵供电。冷却液泵安装在右后侧。补液罐位于车辆行驶方向左侧发动机舱盖下方空间内。在补液罐内未安装液位传感器。

宝马 i3 汽车驱动系统冷却部件安装位置如图 13-24 所示。

二、冷暖空调控制单元

1. 系统介绍

冷暖空调可通过冷暖空调操作面板中的操作元件操作。来自操作面板的请求信号通过 LIN 总线传送到冷暖空调控制单元。根据冷暖空调的装备系列，通过操作面板为驾驶人侧和前排乘客侧共同或分别调整标准温度。冷暖空调控制单元将空调器调节到所需的温度。这时控制单元检测传感器信号，并连续匹配调节参数，如鼓风温度和风扇功率。

2. 端子定义

空调控制器端子位置如图 13-25 所示，两个 26 针端子定义见表 13-13、表 13-14。

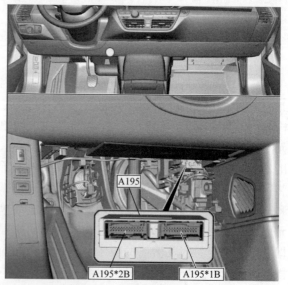

图 13-25　空调控制器端子分布

表 13-13　A195＊1B 端子定义

端子号	定义
1	冷暖空调操作面板总线端 Kl. 30F 电源
2、3	未占用
4	主域控制器查寻照明信号
5~11	未占用

子装置（Cell Supervisory Circuits，CSC）；带接触器和传感器的安全盒。高压电池内部连接电路如图14-3所示。

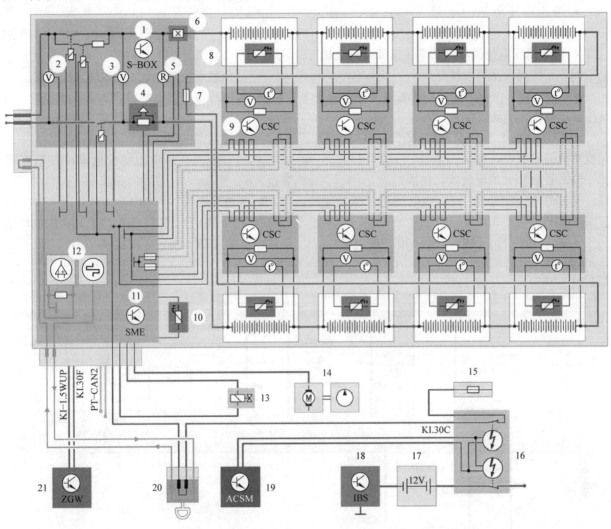

图14-3　高压电池内部连接电路

1—安全盒　2—电压传感器（车辆侧）　3—电压传感器（电池侧）　4—电流传感器（并联电阻）　5—电阻测量（用于绝缘监控）　6—电流传感器（霍尔传感器）　7—熔丝（250A）　8—电池模块　9—电池监控电子装置（CSC）　10—冷却液温度传感器　11—电池电子管理系统（SME）　12—高压触点监测装置的电路控制　13—组合式膨胀阀和单向阀　14—电动冷却液泵　15—行李舱配电盒　16—安全电池接线柱（SBK）　17—12V蓄电池　18—智能型电池传感器（IBS）　19—ACSM及用于触发安全电池接线柱的控制线　20—高压安全插头（Service Disconnect）　21—中央网关模块（ZGM）

二、电池管理系统

1. 系统介绍

在F18 PHEV的高压电池单元中安装了一个控制单元，即电池电子管理系统（SME）。电池电子管理系统（SME）调节和协调高压电池内的能量流。为此，电池电子管理系统监控和计算高压电池（锂离子电池）的状态参量。由于对高压电池的使用寿命有很高的要求（车辆寿命），为满足这些要求，需在严格规定范围内使用高压电池，从而保证其使用寿命最长。

在电机电子伺控系统（EME）与电池电子管理系统（SME）之间的密切配合下，高压车载网络启动，电机电子伺控系统（EME）是主控单元，电池电子管理系统（SME）是从属单元。两个控制单元通过K-CAN5通信。

SME控制单元必须完成以下任务：

● 按电机电子伺控系统（EME）的请求控制高压系统的启动和关闭。

● 分析所有单格电池的测量信号、电压和温度以及高压电路中的电流强度。
- 控制高压电池单元的冷却系统。
- 确定高压电池的电量（State of Charge, SoC）和老化状态（State of Health, SoH）。
- 确定高压电池的可用功率，需要时向电机电子伺控系统提出功率限制要求。
- 安全功能（例如电压、电流和温度监控、高压触点监测，绝缘监控）。
- 识别故障状态，存储故障码，向电机电子伺控系统通报故障状态。

SME 控制单元的电气接口包括：
- SME 控制单元的 12V 供电（行李舱配电盒端子 30F 和端子 31）。
- 接触器的 12V 供电（端子 30 碰撞信号）。
- PT – CAN2。
- 辅助诊断 CAN。
- 本地 CAN。
- 便捷进入及起动系统（CAS）的唤醒导线。
- 高压触点监测装置的输入端和输出端。
- 控制冷却装置上的组合式膨胀阀和单向阀的导线。
- 冷却液温度传感器。
- 用于控制高压电池单元电动冷却液泵的导线。

2. 系统电路

以 2018 款 G38 530Le 车型为例，高压电池电子管理系统（SME）电路如图 14-4 所示。

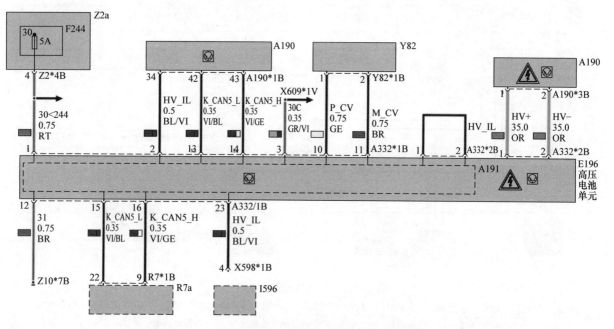

图 14-4　高压电池电子管理系统（SME）电路
A190—电机电子伺控系统　A191—高压电池电子管理系统（SME）　I596—高压安全插头　R7a—CAN 端子 7
Y82—高压电池单元制冷剂单向阀　Z2a—后部配电器

三、便携充电系统

1. 系统介绍

便捷充电系统（KLE）的主要任务是将交流电压变换为直流电压。通过从整流器中切换完成该任务。该功率电子装置由 KLE 控制单元控制。便捷充电系统在输出侧提供最大 3.7kW 的电功率。组合电机电子伺控系统（EME）功率电子装置只需 3.7kW 就可以在 3~4h 内将高压电池完全充满。

便捷充电系统虽然以超过 90% 的高效率工作，但在满功率输出时也需要主动式冷却。因此，便捷充电系统集成在电动驱动装置的冷却循环内，便携充电装置接口分布如图 14-5 所示。

2. 端子定义

车载充电机端子分布如图 14-6 所示，端子定义见表 14-1~表 14-5。

第十四章 宝马 530Le 型 PHEV 汽车

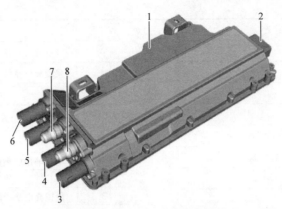

图 14-5　便捷充电装置接口分布

1—便捷充电系统（KLE）　2—电线束插头连接　3—电控辅助加热器的高压线　4—电动空调压缩机高压线
5—电机电子伺控系统（EME）的高压线　6—充电插座的高压线　7、8—冷却液管接口

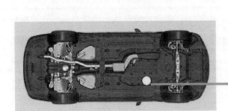
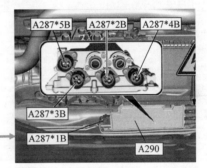

图 14-6　车载充电机端子分布

A287*1B—48 针黑色插头（端子分布见图 14-7）　A287*2B—5 针橘黄色高压接头
A287*3B—5 针橘黄色高压接头　A287*4B—5 针橘黄色

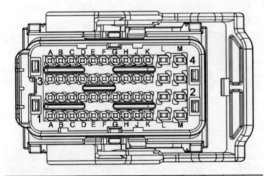

	A	B	C	D	E	F	G	H	J	K	L	M
4	39	40	41	42	43	44	45	46	47	48	37	38
3	27	28	29	30	31	32	33	34	35	36	25	26
2	15	16	17	18	19	20	21	22	23	24	13	14
1	3	4	5	6	7	8	9	10	11	12	1	2

图 14-7　A287*1B-48 针黑色插头端子分布

表 14-1　A287*1B 端子定义

端子号	定义
1（1L）	熔丝 F280 供电
2（1M）	未占用

（续）

端子号	定义
3（1A）	未占用
4（1B）	未占用
5（1C）	未占用
6（1D）	未占用
7（1E）	未占用
8（1F）	未占用
9（1G）	未占用
10（1H）	充电接口盖中控锁驱动装置信号
11（1J）	未占用
12（1K）	未占用
13（2L）	充电接口盖中控锁驱动装置控制
14（2M）	充电接口盖中控锁驱动装置控制
15（2A）	未占用
16（2B）	未占用
17（2C）	未占用
18（2D）	未占用
19（2E）	未占用

(续)

端子号	定义
20（2F）	便捷充电系统信号
21（2G）	便捷充电系统信号
22（2H）	未占用
23（2J）	未占用
24（2K）	充电过程状态显示LED指示灯控制
25（3L）	充电接口中控锁驱动装置控制
26（3M）	充电接口中控锁驱动装置控制
27（3A）	PT-CAN总线信号
28（3B）	未占用
29（3C）	未占用
30（3D）	未占用
31（3E）	未占用
32（3F）	高压充电接口信号
33（3G）	未占用
34（3H）	充电接口盖中控锁驱动装置信号
35（3J）	未占用
36（3K）	充电过程状态显示LED指示灯控制
37（4L）	充电过程状态显示接地
38（4M）	接地
39（4A）	PT-CAN总线信号
40（4B）	未占用
41（4C）	未占用
42（4D）	未占用
43（4E）	屏蔽
44（4F）	高压充电接口信号
45（4G）	未占用
46（4H）	充电接口中控锁驱动装置信号
47（4J）	未被占用
48（4K）	充电过程状态显示LED指示灯控制

表14-2　A287*2B端子定义

端子号	定义
1	空调压缩机（电动）高压正极
2	空调压缩机（电动）高压负极
3	便捷充电系统高压触点监测装置信号
4	便捷充电系统高压触点监测装置信号
5	屏蔽

表14-3　A287*3B端子定义

端子号	定义
1	电机电子装置高压正极
2	电机电子装置高压负极

(续)

端子号	定义
3	便捷充电系统高压触点监测装置信号
4	便捷充电系统高压触点监测装置信号
5	屏蔽

表14-4　A287*4B端子定义

端子号	定义
1	电控辅助加热器高压正极
2	电控辅助加热器高压负极
3	便捷充电系统高压触点监测装置信号
4	便捷充电系统高压触点监测装置信号
5	屏蔽

表14-5　A287*5B端子定义

端子号	定义
1	高压充电接口外导体
2	高压充电接口零线
3	便捷充电系统高压触点监测装置信号
4	便捷充电系统高压触点监测装置信号
5	屏蔽

四、高压分配系统

1. 高压系统部件位置

530Le汽车高压系统部件安装位置如图14-8所示。

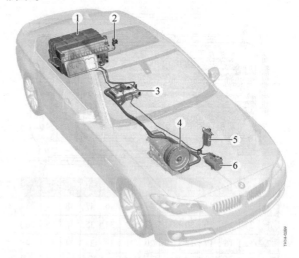

图14-8　530Le汽车高压系统部件位置
1—高压电池单元　2—高压充电接口
3—电机电子伺控系统（EME）　4—电机
5—电加热装置　6—电动压缩机（EKK）

2. 系统电路

2018款G38车型高压车载网络电路如图14-9所示。

第十四章 宝马 530Le 型 PHEV 汽车

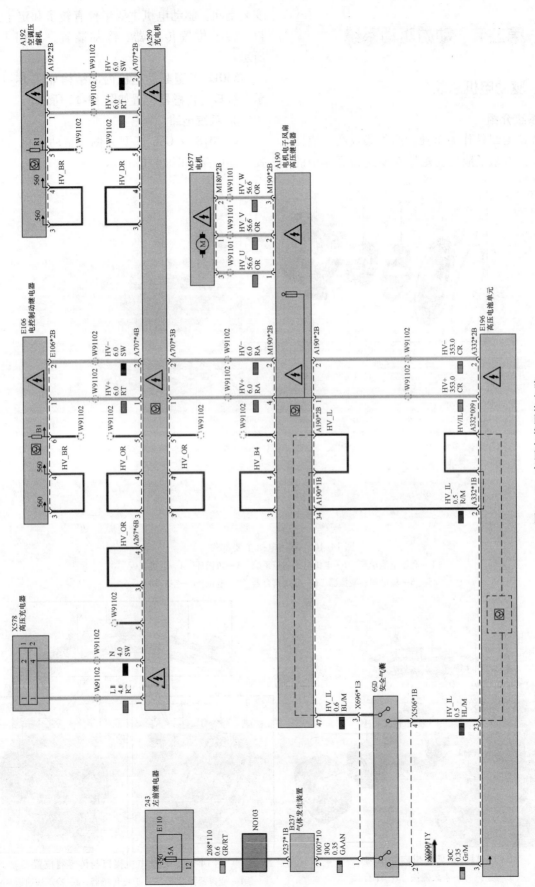

图 14-9 高压车载网络电路

第二节 动力驱动系统

一、驱动电机总成

1. 系统介绍

混合动力组件作为单独的组件集成在变速器钟形罩中,占据了液压变矩器在变速器壳体中的安装空间。驱动电机主要组件有转子和定子、接口、转子位置传感器、冷却装置,如图 14-10 所示。

530Le 车型驱动电机内部结构如图 14-11 所示,接口与传感器位置如图 14-12 所示。

2. 系统电路

以 2018 款 G38 车型为例,驱动电机与电机控制器电路如图 14-13 所示。

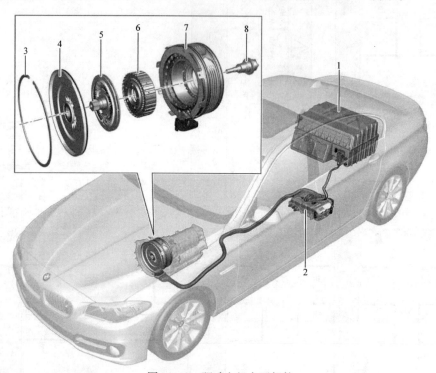

图 14-10　驱动电机主要部件
1—高压电池单元　2—电机电子伺控系统　3—防松环　4—电机盖板
5—辅助扭转减振器　6—分离离合器　7—电机　8—空心轴

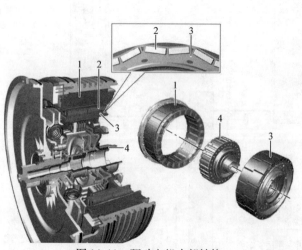

图 14-11　驱动电机内部结构
1—定子　2—永久磁铁　3—转子
4—带分离离合器外壳的空心轴

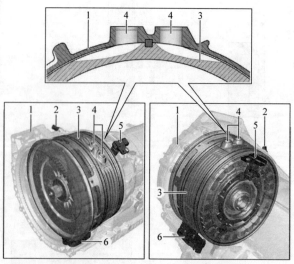

图 14-12　驱动电机接口与传感器位置
1—变速器钟形罩　2—温度传感器　3—冷却液通道
4—冷却液接口　5—转子位置传感器电气接口　6—高压接口

第十四章 宝马 530Le 型 PHEV 汽车

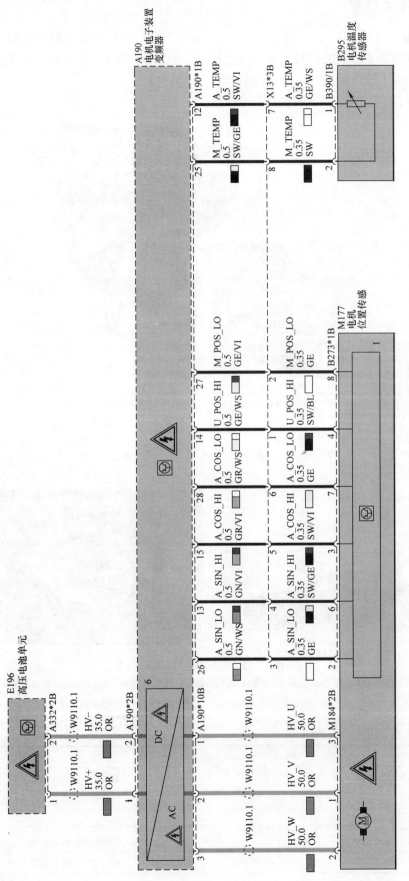

图 14-13 驱动电机与电机控制器电路

二、电机电力装置

1. 系统介绍

电机电子伺控系统安装在后桥前的左侧底板上。电机电子伺控系统上的接口可分为四类：低压接口、高压接口、电位平衡导线接口、冷却液管路接口。接口分布如图 14-14 所示。

2. 端子定义

以 2018 款 G38 车型为例，电机驱动装置端子分布如图 14-15 所示，端子定义见表 14-6 ~ 表 14-10。

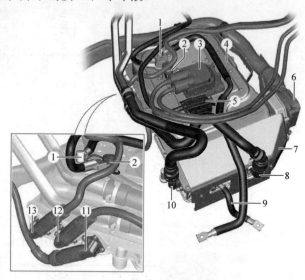

图 14-14 电机电子伺服系统接口分布

1—DC/DC 变换器 -12V 输出端　2—DC/DC 变换器 +12V 输出端　3—至高压电池的高压导线（DC）　4—电机电子伺控系统壳体
5—低压插头　6—至电机的高压导线（AC）　7—防冲击装置　8—冷却液回流管路接口　9—电位平衡导线接口
10—冷却液供给管路接口　11—至电动压缩机的高压接口　12—至电加热装置的高压接口　13—充电接口的交流充电高压接口

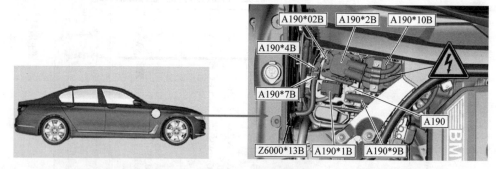

图 14-15 电机驱动装置端子分布

A190*1B—58 针黑色插头　A190*02B—2 针黑色插头　A190*2B—2 针橘黄色高压接头
A190*9B—5 针橘黄色高压接头　A190*10B—3 针橘黄色高压接头

表 14-6　A190*1B 端子定义 (续)

端子号	定义	端子号	定义
1	总线端 Kl.30 电源	9	未占用
2~5	未占用	10	局域网总线信号 - 智能型蓄电池传感器 2
6	电动真空泵控制	11	未占用
7	总线端 Kl.30C 信号	12	电机温度传感器信号
8	总线端 Kl.30 电源	13	电机位置传感器信号

(续)

端子号	定义
14	电机位置供电
15	电机位置传感器信号
16	未占用
17	接地
18	车厢内部制冷剂单向阀供电
19	车厢内部制冷剂单向阀控制
20~24	未占用
25	电机温度传感器接地
26	电机位置传感器信号
27	电机位置传感器接地
28	电机位置传感器信号
29~33	未占用
34	高压电池单元高压触点监测装置信号
35~37	未占用
38	电机电子装置 FlexRay 总线信号
39	电机电子装置 FlexRay 总线信号
40、41	未占用
42	驱动系 PT-CAN 总线信号
43	驱动系 PT-CAN 总线信号
44~46	未占用
47	高压安全插头高压触点监测装置信号
48	未占用
49	电机电子装置 FlexRay 总线信号
50	电机电子装置 FlexRay 总线信号
51	主域控制器 FlexRay 总线信号
52	主域控制器 FlexRay 总线信号
53~56	未占用
57	PT-CAN 总线信号
58	PT-CAN 总线信号

表 14-7　A190*02B 端子定义

端子号	定义
1	电机电子装置高压触点监测装置信号
2	电机电子装置高压触点监测装置信号

表 14-8　A190*2B 端子定义

端子号	定义
1	高压电池单元高压正极
2	高压电池单元高压负极

表 14-9　A190*9B 端子定义

端子号	定义
1	便捷充电系统高压正极
2	便捷充电系统高压负极
3	电机电子装置高压触点监测装置信号
4	电机电子装置高压触点监测装置信号
5	屏蔽

表 14-10　A190*10B 端子定义

端子号	定义
1	电机高压相位 U
2	电机高压相位 V
3	电机高压相位 W

三、变速器

1. 系统介绍

带驱动电机的变速器装置内部部件如图 14-16、图 14-17 所示。

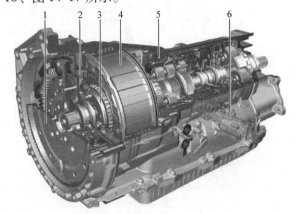

图 14-16　宝马 GA8P75HZ 变速器
1—双质量飞轮（包括扭转减振器和离心力摆）
2—辅助扭转减振器　3—分离离合器　4—电机
5—多片式制动器 B　6—电动辅助机油泵

图 14-17　变速器内部结构
1—双质量飞轮　2—电机　3—机械式油泵驱动链条
4—齿轮组 1　5—齿轮组 2　6—齿轮组 3　7—齿轮组 4
8—驻车锁止器　9—多片式离合器 D　10—多片式离合器 C
11—多片式离合器 E　12—齿轮组 1 和 2 共用中心齿轮
13—多片式制动器 B　14—多片式制动器 A

2. 系统电路

电子变速器控制系统电路如图 14-18 所示。

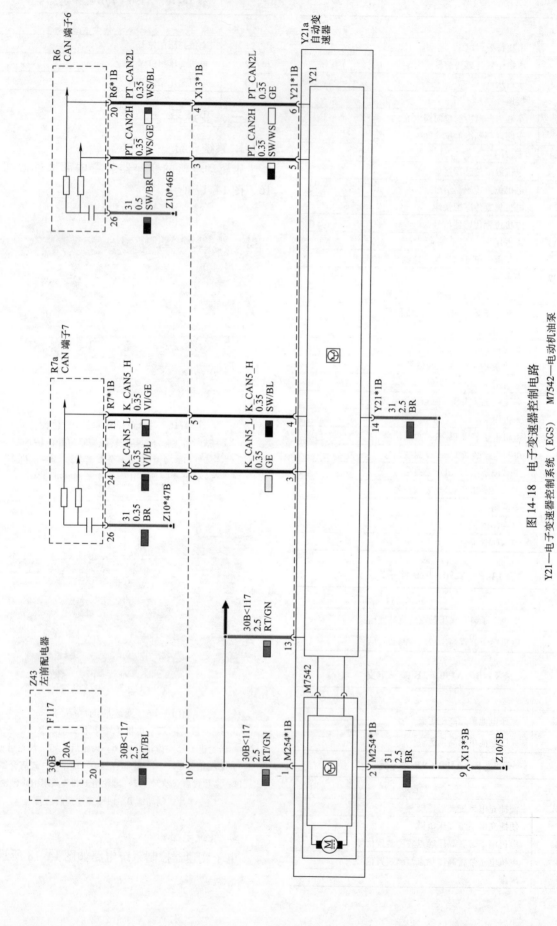

图 14-18 电子变速器控制电路

Y21—电子变速器控制系统（EGS） M7542—电动机油泵

第三节 温度管理系统

一、高压电池温度管理

1. 系统介绍

高压电池单元温度管理部件分布如图14-19、图14-20所示。

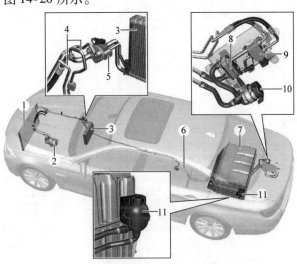

图14-19 高压电池温度管理部件
1—冷凝器 2—电动压缩机（EKK） 3—车内蒸发器
4—至冷却装置的制冷剂管路支路
5—组合式膨胀阀和单向阀（车内）
6—至冷却装置的制冷剂管路 7—高压电池单元
8—冷却装置（冷却液-制冷剂热交换器）
9—组合式膨胀阀和单向阀 10—电动冷却液泵（50W）
11—冷却液热膨胀平衡罐

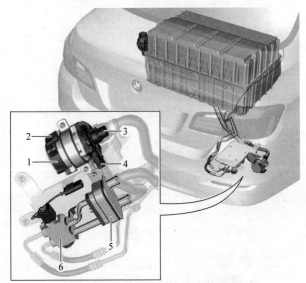

图14-20 高压电池电动冷却液泵
1—电气接口 2—电动冷却液泵 3—进气侧冷却液管接口
4—压力侧冷却液管接口 5—冷却装置（冷却液-制冷剂热交换器） 6—组合式膨胀阀和单向阀

驱动电机冷却部件如图14-21所示。

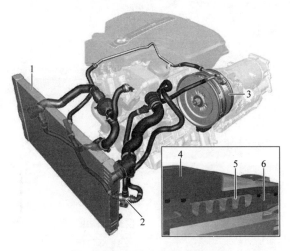

图14-21 驱动电机的冷却部件
1—冷却液-空气热交换器 2—电机节温器 3—电机
4—电子变速器壳体 5—电机冷却液管路 6—定子支架

电机电子伺服系统冷却部件分布如图14-22所示。

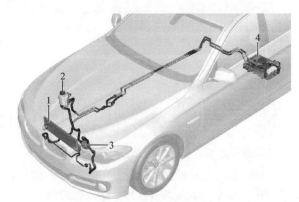

图14-22 电机电子伺服系统冷却部件分布
1—冷却液-空气热交换器 2—冷却液热膨胀平衡罐
3—电动冷却液泵（80W） 4—电机电子伺服系统（EME）

2. 系统电路

冷却系统电路如图14-23所示。

二、冷暖空调控制单元

1. 系统介绍

冷暖空调可通过冷暖空调操作面板中的操作元件操作。来自操作面板的请求信号通过LIN总线传送到冷暖空调控制单元。冷暖空调控制单元将空调器调节到所需的温度。这时控制单元检测传感器信号，并连续匹配调节参数，如鼓风温度和风扇功率。

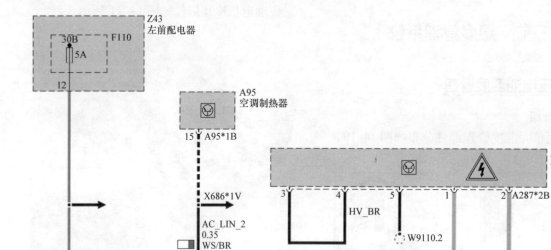

图 14-23 冷却系统电路

2. 端子定义

冷暖空调控制器接口分布如图 14-24 所示，两个 26 针端子定义见表 14-11、表 14-12。

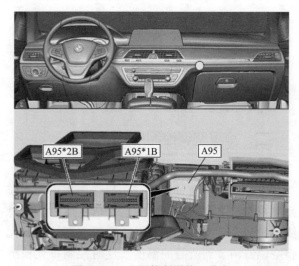

图 14-24 空调控制器接口分布

表 14-11 A95＊1B 端子定义

端子号	定义
1	冷暖空调操作面板总线端 Kl. 30 电源
2	未占用
3	右前通风格栅查寻照明和环境照明灯
4	主域控制器查寻照明和环境照明灯
5	2.5 区空调器前部中部通风格栅查寻照明和环境照明灯
6	左前通风格栅查寻照明和环境照明灯
7	2.5 区空调器前部中部通风格栅接地
8	右前通风格栅接地
9～11	未占用
12	音频运行/冷暖空调操作面板接地
13	左前通风格栅接地
14	主域控制器总线端 Kl. 30 电源
15	停车辅助加热装置局域互联网总线信号

(续)

端子号	定义
16	主域控制器局域互联网总线信号
17	前部中部通风格栅温度传感器信号
18~20	未占用
21	主域控制器接地
22	主域控制器 K-CAN 总线信号
23	主域控制器 K-CAN 总线信号
24	前部中部通风格栅温度传感器信号
25	音频运行/冷暖空调操作面板局域互联网总线信号
26	后座区自动空调局域互联网总线信号

表 14-12　A95 * 2B 端子定义

端子号	定义
1~8	未占用
9	右前通风温度传感器信号
10	未占用
11	右侧脚部空间温度传感器信号

(续)

端子号	定义
12~14	未占用
15	风门电机插接器供电
16	局域互联网总线信号
17~19	未占用
20	传感器接地
21	未占用
22	蒸发器温度传感器信号
23	未占用
24	左前通风温度传感器信号
25	左侧脚部空间温度传感器信号
26	风门电机插接器接地

3. 系统电路

冷暖空调控制系统电路如图 14-25 所示。

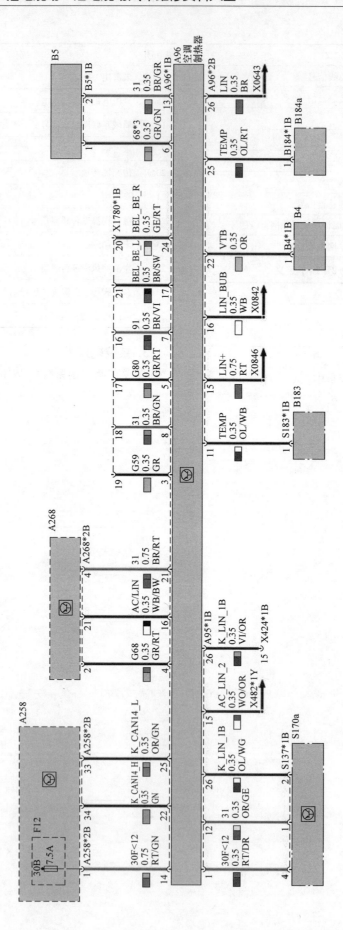

图14-25 冷暖空调控制系统电路

A258—主域控制器 B183—右侧脚部空间温度传感器 B184a—左侧脚部空间温度传感器
B4—蒸发器温度传感器 B5—左前通风格栅 S170A—音频运行/冷暖空调操作面板

第十五章 大众帕萨特PHEV汽车

第一节 高压电源系统

一、高压电池系统

1. 部件安装

高压电池部件安装如图15-1所示。

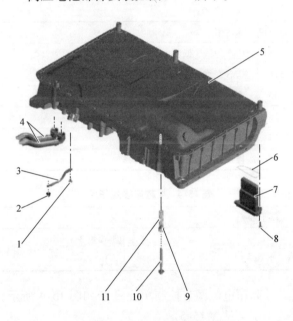

图15-1 高压电池部件安装

1—螺栓 2—螺母 3—等电位线
4—冷却液软管 5—高压电池1（AX2）
6—密封垫（拆卸后更换）
7—高压电池调节控制单元（J840）
8—螺栓（5个，拧紧力矩：8N·m；只允许使用3次）
9—橡胶套（防止螺栓自行掉落）
10—螺栓（5个，拆卸后更换，拧紧力矩：
50N·m+继续旋转225°）
11—套筒（5个，拧紧力矩：60N·m，用轴套拆卸套筒
CT80042拆卸，拆卸后更换）

2. 端子定义

高压电池接口位置与端子分布如图15-2所示，端子定义见表15-1、表15-2。

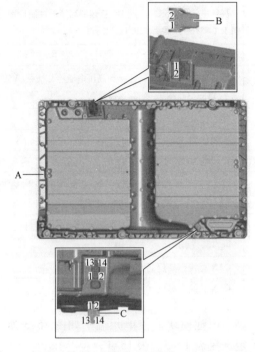

图15-2 高压电池接口位置与端子分布

A—高压电池单元（AX1）
B—高压电池单元6芯橙色插头连接 T6au
C—高压电池单元14芯黑色插头连接 T14j

表15-1 6芯插头连接端子定义

端子	定义
1	高压电池高压线 +
1s	高压线屏蔽 +
2	高压电池高压线 −
2s	高压线屏蔽 −
3P	高电压系统控制导引线，连接到高压电池单元（AX1），插头T6au/4P，端子4P
4P	高电压系统控制导引线，连接到高压电池单元（AX1），插头T6au/3P，端子3P

表15-2 14芯连接端子定义

端子号	定义
1	CAN总线，高位（驱动系统）
2	CAN总线，低位（驱动系统）

(续)

端子号	定义
3	碰撞信号+，连接到安全气囊控制单元（J234），插头T90a/17，端子17
4	高电压系统控制导引线，连接到高电压系统保养插头（TW），插头T4bp/4，端子4
5	高压电池制冷剂截止阀1，连接到高压电池制冷剂截止阀1（N516），插头T2ff/1，端子1
6	接线柱30a
7	高压电池冷却液泵，连接到高压电池冷却液泵（V590），插头T3bv/3，端子3
8	接线柱15a
9	接线柱31
10	接线柱30a
11	高电压系统控制导引线，连接到高电压加热装置（PTC）（Z115），插头T8z/5，端子5
12	碰撞信号-，连接到安全气囊控制单元（J234），插头T90a/18，端子18
13	CAN总线，高位（混合动力）
14	CAN总线，高位（混合动力）

高压电池模块监控单元端子如图15-3所示，端子定义见表15-3、表15-4。

表15-3 18芯连接端子定义

端子号	定义
1	接线柱30a
2	接线柱30a
3	未占用
4	高压电池调节控制单元，连接到高压电池调节控制单元（J840），插头T32e/20，端子20
5	未占用
6	接线柱31
7	未占用
8	接线柱31
9	接线柱31
10	接线柱30a
11、12	未占用
13	CAN总线，低位
14	CAN总线，高位
15	未占用
16	接线柱15a
17	未占用
18	接线柱31

表15-4 4芯连接端子定义

端子号	定义
1	高压电池模块3
2~4	未占用

高压电池调节控制单元端子如图15-4所示，端子定义见表15-5。

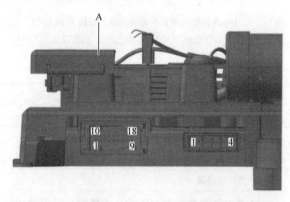
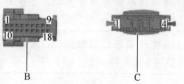

图15-3 高压电池模块监控单元端子
A—高压电池模块监控控制单元 J497
B—高压电池模块监控控制单元18芯黑色插头连接 T18g
C—高压电池模块监控控制单元4芯黑色插头连接 T4bx

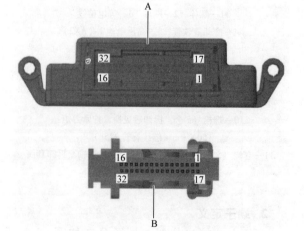

图15-4 高压电池调节控制单元
A—高压电池调节控制单元（J840）
B—高压电池调节控制单元32芯白色插头连接 T32e

表 15-5 高压电池控制单元 32 针端子定义

端子号	定义
1	CAN 总线，高位
2	CAN 总线，低位
3	CAN 总线，高位（驱动系统）
4	CAN 总线，低位（驱动系统）
5	高电压系统控制导引线，连接到高电压系统保养插头（TW），插头 T4bp/4，端子 4
6	高压电池制冷剂截止阀 1 控制端，连接到高压电池制冷剂截止阀 1（N516），插头 T2ff/1，端子 1
7	高压电池冷却液泵控制端，连接到高压电池冷却液泵 V590，插头 T3bv/3，端子 3
8	高压电池冷却液温度传感器 1 信号，连接到高压电池冷却液温度传感器 1（G898），插头 T2fa/1，端子 1
9	高压电池冷却液温度传感器 1 信号，连接到高压电池冷却液温度传感器 1（G898），插头 T2fa/2，端子 2
10	接线柱 30
11	未占用
12	高压电池模块 0，连接到高压电池模块 0（J1068），插头 T2fa/2，端子 2
13	碰撞信号 +，连接到安全气囊控制单元 J234，插头 T90a/17，端子 17
14	接线柱 15a
15	接线柱 31
16	接线柱 31
17	接线柱 30a
18	CAN 总线，高位（混合动力）
19	CAN 总线，低位（混合动力）
20	高压电池模块监控控制单元，连接到高压电池模块监控控制单元（J497），插头 T18g/4，端子 4
21	高电压系统控制导引线
22、23	未占用
24	高压电池冷却液温度传感器 2 信号，连接到高压电池冷却液温度传感器 2（G899），插头 T2fv/2，端子 2
25	高压电池冷却液温度传感器 2 信号，连接到高压电池冷却液温度传感器 2（G899），插头 T2fv/1，端子 1
26、27	未占用
28	高压电池模块 7，连接到高压电池模块 7（J997），插头 T10ad/4，端子 4
29	碰撞信号 -，连接到安全气囊控制单元（J234），插头 T90a/18，端子 18
30	接线柱 31
31	未占用
32	接线柱 30a

二、车载充电系统

1. 部件安装

高压电池充电装置部件安装如图 15-5 所示。

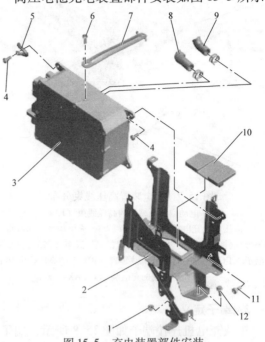

图 15-5 充电装置部件安装
1—螺母 2—支架 3—高压电池的充电装置 1（AX4）
4—螺栓（3 个，拧紧力矩：8N·m） 5—等电位线
6—螺栓（拧紧力矩：8N·m） 7—支架 8—冷却液管
9—冷却液管 10—填充块 11—螺栓 12—螺栓

高压电池充电装置的支架螺母如图 15-6 所示，按照以下要求分步拧紧螺母：

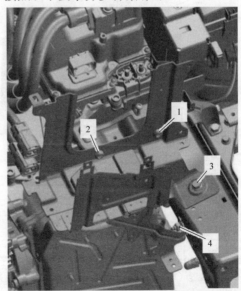

步骤	螺栓、螺母	拧紧力矩
1	1、2、3、4	用手拧紧螺栓
2	1、2、3、4	20N·m

图 15-6 充电器支架螺母拧紧顺序

充电装置高压线束分布如图15-7所示。

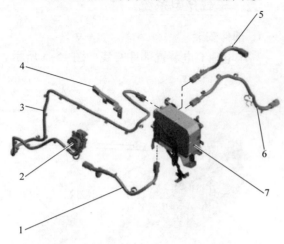

图15-7 充电装置高压线束分布
1—电动空调压缩机的高压线束（P3）
2—高压电池充电插座1（UX4） 3—充电插座高压线束
4—导向件 5—高压电池充电装置的高压线束（P25）至功率电子（JX1） 6—高电压加热装置（PTC）的高压线束P11
7—高压电池的充电装置1（AX4）

2. 端子定义

车载充电机连接端子如图15-8所示，端子定义见表15-6~表15-10。

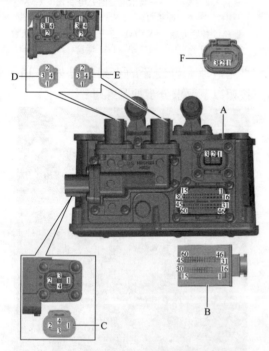

图15-8 帕萨特PHEV车型车载充电机连接端子
A—车载充电装置（A11） B—车载充电装置60芯黑色插头连接（T60b） C—车载充电装置5芯橙色插头连接（T5av）
D—车载充电装置5芯橙色插头连接（T5ay） E—车载充电装置5芯橙色插头连接（T5at） F—车载充电装置4芯橙色插头连接（T4bs）

表15-6 60芯连接端子定义

端子号	定义
1	接线柱30a
2、3	未占用
4	LED指示灯，红色，连接到高压电池充电按钮模块（EX32），插头T8ab/6，端子6
5	LED指示灯，绿色，连接到高压电池充电按钮模块（EX32），插头T8ab/7，端子7
6~8	未占用
9	CAN总线，高位（驱动系统）
10	CAN总线，低位（驱动系统）
11	CAN总线，高位（混合动力）
12	CAN总线，低位（混合动力）
13	高电压系统控制导引线，连接到电驱动装置的功率及控制电子系统（JX1），插头T80a/77，端子77
14	未占用
15	高电压系统控制导引线，连接到高电压系统保养插头（TW），插头T4bp/3，端子3
16~20	未占用
21	高压电池充电按钮模块，连接到高压电池充电按钮模块（EX32），插头T8ab/3，端子3
22	高压电池充电按钮模块，连接到高压电池充电按钮模块（EX32），插头T8ab/5，端子5
23	控制引导，连接到高压电池充电插座2（UX5），插头T9a/7，端子7
24	充电连接确认，连接到高压电池充电插座2（UX5），插头T9a/6，端子6
25	高压电池充电按钮模块按键接通信号，连接到高压电池充电按钮模块（EX32），插头T8ab/2，端子2
26	未占用
27	充电插座的温度传感器信号-，连接到高压电池充电插座2（UX5），插头T9a/9，端子9
28	充电插座的温度传感器信号+，连接到高压电池充电插座2（UX5），插头T9a/8，端子8
29~30	未占用
31	高电压充电盖板锁止装置1的伺服元件控制端，连接到高电压充电盖板锁止装置1的伺服元件（F496），插头T4br/4，端子4
32	高电压充电盖板锁止装置1的伺服元件控制端，连接到高电压充电盖板锁止装置1的伺服元件（F496），插头T4br/3，端子3
33	高电压充电盖板锁止装置1的伺服元件信号，连接到高电压充电盖板锁止装置1的伺服元件（F496），插头T4br/1，端子1
34	高电压充电盖板锁止装置1的伺服元件信号，连接到高电压充电盖板锁止装置1的伺服元件（F496），插头T4br/2，端子2

(续)

端子号	定义
35~50	未占用
51	高压电池充电按钮模块信号，连接到高压电池充电按钮模块（EX32），插头T8ab/4，端子4
52~59	未占用
60	接线柱31

表15-7　5芯端子C定义

端子号	定义
1	空调压缩机高压线+，连接到空调压缩机（V454），插头T5av/1，端子1
2	空调压缩机高压线-，连接到空调压缩机（V454），插头T5av/2，端子2
3	高电压系统控制导引线，连接到空调压缩机（V454），插头T5av/3，端子3
4	高电压系统控制导引线，连接到空调压缩机（V454），插头T5av/4，端子4
5	空调压缩机屏蔽线，连接到空调压缩机（V454），插头T5av/5s，端子5s

表15-8　5芯端子D定义

端子号	定义
1	高电压系统控制导引线，连接到高电压加热装置（PTC）-Z115，插头T5ax/1，端子1
2	高电压系统控制导引线，连接到高电压加热装置（PTC）-Z115，插头T5ax/2，端子2
3	高电压系统控制导引线，连接到车载充电装置（A11），插头T5ay/4，端子4
4	高电压系统控制导引线，连接到车载充电装置（A11），插头T5ay/3，端子3
5	高电压加热装置（PTC），连接到高电压加热装置（PTC）-Z115，插头T5ax/5s，端子5s

表15-9　5芯端子E定义

端子号	定义
1	高电压系统控制导引线，连接到电驱动装置的功率及控制电子系统（JX1），插头T5au/1，端子1
2	高电压系统控制导引线，连接到电驱动装置的功率及控制电子系统（JX1），插头T5au/2，端子2
3	高电压系统控制导引线，连接到车载充电装置（A11），插头T5at/4，端子4
4	高电压系统控制导引线，连接到车载充电装置（A11），插头T5at/3，端子3
5	电驱动装置的功率及控制电子系统，连接到电驱动装置的功率及控制电子系统（JX1），插头T5au/5s，端子5s

表15-10　4芯端子F定义

端子号	定义
1	高压电池充电插座2，连接到高压电池充电插座2（UX5），插头T9a/3，端子3
2	高压电池充电插座2，连接到高压电池充电插座2（UX5），插头T9a/2，端子2
3	高压电池充电插座2，连接到高压电池充电插座2（UX5），插头T9a/1，端子1
4	高压电池充电插座2

第二节　动力驱动系统

一、电机驱动系统

1. 部件安装

功率电子装置JX1部件安装如图15-9所示。

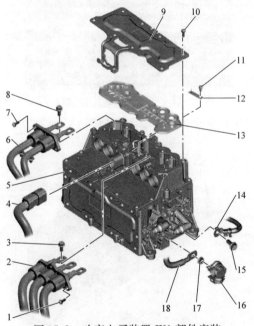

图15-9　功率电子装置JX1部件安装
1—螺栓（3个）　2—电机的高压线束（PX2）至电机（V141）　3—螺栓（3个）
4—高压电池充电装置的高压线束（PX5）至高压电池的充电装置1（AX4）
5—功率电子装置（JX1）　6—高压电池高压线束（PX1）至高压电池1（AX2）　7—螺栓（2个）　8—螺栓（2个）
9—盖板　10—螺栓（拆卸后更换，8个）　11—螺栓（2个，拧紧力矩：2.7N·m）　12—高压系统熔丝3（S353）
13—防触摸保护绝缘垫（带密封条，拆卸后更换）　14—线束B-
15—螺栓（拧紧力矩：20N·m）　16—盖板
17—螺母（拧紧力矩：20N·m）　18—线束B+

盖板拧紧力矩和拧紧顺序，如图15-10所示，按照1~8的顺序用6N·m拧紧螺栓。

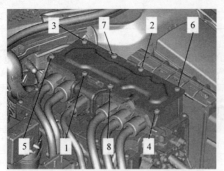

图15-10 盖板螺栓拧紧顺序

电机的高压线束（PX2）螺栓的拧紧力矩和拧紧顺序，如图15-11所示，按照1~3的顺序用5N·m拧紧螺栓。

图15-11 高压线束螺栓拧紧顺序

电子功率装置支架安装如图15-12所示。

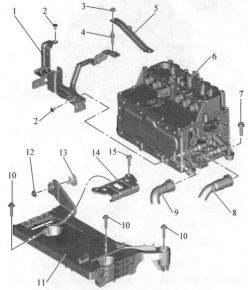

图15-12 电子功率装置支架安装
1—支架 2—螺栓（2个，拧紧力矩：8N·m）
3—螺母（拧紧力矩：8N·m） 4—双头螺柱（拧紧力矩：8N·m）
5—支架 6—功率电子装置（JX1）7—螺栓（2个，拧紧力矩：20N·m）
8—冷却液管 9—冷却液管 10—螺栓（3个，拧紧力矩：9N·m）
11—固定支架 12—螺母（拧紧力矩：9N·m）13—套管
14—支架 15—螺栓（2个，拧紧力矩：20N·m）

功率电子装置与驱动电机连接电缆如图15-13所示。

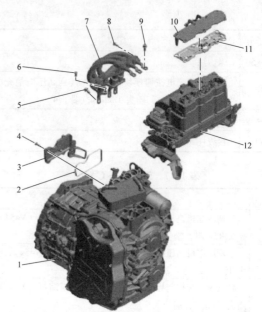

图15-13 功率电子装置与驱动电机连接电缆
1—交流电驱动装置（VX54） 2—密封垫（拆卸后更换）
3—盖板 4—螺栓（5个，拧紧力矩：8N·m） 5—螺栓（3个，拧紧力矩：22N·m） 6—螺栓（4个，拧紧力矩：5N·m）
7—电机的高压线束（PX2） 8—螺栓（3个） 9—螺栓（3个，拧紧力矩：20N·m） 10—盖板 11—防接触保护绝缘垫（带密封条，拆卸后更换） 12—功率电子装置（JX1）

2. 端子定义

电驱动控制模块端子如图15-14所示，端子定义见表15-11、表15-12。

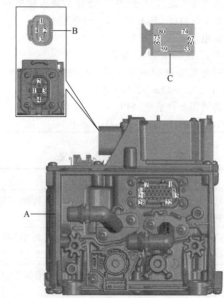

图15-14 电驱动控制模块端子
A—电驱动装置的功率及控制电子系统（JX1）
B—电驱动装置控制单元5芯橙色插头连接（T5au）
C—电驱动装置的功率及控制电子系统80芯黑色插头连接
T80a[控制单元侧端子是（1~28），线束侧端子是（53~80）]

表 15-11 电驱动控制模块 5 芯端子定义

端子号	定义
1	高电压系统控制导引线，连接到车载充电装置（A11），插头 T5at/1，端子 1
2	高电压系统控制导引线，连接到车载充电装置（A11），插头 T5at/2，端子 2
3	高电压系统控制导引线，连接到电驱动装置的功率及控制电子系统（JX1），插头 T5au/4，端子 4
4	高电压系统控制导引线，连接到电驱动装置的功率及控制电子系统（JX1），插头 T5au/3，端子 3
5	车载充电装置，连接到车载充电装置（A11），插头 T5at/5s，端子 5s

表 15-12 电驱动控制模块 80 芯端子定义

端子号	定义
53	CAN 总线，低位（混合动力）
54	CAN 总线，高位（混合动力）
55	接线柱 30a
56	接线柱 15a
57	电驱动装置牵引电机，连接到电驱动装置牵引电机（V141），插头 T10aa/5，端子 5
58	电驱动装置牵引电机，连接到电驱动装置牵引电机（V141），插头 T10aa/7，端子 7
59	电驱动装置牵引电机，连接到电驱动装置牵引电机（V141），插头 T10aa/4，端子 4
60	CAN 总线，低位（驱动系统）
61	CAN 总线，高位（驱动系统）
62、63	未占用
64	电驱动装置牵引电机，连接到电驱动装置牵引电机（V141），插头 T10aa/6，端子 6
65	电驱动装置牵引电机，连接到电驱动装置牵引电机（V141），插头 T10aa/8，端子 8
66	电驱动装置牵引电机，连接到电驱动装置牵引电机（V141），插头 T10aa/3，端子 3
67~73	未占用
74	电驱动装置牵引电机温度传感器信号，连接到电驱动装置牵引电机（V141），插头 T10aa/1，端子 1
75	电驱动装置牵引电机温度传感器接地，连接到电驱动装置牵引电机（V141），插头 T10aa/2，端子 2
76	未占用

（续）

端子号	定义
77	高电压系统控制导引线，连接到车载充电装置（A11），插头 T60b/13，端子 13
78、79	未占用
80	高电压系统控制导引线，连接到高电压加热装置（PTC）–Z115，插头 T8z/7，端子 7

二、DJZ 混动发动机

1. 电控部件位置

发动机舱发动机电控部件安装位置见图 15-15。

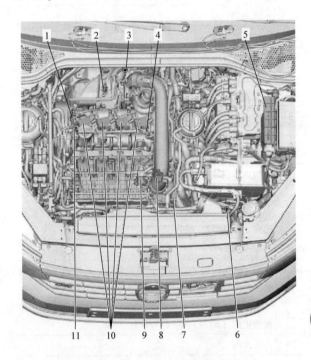

图 15-15 发动机舱电控部件安装位置
1—凸轮轴调节阀 1（N205） 2—催化转化器前的氧传感器 1（GX10） 3—催化转化器的前排气管后的氧传感器 1（GX7） 4—霍尔传感器（G40） 5—发动机控制单元（J623） 6—散热器出口处的冷却液温度传感器（G83） 7—节气门控制单元（J338） 8—增压压力传感器（G31） 9—进气歧管传感器（G42） 10—带有功率输出级的点火线圈 11—排气凸轮轴调节阀 1（N318）

2. 端子定义

DJZ 发动机电脑端子如图 15-16 所示，端子定义见表 15-13、表 15-14。

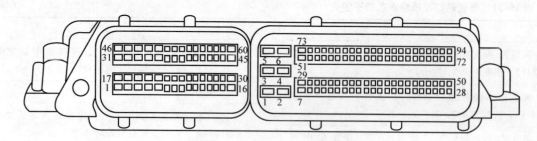

图 15-16　DJZ 发动机电脑端子

表 15-13　DJZ 发动机电脑 94 针端子定义

（续）

端子号	定义	端子号	定义
1	接线柱 31	43	机油油位和机油温度传感器信号，连接到机油油位和机油温度传感器（G266），插头 T3x/3，针脚 3
2	接线柱 31	44	接线柱 50，连接到进入及起动系统接口（J965），插头 T40a/15，针脚 15
3、4	未占用	45~47	未占用
5	接线柱 87a	48	燃油泵控制单元信号，连接到燃油泵控制单元（J538），插头 T5c/5，针脚 5
6	接线柱 87a	49、50	未占用
7	前氧传感器加热装置控制端，连接到氧传感器加热装置（Z19），插头 T6ar/3，针脚 3	51	油箱关闭阀控制端，连接到油箱关闭阀（N288），插头 T2ft/2，针脚 2
8	未占用	52	未占用
9	油箱压力传感器电源 5V，连接到油箱压力传感器（G400），插头 T3bf/1，针脚 1	53	后氧传感器信号，连接到催化转化器后的氧传感器（G130），插头 T4n/3，针脚 3
10	加速踏板位置传感器接地，连接到加速踏板位置传感器（G79），插头 T6L/3，针脚 3	54	前氧传感器信号，连接到氧传感器（G39），插头 T6ar/6，针脚 6
11	加速踏板位置传感器 2 接地，连接到加速踏板位置传感器 2（G185），插头 T6L/5，针脚 5	55	前氧传感器信号，连接到氧传感器（G39），插头 T6ar/4，针脚 4
12~23	未占用	56	前氧传感器信号，连接到氧传感器（G39），插头 T6ar/1，针脚 1
24	用于低温回路的冷却液泵 2 控制端，连接到用于低温回路的冷却液泵 2（V533），插头 T3be/3，针脚 3	57	前氧传感器信号，连接到氧传感器（G39），插头 T6ar/2，针脚 2
25	加热装置冷却液截止阀控制端，连接到加热装置冷却液截止阀（N279），插头 T2fj/1，针脚 1	58	传感器接地
26	未占用	59、60	未占用
27	变速器冷却液阀控制端，连接到变速器冷却液阀（N488），插头 T2bo/2，针脚 2	61	GRA 开关信号，连接到转向柱电子装置控制单元（J527），插头 T16a/5，针脚 5
28~30	未占用	62	制动信号灯开关信号
31	加速踏板位置传感器电源 5V，连接到加速踏板位置传感器（G79），插头 T6L/2，针脚 2	63、64	未占用
32	加速踏板位置传感器信号，连接到加速踏板位置传感器（G79），插头 T6L/4，针脚 4	65	后氧传感器加热装置控制端，连接到催化转化器后的氧传感器 1 加热装置（Z29），插头 T4n/2，针脚 2
33	加速踏板位置传感器 2 信号，连接到加速踏板位置传感器 2（G185），插头 T6L/6，针脚 6	67	CAN 总线，低位（驱动系统）
34	加速踏板位置传感器 2 电源 5V，连接到加速踏板位置传感器 2（G185），插头 T6L/1，针脚 1	68	CAN 总线，高位（驱动系统）
35	油箱压力传感器信号，连接到油箱压力传感器（G400），插头 T3bf/2，针脚 2	69	主继电器控制端
36~42	未占用	70~73	未占用
		74	发动机温度传感器 2 信号，连接到发动机温度传感器 2（G652），插头 T2fb/2，针脚 2

(续)

端子号	定义
75	散热器出口处的冷却液温度传感器信号，连接到散热器出口处的冷却液温度传感器（G83），插头T2bm/1，针脚1
76	后氧传感器信号，连接到催化转化器后的氧传感器（G130），插头T4n/4，针脚4
77、78	未占用
79	P/N档信号，连接到双离合器变速器机电装置（J743），插头T10z/5，针脚5
80	未占用
81	机油压力防降开关信号，连接到机油压力降低开关（F378），插头T1a
82	CAN总线，低位（混合动力）
83	CAN总线，高位（混合动力）
84~86	未占用
87	接线柱15
88	未占用
89	散热器风扇控制信号
90、91	未占用
92	接线柱30a
93	未占用
94	双离合器变速器机电装置，连接到双离合器变速器机电装置（J743），插头T10z/1，针脚1

表15-14 DJZ发动机电脑60针端子定义

端子号	定义
1	节气门驱动装置（电控节气门）-，连接到电控节气门操纵机构的节气门驱动装置（G186），插头T6f/5，针脚5
2	增压压力调节器控制端，连接到增压压力调节器（V465），插头T6a/6，针脚6
3	未占用
4	机油压力调节阀控制端，连接到机油压力调节阀（N428），插头T2dd/1，针脚1
5	冷却液转换阀1控制端，连接到冷却液转换阀1（N632），插头T2fL/1，针脚1
6	炭罐电磁阀控制端，连接到炭罐电磁阀1（N80），插头T2bn/1，针脚1
7	发动机转速传感器接地，连接到发动机转速传感器（G28），插头T3g/3，针脚3
8	发动机转速传感器信号，连接到发动机转速传感器（G28），插头T3g/2，针脚2
9、10	未占用

(续)

端子号	定义
11	节气门驱动装置（电控节气门）开度传感器电源5V，连接到节气门控制单元（GX3），插头T6f/2，针脚2
12	节气门驱动装置（电控节气门）开度传感器1信号，连接到电控节气门操纵机构的节气门驱动装置开度传感器1（G187），插头T6f/1，针脚1
13	节气门驱动装置（电控节气门）开度传感器2信号，连接到电控节气门操纵机构的节气门驱动装置开度传感器2（G188），插头T6f/4，针脚4
14	节气门驱动装置（电控节气门）开度传感器接地，连接到节气门控制单元（GX3），插头T6f/6，针脚6
15	凸轮轴调节阀控制端，连接到凸轮轴调节阀1（N205），插头T2bx/2，针脚2
16	节气门驱动装置（电控节气门）+，连接到电控节气门操纵机构的节气门驱动装置（G186），插头T6f/3，针脚3
17	未占用
18	增压压力调节器控制，连接到增压压力调节器（V465），插头T6a/2，针脚2
19	4缸喷油控制端，连接到气缸4喷油器（N33），插头T2bg/2，针脚2
20	2缸喷油控制端，连接到气缸2喷油器（N31），插头T2be/2，针脚2
21	用于低温回路的冷却液泵控制端，连接到用于低温回路的冷却液泵（V468），插头T3bg/3，针脚3
22	未占用
23	进气温度传感器信号，连接到进气温度传感器（G42），插头T4g/2，针脚2
24	增压压力调节器信号，连接到增压压力调节器（V465），插头T6a/5，针脚5
25	传感器电源5V
26	传感器电源5V
27	油压开关信号，连接到机油压力开关（F1），插头T1c
28	增压压力传感器信号，连接到增压压力传感器（G31），插头T4e/4，针脚4
29	传感器接地
30	排气门凸轮轴调节阀1控制端，连接到排气凸轮轴调节阀1（N318），插头T2cq/2，针脚2
31	未占用
32	燃油定量阀控制端，连接到燃油定量阀（N290），插头T2aj/2，针脚2
33	1缸喷油控制端，连接到气缸1喷油器（N30），插头T2bd/1，针脚1
34	3缸喷油控制端，连接到气缸3喷油器（N32），插头T2bf/1，针脚1

(续)

端子号	定义
35	1缸喷油控制端，连接到气缸1喷油器（N30），插头T2bd/2，针脚2
36	带功率输出级的点火线圈4控制端，连接到带功率输出级的点火线圈4（N292），插头T4w/2，针脚2
37	带功率输出级的点火线圈1控制端，连接到带功率输出级的点火线圈1（N70），插头T4t/2，针脚2
38	燃油压力传感器接地，连接到燃油压力传感器（G247），插头T3s/1，针脚1
39	未占用
40	进气温度传感器2信号，连接到进气温度传感器2（G299），插头T4e/2，针脚2
41	未占用
42	霍尔传感器信号，连接到霍尔传感器（G40），插头T3q/2，针脚2
43	霍尔传感器2信号，连接到霍尔传感器2（G163），插头T3m/2，针脚2
44	进气压力传感器信号，连接到进气歧管压力传感器（G71），插头T4g/4，针脚4
45	传感器电源5V
46	用于高温回路的冷却液泵控制端，连接到用于高温回路的冷却液泵（V467），插头T3bh/3，针脚3
47	燃油定量阀控制端，连接到燃油定量阀（N290），插头T2aj/1，针脚1
48	4缸喷油控制端，连接到气缸4喷油器（N33），插头T2bg/1，针脚1
49	2缸喷油控制端，连接到气缸2喷油器（N31），插头T2be/1，针脚1
50	3缸喷油控制端，连接到气缸3喷油器（N32），插头T2bf/2，针脚2
51	带功率输出级的点火线圈2控制端，连接到带功率输出级的点火线圈2（N127），插头T4u/2，针脚2
52	带功率输出级的点火线圈3控制端，连接到带功率输出级的点火线圈3（N291），插头T4v/2，针脚2
53	传感器接地
54	冷却液温度传感器信号，连接到冷却液温度传感器（G62），插头T2dg/2，针脚2
55	暖风冷却液温度传感器信号，连接到暖风冷却液温度传感器（G241），插头T2fk/2，针脚2
56	燃油压力传感器信号，连接到燃油压力传感器（G247），插头T3s/2，针脚2
57	爆燃传感器屏蔽
58	爆燃传感器信号，连接到爆燃传感器1（G61），插头T2ax/2，针脚2
59	爆燃传感器信号，连接到爆燃传感器1（G61），插头T2ax/1，针脚1
60	传感器接地

第三节 温度管理系统

一、高压冷却系统

1. 电动冷却液泵

电动冷却液泵部件安装位置如图15-17～图15-19所示。

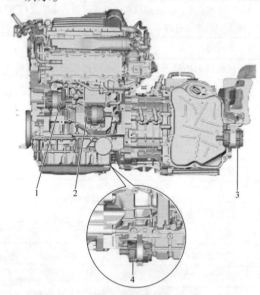

图15-17 电动冷却液泵部件安装位置
1—用于低温回路的冷却液泵（V468）
2—高温回路冷却液泵（V467）
3—电驱动模式的功率及控制电子装置冷却液泵（V508）
4—高压电池冷却液泵（V590）

电动冷却液泵的安装位置如图15-18所示。用支架固定冷却液泵支架（1）。泵上的凸起部位（箭头B）必须与位于橡胶支架（3）的凹槽（箭头A）平行。支架的凸起部位（2）必须位于橡胶支架的凸起部位上部。

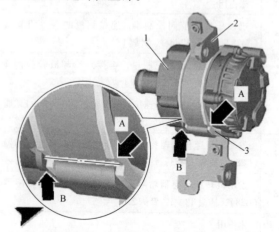

图15-18 电动冷却液泵安装位置

第十五章　大众帕萨特 PHEV 汽车

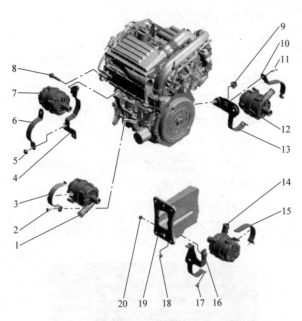

图 15-19　电动冷却液泵装配概览

1—高温回路冷却液泵（V467）　2—螺栓（拧紧力矩：9N·m）
3—固定卡箍　4—支架　5—螺栓（拧紧力矩：9N·m）　6—固定卡箍
7—用于低温回路的冷却液泵（V468）　8—螺栓（拧紧力矩：20N·m）
9—螺母（拧紧力矩：20N·m）　10—固定卡箍　11—螺栓（拧紧力矩：9N·m）　12—高压电池冷却液泵（V590）　13—支架
14—电驱动模式的功率及控制电子装置冷却液泵（V508）
15—固定卡箍　16—支架　17—螺栓（拧紧力矩：9N·m）
18—螺母（拧紧力矩：9N·m）　19—纵梁
20—螺母（拧紧力矩：9N·m）

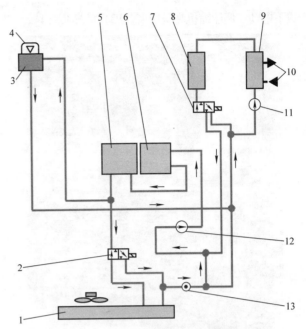

图 15-20　高压系统冷却液软管连接

1—高压电冷却回路散热器　2—冷却液转换阀 1（N632）
3—冷却液补偿罐［带冷却液不足指示传感器 2（G837）］
4—冷却液补偿罐盖（用于冷却液补偿罐）
5—高压电池的充电装置 1（AX4）　6—功率电子装置（JX1）
7—高压电池冷却液阀（N688）　8—高压电池 1（AX2）
9—高压电池的热交换器　10—制冷剂管路
11—高压电池冷却液泵（V590）　12—电驱动模式的功率及控制电子装置冷却液泵（V508）　13—发动机温度传感器 2（G652）

2. 冷却液软管

高压系统冷却液软管连接如图 15-20 所示。

如图 15-21 所示用防松卡子连接冷却液软管，拆下旧的 O 形圈（2）。用冷却液浸润新的 O 形圈，并将 O 形圈装入冷却液管。将冷却液管（3）压入热交换器接头（1）直到能够听到两者啮合的声音。通过来回拉动冷却液管检查安装是否到位。

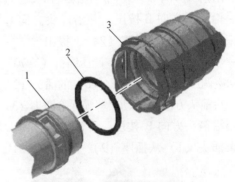

图 15-21　冷却液软管装配

二、自动空调系统

1. 高压拆装

（1）拆卸和安装电动空调压缩机的高压线束
- 切断高压系统的电压。
- 松开软管卡箍（1），拆卸空气导流软管。
- 旋出左侧和右侧螺栓（2），见图 15-22。
- 从前围支架上松开空气导管并取下。
- 如图 15-23 所示，松开电动空调压缩机高压线束 P3（3）的卡子。
- 按以下方式从高压电池充电装置 AX4（1）上

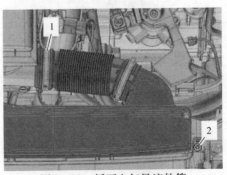

图 15-22　拆下空气导流软管

1—卡箍　2—螺栓

拔下电动空调压缩机高压线束（P3）的插头（4）。

图 15-23　拔下高压线束
1—高压电池充电装置　2—高压电池充电装置插头
3—电动空调压缩机高压线束
4—高压线束 P3 上的插头　5—电动空调压缩机

如图 15-24 所示，进行以下操作：

→沿箭头方向 A 拉动以解锁保险插头（3）。

→沿箭头方向 B 按压，并沿箭头方向 C 将高压线束插头（1）从插座（2）上拔出。

－按以下方式从电动空调压缩机（V470）上拔下电动空调压缩机高压线束（P3）的插头（2）。

→沿箭头方向 A 拉动以解锁保险插头（3）。

→沿箭头方向 B 按压，并沿箭头方向 C 将高压线束插头（1）从插座（2）上拔出。

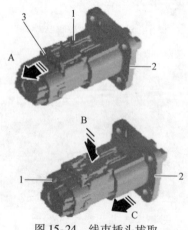

图 15-24　线束插头拔取
1—插头　2—插座　3—保险插头

－取出高压线束。

－安装以拆卸的相反顺序进行。

（2）拆装电加热装置（PTC）高压线束

如图 15-25 所示，进行以下操作：

－切断高压系统的电压。

－拆卸中部车身底板。

－旋出螺栓（4）和螺母（1）。

－将高压电加热装置（PTC）连同所连接的冷却液软管放置到一侧。

－按以下方式从高压电加热装置（PTC）上拔下高压电加热装置（PTC）的高压线束（P11）插头（3）。

图 15-25　拔下高压线束（P11）插头
1—螺母　2—PTC 高压加热装置插座
3—高压线束 P11 插头　4—螺栓

如图 15-26 所示，操作如下：

→沿箭头方向 A 拉动以解锁保险插头（3）。

→沿箭头方向 B 按压，并沿箭头方向 C 将高压线束插头（1）从插座（2）上拔出。

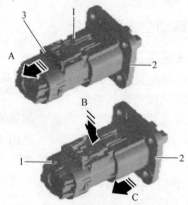

图 15-26　拔取高压线束插头方法
1—插头　2—插座　3—保险插头

如图 15-27 所示，操作如下。
- 松开高压线束（2）的卡子。
- 按以下方式从高压电池的充电装置（AX4）（1）上拔下高压电加热装置（PTC）的高压线束（P11）的插头（3）。
→沿箭头方向 A 拉动以解锁保险插头（3）。
- 取出高压线束。
- 安装以拆卸的相反顺序进行。

2. 端子定义

自动空调控制器端子分布如图 15-28 所示，端子定义见表 15-15 ~ 表 15-17。

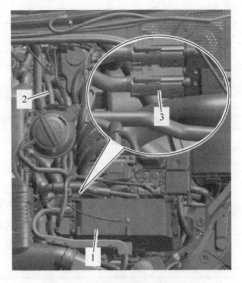

图 15-27　取下高压线束插头
1—充电装置（AX4）　2—高压线束　3—插头

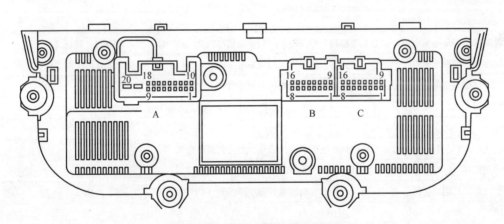

图 15-28　自动空调控制器端子定义

表 15-15　20 针端子 A 定义

端子号	定义
1	阳光传感器信号，连接到阳光传感器（G107），插头 T6x/4，针脚 4
2	未占用
3	阳光传感器 2 信号，连接到阳光传感器 2（G134），插头 T6x/3，针脚 3
4	未占用
5	CAN 总线，高位（舒适/便捷系统）
6	CAN 总线，低位（舒适/便捷系统）
7	自动空调装置冷却液截止阀控制端，连接到自动空调装置冷却液截止阀（N422），插头 T2fo/1，针脚 1（用于带混合动力驱动的汽车）
8	未占用
9	阳光传感器电源（5V），连接到阳光传感器（G107），插头 T6x/1，针脚 1
10	至暖风/空调器的制冷剂截止阀控制端，连接到暖风/空调器的制冷剂截止阀（N541），插头 T2fp/1，针脚 1（用于带混合动力驱动的汽车）
	空调器继电器控制端（用于不带混合动力驱动的汽车）

（续）

端子号	定义
11	后部出风口温度传感器信号，连接到后部出风口温度传感器（G174），插头 T2dk/2，针脚 2
12	未占用
13	左前仪表板出风口温度传感器信号，连接到左前仪表板出风口温度传感器（G385），插头 T2u/2，针脚 2
14	右前仪表板出风口温度传感器信号，连接到右前仪表板出风口温度传感器（G386），插头 T2by/2，针脚 2
15	LIN 总线，连接到后部空调操作和显示单元（E265），插头 T6aj/1，针脚 1（用于带混合动力驱动的汽车）
16	LIN 总线
17	传感器接地
18	空调压缩机调节阀控制端，连接到空调压缩机调节阀（N280），插头 T2bb/1，针脚 1（用于不带混合动力驱动的汽车） 空调器继电器控制端（用于带混合动力驱动的汽车）
19	接线柱 31
20	接线柱 30a

表 15-16　16 针端子 B 定义

端子号	定义
1	风门伺服电机内的电位计电源（5V）
2	左侧温度风门伺服电机电位计信号，连接到左侧温度风门伺服电机电位计（G220），插头 T6m/2，针脚 2
3	右侧温度风门伺服电机电位计信号，连接到右侧温度风门伺服电机电位计（G221），插头 T6n/2，针脚 2
4	除霜风门伺服电机电位计信号，连接到除霜风门伺服电机电位计（G135），插头 T6c/2，针脚 2
5	左前仪表板出风口电位计信号，连接到左前仪表板出风口电位计（G387），插头 T6q/2，针脚 2
6	未占用
7	新鲜空气/车内空气循环/速滞压力风门伺服电机电位计信号，连接到新鲜空气 车内空气循环/速滞压力风门伺服电机电位计（G644），插头 T6p/2，针脚 2
8	脚部空间出风口温度传感器信号，连接到脚部空间出风口温度传感器（G192），插头 T2as/2，针脚 2
9、10	未占用
11	蒸发器温度传感器信号，连接到蒸发器温度传感器（G308），插头 T2at/2，针脚 2
12	后部温度风门伺服电机电位计，连接到后部温度风门伺服电机电位计（G479），插头 T6i/2，针脚 2
13	未占用
14	传感器接地
15、16	未占用

表 15-17　16 针端子 C 定义

端子号	定义
1	左侧温度风门伺服电机控制端，连接到左侧温度风门伺服电机（V158），插头 T6m/6，针脚 6
2	左侧温度风门伺服电机控制端，连接到左侧温度风门伺服电机（V158），插头 T6m/5，针脚 5
3	除霜风门伺服电机控制端，连接到除霜风门伺服电机（V107），插头 T6c/5，针脚 5
4	除霜风门伺服电机控制端，连接到除霜风门伺服电机（V107），插头 T6c/6，针脚 6
5	左前仪表板出风口伺服电机控制端，连接到左前仪表板出风口伺服电机（V237），插头 T6q/6，针脚 6
6	左前仪表板出风口伺服电机控制端，连接到左前仪表板出风口伺服电机（V237），插头 T6q/5，针脚 5
7、8	未占用
9	新鲜空气/车内空气循环/速滞压力风门伺服电机控制端，连接到新鲜空气/车内空气循环/速滞压力风门伺服电机（V425），插头 T6p/5，针脚 5

(续)

端子号	定义
10	新鲜空气/车内空气循环/速滞压力风门伺服电机控制端，连接到新鲜空气/车内空气循环/速滞压力风门伺服电机（V425），插头 T6p/6，针脚 6
11	右侧温度风门伺服电机控制端，连接到右侧温度风门伺服电机（V159），插头 T6n/5，针脚 5
12	右侧温度风门伺服电机控制端，连接到右侧温度风门伺服电机（V159），插头 T6n/6，针脚 6
13、14	未占用
15	后部温度风门伺服电机控制端，连接到后部温度风门伺服电机（V137），插头 T6i/6，针脚 6
16	后部温度风门伺服电机控制端，连接到后部温度风门伺服电机（V137），插头 T6i/5，针脚 5

第十六章 通用别克VELITE 5型PHEV汽车

第一节 高压电源系统

一、高压电池系统

1. 系统介绍

高压混合动力/电动汽车蓄电池（高压电池）包括192个独立的锂离子单格蓄电池。两个单格并联焊接在一起，并被称为一个电池组。高压电池总成中一共有96个电池组。这些电池组以电气连接方式串联连接。每个电池组的额定电压为3.7V，系统额定直流电压为355V。高压电池组形成了3个不同的单元。前24个电池组组成电池单元1。此单元与前围板相邻并且包括高压电池组73至96。接下来的28个电池组组成电池单元2。该单元位于单元1的后面，并包含电池组45至72。横向高压电池单元是3号单元，该单元包含其余的44个电池组1至44。此单元还包括两个温度传感器，分别位于高压电池组单元两端（共六个温度传感器）。

电池能量控制模块位于高压电池组内，监测96个高压电池组的温度、电流和电压。电压传感线路已连接到各个单独的电池组上，这些传感线路在位于电池单元上表面的连接器处终止。电压传感线束将此连接器连接到电池能量控制模块。

电池能量控制模块可以确定故障状况。诊断和系统状态在电池能量控制模块至混合动力控制模块2间通过串行数据进行通信。混合动力总成控制模块2是电池能量控制模块故障码信息的主控制器。

高压电池位于车辆下方。电池能量控制模块、电流传感器和高压接触器位于高压电池总成内。混合动力控制模块2位于前排乘客座椅仪表板后面。

高压电池包括4个高压接触器和1个固态继电器（晶体管）。高压接触器和晶体管能够使高压电池连接到车辆，或在高压电池总成中容纳高压直流电。4个高压接触器包括一个主正极高压接触器、一个主负极高压接触器、一个充电正极高压接触器和一个预充电负极高压接触器。晶体管控制高压电池加热器高压负极电路。

为了防止位于车辆高压部件中的电容出现大浪涌电流，高压接触器在混合动力/电动车辆动力总成控制模块2的控制下按指定预充电顺序闭合。

高压接触器结构如图16-1所示。高压电池总成内部结构如图16-2所示。

2. 端子定义

高压电池控制模块端子如图16-3所示，端子定义见表16-1~表16-8。

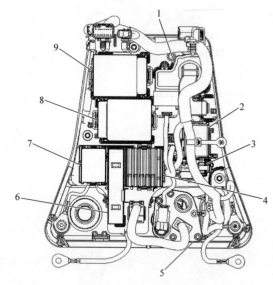

图16-1 高压接触器结构

1—B30，高压电池组电流传感器
2—KR116B，高压电池充电系统正极接触器
3—X55QB，熔丝座2－高压电池组
4—T21，高压电池冷却液加热器晶体管
5—E54，高压电池组冷却液加热器
6—R25，高压电池预充电电阻器
7—KR134，预充电接触器
8—KR34A，高压电池负极接触器
9—KR34B，高压电池正极接触器

第十六章　通用别克 VELITE 5 型 PHEV 汽车

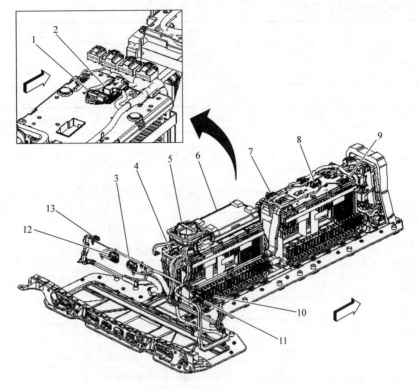

图 16-2　高压电池内部结构

1—B32D 高压电池温度传感器 4　2—C5E 高压电池模块 5
3—C5B 高压电池模块 2　4—B32C 高压电池温度传感器 3
5—S15 手动维修断开装置　6—K16 高压电池能量控制模块
7—B32E 高压电池温度传感器 5　8—C5F 高压电池模块 6
9—B32F 高压电池温度传感器 6　10—C5C 高压电池模块 3
11—B32B 高压电池温度传感器 2　12—C5A 高压电池模块 1
13—B32A 高压电池温度传感器 1

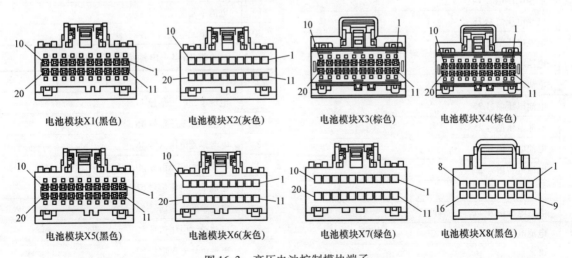

图 16-3　高压电池控制模块端子

表16-1 电池模块X1端子定义

端子号	定义
1	未使用
2	电池电压信号1
3	电池电压信号3
4	电池电压信号4
5	电池电压信号6
6	电池电压信号8
7	电池电压信号10
8	电池电压信号12
9	电池电压信号13
10	电池电压信号15
11	电池组监测器低电平参考电压
12	电池电压信号2
13	电池电压信号4
14	电池电压信号5
15	电池电压信号7
16	电池电压信号9
17	电池电压信号11
18	电池电压信号12
19	电池电压信号14
20	电池电压信号16

表16-2 电池模块X2端子定义

端子号	定义
1	电池电压信号16
2	电池电压信号18
3	电池电压信号19
4	电池电压信号19
5	电池电压信号21
6	电池电压信号23
7	电池电压信号25
8	电池电压信号25
9	电池电压信号25
10	电池电压信号27
11	电池电压信号17
12	电池电压信号19
13	电池电压信号19
14	电池电压信号20
15	电池电压信号22
16	电池电压信号24
17	电池电压信号25

（续）

端子号	定义
18	电池电压信号25
19	电池电压信号26
20	电池电压信号28

表16-3 电池模块X3端子定义

端子号	定义
1	电池电压信号28
2	电池电压信号30
3	电池电压信号32
4	电池电压信号33
5	电池单元电压信号35
6	电池单元电压信号37
7	电池单元电压信号39
8	电池单元电压信号40
9	电池单元电压信号41
10	电池单元电压信号43
11	电池电压信号29
12	电池电压信号31
13	电池电压信号32
14	电池单元电压信号34
15	电池单元电压信号36
16	电池单元电压信号38
17	电池单元电压信号40
18	电池单元电压信号40
19	电池单元电压信号42
20	电池单元电压信号44

表16-4 电池模块X4端子定义

端子号	定义
1	电池单元电压信号44
2	电池单元电压信号46
3	电池单元电压信号48
4	电池单元电压信号50
5	电池单元电压信号52
6	电池单元电压信号54
7	电池单元电压信号56
8	电池单元电压信号57
9	电池单元电压信号59
10	电池单元电压信号61
11	电池单元电压信号45
12	电池单元电压信号47

(续)

端子号	定义
13	电池单元电压信号 49
14	电池单元电压信号 51
15	电池单元电压信号 53
16	电池单元电压信号 55
17	电池单元电压信号 56
18	电池单元电压信号 58
19	电池单元电压信号 60
20	电池单元电压信号 62

表 16-5　电池模块 X5 端子定义

端子号	定义
1	电池单元电压信号 62
2	电池单元电压信号 64
3	电池单元电压信号 66
4	电池单元电压信号 68
5	电池单元电压信号 70
6	电池单元电压信号 72
7	电池单元电压信号 73
8	电池单元电压信号 75
9	电池单元电压信号 76
10	电池单元电压信号 78
11	电池单元电压信号 63
12	电池单元电压信号 65
13	电池单元电压信号 67
14	电池单元电压信号 69
15	电池单元电压信号 71
16	电池单元电压信号 72
17	电池单元电压信号 74
18	电池单元电压信号 75
19	电池单元电压信号 77
20	电池单元电压信号 79

表 16-6　电池模块 X6 端子定义

端子号	定义
1	电池单元电压信号 79
2	电池单元电压信号 81
3	电池单元电压信号 83
4	电池单元电压信号 84
5	电池单元电压信号 86
6	电池单元电压信号 88
7	电池单元电压信号 90
8	电池单元电压信号 92
9	电池单元电压信号 94
10	电池单元电压信号 96
11	电池单元电压信号 80
12	电池单元电压信号 82
13	电池单元电压信号 84
14	电池单元电压信号 85

(续)

端子号	定义
15	电池单元电压信号 87
16	电池单元电压信号 89
17	电池单元电压信号 91
18	电池单元电压信号 93
19	电池单元电压信号 95
20	未使用

表 16-7　电池模块 X7 端子定义

端子号	定义
1	电池模块温度信号 1
2	电池模块温度信号 2
3	电池模块温度信号 3
4	电池模块温度信号 4
5	电池模块温度信号 5
6	电池模块温度信号 6
7	电池模块温度信号 7
8	未使用
9	高压电池电流传感器参考电压
10	高压电池电流传感器粗略信号
11	电池模块温度传感器低电平参考电压 1
12	电池模块温度传感器低电平参考电压 2
13	电池模块温度传感器低电平参考电压 3
14	电池模块温度传感器低电平参考电压 4
15	电池模块温度传感器低电平参考电压 5
16	电池模块温度传感器低电平参考电压 6
17	电池模块温度传感器低电平参考电压 7
18	未使用
19	高压电池电流传感器低电平参考电压
20	高压电池电流传感器精确信号

表 16-8　电池模块 X8 端子定义

端子号	定义
1	电池正极电压
2	未使用
3	附件唤醒串行数据 2
4	CAN 总线低速 2 串行数据
5	CAN 总线高速 2 串行数据
6	高速 GMLAN 串行数据（-）1
7	高速 GMLAN 串行数据（+）1
8	高电压故障信号
9	运行/起动点火 1 电压
10	高压能量管理通信控制
11	搭铁
12、13	未使用
14	高速 GMLAN 串行数据（-）1
15	高速 GMLAN 串行数据（+）1
16	未使用

二、充电系统

1. 系统说明

高压电池充电系统由四个主要部件组成：

1）车下充电设备：高压电池充电器电缆，通常称为旅行线组件；可选，用于220V充电站。
2）高压电池充电器插座。
3）高压电池充电器。
4）高压电池组。

高压电池充电器是一个可维修总成，包含多个微处理器和两个独立的高压充电器。高压电池充电器安装在车辆下方、高压电池组之下。DEX-COOL©冷却液用于确保充电器温度不会超过设计的最高工作温度。高压电池充电器以及14V电源模块和驱动电机/发电机电源逆变器模块，均通过电源电子装置的冷却回路（独立于其他冷却系统）进行冷却。

2. 系统电路

高压电池充电系统电路如图16-4、图16-5所示。

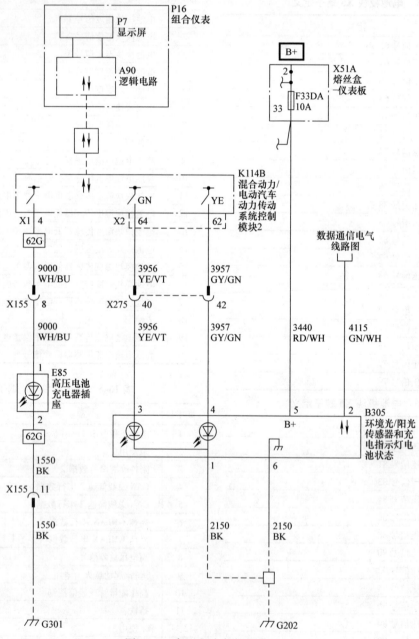

图16-4 高压电池充电电路（一）

第十六章　通用别克 VELITE 5 型 PHEV 汽车

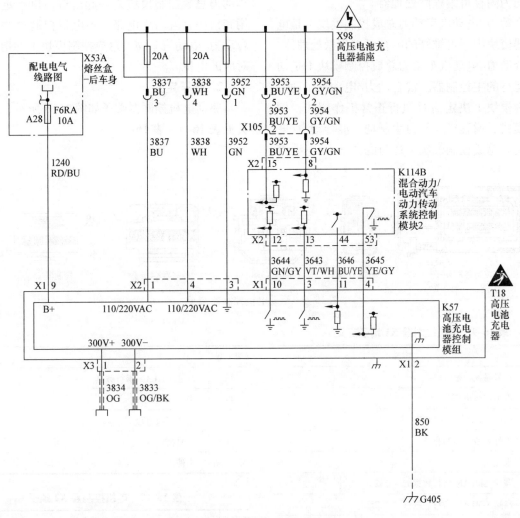

图 16-5　高压电池充电电路（二）

第二节　动力驱动系统

一、电机驱动系统

1. 系统介绍

驱动电机电源逆变器模块（通常简称为电源逆变器模块）将高压直流电（DC）电能转换为三相交流电（AC）电能。该模块直接安装在变速器上，并通过一个独立于发动机冷却系统以外的冷却系统完成冷却。混合动力冷却系统使用车辆前部的热交换器和电动泵循环冷却液。

电源逆变器模块连接至高压电池组的正、负极端子。高压电池的正负两极都通过一个规定的电阻值与车辆底盘电绝缘。各高压直流总线通过高压电池组中的一个高压、高电流接触器继电器进行开关操作。所有高电压直流负极和正极直流电缆均单独屏蔽，并采用橙色线色，以警告技术人员可能存在高电压。

变速器内的两个三相电机通过环形端子和交流电连接器杆直接连接到电源逆变器模块。单个屏蔽电缆将辅助变速器油泵连接至电源逆变器模块。该电缆包含三根单独的导线，连接到辅助变速器油泵电机的三相上。电缆为橙色，以警告技术人员可能存在高压。

电源逆变器模块包含三个电机控制模块和混合动力/电动汽车动力总成控制模块 1。其中两个电机控制模块根据电源逆变器模块的指令运行各自的驱动电机。第三个电机控制模块控制辅助变速器油泵。混合动力/电动汽车动力总成控制模块 1 和电机控制模块共用电源逆变器模块点火电压电路、12V 蓄电池电压电路和底盘搭铁。所有四个模块均为闪存可编程微处理器。

混合动力/电动汽车动力总成控制模块1是电源逆变器模块中不可维修的闪存可编程微处理器。

混合动力/电动汽车动力总成控制模块1是动力总成运行的主控制器。混合动力/电动汽车动力总成控制模块1决定何时执行正常工作模式，例如电动模式、增程模式和再生制动。混合动力/电动汽车动力总成控制模块1还与混合动力/电动汽车动力总成控制模块2一起运行，以确定何时启用和禁用直流高压电路。各电机控制模块根据混合动力/电动汽车动力总成控制模块1的指令运行对应的电机。

2. 端子定义

驱动电机控制器端子如图16-6所示，端子定义见表16-9~表16-13。

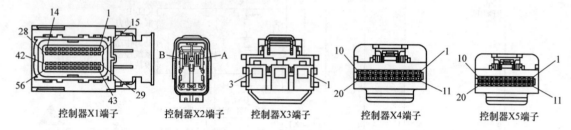

图16-6 驱动电机控制器端子

表16-9 电机控制器X1端子定义

端子号	定义
1	信号搭铁
2	电池正极电压
3	运行/起动点火1电压
4	附件唤醒串行数据2
5	未使用
6	高速GMLAN串行数据（+）2
7	高速GMLAN串行数据（-）2
8	高速GMLAN串行数据（+）2
9	高速GMLAN串行数据（-）2
10~19	未使用
20	高速GMLAN串行数据（+）2
21	高速GMLAN串行数据（-）2
22~28	未使用
29	曲轴位置传感器复制信号
30	未使用
31	高速GMLAN串行数据（+）1
32	高速GMLAN串行数据（-）1
33	高速GMLAN串行数据（+）3
34	高速GMLAN串行数据（-）3
35~44	未使用
45	高速GMLAN串行数据（+）1
46	高速GMLAN串行数据（-）1
47	高速GMLAN串行数据（+）3

（续）

端子号	定义
48	高速GMLAN串行数据（-）3
49	未使用
50	电池正极电压
51	信号搭铁
52~56	未使用

表16-10 电机控制器X2端子

端子号	定义
A	高压电池组牵引电源逆变器模块负极控制
B	高压电池组牵引电源逆变器模块正极控制

表16-11 电机控制器X3端子

端子号	定义
1	MGU相位W控制
2	MGU相位V控制
3	MGU相位U控制

表16-12 电机控制器X4端子

端子号	定义
1~4	未使用
5	变速器牵引电源逆变器模块旋转变压器1S2信号
6	变速器牵引电源逆变器模块旋转变压器1S4信号
7	牵引电源逆变器模块旋转变压器1S1信号

(续)

端子号	定义
8	牵引电源逆变器模块旋转变压器1S3信号
9	牵引电源逆变器模块旋转变压器1励磁信号正极
10	牵引电源逆变器模块牵引电源逆变器模块旋转变压器1励磁负极信号
11	变速器高侧驱动器1信号驱动器
12	离合器A控制
13	离合器B控制
14	变速器高侧驱动器2信号
15	离合器C控制
16	离合器D控制
17	离合器E控制
18	变速器油温度传感器低电平参考电压
19	变速器油温度传感器信号
20	未使用

表16-13 电机控制器X5端子

端子号	定义
1~4	未使用
5	牵引电源逆变器模块旋转变压器2S2信号
6	牵引电源逆变器模块旋转变压器2S4信号
7	牵引电源逆变器模块旋转变压器2S1信号
8	牵引电源逆变器模块旋转变压器2S3信号
9	牵引电源逆变器模块旋转变压器2励磁信号正极
10	变速器牵引电源逆变器模块旋转变压器2励磁信号负极
11	未使用
12	输出轴转速(数字)电平信号
13	变速器输出轴转速传感器电源
14	内部模式开关电源电压A
15	内部模式开关电源电压B
16	变速器内部模式开关(IMS)模式开关R1位信号
17	变速器内部模式开关(IMS)模式开关R2位信号
18	变速器内部模式开关(IMS)模式开关D1位信号
19	变速器内部模式开关(IMS)模式开关D2位信号
20	变速器内部模式开关(IMS)模式开关S位信号

二、变速器

1. 系统说明

5ET50是一个全自动前轮驱动变速驱动桥,包含一个电子控制型连续可变电动变速器。它包含输入轴凸缘、带旋转式摩擦离合器的扭转减振器总成、静止机械式(单向)离合器、一个静止式和一个旋转式摩擦离合器总成、一个液压增压和控制系统、一个电源逆变器(和控制)模块、一个电动液压泵、两个行星齿轮组和两个驱动电机。驱动电机A(1)为48kW,驱动电机/发电机B(2)为87kW。

扭转减振器安装在变速器内部,通过螺栓固定在输入轴凸缘上,包含螺旋弹簧和减振器旁路离合器。扭转减振器的作用类似于弹簧联轴器,将轴功率从发动机平稳地传递至变速器中的输入轴行星齿轮组,并可用作直接机械式联轴器,在发动机起动和发动机熄火期间使用减振器旁通离合器将轴功率从变速器传递至发动机。

电源逆变器模块位于有角顶盖,包含控制电路板、固态开关、电容器和其他电气部件。电源逆变器模块接收和监测驾驶人指令和各个其他电子传感器输入,并使用此类信息改变每个驱动电机的转矩和速度,以指令控制器和发动机的操作。电源逆变器模块通过三个内部接线柱连接两个驱动电机,以传输可变频率、高电压、三相交流电(AC)。电源逆变器模块也通过一个高电压、高功率连接器和电缆总成与高压电池组进行电气连接,以传输直流电(DC)。

液压系统包含高压电动液压泵(由电源逆变器模块高电压电流供电的电机驱动)、换档电磁阀、可变线路压力控制电磁阀和控制线束。所有换档电磁阀和变速器油温度传感器组装成独立的控制电磁阀总成,位于前盖下方。电动液压泵可在发动机起动和熄火时维持离合器的工作压力和控制。

两个行星齿轮组、驱动电机和其他离合器共同提供所有的电动驱动、连续可变的混合传动比和单个固定机械传动比。当车辆以全电动方式工作时,静止机械式离合器将以前进方向将转矩从驱动电机A作用到输出轴,且静止摩擦离合器总成可将转矩从电机/发电机B作用到输出轴。使用发动机时,静止和旋转式摩擦离合器总成由电源逆变器模块使用液压换档电磁阀控制,以从混合传动比的可变下限范围、固定机械传动比和混合传动比的上限范围中选择。

带双电机的混动变速器内部结构如图16-7所示。

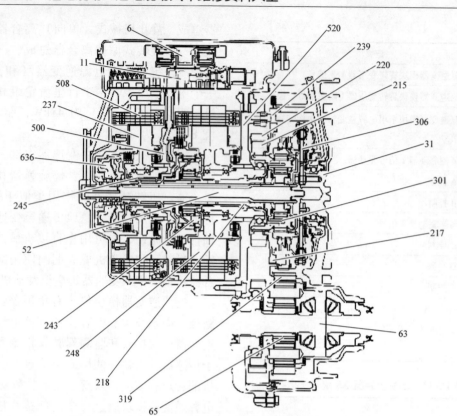

图 16-7 混动变速器剖视图

6—控制电磁阀　11—控制阀　31—输入轴传动法兰　52—输入轴太阳轮轴　63—前差速器支座总成
65—前差速器外壳太阳轮　215—驱动链轮　217—驻车齿轮　218—输入轴托架　220—传动杆　237—驱动电机
239—自动变速器输出轴转速传感器　243—输出托架总成　245—输出托架齿轮　248—驱动电机　301—输入轴内齿轮
306—自动变速器扭转减振器　319—前差速器齿圈　500—驱动电机支架　508—驱动电机定子　520—驱动电机支架
636—可变高速离合器壳体

2. 系统电路

变速器控制系统电路如图 16-8、图 16-9 所示。

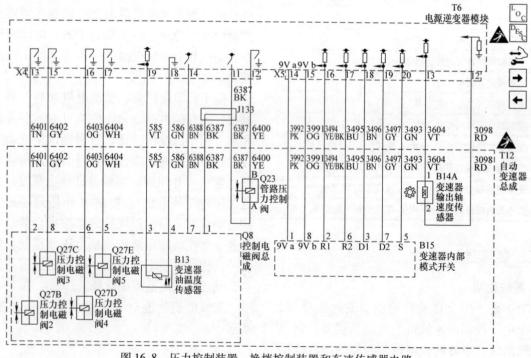

图 16-8　压力控制装置、换档控制装置和车速传感器电路

第十六章　通用别克 VELITE 5 型 PHEV 汽车

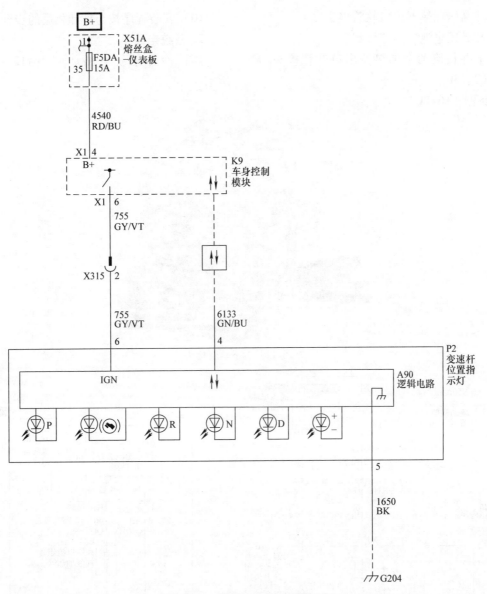

图 16-9　变速杆位置指示器电路

第三节　温度管理系统

一、高压冷却系统

1. 部件更换

高压电池加热器更换步骤如下：

1) 拆卸高压电池盖。
2) 拆卸高压电池自动断路继电器。
3) 断开电气连接器（1，6）。
4) 拆下高压电池加热器搭铁电缆螺栓（5）。
5) 将高压电池加热器搭铁电缆（4）挂在旁边。
6) 使用油性笔在高压电池加热器（2）和驱动电机电池接线盒继电器（3）上做出配合标记，以确保安装期间能够正确地重新对准。

以上参见图 16-10。

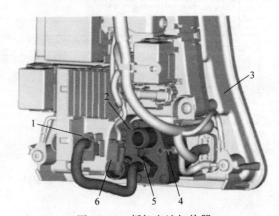

图 16-10　拆卸电池加热器

7）拆卸高压加热器出口软管接头（4）。

8）拆卸高压电池加热器（1）。

9）拆下并报废两个加热器出口软管接头 O 形密封圈（2、3）。

以上参见图 16-11。

10）安装程序按与拆卸相反的步骤操作。

2. 系统电路

高压冷却系统电路如图 16-12 ~ 图 16-15 所示。

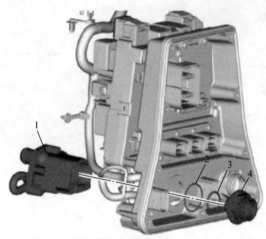

图 16-11　拆下软管接头

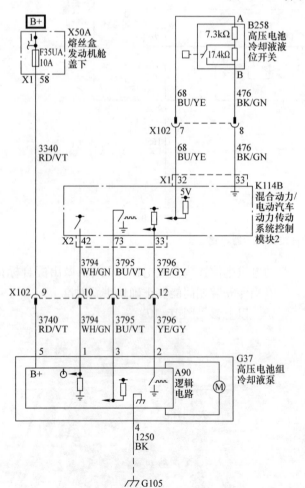
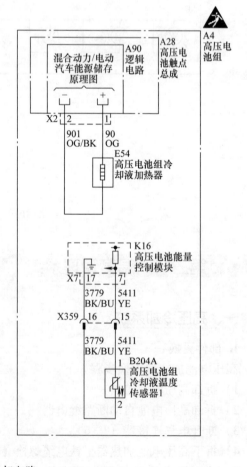

图 16-12　高压电池冷却电路

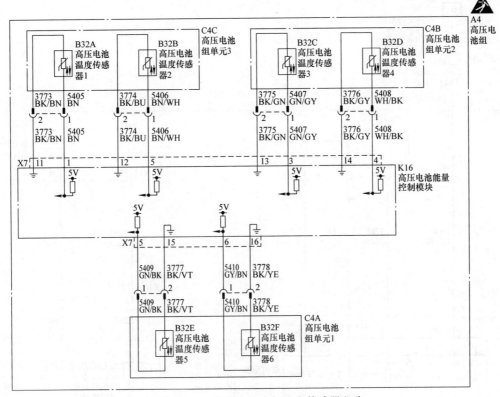

图 16-13 高压电池内部温度传感器电路

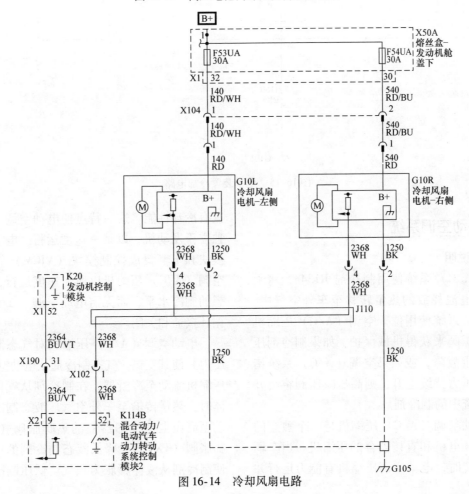

图 16-14 冷却风扇电路

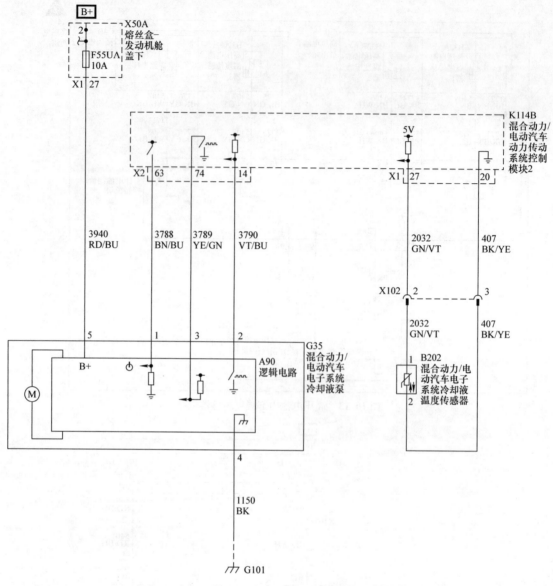

图 16-15 电子装置冷却电路

二、自动空调系统

1. 系统说明

空调（A/C）系统使用制冷剂 R134a，将乘客舱和高压电池释放的热量转移至车外空气中。空调（A/C）系统使用位于空调（A/C）压缩机上的高压减压阀来获得机械保护。如果制冷剂压力传感器发生故障，或如果空调（A/C）系统堵塞且制冷剂压力持续上升，则高压减压阀将会开启并释放系统中的制冷剂。

高压电动空调（A/C）压缩机是一个独立的高压逆变器、电机和直接耦合的压缩机。当车辆发动机未运转时，电动空调压缩机有能力运行并具有冷却性能。这一特点使电动空调压缩机可以独立于发动机，以某一速度运行。电子温度控制模块和车辆集成控制模块（VICM）将指令电动空调（A/C）压缩机以所需速度运行，以保持理想的制冷水平，而无需电动空调（A/C）压缩机循环接通和关闭。

电动空调（A/C）压缩机对气态制冷剂施加压力并使其变热。气态制冷剂从电动空调（A/C）压缩机流动至冷凝器，在制冷剂从气体凝结成液体时，热量传输至车外空气。液态制冷剂然后流动至高压电池冷却器上的热膨胀阀（TXV）。热膨胀阀（TXV）会降低液态制冷剂的压力，从而使制冷剂从液体膨胀为蒸气。低压制冷剂蒸气流入高压电池冷却器并开始沸腾,随着制冷剂从同样流入高压电池冷却器内的高压电池冷却液中吸收热量,制冷剂将会变为气体。高压电池冷却液和制冷剂由高压电池冷却器内的几块板分开。液态制冷剂也会流至蒸发器上的另一个热膨胀阀(TXV)。低压制冷剂蒸气从热膨胀阀(TXV)流入蒸发器并开始沸腾,随着制冷剂从流过蒸发器外部的乘客舱空气中吸收热量,制冷剂将会变为气体。乘客舱空气中的湿气会在蒸发器外部凝结成水并向下流到暖风、通风与空调系统(HVAC)模块的底部,这些水会通过排水软管排放到乘客舱外部。低压制冷剂气体然后会从高压电池冷却器和蒸发器流回到电动空调(A/C)压缩机处,如此循环。

2. 系统电路

空调压缩机控制电路如图 16-16 所示,加热器控制电路如图 16-17 所示。

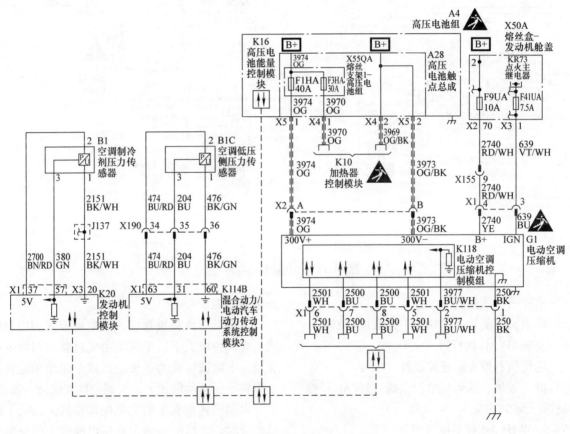

图 16-16 空调压缩机控制电路

3. 系统校准

当更换暖风、通风与空调系统执行器时,可能需要暖风、通风与空调系统控制模块执行校准程序。当安装暖风、通风与空调系统执行器时,确保执行以下步骤中的一个。

(1)首选方法(使用故障诊断仪)

注意:当 HVAC 控制模块自校准时,切勿调整 HVAC 控制模块上的任何控制装置。若被中断,则会导致 HVAC 性能不良。

1)清除所有故障码。

2)将点火开关置于"OFF(关闭)"位置。

3)安装 HVAC 执行器。

4)连接所有原先断开的部件。

5)起动车辆。

6)使用故障诊断仪启动"遥控加热器和空调控制模块特殊功能"菜单的"暖风、通风与空调系统(HVAC)执行器"重新校准功能。

7)确认没有当前故障码。

(2)替代方法(不使用故障诊断仪)

注意:当 HVAC 控制模块自校准时,切勿调整 HVAC 控制模块上的任何控制装置。若被中断,则会导致 HVAC 性能不良。

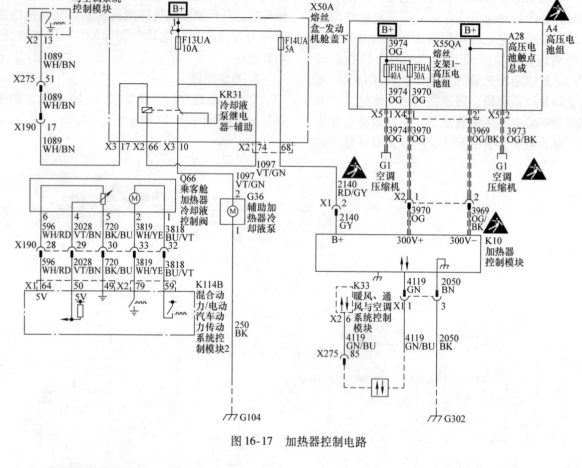

图 16-17 加热器控制电路

1）清除所有故障码。
2）将点火开关置于"OFF（关闭）"位置。
3）安装 HVAC 执行器。
4）连接所有原先断开的部件。
5）拆下暖风、通风与空调系统（HVAC）控制模块熔丝至少 10 s。
6）安装 HVAC 控制模块熔丝。
7）车辆处于维修模式。
8）等待 40 s 使暖风、通风与空调系统（HVAC）控制模块自校准。
9）确认没有当前故障码。

第四节 整车电控系统

一、混合动力控制系统

1. 系统说明

本车是增程型电动车。它始终使用电动驱动系统来驱动车辆。电能是车辆的主要能源，汽油是辅助能源。

车辆具有两种操作模式－电动模式和增程模式。在两种模式下，车辆均由变速器内部的电机驱动。电能被转换为机械能，以便驱动车轮和推动车辆。在两种模式下，车辆的性能保持一致。

电动模式是本车的主要操作模式。当处于电动模式时，车辆由存储在高压电池组中的电能供电。在该模式下，车辆可运行多达 40~80km，直到高压电池的充电状态过低。

当车辆达到其电力续驶里程的终点时，将切换至增程模式。在此模式下，电力由驱动电机产生，该电机由内燃机（ICE）驱动。这一辅助电源延长了车辆的续驶里程。在增程模式，操作将继续，直到可将车辆插上插头以接通电源，以对高压电池组重新充电并恢复电动模式。

高压电池组将继续提供部分电源，并与内燃机（ICE）一起工作，以在需要时提供峰值性能，例如驶上陡坡或快速加速期间。在增程模式下，高压电池组将不会进行充电。

2. 端子定义

混合动力控制模块端子如图 16-18 所示，端子定义见表 16-14、表 16-15。

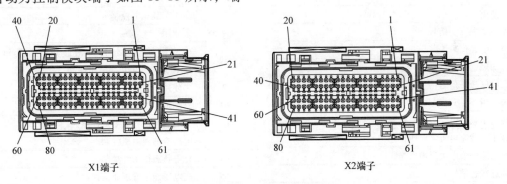

图 16-18 混合动力控制模块端子

表 16-14 混合动力控制模块 X1 端子定义 （续）

端子号	定义	端子号	定义
1	搭铁	49	传感器低电平参考电压
2	12V 蓄电池正极电压	50	冷却液阀位置传感器信号
3	高压电池 3（+）继电器控制	51	燃油加注口门状态信号
4	—	52	发动机舱盖状态 A 信号
5	未使用	53	未使用
6	高压电池（-）继电器控制	54	高速 GMLAN 串行数据（+）3
7	未使用	55	高速 GMLAN 串行数据（-）3
8	预充电继电器脉宽调制信号	56	未使用
9	高压电池 1（+）继电器控制	57	CAN 总线高速 2 串行数据
10	辅助加热器控制	58	CAN 总线低速 2 串行数据
11～16	未使用	59	未使用
17	高速 GMLAN 串行数据（+）1	60	传感器低电平参考电压
18	高速 GMLAN 串行数据（-）1	61、62	未使用
19	高速 GMLAN 串行数据（+）1	63	5V 参考电压
20	传感器低电平参考电压	64	5V 参考电压
21～25	未使用	65～69	未使用
26	车外环境空气温度传感器信号	70	加油口盖释放开关信号
27	冷却液温度传感器信号	71	未使用
28～30	未使用	72	燃油加注口门打开信号
31	空调低压传感器信号	73	未使用
32	冷却液液位过低指示灯控制	74	高速 GMLAN 串行数据（+）3
33	传感器低电平参考电压	75	高速 GMLAN 串行数据（-）3
34～36	未使用	76	未使用
37	高速 GMLAN 串行数据（+）1	77	CAN 总线高速 2 串行数据
38	高速 GMLAN 串行数据（-）1	78	CAN 总线低速 2 串行数据
39	高速 GMLAN 串行数据（-）1	79、80	未使用
40	车外环境温度传感器低电平参考电压		
41～44	未使用		
45	高压互锁回路低电平参考电压 1		
46	未使用		
47	高压互锁回路信号 1		
48	未使用		

表 16-15 混合动力控制模块 X2 端子定义 （续）

端子号	定义
1~6	未使用
7	加油请求开关信号
8	控制引导信号 1
9	冷却风扇转速信号
10	高电压故障信号
11	未使用
12	高压车载充电交流电压传感信号
13	高压车载充电直流电压传感信号
14	电动冷却液电机反馈信号
15	邻近状态信号 1
16~24	未使用
25	充电端口盖传感器信号
26	未使用
27	运行/起动点火 1 电压
28~32	未使用
33	可充电储能系统 1 冷却液电机反馈信号
34~37	未使用
38	低速 GMLAN 串行数据
39~40	未使用
41	燃油加注口门锁止/解锁 1 参考电压
42	可充电储能系统 1 冷却液电机控制
43	附件唤醒串行数据 2
44	高压车载充电启用
45~51	未使用
52	冷却风扇控制信号
53	高压车载充电控制
54~58	未使用
59	可充电储能系统冷却液暖风、通风和空调系统（HVAC）模式电机高电平控制
60	未使用
61	燃油加注口门锁止/解锁 1 信号
62	充电监控信号指示灯控制
63	电动冷却液电机控制
64	充电状态指示灯控制
65	高电压能量管理通信控制
66	未使用
67	附件唤醒串行数据
68~72	未使用
73	可充电储能系统 1 冷却液电机控制
74	电动冷却液电机控制
75~78	未使用
79	可充电储能系统冷却液暖风、通风和空调系统（HVAC）模式电机低电平控制
80	未使用

二、车身控制系统

1. 端子定义

车身控制模块端子如图 16-19 所示，端子定义见表 16-16 ~ 表 16-22。

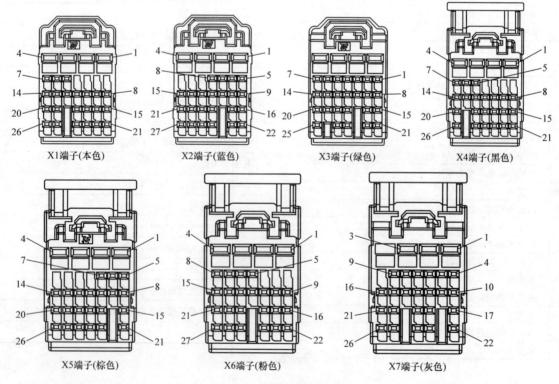

图 16-19 车身控制模块端子

第十六章 通用别克 VELITE 5 型 PHEV 汽车

表 16-16　车身控制模块 X1 端子定义

端子号	定义
1	搭铁
2	高压电池正极电压
3	高压电池正极电压
4	高压电池正极电压
5	指示灯调光控制
6	保持型附件电源继电器线圈控制
7	仪表板灯调光器开关低电平参考电压
8～10	未使用
11	前照灯开关/前照灯熄灭信号控制
12	后雾灯开关信号
13	12V 参考电压
14	车内灯开关信号
15	未使用
16	前照灯开关点亮信号
17	危险警告 LED 调光信号
18	转向柱锁止状态信号
19	制动器接合传感器低电平参考电压
20	点火模式开关起动发光二极管信号
21	未使用
22	前照灯开关/驻车灯信号
23	LED 环境照明控制 1
24	高速 GMLAN 串行数据（－）1
25	高速 GMLAN 串行数据（＋）1
26	遥控功能执行器接收信号

表 16-17　车身控制模块 X2 端子定义

端子号	定义
1	高压电池正极电压
2	搭铁
3	未使用
4	高压电池正极电压
5	车内灯控制
6	未使用
7	制动器接合传感器信号
8	LED 背景灯调光控制
9	仪表板灯调光器开关信号
10～12	未使用
13	制动器接合传感器控制
14	牵引力控制开关信号 1
15	驾驶人侧车门锁开关解锁信号

（续）

端子号	定义
16	未使用
17	点火模式开关模式电压
18	前照灯自动远光调光控制
19	驾驶人侧车门锁开关锁止信号
20	未使用
21	局域互联网串行数据总线 4
22	低速 GMLAN 串行数据
23、24	未使用
25	遥控功能执行器控制
26	危险警告灯开关信号
27	遥控功能执行器传送信号

表 16-18　车身控制模块 X3 端子定义

端子号	定义
1	车辆安全防盗系统低电平参考电压
2	局域互联网串行数据总线 11
3	车辆安全防盗系统控制
4	12V 参考电压
5	附件点火电压
6	运行/起动点火 1 电压
7	未使用
8	自适应巡航控制车距增加/减小开关信号
9	巡航控制设置/滑行/恢复/加速开关信号
10	风窗玻璃刮水器开关低电平参考电压
11	前照灯调光器开关远光信号
12	左前转向信号开关信号
13	风窗玻璃刮水器开关低速信号
14～16	未使用
17	前照灯开关闪光超车信号
18	喇叭开关信号
19	局域互联网串行数据总线 15
20	风窗玻璃刮水器开关高速信号
21～23	未使用
24	右前转向信号开关信号
25	风窗玻璃洗涤器开关信号

表 16-19　车身控制模块 X4 端子定义

端子号	定义
1	右侧前照灯近光控制
2	左侧前照灯近光控制

(续)

端子号	定义
3	右前转向信号灯控制
4	右后转向信号灯控制
5	右侧驻车灯控制
6	左侧驻车灯控制
7	左后制动灯控制
8~10	未使用
11	中央高位制动灯控制
12	未使用
13	后部牌照灯控制
14	风窗玻璃洗涤器继电器控制
15	运行/起动继电器线圈控制
16	风窗玻璃刮水器电机继电器线圈控制
17	未使用
18	电流传感器信号
19	未使用
20	12V蓄电池正极电压
21	电流传感器控制
22	附件唤醒串行数据
23	串行数据通信启用
24	发动机舱盖状态B信号
25	未使用
26	低电平参考电压

表16-20 车身控制模块X5端子定义

端子号	定义
1	左后转向信号灯控制
2	左前转向信号灯控制
3	高压电池正极电压
4	高压电池正极电压
5	左前日间行车灯控制
6	电流传感器低电平参考电压
7	右后制动灯控制
8~10	未使用
11	尾门锁闩继电器线圈控制
12	巡航/ETC/TCC制动信号
13	未使用
14	运行点火3电压
15~17	未使用
18	前照灯远光继电器控制
19	喇叭继电器控制

(续)

端子号	定义
20	未使用
21	顶灯关闭指示灯控制
22~26	未使用

表16-21 车身控制模块X6端子定义

端子号	定义
1	门锁执行器锁止控制2
2	门锁执行器锁止控制
3	搭铁
4	门锁执行器解锁控制
5	举升门微开关信号1
6	乘客侧门锁开关解锁控制
7	后雾灯控制
8	未使用
9	局域互联网串行数据总线2
10	局域互联网串行数据总线3
11、12	未使用
13	乘客侧门锁开关锁止控制
14	未使用
15	后盖把手开关打开信号
16	局域互联网串行数据总线1
17~21	未使用
22	运动模式开关信号
23	未使用
24	高速GMLAN串行数据（+）1
25	高速GMLAN串行数据（-）1
26、27	未使用

表16-22 车身控制模块X7端子定义

端子号	定义
1	车内灯控制
2	倒车灯控制
3	意外电源控制
4、5	未使用
6	驻车锁定电磁阀控制
7	行李舱盖灯控制
8	右前日间行车灯控制
9~12	未使用
13	钥匙获取/转向柱锁止换档位置信号
14	按钮起动校验口令激活信号

第十六章 通用别克 VELITE 5 型 PHEV 汽车

（续）

端子号	定义
15~18	未使用
19	门控灯开关信号
20~21	未使用
22	仪表板灯调光控制
23	低速 GMLAN 串行数据
24~26	未使用

2. 系统编程

（1）更换和编程控制模块

要对更换的 K9 车身控制模块（BCM）进行编程，则执行以下程序。

1）安装 EL-49642 维修编程系统（SPS）编程支持工具。

注意：确保车辆的点火开关状态处于下列位置：

- 对于钥匙点火系统，开始时点火开关处于"RUN（运行）"位置。
- 对于按钮起动系统，开始时车辆处于车辆 OFF（关闭）电源模式。维修编程系统将使车辆进入电源模式。

2）进入维修编程系统（SPS），并按屏幕上的说明进行操作。

3）在"SPS Supported Controllers（维修编程系统支持的控制器）"屏幕上，选择"K9 Body Control Module - Programming（K9 车身控制模块-编程）"，并按屏幕上的说明进行操作。

4）在进行下一个操作步骤前，针对相应点火类型执行以下操作：

① 钥匙点火系统：钥匙插入点火开关，且任何备用钥匙均须远离车辆至少 3m。

② 按钮起动系统：无钥匙进入发射器必须位于编程区内。关于编程区的位置，请参见用户手册。同时，所有其他发射器必须远离车辆至少 3m。

注意：以下编程设置程序可能需要 10~12min，在此过程中进程条将停止显示进程。这是安全计时器的正常反应，此时不得进行重启。如果车身控制模块（BCM）更换和编程后立即设置故障码 B389A，则安全防盗系统读入程序未正常完成。需要再次执行安全防盗系统读入程序。

5）在"SPS Supported Controllers（维修编程系统支持的控制器）"屏幕上，选择"Z1 Immobilizer Learn（Z1 安全防盗系统读入）"。在下一个屏幕上，用已有的无线电频率收发器或遥控钥匙选择 Body Control Module IMMO Learn［车身控制模块（IMMO）读入］，并按屏幕说明进行操作。当安全防盗系统读入完成后，按下无钥匙进入发射器上的 Unlock（解锁）按钮使遥控门锁发射器退出安全防盗系统读入模式。

注意：当在车身控制模块（BCM）设置期间执行"轮胎气压监测器传感器读入"时，对于带 UJM 的车辆，必须使用 EL-46079 轮胎气压监测器诊断工具激活每个轮胎气压传感器。

- 对于钥匙点火系统，开始时点火开关处于"RUN（运行）"位置。
- 对于按钮起动系统，开始时车辆处于车辆"ON（打开）"电源模式。

6）在"SPS Supported Controllers（维修编程系统支持的控制器）"屏幕上，选择"K9 Body Control Module - Setup（K9 车身控制模块-设置）"［或"K9 Body Control Module - Configuration & Setup（K9 车身控制模块-配置）"］，并按屏幕上的说明进行操作。

7）检查驾驶人信息中心显示屏是否显示与校准说明有关的详细附加信息。如果不再出现驾驶人信息中心附加说明，则编程完成。

8）在编程结束后，选择维修编程系统屏幕上的"Clear DTCs（清除故障码）"功能。

9）如果在执行车身控制模块（BCM）的编程和设置后，防抱死制动系统（ABS）、牵引力控制系统和/或 Stabilitrak 电子稳定性控制系统指示灯点亮，且 K17 电子制动控制模块中设置了故障码 C0161，则执行以下操作：

① 将故障诊断仪从 X84 数据链路连接器上断开。

② 将点火开关置于"OFF（关闭）"位置/将车辆熄火，关闭所有检修盖，关闭所有车辆系统，至少 3min 后再使用车辆的所有钥匙。断电可能需要 2min 时间。

③ 将点火开关置于"ON（打开）"位置/车辆处于维修模式，确认故障码 C0161 只存在于历史故障码中。否则，则重复上述步骤，以确保车辆处于休眠模式。

④ 使用故障诊断仪清除故障码。

（2）重新编程控制模块

要对现有的 K9 车身控制模块进行编程，则执行以下程序：

1）安装 EL-49642 维修编程系统（SPS）编程支持工具。

注意：确保车辆的点火开关状态处于下列位置。

- 对于钥匙点火系统，开始时点火开关处于"RUN（运行）"位置。
- 对于按钮起动系统，开始时车辆处于车辆"ON（打开）"电源模式。

2）进入维修编程系统（SPS），并按屏幕上的说明进行操作。

3）在"SPS Supported Controllers（维修编程系统支持的控制器）"屏幕上，选择"K9 Body Control Module - Programming（K9 车身控制模块 - 编程）"，并按屏幕上的说明进行操作。

注意：当在车身控制模块（BCM）设置期间执行"轮胎气压监测器传感器读入"时，对于带 UJM 的车辆，必须使用 EL-46079 轮胎气压监测器诊断工具激活每个轮胎气压传感器。

4）在"SPS Supported Controllers（维修编程系统支持的控制器）"屏幕上，选择"K9 Body Control Module - Setup（K9 车身控制模块 - 设置）"[或"K9 Body Control Module - Configuration & Setup（K9 车身控制模块 - 配置）"]，并按屏幕上的说明进行操作。

5）检查驾驶人信息中心显示屏是否显示与校准说明有关的详细附加信息。如果不再出现驾驶人信息中心附加说明，则编程完成。

6）在编程结束后，选择维修编程系统屏幕上的"Clear DTCs（清除故障码）"功能。

7）如果在执行车身控制模块（BCM）的编程和设置后，防抱死制动系统（ABS）、牵引力控制系统和/或 Stabilitrak 电子稳定性控制系统指示灯点亮，且 K17 电子制动控制模块中设置了故障码 C0161，则执行以下操作：

① 将故障诊断仪从 X84 数据链路连接器上断开。

② 将点火开关置于"OFF（关闭）"位置/将车辆熄火，关闭所有检修盖，关闭所有车辆系统，至少 3min 后再使用车辆的所有钥匙。断电可能需要 2min 时间。

③ 将点火开关置于"ON（打开）"位置/车辆处于维修模式，确认故障码 C0161 只存在于历史故障码中。否则，则重复上述步骤，以确保车辆处于休眠模式。

④ 使用故障诊断仪清除故障码。

（3）编程恢复不成功

如果编程操作中断或失败，则执行以下步骤：

1）将点火开关置于"ON（打开）"位置/将车辆置于维修模式。确保控制模块、数据链路连接器和编程工具连接牢靠，且维修编程系统软件是最新版本。

2）确认控制模块能够重新编程。

3）如果控制模块无法重新编程：

① 将点火开关置于"OFF（关闭）"位置/将车辆熄火 1min，再将点火开关置于"ON（打开）"位置/车辆处于维修模式。

② 确认控制模块能够重新编程。

③ 如果控制模块无法重新编程，则更换控制模块。

④ 如果控制模块能够重新编程则一切正常。

第十七章 丰田卡罗拉-雷凌HEV汽车

第一节 高压电源系统

一、高压电池系统

1. 技术参数

技术参数见表17-1。

表17-1 技术参数

项目		规格
类型		镍氢（Ni+MH）蓄电池
单格数量		168个单格（6个单格×28个模块）
标称电压	V	201.6
高压电池容量(3HR)	A·h	6.5
高压电池冷却鼓风机总成	电动机类型	无刷
	风扇类型	冷却风扇
	空气流量 m³/h	138

2. 系统说明

HV高压电池总成主要包括电池模块、HV高压电池温度传感器、HV高压电池进气温度传感器、高压电池接线盒总成、高压电池冷却鼓风机总成、高压电池智能单元（高压电池电压传感器）和维修塞把手，内部部件分布如图17-1所示。

HV高压电池采用塑料容器型单格。实现了大功率密度、轻量化结构和长使用寿命。

采用高压电池冷却鼓风机总成作为专用冷却系统，确保了HV高压电池的正常工作，从而不受其在反复充电和放电循环过程中产生的大量热量的影响。

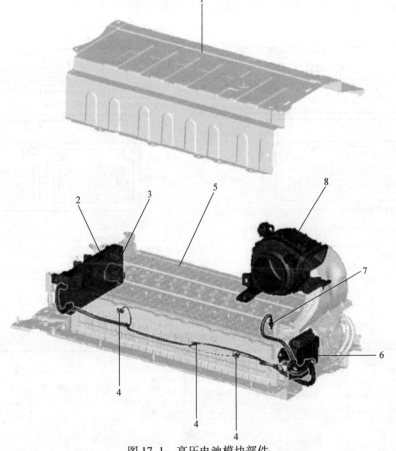

图17-1 高压电池模块部件

1—HV高压电池上盖 2—高压电池接线盒总成 3—维修塞把手 4—HV高压电池温度传感器 5—高压电池模块
6—高压电池智能单元（高压电池电压传感器） 7—HV高压电池进气温度传感器 8—HV高压电池冷却鼓风机总成

HV 高压电池由 28 个单独的电池模块组成,其通过两个母线模块互相串联在一起,见图 17-2。每个电池模块由 6 个单格组成,HV 高压电池总共有 168 个单格(6 个单格 ×28 个模块)实现了 201.6V(1.2V×168 单格)的标称电压。

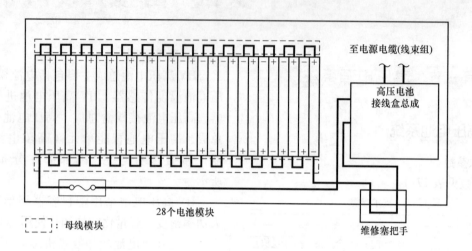

图 17-2 高压电池组成模式

3. 端子定义

2014 款起丰田卡罗拉 - 雷凌双擎 HEV 高压电池控制器端子如图 17-3 所示,端子定义与检测数据见表 17-2。

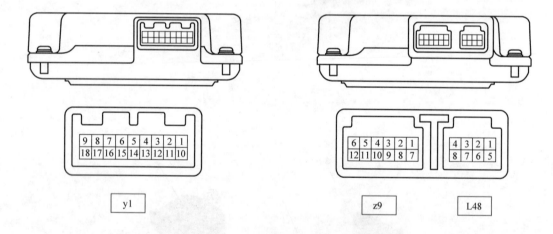

图 17-3 丰田卡罗拉 - 雷凌双擎 HEV 高压电池控制器端子

表 17-2 HEV 高压电池控制器端子定义与检测数据

端子编号(符号)	线色	输入/输出	端子描述	条件	规定状态
z9 -1(TC0) - z9 -7(GC0)	G - G	IN	进气温度传感器	HV 高压电池温度:-40~90℃	4.8(-40℃)~ 1.0V(90℃)
z9 -2(TB2) - z9 -8(GB2)	R - R	IN	高压电池温度传感器 2	HV 高压电池温度:-40~90℃	4.8(-40℃)~ 1.0V(90℃)

（续）

端子编号（符号）	线色	输入/输出	端子描述	条件	规定状态
z9-3(TB1)-z9-9(GB1)	W-W	IN	高压电池温度传感器1	HV高压电池温度：-40~90℃	4.8（-40℃）~ 1.0V（90℃）
z9-4(TB0)-z9-10(GB0)	L-L	IN	高压电池温度传感器0	HV高压电池温度：-40~90℃	4.8（-40℃）~ 1.0V（90℃）
z9-5(IB0)-z9-12(GIB)	Y-B	IN	电流传感器	电源开关ON（READY）	0.5~4.5V
z9-6(VIB)-z9-12(GIB)	BR-B	OUT	高压电池电流传感器电源	电源开关ON（IG）	4.5~5.5V
L48-1(IGCT)-L48-5(GND)	L-BR	IN	控制信号	电源开关ON(READY)	11~14V
L48-2(BTH+)-L48-5(GND)	R-BR	OUT	串行通信	电源开关ON（IG）	产生脉冲
L48-3(BTH-)-L48-5(GND)	G-BR	OUT	串行通信	电源开关ON（IG）	产生脉冲
L48-5(GND)-车身搭铁	BR	-	搭铁	始终（导通性检查）	小于1Ω
L48-8(FP0)-L48-5(GND)	B-BR	IN	高压电池0号冷却鼓风机监视信号	冷却鼓风机停止	0Hz
				冷却鼓风机激活	产生脉冲

4. 系统电路

高压电池控制系统电路如图17-4所示。

二、高压部件与电缆

1. 部件位置

卡罗拉-雷凌HEV车型混合动力系统部件如图17-5~图17-8所示。

2. 电缆分布

高压电缆（线束）是一组高电压、大电流的电缆，用于连接HV高压电池总成与带变换器的逆变器总成、带变换器的逆变器总成与MG1和MG2，以及逆变器总成与电动压缩机总成。高压电缆为减少电磁干扰，都采用屏蔽电缆制成，为便于辨认，高压线束与连接器均采用橙色标记。图17-9所示为电缆分布图。

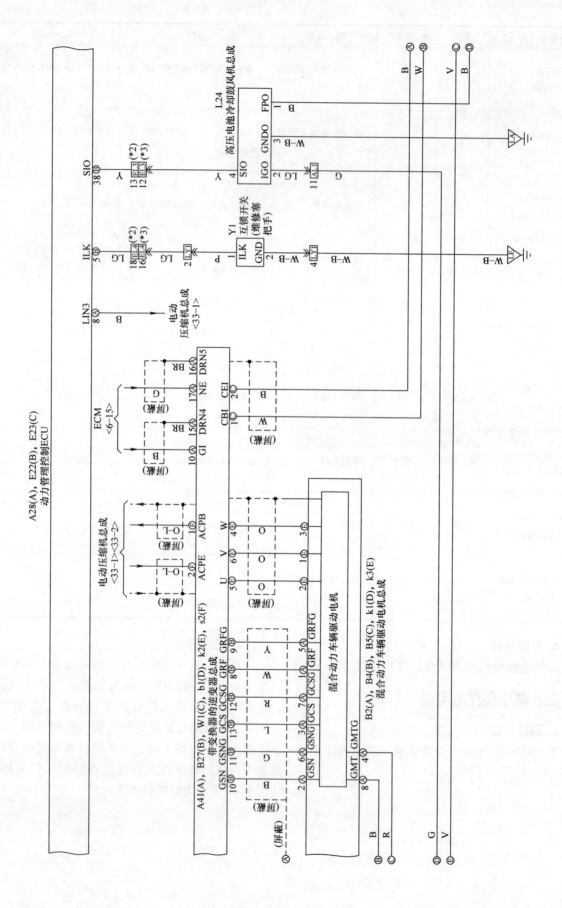

第十七章 丰田卡罗拉-雷凌HEV汽车

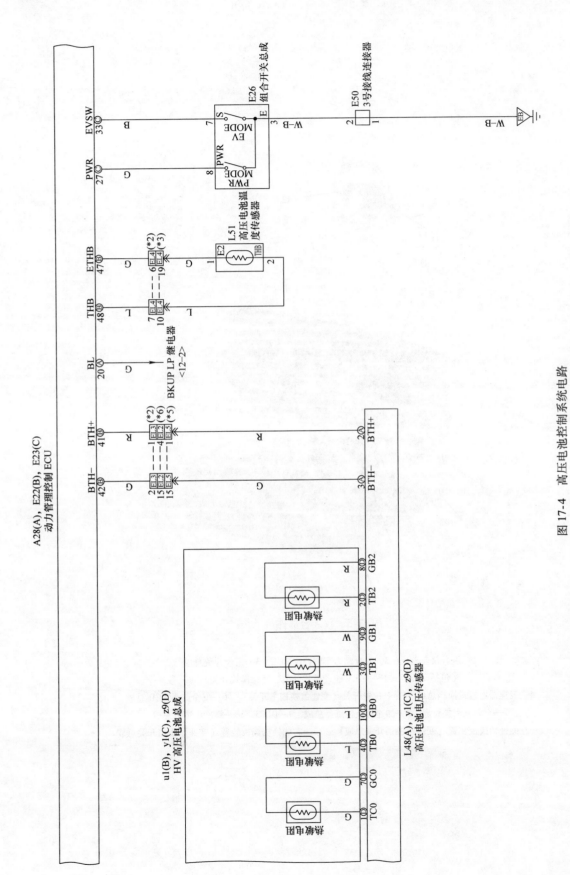

图17-4 高压电池控制系统电路

*2：2016年7月之前生产；*3：2016年7月之后生产；*5：2017年4月之后生产；*6：2016年7月至2017年4月生产

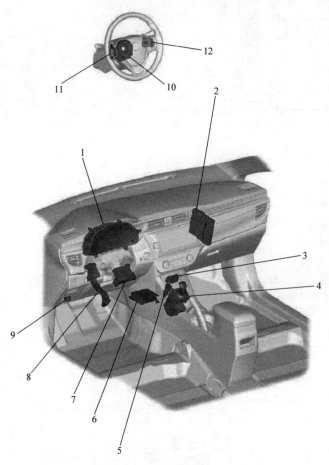

图17-5 仪表台部件

1—组合仪表总成 2—混合动力车辆控制ECU 3—组合开关总成
（包括动力模式开关、EV驱动模式开关、环保模式开关）
4—变速器地板式换档总成 5—P位置开关（变速器换档主开关） 6—安全气囊ECU总成
7—空调放大器总成 8—加速踏板传感器总成 9—DLC3 10—螺旋电缆分总成
11—左侧换档拨板装置（变速器换档开关总成） 12—右侧换档拨板装置（变速器换档开关总成）

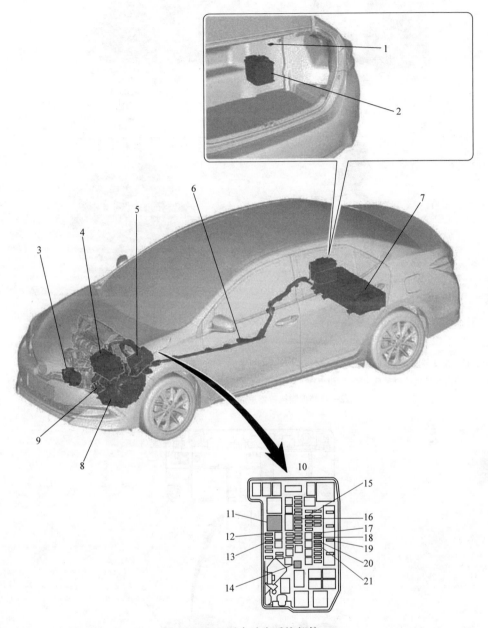

图 17-6 混合动力系统部件
1—热敏电阻总成 2—辅助蓄电池 3—电动压缩机总成 4—带变换器的逆变器总成
5—ECM 6—HV 地板底部线束 7—HV 高压电池 8—混合动力车辆传动桥总成 9—逆变器水泵总成
10—发动机室 1 号继电器盒和 1 号接线盒总成 11—IGCT 继电器 12—BATT - FAN 熔丝
13—1 号 ECU - IG2 熔丝 14—DC/DC 熔丝 15—IGCT - MAIN 熔丝 16—2 号 ECU - B 熔丝
17—2 号 IGCT 熔丝 18—INVW/PMP 熔丝 19—IG2 熔丝 20—PCU 熔丝 21—PM - IGCT 熔丝

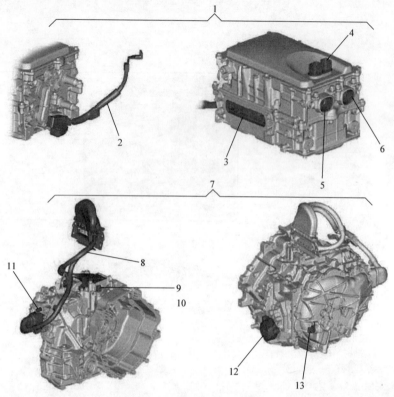

图 17-7 动力驱动系统部件

1—带变换器的逆变器总成 2—发动机室 2 号线束 3—电机电缆连接 4—低压连接器 5—高压输入 6—空调线束连接 7—混合动力车辆传动桥总成 8—电机电缆 9—发电机解析器 10—发电机温度传感器 11—电动机温度传感器 12—换档控制执行器总成 13—电动机解析器

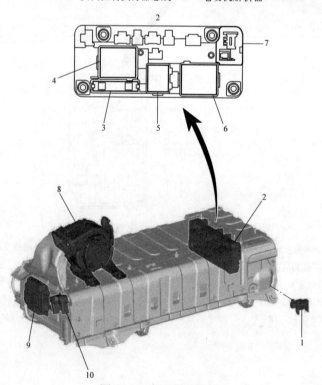

图 17-8 高压电池部件

1—维修塞把手 2—HV 高压电池接线盒总成 3—系统主电阻器 4—SMRG 5—SMRP 6—SMRB 7—电流传感器 8—高压电池冷却鼓风机总成 9—高压电池电压传感器 10—高压电池端子盒

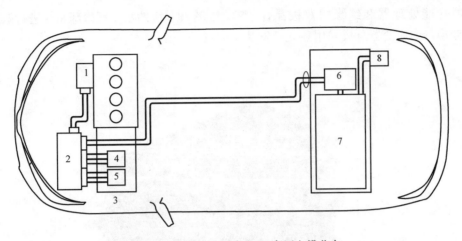

图17-9 卡罗拉-雷凌HEV高压电缆分布

1—电动压缩机总成 2—带变换器的逆变器总成 3—混合动力车辆传动桥总成 4—MG1 5—MG2
6—高压电池接线盒总成 7—HV高压电池总成 8—维修塞把手

第二节 动力驱动系统

一、驱动电机

1. 技术参数

技术参数见表17-3。

表17-3 技术参数

项目		规格	
		MG1	MG2
类型		永磁电机	永磁电机
功能		发电、发动机、起动机	发电、驱动车轮
系统最高电压	V	直流650	直流650
最大输出功率	kW	—	53
最大转矩	N·m	—	207
冷却系统		水冷型	风冷型

2. 总成介绍

内置于混合动力车辆传动桥总成中的MG1和MG2为紧凑、轻量化、高效的交流永磁电机。MG1和MG2分别由定子、定子线圈、转子、永久磁铁和解析器组成。驱动电机系统结构见图17-10。

MG1为HV高压电池充电，并提供电能以驱动MG2。此外，MG1调节产生的电量以改变MG1转速，从而有效地控制传动桥的无级变速功能。MG1还可作为起动机以起动发动机。

MG2使用MG1或HV高压电池的电能驱动车轮。此外，减速时MG2作为发电机为HV高压电池充电。

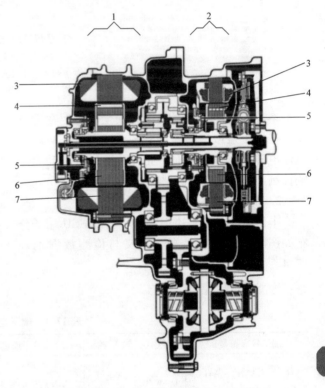

图17-10 驱动电机系统结构

1—MG2 2—MG1 3—定子线圈 4—永久磁铁
5—解析器 6—转子 7—定子

二、电子动力装置

1. 总成介绍

逆变器总成（见图17-11）集成了MG ECU、逆变器、增压转换器和DC/DC变换器。逆变器和增压变换器主要由智能动力模块（IPM）、电抗器和电容器组成。IPM为集成动力模块，包括信号处理器、保护功能处理器和绝缘栅双极晶体管（IGBT）。带变换器的逆变器总成采用独立于发动机冷却系统的水冷型冷却系统进行散热。

图 17-11 逆变器总成
1—增压变换器/逆变器
2—DC/DC 变换器 黑箭头 – HV 冷却液出口 白箭头 – HV 冷却液入口

本车配备了互锁开关作为安全防护，在拆下逆变器端子盖或连接器盖总成，或断开 HV 高压电池电源电缆连接器时，此开关通过混合动力车辆控制 ECU 总成断开系统主继电器。

2. 端子定义

丰田卡罗拉 – 雷凌 HV 驱动电机 ECU 端子分布如图 17-12 所示，端子定义与检测数据见表 17-4。

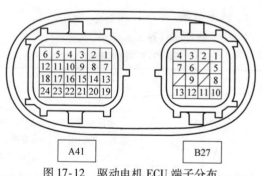

图 17-12 驱动电机 ECU 端子分布

表 17-4 端子定义与检测数据

端子号（符号）	配线颜色	输入/输出	端子描述	条件	标准状态
A41 – 1（CANH）– A41 – 24（GND1）	L – W/B	输入/输出	CAN 通信信号	电源开关 ON（IG）	产生脉冲
A41 – 5（+B2）– A41 – 24（GND1）	G – W/B	输入	发电机控制 ECU（MG ECU）电源	电源开关 ON（IG）	11 ~ 14V
A41 – 6（+B1）– A41 – 24（GND1）	R – W/B	输入	电动机/发电机控制 ECU（MG ECU）电源	电源开关 ON（IG）	11 ~ 14V
A41 – 7（CANL）– A41 – 24（GND1）	SB – W/B	输入/输出	CAN 通信信号	电源开关 ON（IG）	产生脉冲

(续)

端子号（符号）	配线颜色	输入/输出	端子描述	条件	标准状态
A41－10（GI）－A41－24（GND1）	B－W/B	输入	凸轮轴位置传感器信号	电源开关置于 ON（READY）位置，发动机运转	产生脉冲
A41－12（IGCT）－A41－24（GND1）	V－W/B	输入	电动机/发电机控制 ECU（MG ECU）电源	电源开关 ON（IG）	11～14V
A41－17（NE）－A41－24（GND1）	G－W/B	输入	曲轴位置传感器信号	电源开关置于 ON（READY）位置，发动机运转	产生脉冲
A41－19（HMCL）－A41－24（GND1）	W－W/B	输入/输出	通信信号	电源开关 ON（READY）	产生脉冲
A41－20（HMCH）－A41－24（GND1）	B－W/B	输入/输出	通信信号	电源开关 ON（READY）	产生脉冲
A41－22（HSDN）－A41－24（GND1）	G－W/B	输入	MG 切断信号	电源开关 ON（READY）	0～1V
B27－1（MSN）－B27－2（MSNG）	L－R	输入	电动机解析器信号	电动机解析器运行	产生脉冲
B27－3（MCSG）－B27－4（MCS）	Y－W	输入	电动机解析器信号	电动机解析器运行	产生脉冲
B27－5（MRF）－B27－6（MRFG）	B－G	输出	电动机解析器参考信号	电动机解析器运行	产生脉冲
B27－8（GRF）－B27－9（GRFG）	W－Y	输出	发电机解析器参考信号	发电机解析器运行	产生脉冲
B27－10（GSN）－B27－11（GSNG）	B－G	输入	发电机解析器信号	发电机解析器运行	产生脉冲
B27－12（GCSG）－B27－13（GCS）	R－L	输入	发电机解析器信号	发电机解析器运行	产生脉冲

3. 系统电路

2017 款丰田卡罗拉-雷凌 HEV 车型驱动电机系统电路如图 17-13 所示。

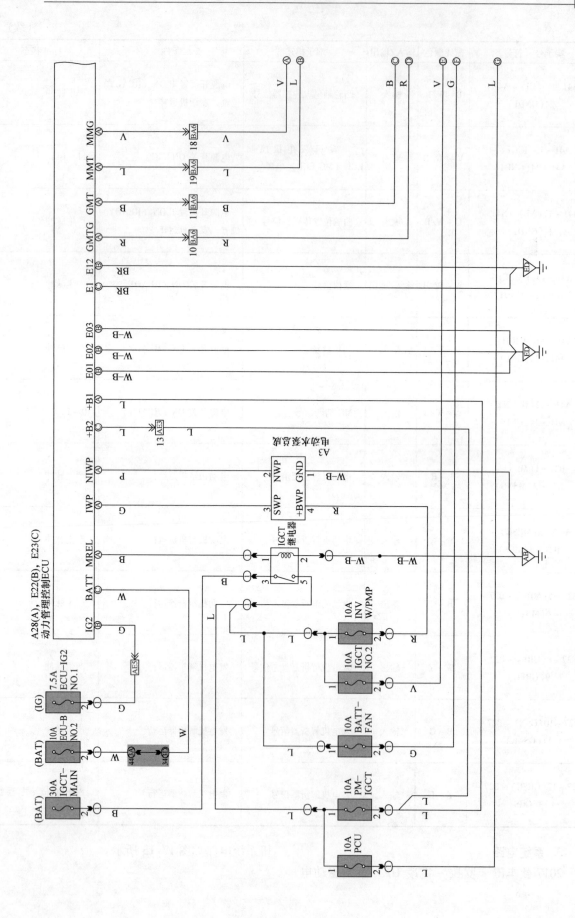

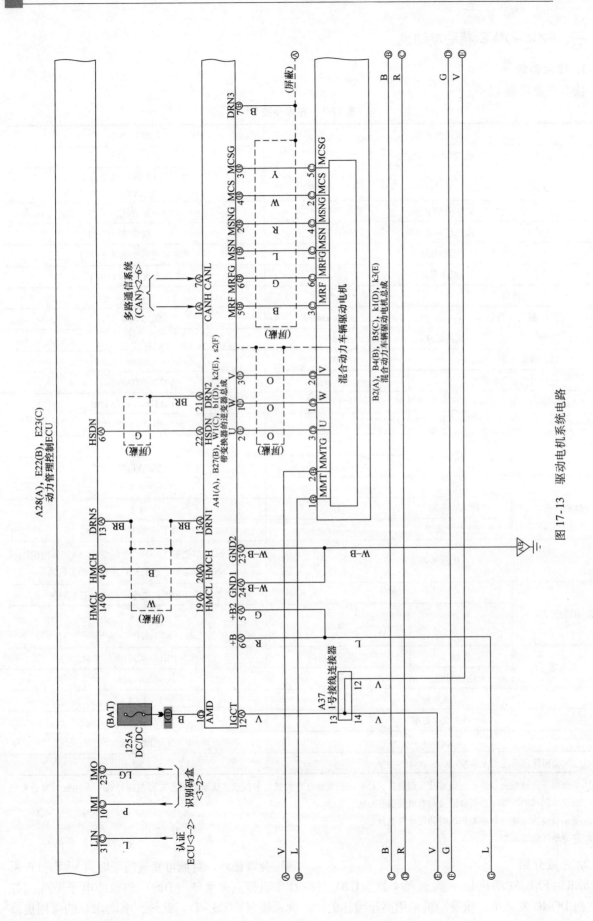

图 17-13　驱动电机系统电路

三、8ZR-FXE 混动发动机

1. 技术参数

技术参数见表 17-5。

表 17-5 技术参数

发动机类型			8ZR-FXE
气缸数和排列形式			4缸、直列
气门机构			16 气门 DOHC、链条传动（带 VVT-i）
燃烧室			屋脊式
进气流和排气流			横流式
燃油系统			顺序多点燃油喷射（SFI）
点火系统			直接点火系统（DIS）
排量		cm^3	1798
缸径×行程		mm×mm	80.5×88.3
压缩比			13.0:1
最大输出功率（EEC）		kW	73（5200r/min）
最大转矩（EEC）		N·m	142（4000r/min）
气门正时	进气	打开	29°ATDC ~ 12°ATDC
		关闭	61°ABDC ~ 102°ABDC
	排气	打开	31°BBDC
		关闭	3°ATDC
机油容量	干	L	4.7
	带机油滤清器	L	4.2
	不带机油滤清器	L	3.9
机油等级			API 级 SL "节能型"、SM "节能型"、SN "节能型"、SN "环保型" 或 ILSAC 多级发动机机油
发动机冷却液	类型		丰田原厂超级长效冷却液或以下类型①
	容量	L	6.3 7.0②
火花塞	类型	电装公司制造	SC16HR11/SC20HR11（铱）
	火花塞间隙	mm	1.0 ~ 1.1
点火顺序			1-3-4-2
研究法辛烷值			92 或更高
排放标准			欧 V+
发动机使用质量③（参考）		kg	90

① 类似的不含硅酸盐、胺、亚硝酸盐及硼酸盐，且采用长效复合有机酸技术制成的优质乙烯乙二醇基冷却液（采用长效复合有机酸技术制成的冷却液由低磷酸盐和有机酸混合而成）。
② 所示数值为注满冷却液和机油时的发动机质量。
③ 寒冷地区规格车型。

2. 总成介绍

8ZR-FXE 发动机是一款直列 4 缸、1.8L、16 气门 DOHC 发动机。该发动机采用高压缩比的阿特金森循环、智能可变气门正时（VVT-i）系统、直接点火系统（DIS）和智能电子节气门控制系统（ETCS-i）。此外，电动水泵的采用提高了暖机性能并减少了冷却损失。

3. 端子定义

8ZR – FXE 发动机 ECM 端子如图 17-14 所示,端子定义及检测数据见表 17-7。

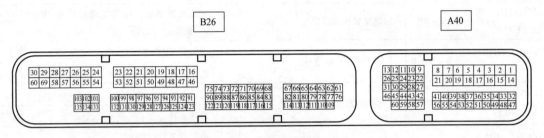

图 17-14　8ZR – FXE 发动机 ECM 端子

表 17-7　8ZR – FXE 发动机 ECM 端子定义与检测数据

端子号（符号）	配线颜色	端子描述	条件	规定状态
A40 – 1（BATT）– B26 – 16（E1）	R – BR	辅助蓄电池（测量辅助蓄电池电压和 ECM 存储器）	电源开关 OFF	11 ~ 16V
A40 – 2（+B）– B26 – 16（E1）	B – BR	ECM 电源	电源开关 ON（IG）	11 ~ 14V
A40 – 3（+B2）– B26 – 16（E1）	B – BR	ECM 电源	电源开关 ON（IG）	11 ~ 14V
B26 – 29（+BM）– B26 – 16（E1）	R – BR	节气门执行器电源	电源开关 OFF	11 ~ 16V
A40 – 37（IGSW）– B26 – 16（E1）	B – BR	电源开关 ON（IG）信号	电源开关 ON（IG）	11 ~ 14V
B26 – 75（OC1 +）– B26 – 74（OC1 –）	B – Y	凸轮轴正时机油控制阀总成工作信号	怠速运转	产生脉冲
A40 – 46（MREL）– B26 – 16（E1）	G – BR	EFI – MAIN 继电器工作信号	电源开关 ON（IG）	11 ~ 14V
B26 – 91（VG）– B26 – 92（E2G）	L – Y	质量空气流量计分总成信号	怠速运转，选择空档（N），空调开关关闭	0.5 ~ 3.0V
B26 – 90（THA）– B26 – 122（ETHA）	L – BR	进气温度传感器信号	怠速运转，进气温度为 20℃（68℉）	0.5 ~ 3.4V
B26 – 93（THW）– B26 – 94（ETHW）	GR – BR	发动机冷却液温度传感器信号	怠速运转，发动机冷却液温度为 80℃	低于 0.5V
B26 – 115（VCTA）– B26 – 116（ETA）	Y – L	节气门位置传感器电源（规定电压）	电源开关 ON（IG）	4.5 ~ 5.5V
B26 – 84（VTA1）– B26 – 116（ETA）	LG – L	节气门位置传感器信号（发动机控制）	完全松开加速踏板	0.5 ~ 1.1V
B2 – 83（VTA2）– B26 – 116（ETA）	B – L	节气门位置传感器信号（传感器故障检测）	完全松开加速踏板	2.1 ~ 3.1V
B26 – 23（HA1A）– B26 – 52（E04）	R – W – B	空燃比传感器加热器工作信号	怠速运转	产生脉冲
			电源开关 ON（IG）	11 ~ 14V
B26 – 133（A1A +）– B26 – 16（E1）	Y – BR	空燃比传感器信号	电源开关 ON（IG）	3.3V
B26 – 134（A1A –）– B26 – 16（E1）	L – BR	空燃比传感器信号	电源开关 ON（IG）	2.9V

(续)

端子号(符号)	配线颜色	端子描述	条件	规定状态
B26－22（HT1B）－B26－52（E04）	L－W－B	加热型氧传感器加热器工作信号	急速运转	低于3.0V
			电源开关ON(IG)	11～14V
B26－103(OX1B)－B26－135(FX1B)	Y－BR	加热型氧传感器信号	发动机暖机后，保持发动机转速2500r/min，保持时间2min	产生脉冲
B26－20(#10)－B26－51(E01)	B－W－B	1号喷油器总成信号	电源开关ON（IG）	11～14V
			急速运转	产生脉冲
B26－17(#20)－B26－51(E01)	Y－W－B	2号喷油器总成信号	电源开关ON(IG)	11～14V
			急速运转	产生脉冲
B26－18(#30)－B26－51(E01)	G－W－B	3号喷油器总成信号	电源开关ON(IG)	11～14V
			急速运转	产生脉冲
B26－19(#40)－B26－51(E01)	W－W－B	4号喷油器总成信号	电源开关ON（IG）	11～14V
			急速运转	产生脉冲
B26－123(KNK1)－B26－124(EKNK)	B－W	爆燃控制传感器信号	发动机暖机后，保持发动机转速2500r/min	产生脉冲
B26－113(VCV1)－B26－16(E1)	W－BR	凸轮轴位置传感器电源（规定电压）	电源开关ON（IG）	4.5～5.5V
B26－82(VV1＋)－B26－114(VV1－)	B－R	凸轮轴位置传感器信号	急速运转	产生脉冲
A40－43(G2O)－B26－16(E1)	B－BR	凸轮轴转速信号	急速运转	产生脉冲
B26－78(NE＋)－B26－110(NE－)	R－G	曲轴位置传感器信号	急速运转	产生脉冲
A40－30(NEO)－B26－16(E1)	G－BR	曲轴转速信号	急速运转	产生脉冲
B26－57(IGT1)－B26－16(E1)	R－BR	1号点火线圈总成（点火信号）	急速运转	产生脉冲
B26－56(IGT2)－B26－16(E1)	B－BR	2号点火线圈总成（点火信号）	急速运转	产生脉冲
B26－55(IGT3)－B26－16(E1)	G－BR	3号点火线圈总成（点火信号）	急速运转	产生脉冲
B26－54(IGT4)－B26－16(E1)	W－BR	4号点火线圈总成（点火信号）	急速运转	产生脉冲
B26－102(IGF1)－B26－16(E1)	Y－BR	点火线圈总成（点火确认信号）	电源开关ON（IG）	4.5～5.5V
			急速运转	产生脉冲
B26－76(PRG)－B26－51(E01)	L－W－B	VSV清污工作信号	电源开关ON（IG）	11～14V
			急速运转，清污控制下	产生脉冲
B26－60(M＋)－B26－59(ME01)	V－W－B	节气门执行器工作信号（正极端子）	发动机暖机时急速运转	产生脉冲
B26－30(M－)－B26－59(ME01)	P－W－B	节气门执行器工作信号（负极端子）	发动机暖机时急速运转	产生脉冲
A40－21(FC)－B26－51(E01)	R－W－B	燃油泵控制	电源开关ON（IG）	11～14V
A40－27(W)－B26－16(E1)	LG－BR	故障指示灯（MIL）工作信号	电源开关ON（IG）（MIL点亮）	低于3.0V
			急速运转	11～14V

(续)

端子号（符号）	配线颜色	端子描述	条件	规定状态
A40-23（TC）-B26-16（E1）	P-BR	DLC3 端子 TC	电源开关 ON（IG）	11~14V
A40-31（TACH）-B26-16（E1）	GR-BR	发动机转速信号	怠速运转	产生脉冲
A40-13（CANH）-B26-16（E1）	B-BR	CAN 通信线路	电源开关 ON（IG）	产生脉冲
A40-26（CANL）-B26-16（E1）	W-BR	CAN 通信线路	电源开关 ON（IG）	产生脉冲
A40-12（CANP）-B26-16（E1）	B-BR	CAN 通信线路	电源开关 ON（IG）	产生脉冲
A40-25（CANN）-B26-16（E1）	SB-BR	CAN 通信线路	电源开关 ON（IG）	产生脉冲
A40-28（WPI）-B26-16（E1）	G-BR	发动机水泵总成信号	发动机暖机时怠速运转	产生脉冲
A40-29（WPO）-B26-16（E1）	L-BR	发动机水泵总成信号	发动机暖机时怠速运转	产生脉冲
B26-118（VCPM）-B26-119（EPIM）	L-Y	进气歧管绝对压力传感器电源	电源开关 ON（IG）	4.75~5.25V
B26-87（PIM）-B26-119（EPIM）	V-Y	进气歧管绝对压力传感器信号	电源开关 ON（IG）	3.0~5.0V
A40-8（FANH）-B26-16（E1）	LG-BR	冷却风扇继电器工作信号	电源开关 ON（IG）	11~14V
A40-7（FANL）-B26-16（E1）	L-BR	冷却风扇继电器工作信号	电源开关 ON（IG）	11~14V
A40-50（EC）-车身搭铁	BR-	ECM 搭铁电路	始终	小于1Ω
B26-16（E1）-车身搭铁	BR-	ECM 搭铁电路	始终	小于1Ω
B26-51（E01）-车身搭铁	W-B-	ECM 搭铁电路	始终	小于1Ω
B26-21（E02）-车身搭铁	W-B-	ECM 搭铁电路	始终	小于1Ω
B26-52（E04）-车身搭铁	W-B-	ECM 搭铁电路	始终	小于1Ω
B26-59（ME01）-车身搭铁	W-B-	ECM 搭铁电路	始终	小于1Ω
B26-58（GE01）-车身搭铁	BR-	节气门执行器的屏蔽接地（搭铁）电路	始终	小于1Ω

四、P410 变速器

1. 技术参数

技术参数见表 17-6。

表 17-6 技术参数

（续）

项目			规格
传动桥类型			P410
变速杆位置			P/R/N/D/S
复合齿轮装置	动力分配行星齿轮机构	太阳轮齿数	30
		小齿轮齿数	23
		齿圈齿数	78
	电动机减速行星齿轮机构	太阳轮齿数	22
		行星齿轮齿数	18
		齿圈齿数	58
中间轴齿轮		主动齿轮齿数	54
		从动齿轮齿数	55
最终齿轮		主动齿轮齿数	24
		从动齿轮齿数	77
总减速比①			3.267
油液类型			丰田纯正 ATF WS
油液容量		L	3.4
重量（参考）②		kg	92

① 中间轴齿轮和减速齿轮的总减速比。
② 所示重量值为加满油液时的重量。

2. 系统介绍

P410 混合动力车辆传动桥总成包括 2 号电动机/发电机（MG2，用于驱动车辆），以及 1 号电动机/发电机（MG1，用于发电），采用带复合齿轮装置的无级变速器装置，传动桥主要包括 MG1、MG2、复合齿轮装置、变速器输入减振器总成、中间轴齿轮、减速齿轮、差速器齿轮机构和油泵。传动桥具有三轴结构。复合齿轮装置、变速器输入减振器总成、油泵、MG1 和 MG2 安装在输入轴上。中间轴从动齿轮和减速主动齿轮安装在第二轴上。减速从动齿轮和差速器齿轮机构安装在第三轴上。变速器内部构造如图 17-15 所示。

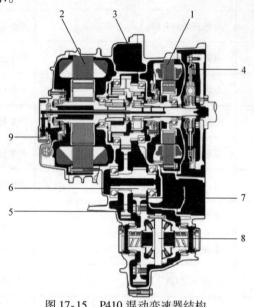

图 17-15　P410 混动变速器结构
1—MG1　2—MG2　3—复合齿轮装置
4—变速器输入减振器总成　5—中间轴从动齿轮
6—减速主动齿轮　7—减速从动齿轮
8—差速器齿轮机构　9—油泵

表 17-8　技术参数

项目			规格
增压变换器	标称电压（逆变器侧）	V	直流 650
	标称电压（HV 高压电池侧）	V	直流 201.6
DC/DC 变换器	额定输出电压	V	直流 13.5～15.0
	最大输出电流	A	100

2）冷却系统技术参数见表 17-9。

表 17-9　技术参数

项目			规格
逆变器水泵总成	电机类型		无刷
	排量	L/min	10 或更大
冷却液	类型		丰田纯正超长效冷却液（SLLC）
	颜色		粉红色
	容量	L	2.1
	保养间隔	首次 km	240000
		之后 km	每行驶 80000

2. 系统介绍

该车的混合动力系统采用丰田混合动力系统（THS-Ⅱ），体现了"混合动力协同驱动"的理念。

混合动力车辆组合使用两种动力源（如发动机和 HV 高压电池），以利用各动力源提供的优势，并弥补各自的劣势，从而实现高效运行。

与现有的纯电动车辆不同，混合动力车辆无需使用外部设备对其高压电池充电。

THS-Ⅱ 主要由发动机、混合动力车辆传动桥总成、带变换器的逆变器总成和 HV 高压电池组成，采用混联式混合动力系统，系统结构见图 17-16。

第三节　整车电控系统

1. 技术参数

1）带变换器的逆变器总成技术参数见表 17-8。

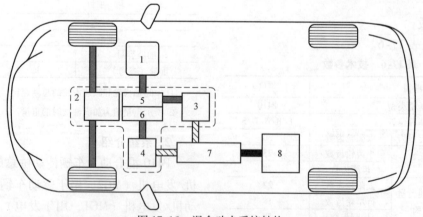

图 17-16　混合动力系统结构
1—发动机　2—混合动力车辆传动桥总成　3—MG1　4—MG2
5—动力分配行星齿轮机构（复合齿轮机构）　6—减速齿轮机构（复合齿轮机构）
7—带变换器的逆变器总成　8—HV 高压电池
■电力路径（DC）　▨电力路径（AC）　■机械动力路径

3. 端子定义

丰田卡罗拉-雷凌 HEV 车型车辆控制 ECU 端子分布如图 17-17 所示，端子定义及检测数据见表 17-10。

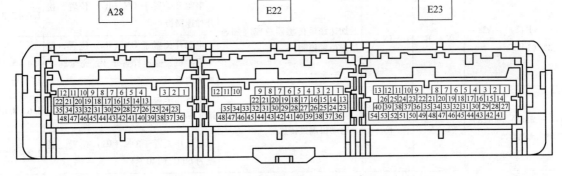

图 17-17 车辆控制 ECU 端子分布

表 17-10 车辆控制 ECU 端子定义与检测数据

端子号	线色	输入/输出	端子描述	条件	标准状态
A28-4（HMCH）-E23-3（E1）	B-BR	IN/OUT	CAN 通信信号	电源开关 ON（READY）	产生脉冲
A28-5（MREL）-E23-3（E1）	B-BR	OUT	主继电器	电源开关 ON（IG）	11~14V
A28-6（HSDN）-E23-3（E1）	G-BR	OUT	MGECU 切断信号	电源开关 ON（READY）	0~1V
A28-7（STP）-E23-3（E1）	L-BR	IN	制动灯开关	踩下制动踏板	11~14V
				松开制动踏板	0~1.5V
A28-8（LIN3）-E23-3（E1）	B-BR	IN/OUT	空调通信信号	电源开关 ON（READY）	产生脉冲
A28-1（+B1）-E23-3（E1）	L-BR	IN	电源	电源开关 ON（IG）	11~14V
A28-14（HMCL）-E23-3（E1）	W-BR	IN/OUT	通信信号	电源开关 ON（READY）	产生脉冲
A28-20（BL）-E23-3（E1）	G-BR	OUT	倒车灯	电源开关置于 ON（IG）位置，变速杆置于 R	11~14V
A28-24（VCPA）-A28-37（EPA）	Y-BR	OUT	加速踏板传感器总成电源（VPA）	电源开关 ON（IG）	4.5~5.5V
A28-26（VCP2）-A28-25（EPA2）	W-B	OUT	加速踏板传感器总成电源（VPA2）	电源开关 ON（IG）	4.5~5.5V
A28-33（NIWP）-E23-3（E1）	P-BR	IN	逆变器水泵总成信号	电源开关 ON（READY）	产生脉冲
A28-34（IWP）-E23-3（E1）	G-BR	OUT	逆变器水泵总成信号	电源开关 ON（READY）	产生脉冲
A28-36（VPA）-A28-37（EPA）	L-BR	IN	加速踏板传感器总成（加速踏板位置检测）	电源开关置于 ON（IG）位置，松开加速踏板	0.4~1.4V
				电源开关置于 ON（IG）位置，发动机停机，变速杆置于 P，完全踩下加速踏板	2.6~4.5V

(续)

端子编号	线色	输入/输出	端子描述	条件	标准状态
A28-38（VPA2）-A28-25（EPA2）	V-B	IN	加速踏板传感器总成（加速踏板位置检测）	电源开关置于 ON（IG）位置，松开加速踏板	1.0~2.2V
				电源开关置于 ON（IG）位置，发动机停机，变速杆置于 P，完全踩下加速踏板	3.4~5.3V
A28-46（MMT）-A28-45（MMTG）	L-V	IN	电动机温度传感器	电源开关置于 ON（IG）位置，温度为 25℃（77℉）	3.6~4.6V
				电源开关置于 ON（IG）位置，温度为 60℃（140℉）	2.2~3.2V
A28-48（GMT）-A28-47（GMTG）	B-R	IN	发电机温度传感器	电源开关置于 ON（IG）位置，温度为 25℃（77℉）	3.6~4.6V
				电源开关置于 ON（IG）位置，温度为 60℃（140℉）	2.2~3.2V
E22-5（ILK）-E23-3（E1）	LG-BR	IN	互锁开关	电源开关置于 ON（IG）位置，连接器盖总成、维修塞把手安装正确	0~1.5V
				电源开关置于 ON（IG）位置，未安装维修塞把手	11~14V
E22-7（CA3P）-E23-3（E1）	P-BR	IN/OUT	CAN 通信信号	电源开关 ON（IG）	产生脉冲
E22-8（CA1L）-E23-3（E1）	SB-BR	IN/OUT	CAN 通信信号	电源开关 ON（IG）	产生脉冲
E22-13（SMRG）-E22-12（E01）	Y-W-B	OUT	系统主继电器工作信号	电源开关 ON（IG）→电源开关 ON（READY）	产生脉冲
E22-15（SMRP）-E22-12（E01）	W-W-B	OUT	系统主继电器工作信号	电源开关 ON（IG）→电源开关 ON（READY）	产生脉冲
E22-16（SMRB）-E22-12（E01）	SB-W-B	OUT	系统主继电器工作信号	电源开关 ON（IG）→电源开关 ON（READY）	产生脉冲
E22-20（CA3N）-E23-3（E1）	W-BR	IN/OUT	CAN 通信信号	电源开关 ON（IG）	产生脉冲
E22-21（CA1H）-E23-3（E1）	R-BR	IN/OUT	CAN 通信信号	电源开关 ON（IG）	产生脉冲
E22-28（ST1-）①-E23-3（E1）	R-BR	IN	制动取消开关	电源开关置于 ON（IG）位置，踩下制动踏板	0~1.5V
				电源开关置于 ON（IG）位置，松开制动踏板	11~14V
E22-35（IG2）-E23-3（E1）	G-BR	IN	电源	电源开关 ON（IG）	11~14V
E22-38（SIO）-E23-3（E1）	Y-BR	OUT	高压电池冷却鼓风机工作信号	冷却风扇工作	产生脉冲
				冷却风扇不工作	4.5~5.5V
E22-41（BTH+）-E23-3（E1）	R-BR	IN	自高压电池电压传感器至混合动力车辆控制 ECU 的通信信号	电源开关 ON（IG）	产生脉冲
E22-42（BTH-）-E23-3（E1）	G-BR	IN	自高压电池电压传感器至混合动力车辆控制 ECU 的通信信号	电源开关 ON（IG）	产生脉冲

（续）

端子编号	线色	输入/输出	端子描述	条件	标准状态
E22-48（THB）-E22-47（ETHB）	L-G	IN	辅助蓄电池温度	电源开关置于 ON（IG）位置，辅助蓄电池温度为25℃	1.7~2.3V
				电源开关置于 ON（IG）位置，辅助蓄电池温度为60℃	0.6~0.9V
E23-1（+B2）-E23-3（E1）	L-BR	IN	电源	电源开关 ON（IG）	11~14V
E23-4（ST2）-E23-3（E1）	R-BR	IN	起动机信号	电源开关 ON（IG）	0~1.5V
E23-11（SFTD）-E23-3（E1）	R-BR	IN	变速器控制	操作左侧换档拨板装置（-）	0~1.5V
				未操作左侧换档拨板装置（-）	11~14V
E23-24（SFTU）-E23-3（E1）	Y-BR	IN	变速器控制	操作右侧换档拨板装置（+）	0~1.5V
				未操作右侧换档拨板装置（+）	11~14V
E23-27（BATT）-E23-3（E1）	W-BR	IN	稳压电源	始终	10~14V
E23-29（ABFS）-E23-3（E1）	B-BR	IN	安全气囊激活信号	电源开关 ON（READY）	产生脉冲
E23-30（TC）-E23-3（E1）	P-BR	IN	诊断端子	电源开关 ON（IG）	11~14V
E23-31（LIN）-E23-3（E1）	L-BR	IN/OUT	认证ECU通信信号	电源开关 ON（IG）	产生脉冲
E23-33（EVSW）-E23-3（E1）	B-BR	IN	EV驱动模式开关（组合开关总成）信号	电源开关置于 ON（IG）位置，未操作EV驱动模式开关（组合开关总成）	11~14V
				电源开关置于 ON（IG）位置，操作EV驱动模式开关（组合开关总成）	0~1.5V
E23-27（PWR）-E23-3（E1）	G-BR	IN	动力模式开关（组合开关总成）信号	电源开关置于 ON（IG）位置，未操作动力模式开关（组合开关总成）	11~14V
				电源开关置于 ON（IG）位置，操作动力模式开关（组合开关总成）	0~1.5V
E23-46（VSI4）-E23-49（E2X2）	LG-Y	IN	换档传感器（VSX4）	电源开关置于 ON（IG）位置，变速杆置于原始位置	0.68~1.62V
				电源开关置于 ON（IG）位置，变速杆置于D	4.47~4.75V
				电源开关置于 ON（IG）位置，变速杆置于N	3.53~4.47V
				电源开关置于 ON（IG）位置，变速杆置于R	2.75~3.52V
				电源开关置于 ON（IG）位置，变速杆置于S	0.40~0.67V

(续)

端子编号	线色	输入/输出	端子描述	条件	标准状态
E23-48（VSI3）-E23-49（E2X2）	P-Y	IN	换档传感器（VSX3）	电源开关置于ON（IG）位置，变速杆置于原始位置	1.63~2.70V
				电源开关置于ON（IG）位置，变速杆置于D	3.53~4.17V
				电源开关置于ON（IG）位置，变速杆置于N	2.45~3.52V
				电源开关置于ON（IG）位置，变速杆置于R	1.63~2.45V
				电源开关置于ON（IG）位置，变速杆置于S	0.98~2.45V
E23-50（VSI2）-E23-51（E2X1）	L-W	IN	换档传感器（VSX2）	电源开关置于ON（IG）位置，变速杆置于原始位置	2.45~3.52V
				电源开关置于ON（IG）位置，变速杆置于D	2.70~3.52V
				电源开关置于ON（IG）位置，变速杆置于N	1.63~2.70V
				电源开关置于ON（IG）位置，变速杆置于R	0.98~1.62V
				电源开关置于ON（IG）位置，变速杆置于S	1.63~2.45V
E23-52（VSI1）-E23-51（E2X1）	W-W	IN	换档传感器（VSX1）	电源开关置于ON（IG）位置，变速杆置于原始位置	3.53~4.47V
				电源开关置于ON（IG）位置，变速杆置于D	1.63~2.40V
				电源开关置于ON（IG）位置，变速杆置于N	0.68~1.62V
				电源开关置于ON（IG）位置，变速杆置于R	0.40~0.67V
				电源开关置于ON（IG）位置，变速杆置于S	2.75~3.52V
E23-53（VCX2）-E23-49（E2X2）	G-Y	OUT	换档传感器电源（VCX2）	电源开关ON（IG）	4.5~5.5V
E23-54（VCX1）-E23-51（E2X1）	R-W	OUT	换档传感器电源（VCX1）	电源开关ON（IG）	4.5~5.5V

① 带巡航控制系统。

第十八章 本田雅阁HEV汽车

第一节 高压电源系统

一、高压电池系统

1. 技术参数

技术参数见表 18-1。

表 18-1 技术参数

项目	高压电池
电池类型	锂离子电池
电池组中的电池单位数	72
总电池电压	259V
容量	1.3kW·h
冷却系统	空气冷却
进气口/出风口	舱外

2. 系统说明

高压电池由 72 个锂离子电池单体构成。以每个电池单体产生 3.6V 电压为基础,共产生 259V 总电压。高压电池模块如图 18-1 所示。

该锂电池具有使用寿命长的特点,正常使用状态下,直至车辆报废也不需要更换电池组。若需更换只可整体更换,不可拆解!该锂电池单元通过后排座椅左侧通风口散热,避免电池过热。

可从高压电池移除或输入高压电池的电量因高压电池的温度和高压电池的状态等各种条件而异。如果移入或移出高压电池的电量超过高压电池全处理的程度,高压电池寿命将缩短或处于不良状态,高压电池会严重损坏(过热、漏液等)。为防止损坏并使高压电池在整个使用期最优化,由高压电池状态监视器单元控制高压电池充电和放电。

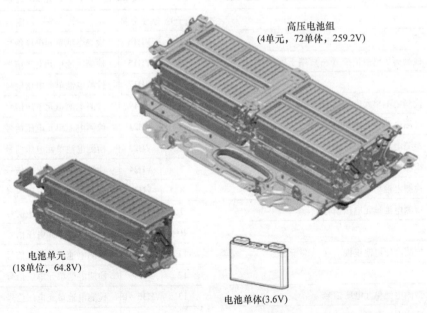

图 18-1 高压电池模块

高压电池状态监视器单元使用高压电池温度传感器、高压电池电流传感器,由高压电池状态监视器单元计算充电状态(SOC)时输入和输出高压电池的电量。高压电池状态监视器单元使用以上信息以及电量需求,来确定高压电池的实时最佳电量。高压电池输出控制如图 18-2 所示。

3. 端子定义

高压电池管理器(BMS)端子如图 18-3 所示,端子定义见表 18-2 ~ 表 18-7。

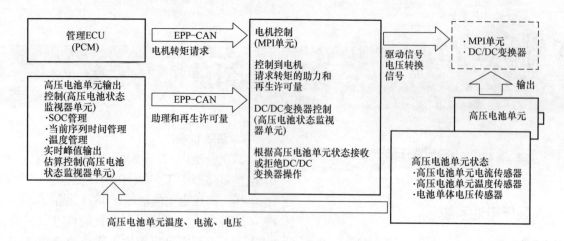

图 18-2　高压电池输出控制

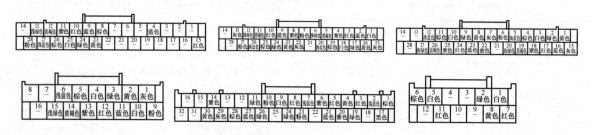

图 18-3　高压电池管理器（BMS）端子

表 18-2　BMS 单元 28 针端子定义

端子号	端子名称	定义
1~3	未使用	
4	BATT -	检测高压电池负极（-）端子信号
5~7	未使用	
8	VH0	检测电池单元电压信号
9	VH2	检测电池单元电压信号
10	VH4	检测电池单元电压信号
11	VH6	检测电池单元电压信号
12	VH8	检测电池单元电压信号
13	VH10	检测电池单元电压信号
14	未使用	
15	BATT +	检测高压电池正极（+）端子信号
16~22	未使用	
23	VH1	检测电池单元电压信号
24	VH3	检测电池单元电压信号
25	VH5	检测电池单元电压信号
26	VH7	检测电池单元电压信号
27	VH9	检测电池单元电压信号
28	VH11	检测电池单元电压信号

表 18-3　BMS 单元 28 针端子定义

端子号	端子名称	定义
1	VH13	检测电池单元电压信号
2	VH15	检测电池单元电压信号
3	VH17	检测电池单元电压信号
4	VH19	检测电池单元电压信号
5	VH21	检测电池单元电压信号
6	VH23	检测电池单元电压信号
7	VH24	检测电池单元电压信号
8	VH26	检测电池单元电压信号
9	VH28	检测电池单元电压信号
10	VH30	检测电池单元电压信号
11	VH32	检测电池单元电压信号
12	VH34	检测电池单元电压信号
13	VH36-0	检测电池单元电压信号
14	未使用	
15	VH12	检测电池单元电压信号
16	VH14	检测电池单元电压信号
17	VH16	检测电池单元电压信号
18	VH18-0	检测电池单元电压信号

(续)

端子号	端子名称	定义
19	VH20	检测电池单元电压信号
20	VH22	检测电池单元电压信号
21	未使用	
22	VH25	检测电池单元电压信号
23	VH27	检测电池单元电压信号
24	VH29	检测电池单元电压信号
25	VH31	检测电池单元电压信号
26	VH33	检测电池单元电压信号
27	VH35	检测电池单元电压信号
28	未使用	

表 18-4 BMS 单元 28 针端子定义

端子号	端子名称	定义
1	VH37	检测电池单元电压信号
2	VH39	检测电池单元电压信号
3	VH41	检测电池单元电压信号
4	VH43	检测电池单元电压信号
5	VH45	检测电池单元电压信号
6	VH47	检测电池单元电压信号
7	VH48	检测电池单元电压信号
8	VH50	检测电池单元电压信号
9	VH52	检测电池单元电压信号
10	VH54-0	检测电池单元电压信号
11	VH56	检测电池单元电压信号
12	VH58	检测电池单元电压信号
13	未使用	
14	未使用	
15	VH36-1	检测电池单元电压信号
16	VH38	检测电池单元电压信号
17	VH40	检测电池单元电压信号
18	VH42	检测电池单元电压信号
19	VH44	检测电池单元电压信号
20	VH46	检测电池单元电压信号
21	未使用	
22	VH49	检测电池单元电压信号
23	VH51	检测电池单元电压信号
24	VH53	检测电池单元电压信号
25	VH55	检测电池单元电压信号
26	VH57	检测电池单元电压信号
27	VH59	检测电池单元电压信号
28	未使用	

表 18-5 BMS 单元 16 针端子定义

端子号	端子名称	定义
1	VH61	检测电池单元电压信号
2	VH63	检测电池单元电压信号
3	VH65	检测电池单元电压信号
4	VH67	检测电池单元电压信号
5	VH69	检测电池单元电压信号
6	VH71	检测电池单元电压信号
7	未使用	
8	未使用	
9	VH60	检测电池单元电压信号
10	VH62	检测电池单元电压信号
11	VH64	检测电池单元电压信号
12	VH66	检测电池单元电压信号
13	VH68	检测电池单元电压信号
14	VH70	检测电池单元电压信号
15	VH72	检测电池单元电压信号
16	未使用	

表 18-6 BMS 单元 32 针端子定义

端子号	端子名称	定义
1	VBU	高压电池状态监视器单元的电源（备份）
2	IGB	高压电池状态监视器单元的电源
3	CNTPS	连接器电源
4	CNTP	驱动高压连接器
5	CNTN	驱动高压副连接器
6	PRE	驱动旁通连接器
7	IG1MONI	检测 IG1 信号
8	F-CANA_L	发送和接收 F-CANA 通信信号（低）
9	F-CANA_H	发送和接收 F-CANA 通信信号（高）
10	EPP-CAN_L	发送和接收 EPP-CAN 通信信号（低）
11	EPP-CAN_H	发送和接收 EPP-CAN 通信信号（高）
12、13	未使用	
14	NFAN	检测高压电池单元风扇旋转速度信号
15、16	未使用	
17	PG	高压电池状态监视器单元搭铁
18	未使用	
19	IGHLDB	驱动 IGHLDB 继电器
20	IGHLD1	驱动 IGHLD1 继电器
21	IGHLD2	驱动高压电池风扇继电器
22	未使用	检测来自 SRS 单元的碰撞检测信号

(续)

端子号	端子名称	定义
23	IGAMONI	检测 IGA 信号
24	FANCTL	驱动高压电池单元风扇
25	未使用	
26	ISOC	检测高压电池电流传感器信号（正常范围）
27	ISOCF	检测高压电池电流传感器信号（好的范围）
28	VCCISOC	提供高压电池电流传感器参考电压
29	SGISOC	高压电池电流传感器的传感器搭铁
30	CDS	检测来自 SRS 单元的碰撞检测信号
31～32	未使用	

表 18-7　BMS 单元 12 针端子定义

端子号	端子名称	定义
1	TBATT1	检测高压电池单元温度传感器 1 信号
2	TBATT3	检测高压电池单元温度传感器 3 信号
3、4	未使用	
5	MODID1	检测高压电池单元识别电阻器信号
6	SGTB	高压电池单元传感器搭铁
7	TBATT2	检测高压电池单元温度传感器 2 信号
8	TBATT4	检测高压电池单元温度传感器 4 信号

(续)

端子号	端子名称	定义
9、10	未使用	
11	MODID2	检测高压电池单元识别电阻器信号
12	未使用	

4. 部件拆装

1）拆卸 IPU。

2）拆卸高压电池出口管总成。

① 断开 DC/DC 变换器搭铁电缆端子（A）。

② 断开 DC/DC 输出电缆端子（B）和电缆卡扣（C）。

③ 断开 DC/DC 输入电缆插接器（D）和电缆卡扣（E）。

④ 断开搭铁端子（F）。

⑤ 拆下 IPU 继电器固定架接头（G）。

⑥ 断开插接器（H）。

⑦ 拆下插接器卡扣（J）。

⑧ 拆下线束夹（K）。

以上部件位置见图 18-4。

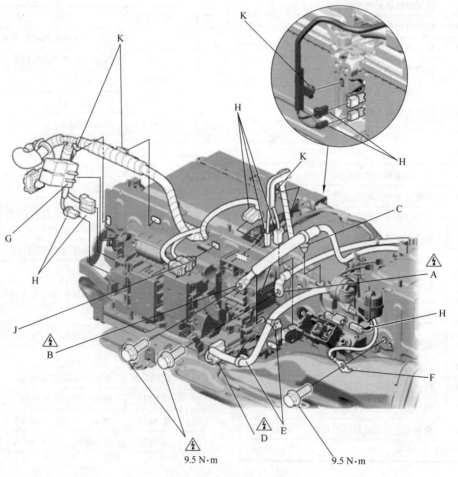

图 18-4　高压电池出口管总成

⑨ 断开连接器（A）。
⑩ 拆下卡扣（B）。
以上部件位置见图 18-5。
⑪ 在另一侧执行相同的程序。

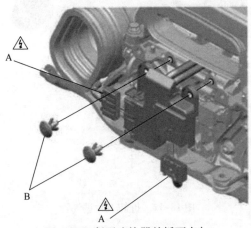

图 18-5　断开连接器并拆下卡扣

⑫ 拆下高压电池出口管总成（A）。

注意：检查衬垫（B），如果老化或损坏，则将其更换。如果要重复使用衬垫，确保不要损坏衬垫。

以上部件位置见图 18-6。

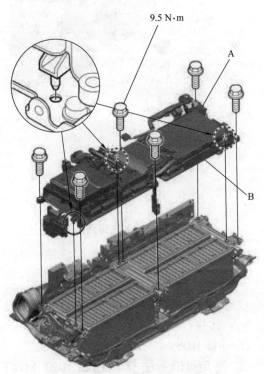

图 18-6　拆下高压电池出口管总成

3）拆卸副连接板。

① 拆下连接板输出（-）线束连接板（A）。

注意：线束连接板弯曲时，请务必更换。

② 拆下连接板输出（+）线束连接板（B）。

注意：线束连接板弯曲时，请务必更换。

③ 拆下副连接板（C）。

以上步骤涉及部件位置见图 18-7。

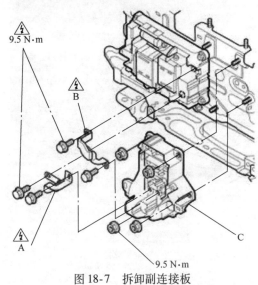

图 18-7　拆卸副连接板

4）拆卸连接板。

注意：断开维修塞后，高压电流入高压电池端子和线束连接板。逐一执行所有步骤，不在端子盖上作业时，保持端子盖闭合。

① 将端子盖 A 打开至锁止位置。

② 拆下连接板输入（+）线束连接板（B）。

注意：线束连接板弯曲时，请务必更换。

③ 关闭端子盖 A。

以上部件位置见图 18-8。

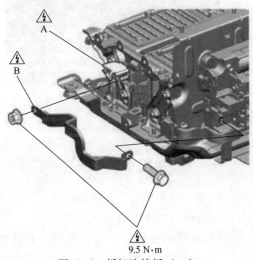

图 18-8　拆卸连接板（一）

④ 将端子盖 B 打开至锁止位置。

⑤拆下连接板输入(-)线束连接板(A)。
注意:线束连接板弯曲时,请务必更换。
⑥关闭端子盖B。
以上部件位置见图18-9。

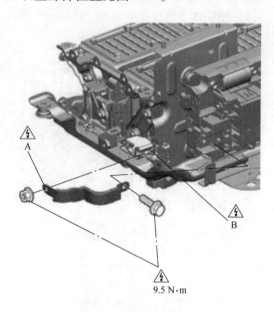

图18-9 拆卸连接板(二)

⑦拆下连接板(A),见图18-10。

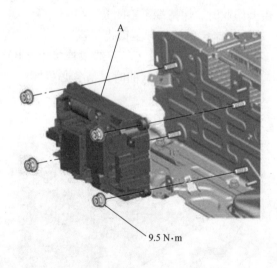

图18-10 拆下连接板

5)拆卸IPU进气管,见图18-11。
6)安装所有拆下的部件。
按照与拆卸相反的顺序安装部件,并注意以下事项:确保将凸出部位(A)支座插入托架(B),见图18-12。更换高压电池组时,执行高压电池状态监视器单元重新设定程序。

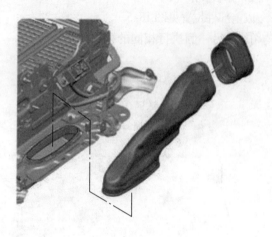

图18-11 拆卸IPU进气管

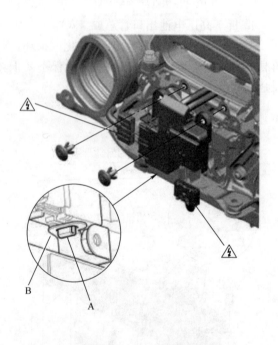

图18-12 安装支座到托架

7)高压电池状态监视器单元重新设定。
注意:仅当更换高压电池组(所有电池单元)时,才执行该程序。
①连接HDS。
②使用HDS选择"ELECTRIC POWER-TRAIN/IMA(电动动力/IMA)"系统。
③选择"HIGHVOLTAGE BATTERY/HIGH-VOLTAGE BATTERYECUREPLACEMENT MENU

(高压电池/高压电池 ECU 更换菜单)",然后按屏幕上的提示操作。

④ 选择 "REPLACE THE HIGHVOLTAGE BATTERY MENU(更换高压电池菜单)",然后按屏幕上的提示操作。

二、DC/DC 变换器

1. 总成介绍

为保持 12V 系统电压,系统使用了 DC/DC 变换器。DC/DC 变换器将高压直流电变换为低压直流电,能量损失极少。

DC/DC 变换器将内置温度传感器的温度信息传输到高压电池状态监视器单元;如果温度异常升高,高压电池状态监视器单元停止 DC/DC 变换器的工作,导致 12V 充电指示灯点亮。当检测到输入电压或输出电压异常时,DC/DC 变换器的工作也会停止;这会导致充电指示灯点亮,而且 MID 上显示警告。

当 DC/DC 变换器因异常情况停止工作时,将会引起 12V 电源输出不足,这会导致 12V 蓄电池的输出下降,限制混合动力系统的输出。

由于 DC/DC 变换器的工作产生热量,可将来自高压电池单元风扇的冷风通过高压电池单元从车厢传送至 DC/DC 变换器的散热片,从而进行冷却。当 DC/DC 变换器的温度升高时,高压电池状态监视器单元根据需要激活高压电池单元风扇。

2. 部件拆装

1) 关闭维修塞。
2) 拆卸 IPU 上盖。
3) 拆卸 DC/DC 变换器。

注意:用绝缘胶带缠绕电缆端子。

① 断开 DC/DC 变换器搭铁电缆端子(A)。
② 断开 DC/DC 输出电缆端子(B)。
③ 断开 DC/DC 输入电缆端子(C)。
④ 断开插接器(D)。
⑤ 拆下 DC/DC 变换器(E)。

以上部件位置见图 18-13。

4) 安装所有拆下零件:按照与拆卸相反的顺序安装零件。

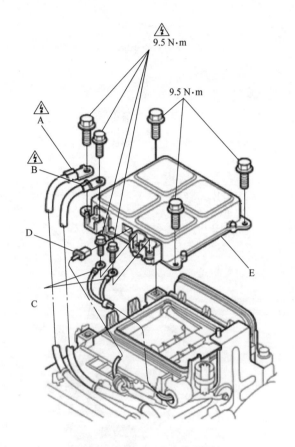

图 18-13　DC/DC 变换器拆卸

三、高压部件与安全

1. 高压部件位置

混合动力系统部件安装位置如图 18-14 ~ 图 18-17 所示。

2. 高压切断与重启

在操作或靠近带有高压的部件前,必须先执行以下步骤。请完全按照规定程序操作,否则,人员可能受伤或损坏设备。

(1)切断维修用插头

注意:拆卸或安装维修用插头或带有标记的项目时,务必使用绝缘工具并用绝缘胶带缠绕。将维修用插头固定在安全的位置,防止在维修或维护车辆时其他人员安装维修用插头。

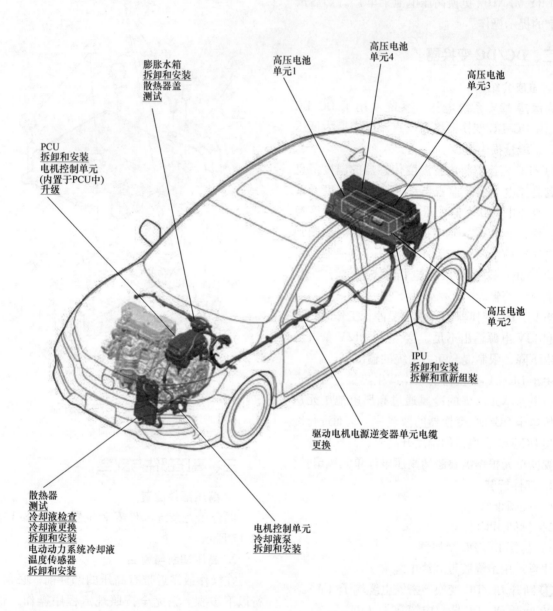

图 18-14　整车高压系统部件位置

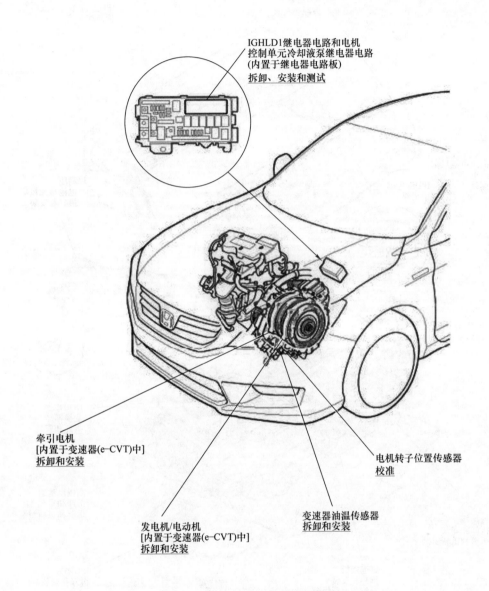

图 18-15　动力驱动系统部件位置

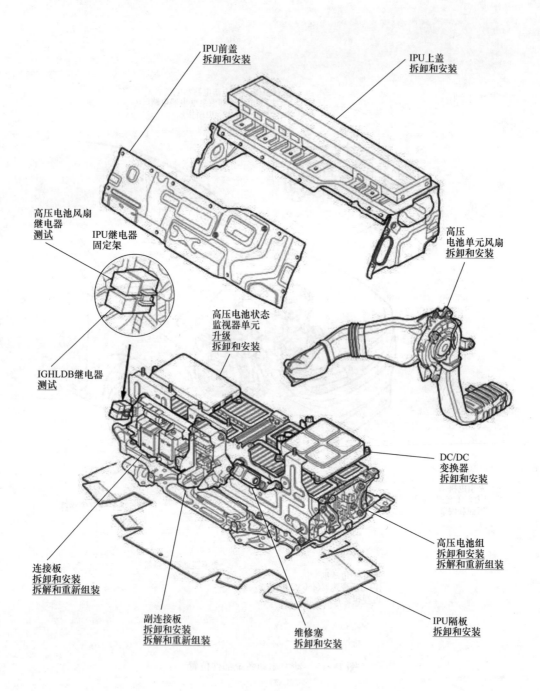

图 18-16　高压电池部件位置

第十八章 本田雅阁HEV汽车

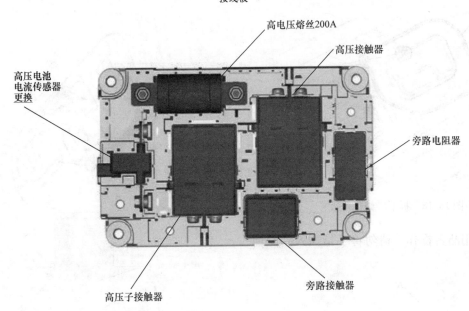

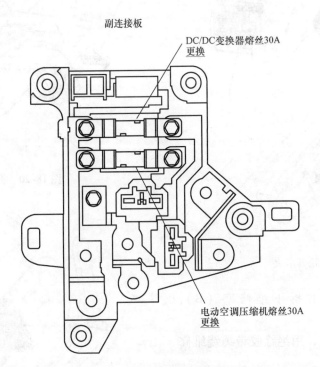

图 18-17 高压系统接触器与熔丝位置

1) 连接 HDS。

2) 使用 HDS，选择 "ELECTRIC POWER-TRAIN/IMA（电子动力/IMA）系统"。

3) 检查故障码（DTC），并记录所有存储的 DTC。

4) 将车辆转为 OFF（LOCK）模式。

5) 执行 12V 蓄电池端子断开程序。

6) 拆下后排座椅靠背。

7) 拆下维修塞盖（A），见图 18-18。

8) 如图 18-19 所示，按下凸舌（A）并松开卡夹（B）。然后将凸舌滑动到解锁位置（C），直至听到咔嗒声。

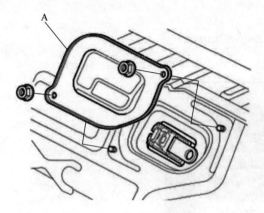

图 18-18 拆下维修塞盖板

注意:用凸舌操作。请勿将手指插入间隙而使凸舌滑动。

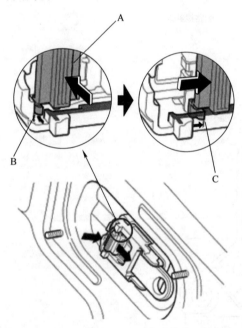

图 18-19 松开卡夹

9)抬起杆(A),并拆下维修塞(B),见图 18-20。

10)如图 18-21 所示,用绝缘胶带缠绕维修用插头底座(A)。

11)拆下行李舱前装饰板卡扣。

12)拆下后隔板角板(A),见图 18-22。

13)拆下 IPU 前盖(A),见图 18-23。

14)测量高压电池单元端子(A)之间的电压,见图 18-24。应低于 30V。

(2)接通维修用插头

注意:如果安装维修塞进行故障排除,执行步骤 4)至步骤 6)。

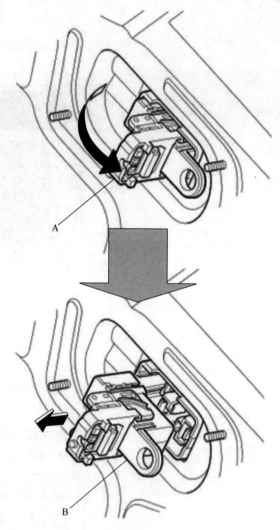

图 18-20 拆下维修塞

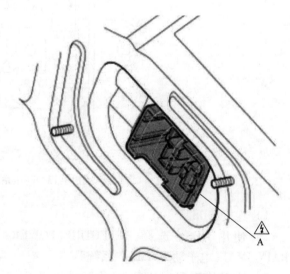

图 18-21 用绝缘胶封闭插座

1)安装 IPU 前盖,各螺栓拧紧力矩为 9.5N·m。

第十八章 本田雅阁 HEV 汽车

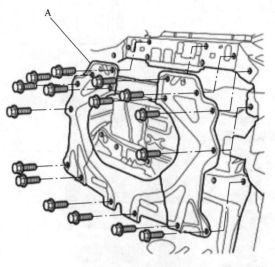

图 18-22 拆下后隔板角板

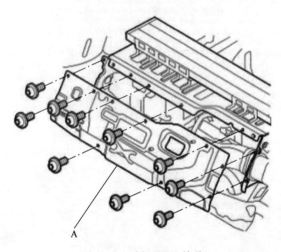

图 18-23 拆下 IPU 前盖

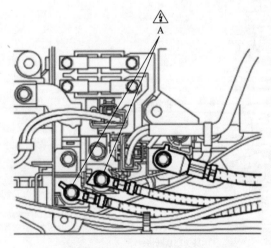

图 18-24 测量高压电池单元端子电压

2) 安装后隔板角板,各螺栓拧紧力矩为 28.5N·m。

3) 安装行李舱前装饰板卡扣。

4) 如图 18-25 所示,将维修塞插入维修塞底座。

5) 降下杆设定在锁止位置。

6) 如图 18-25 所示,保持杆(C)的同时,将凸舌(A)按下并滑动到锁止位置(B)。

注意:用凸舌操作。确认杆未抬起。

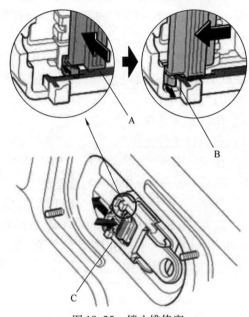

图 18-25 锁止维修塞

7) 安装维修塞盖,螺母拧紧力矩为 9.5N·m。

8) 安装后排座椅靠背。

9) 执行 12V 蓄电池端子重新连接程序。

第二节 动力驱动系统

一、驱动电机

1. 总成介绍

2016 款雅阁全混合动力车,本田采用了电动无级变速器(E-CVT)。驱动电机位于变速器内。它产生驱动力,并为高压电池发电。发电机/电动机位于变速器内。它为高压电池充电,并为发动机起动发电。

E-CVT 通过组合使用发动机、齿轮和电机,提供无级前进速度和倒车。E-CVT 允许车辆通过电动动力或发动机动力驱动。两种动力均通过变速器内的齿轮传送到输出轴。无传统的齿轮或带轮变速机构。

电机的功率输出特点不同于内燃机,可以在

运转初期就输出极大的转矩（因此起步时不可过于激烈操作加速踏板，避免出现危险）。

E-CVT需要定期更换变速器油（ATF-DW1），且不可分解只能整体更换（虽然没有变速机构，但还有机械传动机构和离合器，需要使用专用变速器油，电机发电机也要通过变速器油进行散热），电机安装位置见图18-26。

图18-27显示E-CVT内部部件。电机最大功率：135kW，最大转矩：315N·m。

2. 校准设置

在以下操作后需要进行电机转子位置校准：更换PCU；更换电机。

1）HDS设备连接。

2）电机转子位置校准。

① 使用HDS选择"ELECTRIC POWERTRAIN/IMA（电子动力/IMA）"系统。

② 选择"ADJUSTMENT MENU（调节菜单）"，然后选择"MOTOR ROTOR POSITION SENSOR LEARNING（电机转子位置传感器学习）"，并按屏幕提示操作。

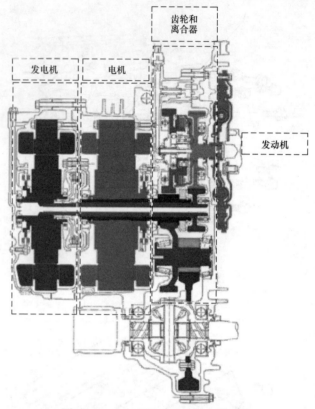

图18-26　E-CVT电机-发电机位置

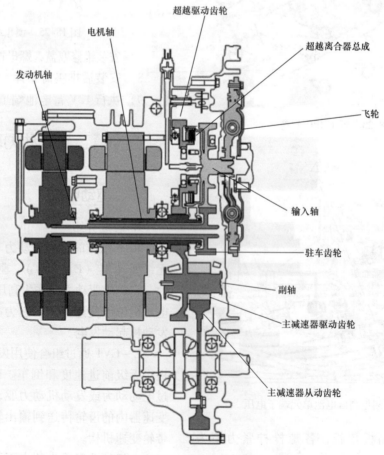

图18-27　E-CVT内部部件

二、电子动力装置

1. 总成介绍

动力控制单元（PCU）是 HEV 系统的重要组成部分，PCU 安装位置见图 18-28。例如，PCU 将高压电池作为动力来源，用于驱动电机，并且通过发电机的电力为高压电池充电。

逆变器和电机控制单元位于电源控制单元（PCU）中。电源控制单元包括一个由专用散热器、电机控制单元冷却液泵和散热器组成的冷却系统。此冷却系统可以实现 PCU 内部的温度调节。

位于电源控制单元（PCU）内的电机控制单元可控制驱动电机和发电机/电动机，并与 PCM 通信以协调发动机和变速器操作。电机控制单元包括一个可重写 ROM，并使用升级工具确保程序获得最新的更新。

2. 端子定义

电机控制单元端子如图 18-29 所示，端子定义见表 18-8。

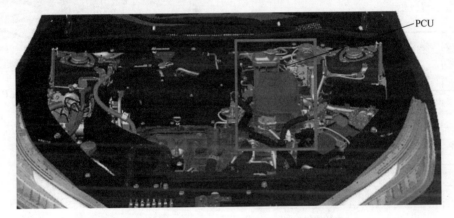

图 18-28　动力控制单元（PCU）安装位置

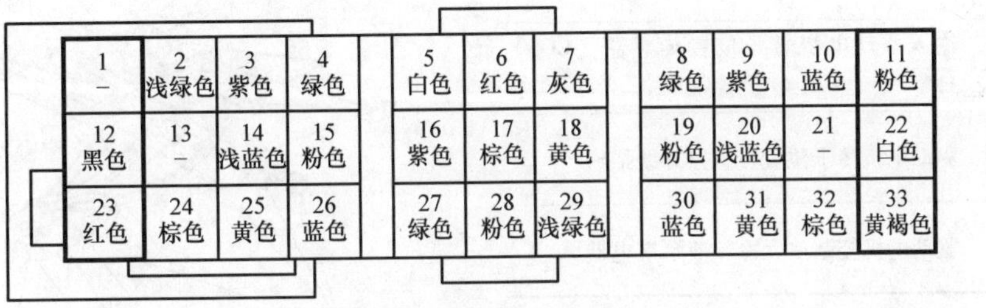

图 18-29　电机控制单元端子

表 18-8　电机控制单元端子定义　　　　　　　　　　　　　　　　　（续）

端子号	端子名称	定义
1	未使用	
2	TGEN	检测发电机/电动机温度传感器信号
3	S1G	输入发电机/电动机转子位置传感器（SIN）信号
4	R1G	输出发电机/电动机转子位置传感器励磁信号
5	F-CANA_H	发送和接收 F-CANA 通信信号（高）
6	F-CANA_L	发送和接收 F-CANA 通信信号（低）
7	NEWP	检测电子电机控制单元冷却泵旋转信号

端子号	端子名称	定义
8	R1M	输出驱动电机转子位置传感器励磁信号
9	S1M	输入驱动电机转子位置传感器（SIN）信号
10	TMOT	检测驱动电机温度传感器信号
11	IGA	电机控制单元的电源
12	PG	电机控制单元搭铁
13	未使用	
14	S3G	输入发电机/电动机转子位置传感器（SIN）信号

(续)

端子号	端子名称	定义
15	R2G	输出发电机/电动机转子位置传感器励磁信号
16	PCUTW	检测电动冷却液泵温度传感器信号
17	SGTEMP	电子动力温度传感器的传感器搭铁
18	EWP	驱动电机控制单元冷却液泵
19	R2M	输出驱动电机转子位置传感器
20	S3M	输入发电机/电动机转子位置传感器（SIN）信号
21	未使用	
22	VBU	电机控制单元的电源（备份）
23	TATF	检测变速器油温传感器信号
24	RSLD G	发电机/电动机转子位置传感器导线搭铁
25	S4G	输入发电机/电动机转子位置传感器（COS）信号
26	S2G	输入发电机/电动机转子位置传感器（COS）信号
27	EPP-CAN_H	发送和接收 EPP-CAN 通信信号（高）
28	EPP-CAN_L	发送和接收 EPP-CAN 通信信号（低）
29	NGENPLS	输出发电机/电动机旋转速度信号
30	S2M	输入驱动电机转子位置传感器（COS）信号
31	S4M	输入驱动电机转子位置传感器（COS）信号
32	RSLD M	驱动电机转子位置传感器导线搭铁
33	IG HLD PCU EWP	驱动电机控制单元冷却液泵继电器

3. 部件拆装

智能动力单元（IPU）拆装步骤如下。

1）关闭维修塞。

2）断开驱动电机电源逆变器单元电缆。

注意：副连接板的连接位置如图 18-30 所示。

① 断开 IPU 搭铁电缆（A）。

② 断开驱动电机电源逆变器单元电缆搭铁端子（B）。

③ 断开插接器（C）。

④ 拆下线束夹（D）。

⑤ 断开驱动电机电源逆变器单元电缆端子（E）。

⑥ 拆下电缆卡扣（F）。

以上部件位置见图 18-31。

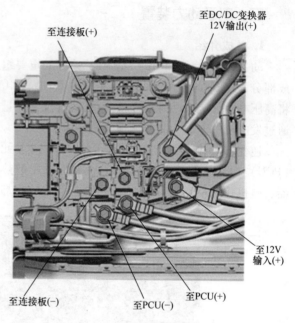

图 18-30 副连接板连接位置

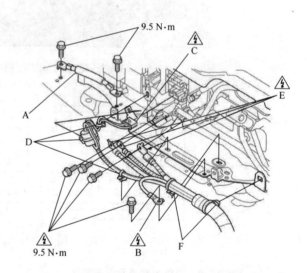

图 18-31 拆卸各线束连接器

3）拆卸行李舱后侧装饰板。

4）拆卸 IPU 出口接头。

5）拆卸进气管。

6）拆卸 IPU 总成。

① 拆下 IPU 隔板卡扣（A），见图 18-32。

② 断开插接器（A）。

③ 拆下 IPU 总成（B）。

以上部件位置见图 18-33。

7）拆卸 IPU。

① 拆下 IPU 出口管（A）。

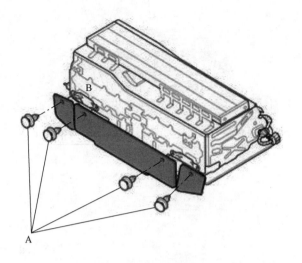

图 18-32 拆下 IPU 隔板卡扣

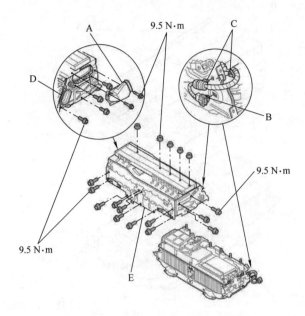

图 18-34 拆卸 IPU 部件

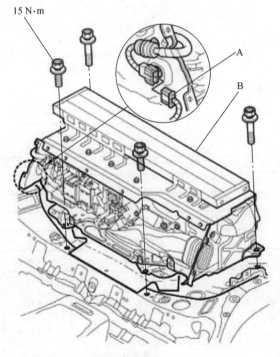

图 18-33 拆下 IPU 总成

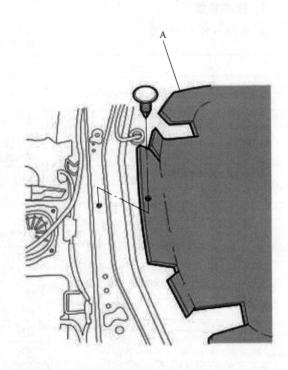

图 18-35 拆下 IPU 隔板

② 拆下插接器卡扣（B）。
③ 拆下线束夹（C）。
④ 拆下 IPU 进口连接接头（D）。
⑤ 拆下 IPU 上盖（E）。
以上部件见图 18-34。
⑥ 如有必要，拆下 IPU 隔板（A），见图 18-35。
8）安装所有拆下的部件。

按照与拆卸相反的顺序安装部件，并注意以下事项：仔细对齐 IPU 上盖（B）的孔（A）和双头螺柱（C）。先紧固标准螺栓（D）。将 IPU 隔板（E）插入 IPU 罩（F）和车身车架之间。以上部件见图 18-36。

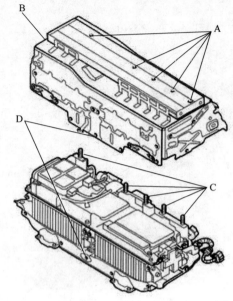
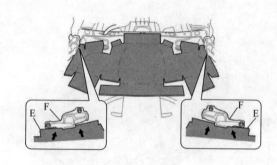

图 18-36　IPU 安装注意事项

三、LFA11 混动发动机

1. 技术参数

技术参数见表 18-9。

表 18-9　技术参数

项目	测量	条件	标准值或新车值	维修极限
点火线圈	点火顺序		1－3－4－2	
火花塞	间隙		1.0～1.1mm	—
点火正时	怠速时检查红色标记	在 N 档或 P 档时	(20±2)°BTDC	
压缩	压力	最小值	—	880kPa
		最大偏差	—	200kPa
气缸盖	平面度误差		最大 0.05mm	—
	高度		120.95～121.05mm	—
凸轮轴	轴向间隙		0.05～0.25mm	0.4mm
	凸轮轴至支架的油膜间隙（进气）	1 号轴颈	0.030～0.069mm	0.15mm
		2 号、3 号、4 号、5 号、6 号轴颈	0.060～0.099mm	0.15mm
	凸轮轴至支架的油膜间隙（排气）	1 号、2 号、3 号、4 号、5 号、6 号轴颈	0.060～0.099mm	0.15mm
	圆跳动量		最大 0.03mm	—
	凸轮凸角高度	进气，初级	35.555mm	—
		进气，中级	35.874mm	—
		进气，次级	35.555mm	—
		排气	35.095mm	—
气门	间隙（冷态）	进气	0.18～0.22mm	—
			无需调节，液压挺杆	
	气门挺杆外径	进气	5.475～5.490mm	5.45mm
		排气	5.445～5.460mm	5.42mm
	气门挺杆至导管的间隙	进气	0.020～0.055mm	0.08mm
		排气	0.050～0.085mm	0.11mm

（续）

项目	测量	条件	标准值或新车值	维修极限
气门座	宽度	进气	0.85~1.15mm	1.6mm
		排气	1.25~1.55mm	2.0mm
	挺杆安装高度	进气	48.53~49.48mm	49.68mm
		排气	45.73~45.78mm	45.93mm
气门导管	安装高度	进气	17.35~17.85mm	—
		排气	17.25~17.75mm	—
摇臂	摇臂到轴的间隙	进气	0.018~0.059mm	0.08mm
气缸体	顶面平面度误差		最0.07mm	—
	气缸直径	X	81.000~81.020mm	81.070mm
		Y	81.000~81.015mm	81.070mm
	气缸锥度		—	0.050mm
	镗削极限		—	最大0.25mm
活塞	离裙部底端14mm处处的裙部外径		80.98~80.99mm	80.93mm
	与气缸的间隙		0.010~0.035mm	0.05mm
活塞环	活塞环到环槽的间隙	顶部	0.045~0.070mm	0.13mm
		第二道环	0.030~0.055mm	0.125mm
	环端隙	顶部	0.2~0.3mm	0.6mm
		第二道环	0.3~0.42mm	0.7mm
		油环	0.2~0.5mm	0.8mm
活塞销	O.D.		17.960~17.964mm	17.960mm
	活塞销至活塞的间隙		-0.004~0.003mm	0.006mm
连杆	销到连杆的间隙		0.005~0.015mm	0.020mm
	大端孔径		48.0mm	—
	轴向间隙		0.15~0.35mm	0.45mm
曲轴	连杆轴颈/主轴颈锥度		最大0.005mm	0.01mm
	连杆轴颈/主轴颈圆度误差		最大0.005mm	0.01mm
	轴向间隙		0.10~0.35mm	0.45mm
	圆跳动量		最大0.03mm	0.04mm
曲轴轴瓦	主轴瓦至轴颈的油膜间隙		0.017~0.035mm	0.045mm
	连杆轴瓦至轴颈的油膜间隙		0.024~0.042mm	—
平衡轴	轴向间隙	前/后	0.07~0.12mm	0.135mm
	曲轴到轴承的间隙（前轴）	1号轴颈	0.03~0.062mm	0.08mm
		2号轴颈	0.04~0.10mm	0.13mm
	曲轴到轴承的间隙（后轴）	1号，2号轴颈	0.03~0.062mm	0.08mm
		3号轴颈	0.04~0.10mm	0.13mm

2. 端子定义

LFA11混动发动机PCM端子如图18-37所示，端子定义见表18-10、表18-11。

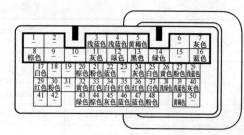 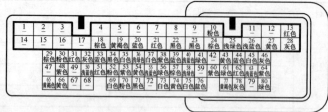

图 18-37　2.0L LFA11 混动发动机 PCM 端子图

表 18-10　PCM 模块 50 针端子定义

端子号	定义
1、2	未使用
3	IG1VB SOL（电磁阀电源）
4	SO2HT［辅助热氧传感器（辅助 HO2S 加热器控制）］
5	FI MAIN RLY CL-（PGM-FI 主继电器 1）
6	未使用
7	+BVBU（备用电压）
8	FI MAIN RLY OUT（电源）
9、10	未使用
11	FUEL PUMP RLY CL-（发动机防盗锁止系统燃油泵继电器）
12	PADDLE SW UP（换档拨片 +）
13	GND（电源搭铁）
14	ATP-R（倒档位置）
15	未使用
16	DBW RLY OUT（电源）
17	FAN CONTROL（散热器风扇控制）
18、19	未使用
20	EPP-CAN_L（EPP-CAN 通信信号低）
21	EPP-CAN_H（EPP-CAN 通信信号高）
22	RFC DIAG（RFC 诊断）
23	未使用
24	ENG W/PUMP DI-（发动机 EWP 继电器）
25	DBW RLY CL-［电子节气门控制系统（ETCS）控制继电器］
26	STOP SW（制动踏板位置开关）
27	SCS（维修检查信号）
28	STC（起动机开关信号）
29	PADDLE SW DOWN（换档拨片 -）
30	EVTC RLY CL-（电动 VTC 继电器）
31	未使用
32	APS1［加速踏板位置（APP）传感器 A］

（续）

端子号	定义
33	PD 传感器（空调压力传感器）
34	APS2［加速踏板位置（APP）传感器 B］
35	VSP（车速信号输出）
36	F-CANA_L（CAN 通信信号低）
37	F-CANA_H（CAN 通信信号高）
38	F-CANB_L（CAN 通信信号低）
39	F-CANB_H（CAN 通信信号高）
40	S-NET（发动机防盗锁止系统串行通信）
41、42	未使用
43	SG5（传感器搭铁）
44	VCC5（传感器电压）
45	VCC4（传感器电压）
46	SG4（传感器搭铁）
47	SO2［辅助加热型氧传感器（辅助 HO2S）］
48	SO2 SG［辅助加热型氧传感器（辅助 HO2S）传感器搭铁］
49	BKSWNC（制动踏板位置开关）
50	未使用

表 18-11　PCM 模块 80 针端子定义

端子号	定义
1~9	未使用
10	EEGR［废气再循环（EGR）阀］
11	未使用
12	未使用
13	AFHT［空燃比（A/F）传感器 1 加热器控制］
14~17	未使用
18	INJ1（1 号喷油器）
19	INJ 4（4 号喷油器）
20	INJ 3（3 号喷油器）
21	INJ 2（2 号喷油器）

(续)

端子号	定义
22	GND1（电源搭铁）
23	GND3（电源搭铁）
24	LG（搭铁）
25	SHB（换档电磁阀B）
26	SHA（换档电磁阀A）
27	MTR1（节气门执行器）
28	MTR2（节气门执行器）
29	EWP C（SWP）（发动机冷却液电动泵控制）
30	EVTS（电动VTC转速传感器）
31	EVTP（电动VTC控制信号）
32	PARKBUSY（驻车棘爪作动器驱动器单元的通信信号）
33	PODCL（变速器油压传感器）
34	KSGND（爆燃传感器搭铁）
35	KS（爆燃传感器）
36	IG1（F/P）（点火信号）
37	IGN01A（1号点火线圈脉冲）
38	IGN02A（2号点火线圈脉冲）
39	IGN03A（3号点火线圈脉冲）
40	IGN04A（4号点火线圈脉冲）
41	CAM［凸轮轴位置（CMP）传感器A]
42	未使用
43	TDC［凸轮轴位置（CMP）传感器B]
44	CRKP［曲轴位置（CKP）传感器]
45	SG6（传感器搭铁）
46	EVTD（电动VTC转速传感器）
47	未使用
48	IP［A/F传感器（S1），IP电池]
49	未使用
50	THL1［节气门位置（TP）传感器A]

(续)

端子号	定义
51	THL2［节气门位置（TP）传感器B]
52	TW［发动机冷却液温度（ECT）传感器1]
53	TA［进气温度（IAT）传感器1]
54	TW2［发动机冷却液温度（ECT）传感器2]
55	INTA［进气温度（IAT）传感器2]
56	MAP（PB）［（进气歧管绝对压力（MAP）传感器）]
57	EVTM（电动VTC诊断）
58	OPSEN（机油压力传感器）
59	未使用
60	EWP REV（NWP）（发动机冷却液电动泵）
61	VGP［质量空气流量（MAF）传感器 +侧]
62	VGM［质量空气流量（MAF）传感器 -侧]
63	VCC6（传感器电压）
64	PARKCMD（驻车棘爪作动器驱动器单元的通信信号）
65	VTS（摇臂机油控制电磁阀）
66	NGENPLS（发电机转子脉冲）
67、68	未使用
69	EGRL［废气再循环（EGR）阀位置传感器]
70	VCC1（传感器电压）
71	SG1（传感器搭铁）
72	未使用
73	VS［空燃比（A/F）传感器（传感器1），VS电池]
74	VCENT［A/F传感器（S1）虚搭铁]
75	VCC3（DBW）（传感器电压）
76	SG3（DBW）（传感器搭铁）
77	VCC2（传感器电压）
78	SG2（传感器搭铁）
79	未使用
80	PCS（EVAP化阀）

四、E-CVT变速器

1. 技术参数

技术参数见表18-12。

表18-12 技术参数

项目	测量	条件	标准值或新车值	维修极限
自动变速器	容量	换油时	2.11L	—
		大修后	3.15 L	—
	油液类型		本田ATF DW-1	
液压	管路压力	在D档1500r/min时	750~850 kPa	700 kPa
		在D档3000r/min时	250~310 kPa	
	超速档离合器压力	在D档1500r/min时	756~844 kPa	700 kPa
超速档离合器	离合器端板和顶盘之间的间隙		1.2~1.4mm	—
差速器小齿轮	齿隙		0.05~0.15mm	—

2. 总成介绍

电子无级变速器（E-CVT）为电控变速器。E-CVT 提供无级变速的前进档和倒档。E-CVT 允许车辆通过电机、发动机或两者协同驱动车辆。两大能量源都通过变速器中的齿轮装置传送动力。

E-CVT 总成包括 4 根平行的轴、齿轮、超速离合器、驱动电机和发电机/电动机。输入轴连接至飞轮，再通过飞轮连接至发动机曲轴。输入轴也与超速离合器连接。当输入轴通过接合超速离合器与超速传动齿轮结合时，发动机动力通过输入轴传送到超速传动齿轮和副轴，然后传送至差速器的主减速器主动齿轮，以便提供驱动力。电机轴连接至驱动电机，驱动电机动力通过电机轴传送到电机轴齿轮和副轴，然后传送至差速器的主减速器主动齿轮，以便提供驱动力。发电机轴连接至发电机/电动机。要使用发电机/电动机为高压电池充电，发动机动力通过输入轴和发电机轴进行传送。变速器总成剖视图如图 18-38 所示。

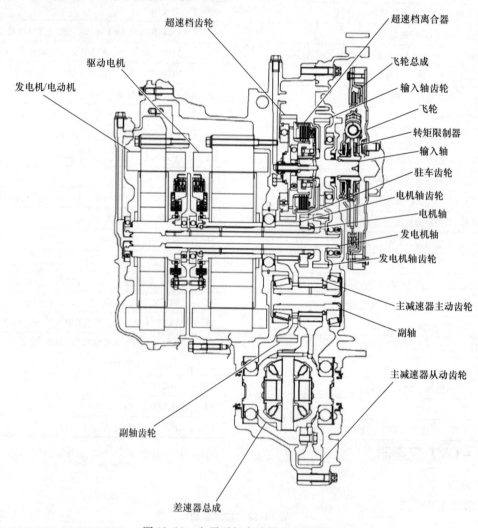

图 18-38 电子无级变速器总成剖视图

电子控制系统包括动力系统控制单元（PCM）、传感器、换档电磁阀和开关。E-CVT 在三种驱动模式（EV 驱动模式、混合动力驱动模式和发动机驱动模式）之间无缝转换。PCM 根据各传感器和控制单元的信息决定驱动模式。

阀体总成包括调节器阀体和换档阀体。它们安装在飞轮壳体上。调节器阀体包括 ATF 泵 A 和 B。ATF 泵 A 由发动机驱动。ATF 泵 B 由差速器驱动。这些泵为液压回路提供液压。变速器油压传感器安装在变速器壳体的外部。换档电磁阀 A 和 B 安装在飞轮壳体的外部。PCM 驱动换档电磁阀控制液压并使超速离合器接合。

第十八章 本田雅阁 HEV 汽车

3. 端子定义

E-CVT 换档控制单元与驻车控制单元端子如图 18-39 所示，端子定义见表 18-13、表 18-14。

换档控制单元端子

驻车控制单元端子

图 18-39　换档控制单元与驻车控制单元端子

表 18-13　SBW 换档控制单元 20 针端子定义

端子号	端子名称	定义
1	GND	SBW 换档器控制单元的搭铁
2	P-SNSR SG	传感器搭铁
3	ILL-（LED）	检测照明控制信号
4	PARKSEN2	检测驻车位置传感器 P 位置信号
5	F-CANA_H	发送和接收通信信号
6	F-CANA_L	发送和接收通信信号
7	SRKS	输出钥匙松开信号
8	未使用	—
9	EPP-CAN_H	发送和接收通信信号
10	EPP-CAN_L	发送和接收通信信号
11	PARKSENSOR1	检测驻车位置传感器 P 档信号
12	P-SNSRVCC	提供传感器基准电压
13	未使用	—
14	ATP-P	输出 P 档信号
15	未使用	—
16	ACC	SBW 换档器控制单元的电源
17	未使用	—
18	IG1OPTION	SBW 换档器控制单元的电源
19	ILLUMI+	SBW 换档器照明的电源
20	+B SHIFTER	SBW 换档器控制单元的电

表 18-14　驻车控制单元 26 针端子定义

端子号	端子名称	定义
1	未使用	—
2	GND	驻车棘爪执行器驱动器单元搭铁
3	GND	驻车棘爪执行器驱动器单元搭铁
4	P-ACT MTR W	检测驻车棘爪作动器电机 W 相信号
5	P-ACT MTRV	检测驻车棘爪作动器电机 V 相信号
6	P-ACT MTR U	检测驻车棘爪作动器电机 U 相信号
7	EPP-CAN_L	发送和接收通信信号
8	EPP-CAN_H	发送和接收通信信号

（续）

端子号	端子名称	定义
9	IGNTRX	通信线路
10	PARKCMD	发送和接收通信信号
11	PARKBUSY	发送和接收通信信号
12	未使用	—
13	+B SBW	驻车棘爪作动器驱动器单元电源
14	未使用	—
15	IG1OPTION	检测点火信号
16	TCU WAKE UP	检测 TCU WAKE UP 信号
17	GND	驻车棘爪执行器驱动器单元搭铁
18	GND	驻车棘爪执行器驱动器单元搭铁
19	P-ACT EENC	驻车棘爪作动器编码器搭铁
20	P-ACT VENC	驻车棘爪作动器编码器电源
21	P-ACT RB	检测驻车棘爪作动器编码器信号
22	P-ACT RA	检测驻车棘爪作动器编码器信号
23	P-ACT RLY CL-	驱动驻车棘爪作动器继电器
24~26	未使用	—

第三节　温度管理系统

一、PCU 冷却系统

1. 系统介绍

PCU 冷却系统是一个由专用电机控制单元电动冷却液泵、散热器、储液罐、冷却软管和 PCU 水套组成的水冷系统。冷却液从 PCU 内部水套吸收热量，流经散热器内部，并将热量散发到空气中。电机控制单元电动冷却液泵采用 12V 直流电无刷水泵，且内置有电机和 ECU。PCU 冷却系统组成部件如图 18-40 所示。

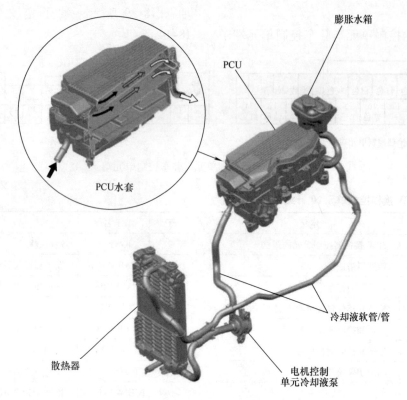

图 18-40　PCU 冷却系统

2. 总成拆装

1）排空 EPP 冷却液。

2）拆卸前保险杠。

3）拆卸 12V 蓄电池。

4）拆卸蓄电池固定座。

①松开蓄电池固定座螺栓（A）。

②拆下蓄电池固定座螺栓（B）和蓄电池固定座（C）。

以上部件见图 18-41。

5）电机控制单元冷却液泵 - 拆卸。

①断开冷却液软管（A），见图 18-42。

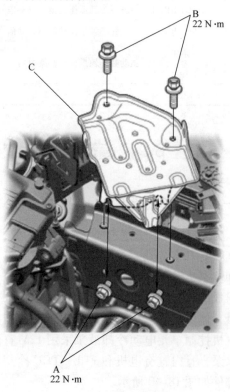

图 18-41　拆卸蓄电池固定座

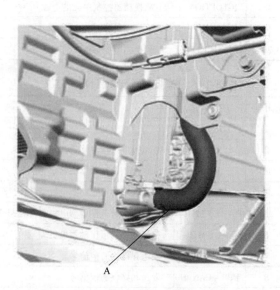

图 18-42　断开冷却液软管

② 断开冷却液软管（A），见图18-43。

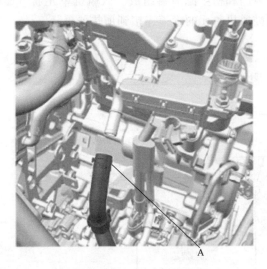

图18-43　断开冷却液软管

③ 断开连接器（A）。
④ 拆下电机控制单元冷却液泵（B）。

注意：当更换电机控制单元冷却液泵，更换冷却液软管。

以上部件见图18-44。

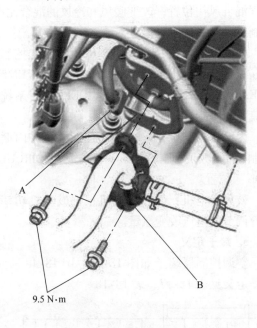

图18-44　拆下冷却液泵

⑤ 如有需要，拆下电机控制单元冷却液泵托架（A），见图18-45。

⑥ 安装所有拆下零件，按照与拆卸相反的顺序安装零件。

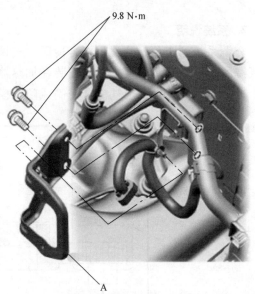

图18-45　拆下冷却液泵托架

二、自动空调系统

1. 技术参数

1）总成参数见表18-15。

表18-15　总成参数

	类型	滚动
压缩机	容量	27mL/r
	最大转速	8600r/min
冷凝器	类型	波纹片
蒸发器	类型	波纹片
	类型	稳定的漩涡流
鼓风机	电机类型	216W/12V
	转速控制	无级变速
	最大排量	525m³/h
温度控制		空气混合型

2）油液规格参数见表18-16。

表18-16　油液规格参数

项目	测量	条件	标准值或新车值	维修极限
制冷剂	类型		HFC-134a（R-134a）	
	系统容量		385~435g	—
制冷剂油	类型		DENSO ND-OIL11（P/N 38899-TX9-003）	
	部件容量	冷凝器（包括干燥器中的干燥剂）	25mL	
		蒸发器	40mL	
		每个管路和软管	10mL	
		干燥器中的干燥剂	10mL	
		压缩机	120~135mL	

2. 系统说明

空调系统通过以适当比例混合冷暖空气调节空气温度。加热器芯和蒸发器芯安装在加热器单元中，加热器单元具有空气混合控制风门和模式控制风门。鼓风机单元由鼓风机电机、内循环控制风门和粉尘滤清器组成。鼓风机单元通过集成到鼓风机单元的管道连接到加热器单元。

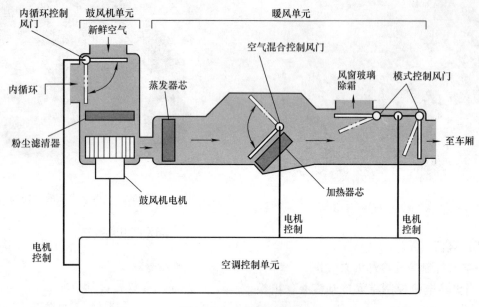

图 18-46 空调系统部件

空调压缩机是由内置电机驱动，用以压缩空调制冷剂。来自空调压缩机的压缩制冷剂变成高温高压气体，再送入冷凝器中。

空调压缩机具有机械限压阀，当压力超过额定值时，阀打开。限压不能重复使用，维修时应当更换。

当高压电池的电量（SOC）非常低时（低于仪表控制单元 SOC 上显示的"L"水平），空调压缩机的操作将受限和/或停止，以便将剩余的电量转至车辆推进。

空调控制系统根据从各传感器接收的信息（阳光、湿度、车内温度、车外空气温度），将合适的信号传递到各电机，详情如下。

空气混合控制电机：空气混合控制电机调节空气混合风门位置，改变暖风和冷风的混合比率，控制进入车厢的空气温度。

模式控制电机：模式控制电机将模式控制风门位置切换到"VENT"、"HEAT/VENT"、"HEAT"、"HEAT/DEF"或"DEF"，使系统将气流导引至指定区域。

内循环控制电机：内循环控制电机将内循环控制风门切换到"FRESH"或"RECIRCULATION"位置。

鼓风机电机：鼓风机电机根据鼓风机功率晶体管调节的电压改变风量。

3. 端子定义

空调控制器端子如图 18-47、图 18-48 所示，端子定义见表 18-17、表 18-18。

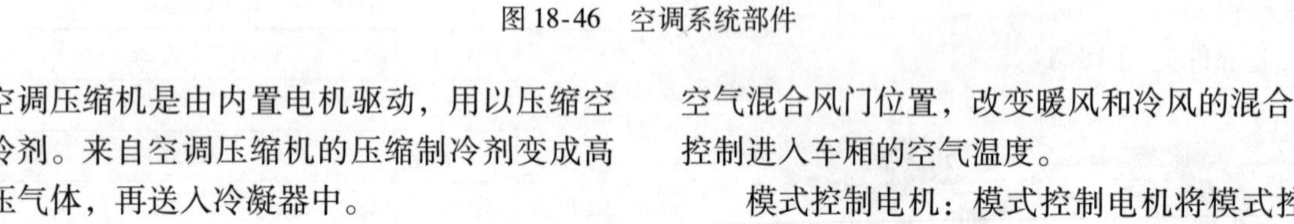

16	15	14	13	12	11	10	9	8	7	6	5	4	3	2	1
蓝色	黄色	绿色	紫色	灰色	白色	黄褐色	—	灰色	绿色	紫色	红色	蓝色	粉红色	—	棕色
32	31	30	29	28	27	26	25	24	23	22	21	20	19	18	17
粉红色	—	蓝色	—	—	棕色	红色	紫色	黑色	—	蓝色	—	—	绿色	—	粉红色

阴端子的线束侧

图 18-47 空调控制器 A 端子

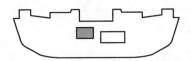 

阴端子的线束侧

图 18-48 空调控制器 B 端子

表 18-17 空调控制器 A 端子定义

端子号	端子名称	定义	信号
1	GND	空调控制单元的搭铁（G506）	车辆处于 ON 模式时：低于 0.2V
2	未使用	—	—
3	空调水泵	检测电动加热器冷却液泵信号	车辆处于 ON 模式且电动加热器冷却液泵继电器 ON 时：蓄电池电压 车辆处于 ON 模式且电动加热器冷却液泵继电器 OFF 时：0V
4[1]	DR H/SEAT SW HI	检测驾驶人座椅加热器开关信号（高）	车辆处于 ON 模式且驾驶人座椅加热器开关置于 HIGH 位置时：蓄电池电压 车辆处于 ON 模式且驾驶人座椅加热器开关置于 OFF 位置时：0V
5[1]	DR H/SEAT SW LO	检测驾驶人座椅加热器开关信号（低）	车辆处于 ON 模式且驾驶人座椅加热器开关置于 LOW 位置时：蓄电池电压 车辆处于 ON 模式且驾驶人座椅加热器开关置于 OFF 位置时：0V
6[1]	AS H/SEAT SW HI	检测乘客座椅加热器开关信号（高）	车辆处于 ON 模式且乘客座椅加热器开关置于 HIGH 位置时：蓄电池电压 车辆处于 ON 模式且乘客座椅加热器开关置于 OFF 位置时：0V
7[1]	AS H/SEAT SW LO	检测乘客座椅加热器开关信号（低）	车辆处于 ON 模式且乘客座椅加热器开关置于 LOW 位置时：蓄电池电压 车辆处于 ON 模式且乘客座椅加热器开关置于 OFF 位置时：0V
8	ILLUMI +	照明电源	组合灯开关置于 ON 位置：蓄电池电压
9	未使用	—	—
10	ILL −（LED）	检测照明控制信号	组合仪表灯开关 ON：电压变化（取决于仪表板灯亮度控制器）
11	RFD − P	检测内循环控制电机（车门位置）电位计信号	车辆处于 ON 模式时：约 0.5 ~ 4.5V（取决于内循环控制电机位置）
12	AMD − P DR	检查驾驶人侧空气混合控制电机（车门位置）电位计信号	车辆处于 ON 模式时：约 0.5 ~ 4.0V（取决于驾驶人侧空气混合控制电机位置）
13	AMD − P AS	检查乘客侧空气混合控制电机（车门位置）电位计信号	车辆处于 ON 模式时：约 0.5 ~ 4.0V（取决于乘客侧空气混合控制电机位置）
14	MDD − P	检测模式控制电机（车门位置）电位计信号	车辆处于 ON 模式时：约 0.5 ~ 4.5V（取决于模式控制电机位置）
15	鼓风机 G	输出功率晶体管电压	车辆在 ON 模式且风扇控制按钮置于 OFF 位置时：低于 0.2V 车辆在 ON 模式且风扇控制按钮置于 ON 位置时：约 4.0V ~ 蓄电池电压（取决于鼓风机电机控制）
16	BLOWERV	功率晶体管电压的反馈信号	车辆处于 ON 模式时：约 0V ~ 蓄电池电压（取决于鼓风机电机转速）
17	未使用	—	—
18	HUM 数据	湿度/车内温度传感器通信信号	车辆处于 ON 模式时：脉冲
19	TR	湿度/车内温度传感器通信信号	车辆处于 ON 模式时：脉冲
20	未使用	—	—
21	未使用	—	—
22	SENSOR COM	传感器搭铁	车辆处于 ON 模式时：低于 0.2V

(续)

端子号	端子名称	定义	信号
23	未使用	—	—
24	S 5V	输出传感器 5V	车辆处于 ON 模式时：约 5.0V
25	TSUN	检测阳光传感器信号	车辆处于 ON 模式且传感器上没有阳光：3.56V 车辆处于 ON 模式且传感器上有阳光：3.56V
26	TEVA	检测蒸发器温度传感器信号	车辆处于 ON 模式时：约 1.0~4.0V（取决于蒸发器温度）
27	TAM	检测车外空气温度传感器信号	车辆处于 ON 模式时：约 1.0~4.0V（取决于车外空气温度）
28	未使用	—	—
29	未使用	—	—
30	B-CAN_L	B-CAN_L 通信信号	车辆处于 ON 模式时：脉冲
31	未使用	—	—
32	B-CAN_H	B-CAN_H 通信信号	车辆处于 ON 模式时：脉冲

① 带通风座椅，带座椅加热器。

表 18-18 空调控制器 B 端子定义

端子号	端子名称	定义	信号
1	MODE MTR DEF	驱动模式控制电机至 DEF 位置的输出	车辆在 ON 模式且模式控制电机移至 DEF 位置时：蓄电池电压
2	MODE MTRVENT	驱动模式控制电机至 VENT 位置的输出	车辆在 ON 模式且模式控制电机移至 VENT 位置时：蓄电池电压
3	M-HOT DR	驱动驾驶人侧空气混合控制电机至 HOT 侧的输出	车辆处于 ON 模式且驾驶人侧空气混合控制电机移至 HOT 时：蓄电池电压
4	M-COOL DR	驱动驾驶人侧空气混合控制电机至 COOL 侧的输出	车辆处于 ON 模式且驾驶人侧空气混合控制电机移至 COOL 时：蓄电池电压
5①	ION	离子发生器的信号	车辆在 ON 模式且净离子群发生器 ON 时：低于 1.0V 车辆在 ON 模式且净离子群发生器 OFF 时：蓄电池电压
6	A/C PTC2 RLY CL-	PTC 加热器 A 的信号	车辆处于 ON 模式且 PTC 加热器 A 为 ON 时：约 0V 车辆处于 ON 模式且 PTC 加热器 A 为 OFF 时：蓄电池电压
7	未使用	—	—
8	A/C PTC4 RLY CL-	PTC 加热器 B 的信号	车辆处于 ON 模式且 PTC 加热器 B 为 ON 时：约 0V 车辆处于 ON 模式且 PTC 加热器 B 为 OFF 时：蓄电池电压
9	RR DEF RLY CL-	后窗除雾器继电器信号	车辆在 ON 模式且后窗除雾器按钮置于 ON 位置时：约 0V 车辆在 ON 模式且后窗除雾器按钮置于 OFF 位置时：蓄电池电压
10	A/C WATER PUMP RLY CL-	驱动电动加热器冷却液泵	车辆处于 ON 模式且电动加热器冷却液泵继电器 ON 时：约 0V 车辆处于 ON 模式且电动加热器冷却液泵继电器 OFF 时：蓄电池电压
11	F/R MTR (REC)	驱动内循环控制电机至 RECIRCULATE 位置的输出	车辆处于 ON 模式且内循环控制电机移至 RECIRCU 时：蓄电池电压
12	F/R MTR (FRESH)	驱动内循环控制电机至 FRESH 位置的输出	车辆在 ON 模式且内循环控制电机移至 FRESH 位置时：蓄电池电压
13	未使用	—	—
14	M-HOT AS	驱动乘客侧空气混合控制电机至 HOT 侧的输出	车辆处于 ON 模式且乘客侧空气混合控制电机移至 HOT 时：蓄电池电压
15	M-COOL AS	驱动乘客侧空气混合控制电机至 COOL 侧的输出	车辆处于 ON 模式且乘客侧空气混合控制电机移至 COOL 时：蓄电池电压

（续）

端子号	端子名称	定义	信号
16	GND	空调控制单元的搭铁（G506）	车辆处于 ON 模式时：低于 0.2V
17	未使用	—	—
18	未使用	—	—
19	IG2 A/C	IG2 电源	车辆处于 ON 模式时：蓄电池电压
20	未使用	—	—

① 带离子发生器。

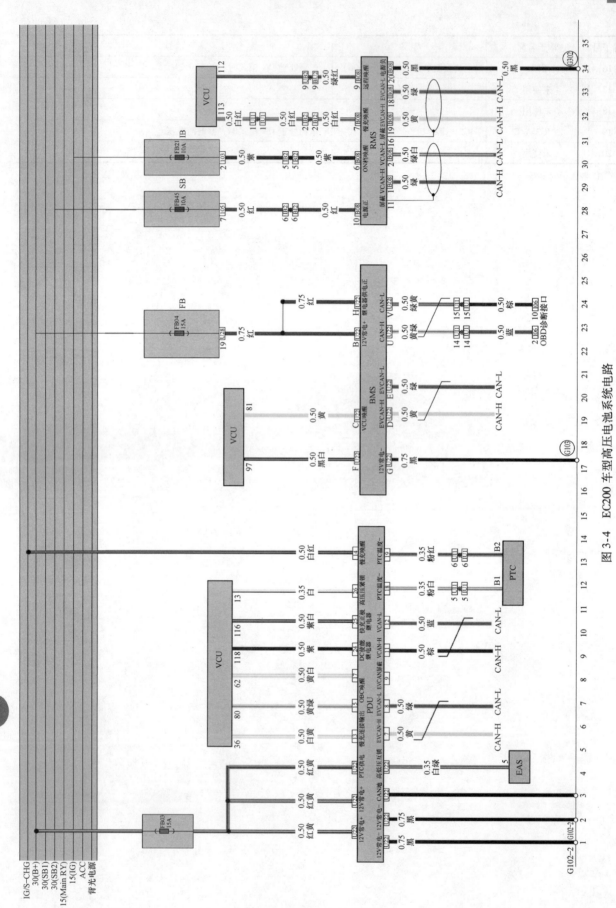

图 3-4 EC200 车型高压电池系统电路